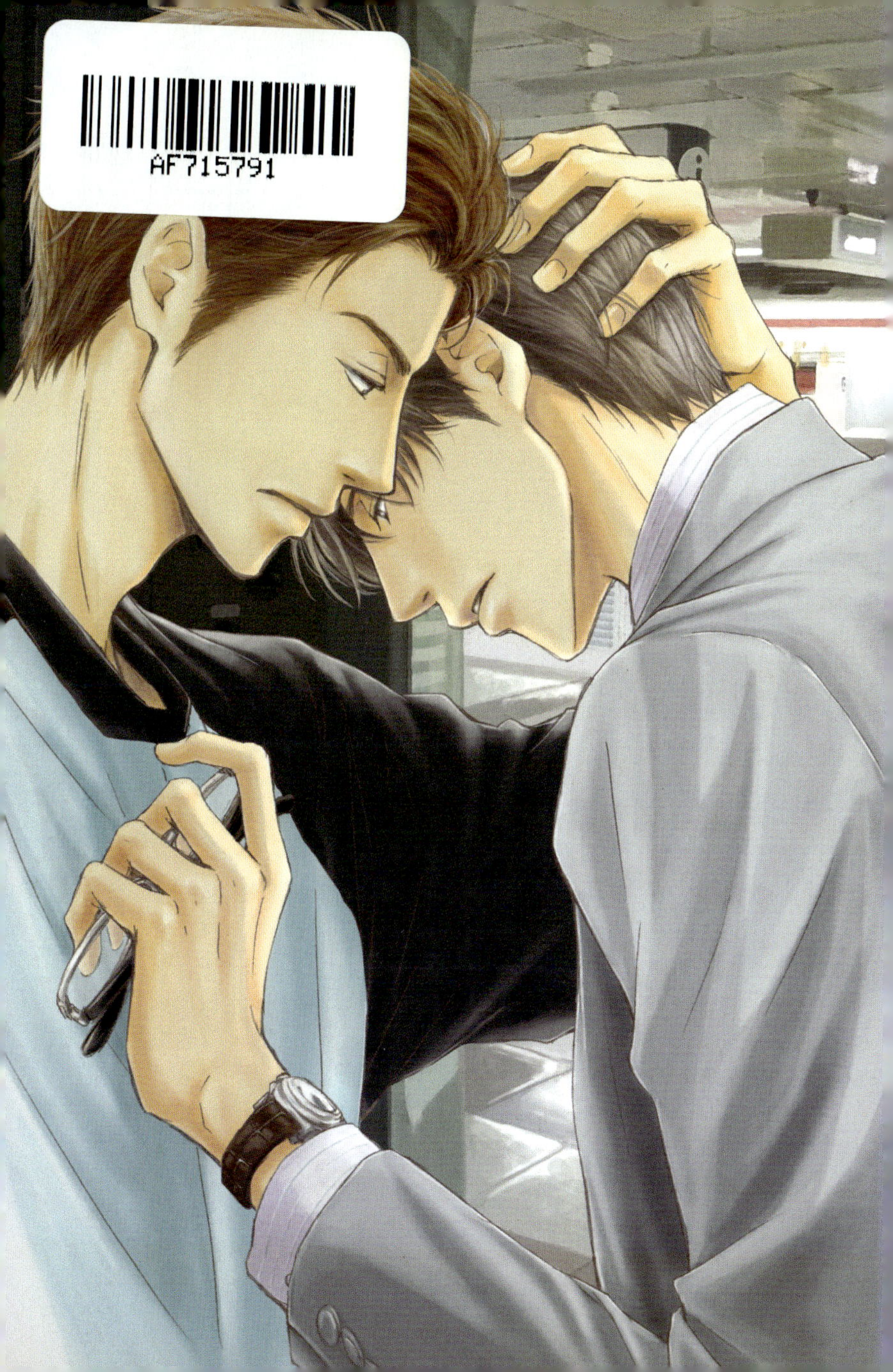

Inhalt

ZWEITE ERSTE LIEBE

1

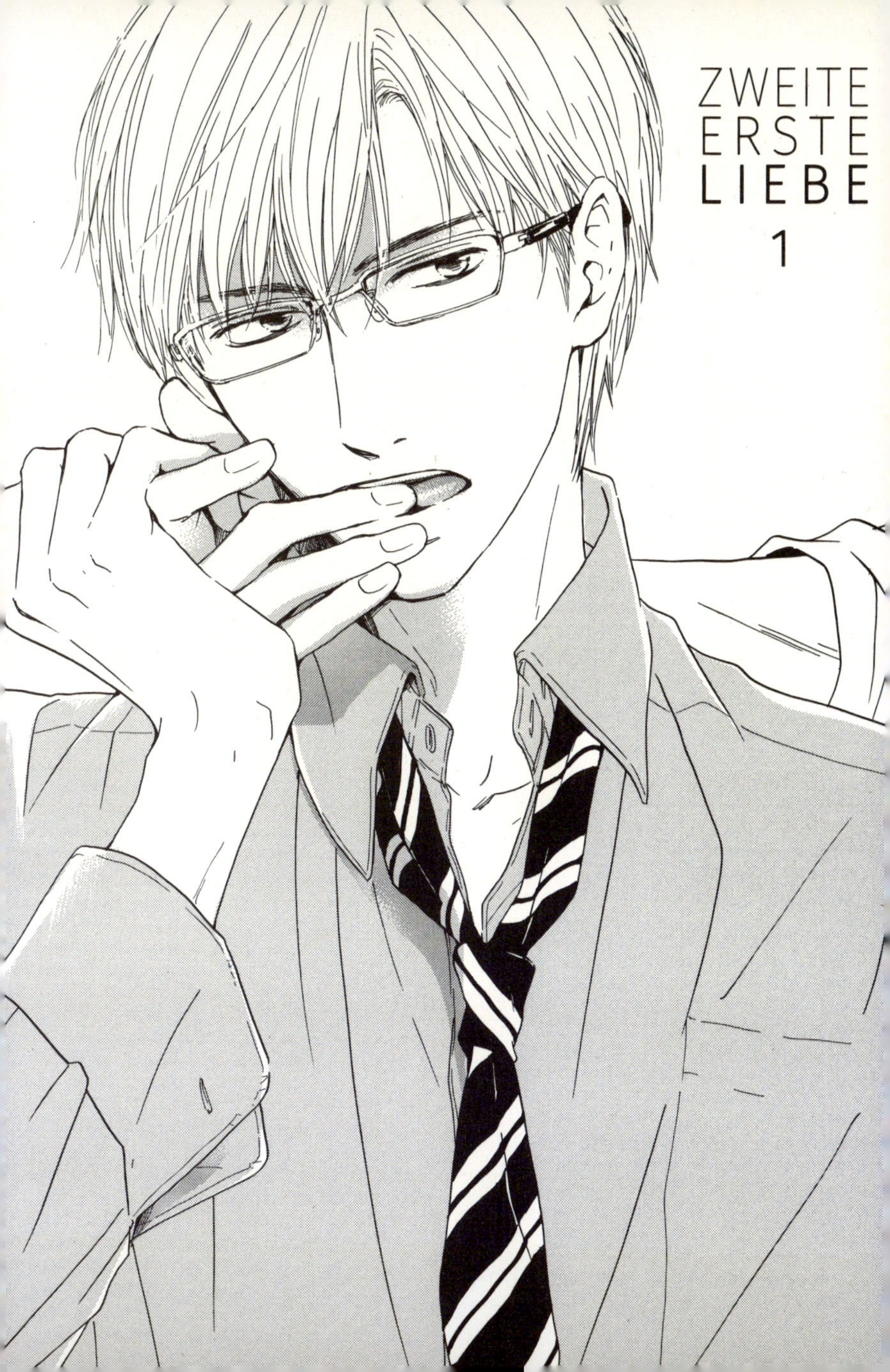

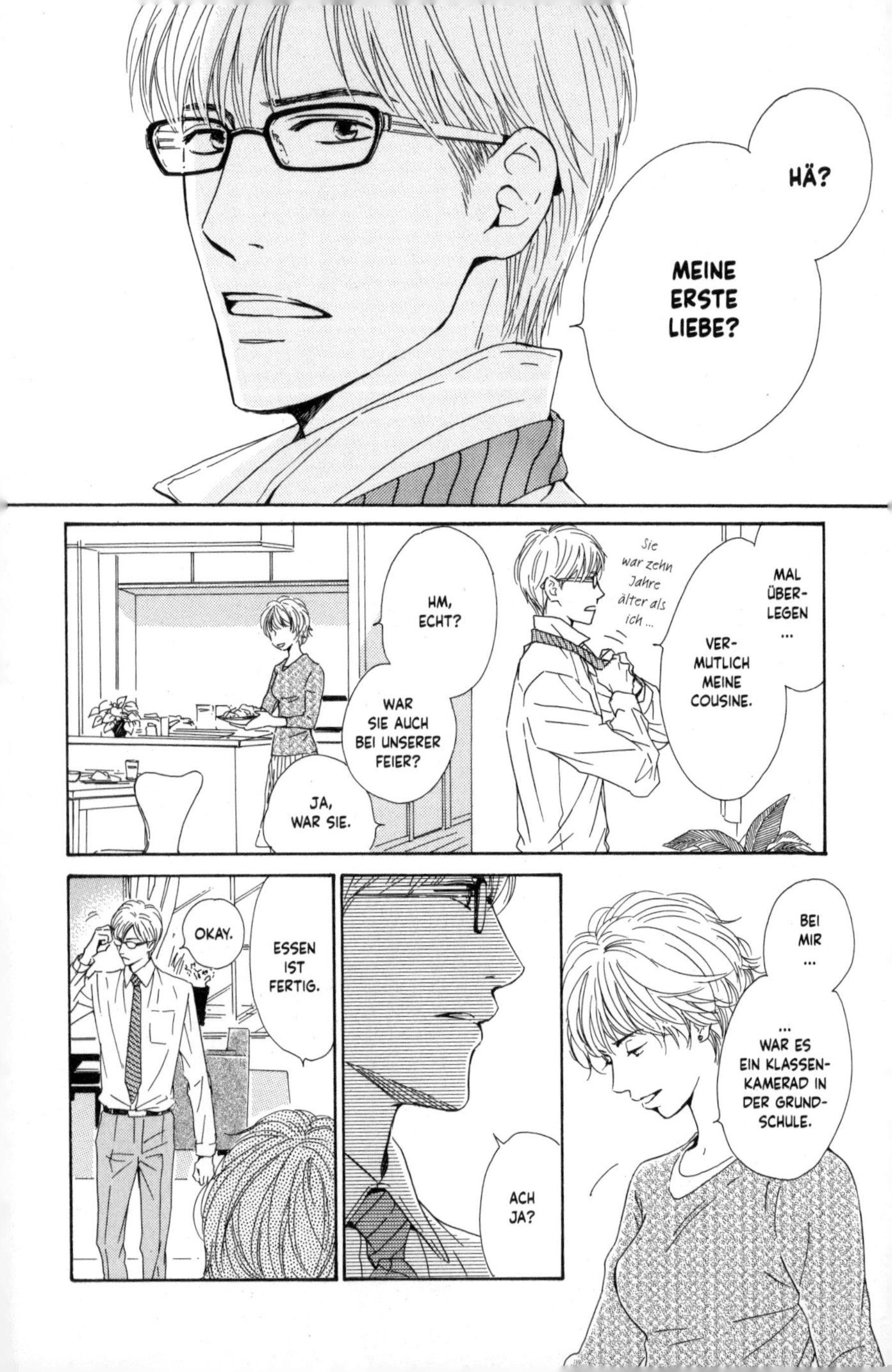
HÄ?
MEINE ERSTE LIEBE?
MAL ÜBERLEGEN ...
VERMUTLICH MEINE COUSINE.
Sie war zehn Jahre älter als ich ...
HM, ECHT?
WAR SIE AUCH BEI UNSERER FEIER?
JA, WAR SIE.
BEI MIR ...
... WAR ES EIN KLASSENKAMERAD IN DER GRUNDSCHULE.
ACH JA?
ESSEN IST FERTIG.
OKAY.

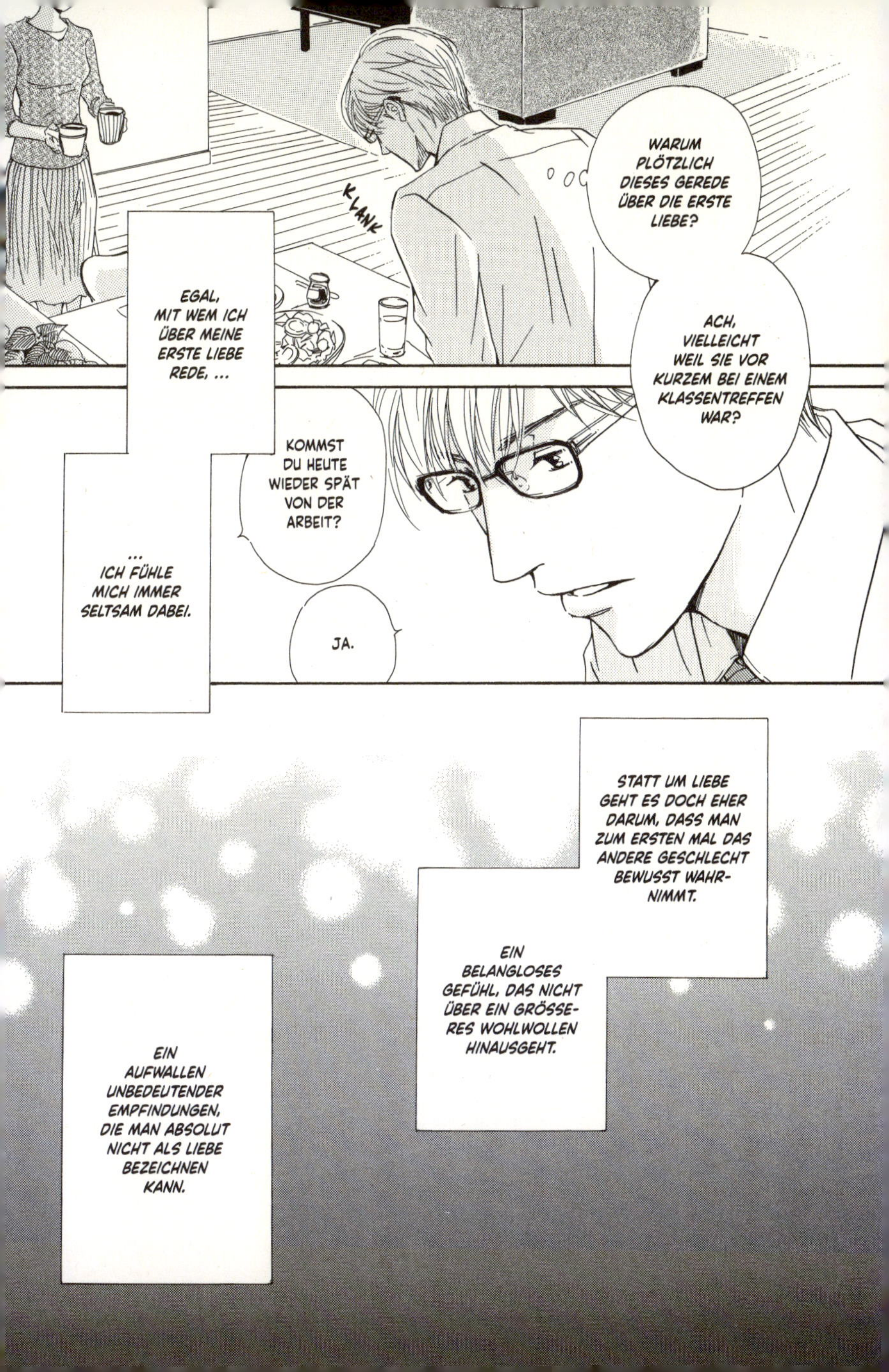
WARUM PLÖTZLICH DIESES GEREDE ÜBER DIE ERSTE LIEBE?
KLANK
EGAL, MIT WEM ICH ÜBER MEINE ERSTE LIEBE REDE, ...
ACH, VIELLEICHT WEIL SIE VOR KURZEM BEI EINEM KLASSENTREFFEN WAR?
KOMMST DU HEUTE WIEDER SPÄT VON DER ARBEIT?
JA.
... ICH FÜHLE MICH IMMER SELTSAM DABEI.
STATT UM LIEBE GEHT ES DOCH EHER DARUM, DASS MAN ZUM ERSTEN MAL DAS ANDERE GESCHLECHT BEWUSST WAHR-NIMMT.
EIN BELANGLOSES GEFÜHL, DAS NICHT ÜBER EIN GRÖSSE-RES WOHLWOLLEN HINAUSGEHT.
EIN AUFWALLEN UNBEDEUTENDER EMPFINDUNGEN, DIE MAN ABSOLUT NICHT ALS LIEBE BEZEICHNEN KANN.

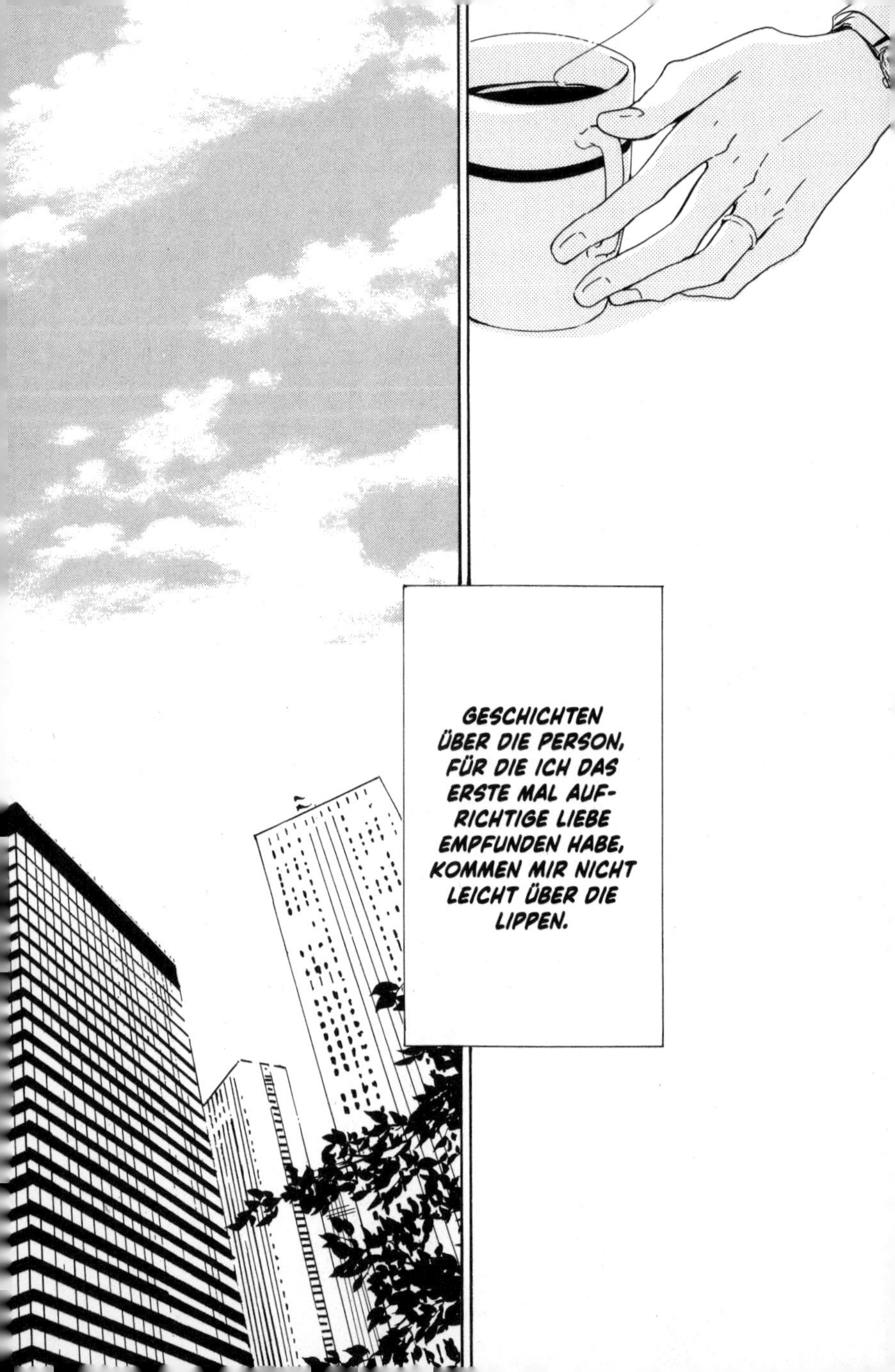
GESCHICHTEN ÜBER DIE PERSON, FÜR DIE ICH DAS ERSTE MAL AUF-RICHTIGE LIEBE EMPFUNDEN HABE, KOMMEN MIR NICHT LEICHT ÜBER DIE LIPPEN.

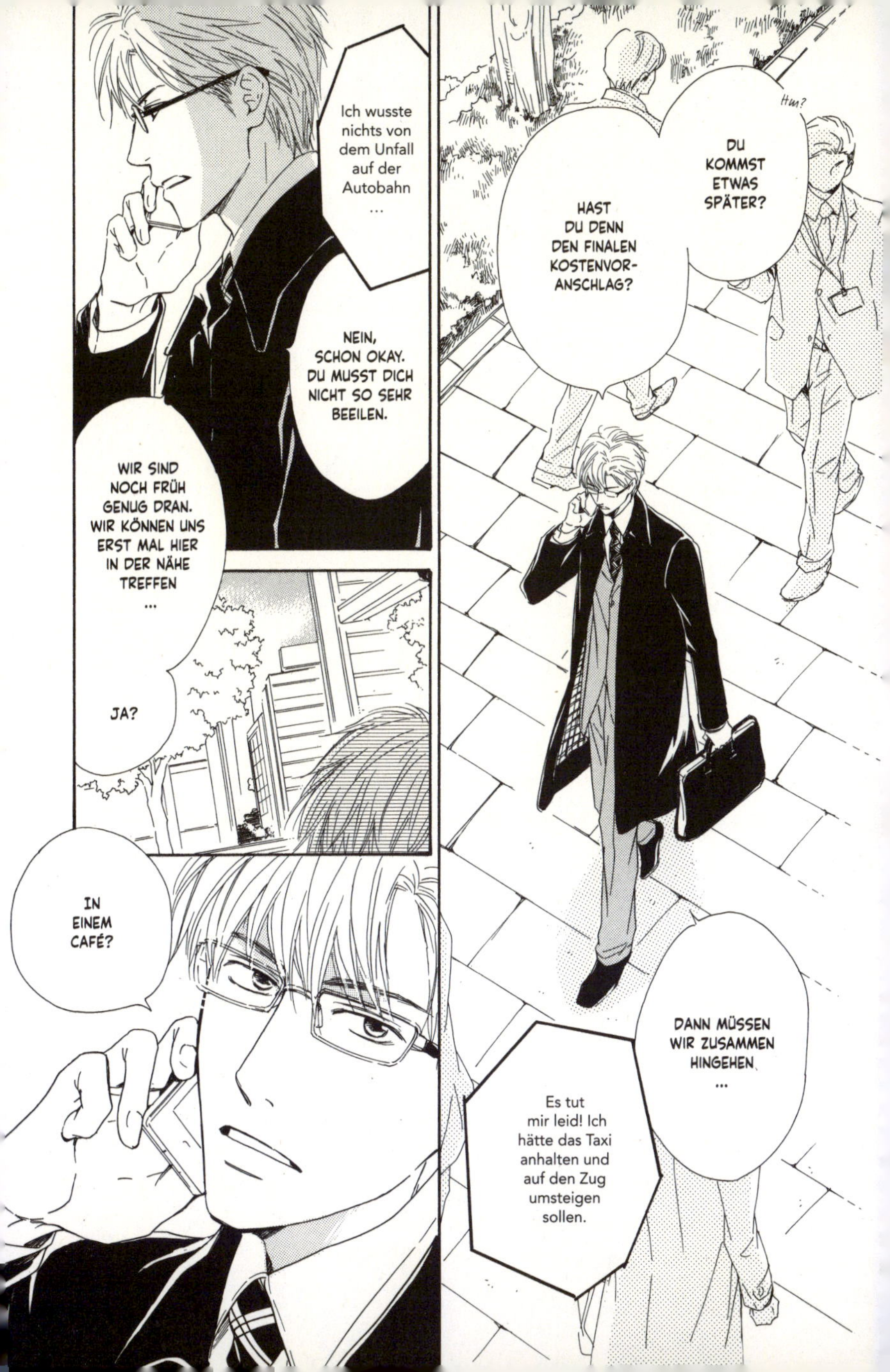
Hm?
DU KOMMST ETWAS SPÄTER?
HAST DU DENN DEN FINALEN KOSTENVOR-ANSCHLAG?
DANN MÜSSEN WIR ZUSAMMEN HINGEHEN ...
Es tut mir leid! Ich hätte das Taxi anhalten und auf den Zug umsteigen sollen.
Ich wusste nichts von dem Unfall auf der Autobahn ...
NEIN, SCHON OKAY. DU MUSST DICH NICHT SO SEHR BEEILEN.
WIR SIND NOCH FRÜH GENUG DRAN. WIR KÖNNEN UNS ERST MAL HIER IN DER NÄHE TREFFEN ...
JA?
IN EINEM CAFÉ?

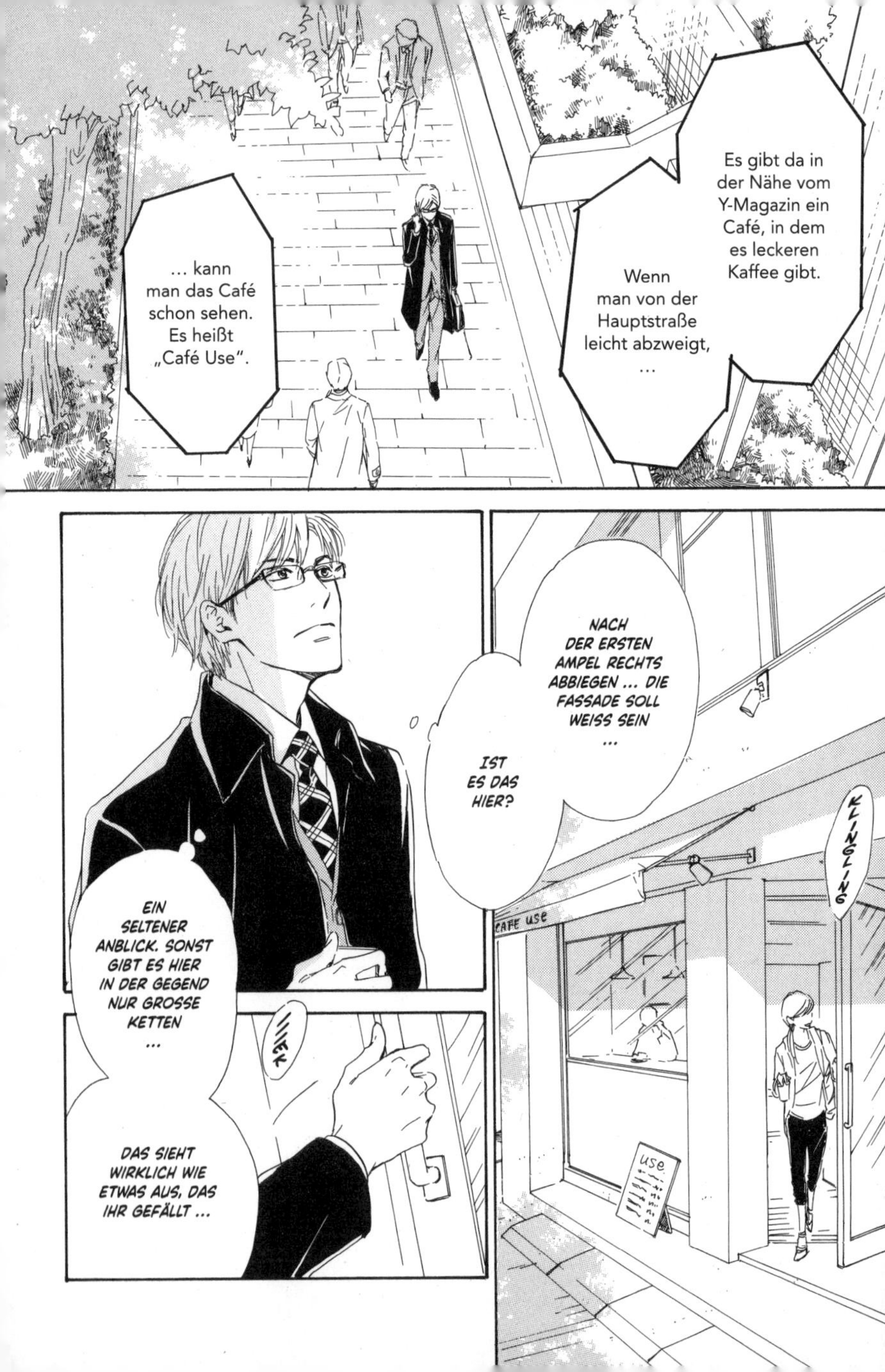
Es gibt da in der Nähe vom Y-Magazin ein Café, in dem es leckeren Kaffee gibt.
Wenn man von der Hauptstraße leicht abzweigt, …
… kann man das Café schon sehen. Es heißt „Café Use".
NACH DER ERSTEN AMPEL RECHTS ABBIEGEN … DIE FASSADE SOLL WEISS SEIN …
IST ES DAS HIER?
KLINGLING
CAFE USE
use
EIN SELTENER ANBLICK. SONST GIBT ES HIER IN DER GEGEND NUR GROSSE KETTEN …
IIIEK
DAS SIEHT WIRKLICH WIE ETWAS AUS, DAS IHR GEFÄLLT …

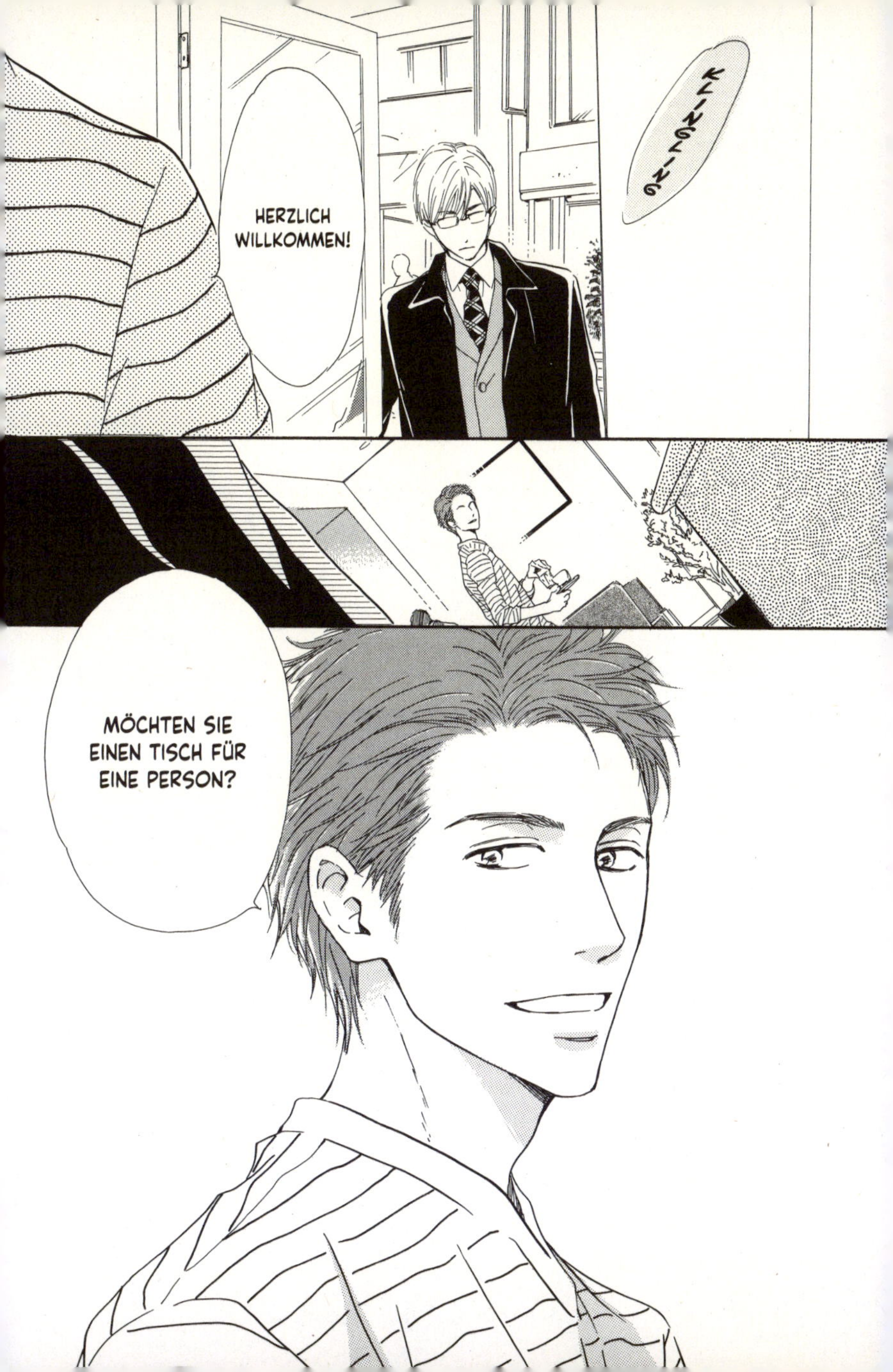
KLINGLING
HERZLICH WILLKOMMEN!
MÖCHTEN SIE EINEN TISCH FÜR EINE PERSON?

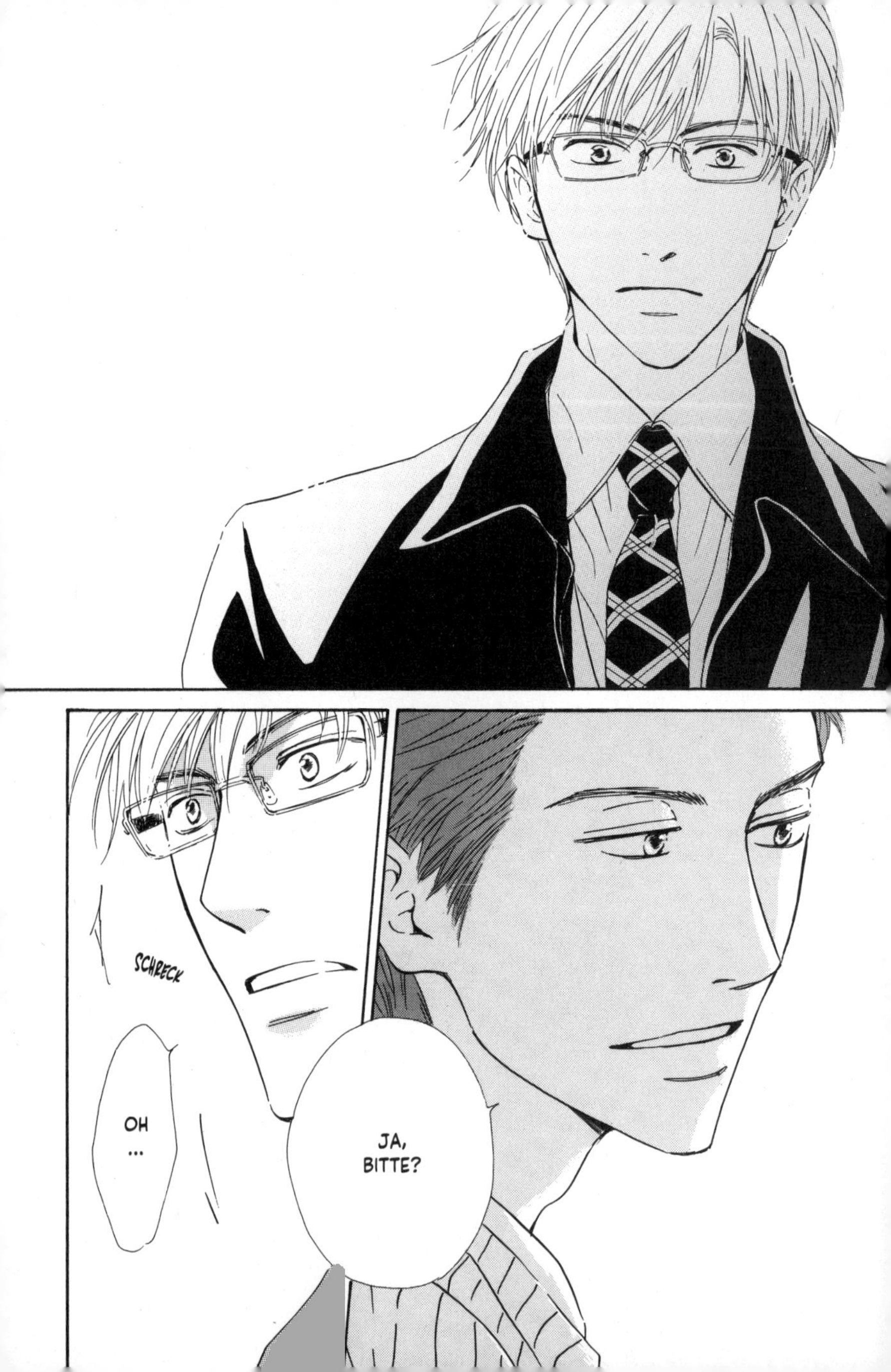
SCHRECK
JA, BITTE?
OH ...

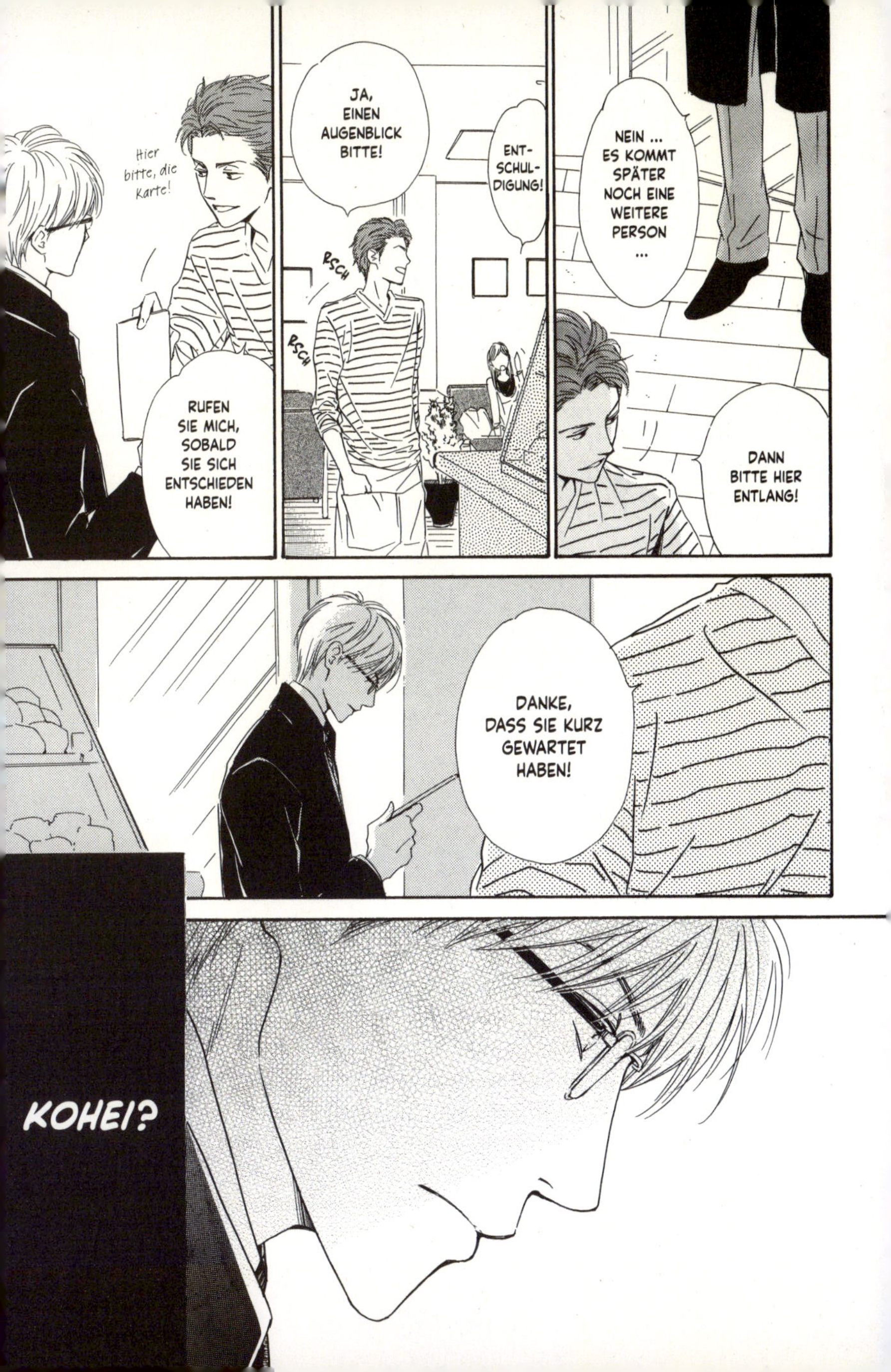
NEIN ... ES KOMMT SPÄTER NOCH EINE WEITERE PERSON ...
DANN BITTE HIER ENTLANG!
ENT-SCHUL-DIGUNG!
JA, EINEN AUGENBLICK BITTE!
RSCH
RSCH
Hier bitte, die Karte!
RUFEN SIE MICH, SOBALD SIE SICH ENTSCHIEDEN HABEN!
DANKE, DASS SIE KURZ GEWARTET HABEN!
KOHEI?

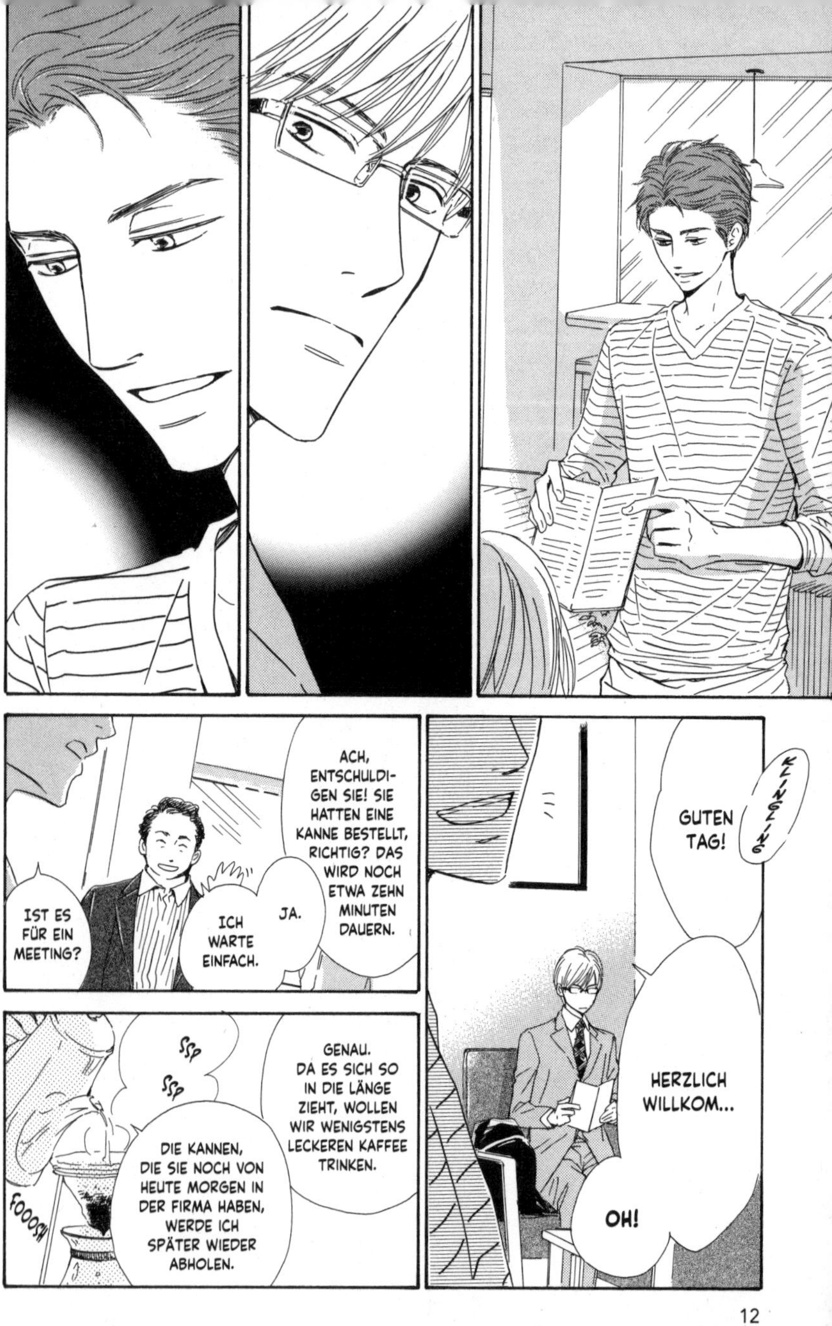
KLINGLING
GUTEN TAG!
HERZLICH WILLKOM...
OH!
ACH, ENTSCHULDIGEN SIE! SIE HATTEN EINE KANNE BESTELLT, RICHTIG? DAS WIRD NOCH ETWA ZEHN MINUTEN DAUERN.
JA.
ICH WARTE EINFACH.
IST ES FÜR EIN MEETING?
GENAU. DA ES SICH SO IN DIE LÄNGE ZIEHT, WOLLEN WIR WENIGSTENS LECKEREN KAFFEE TRINKEN.
DIE KANNEN, DIE SIE NOCH VON HEUTE MORGEN IN DER FIRMA HABEN, WERDE ICH SPÄTER WIEDER ABHOLEN.
SSP
SSP
FOOOSH

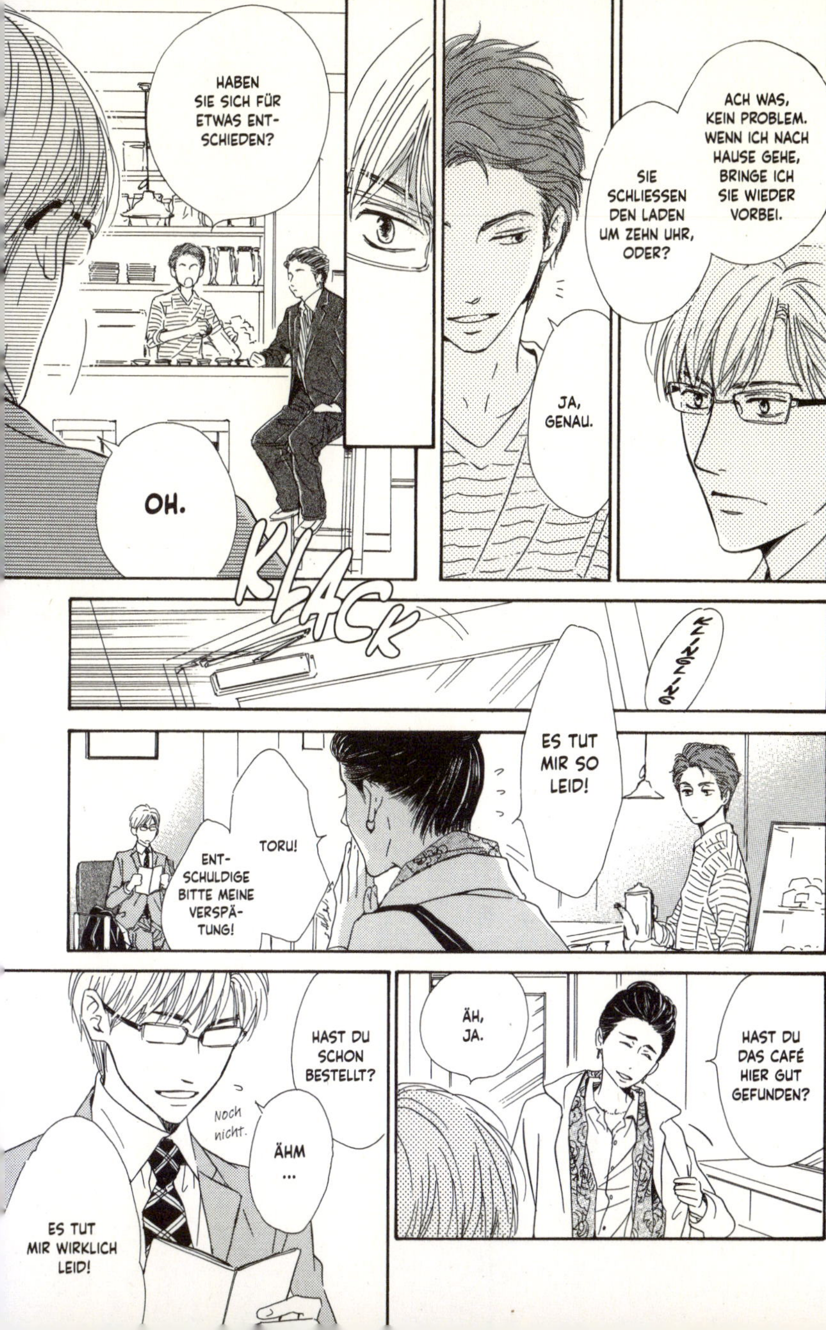
ACH WAS, KEIN PROBLEM. WENN ICH NACH HAUSE GEHE, BRINGE ICH SIE WIEDER VORBEI.
SIE SCHLIESSEN DEN LADEN UM ZEHN UHR, ODER?
JA, GENAU.
HABEN SIE SICH FÜR ETWAS ENT-SCHIEDEN?
OH.
KLACK
KLINGLING
ES TUT MIR SO LEID!
TORU!
ENT-SCHULDIGE BITTE MEINE VERSPÄ-TUNG!
HAST DU DAS CAFÉ HIER GUT GEFUNDEN?
ÄH, JA.
HAST DU SCHON BESTELLT?
Noch nicht.
ÄHM ...
ES TUT MIR WIRKLICH LEID!

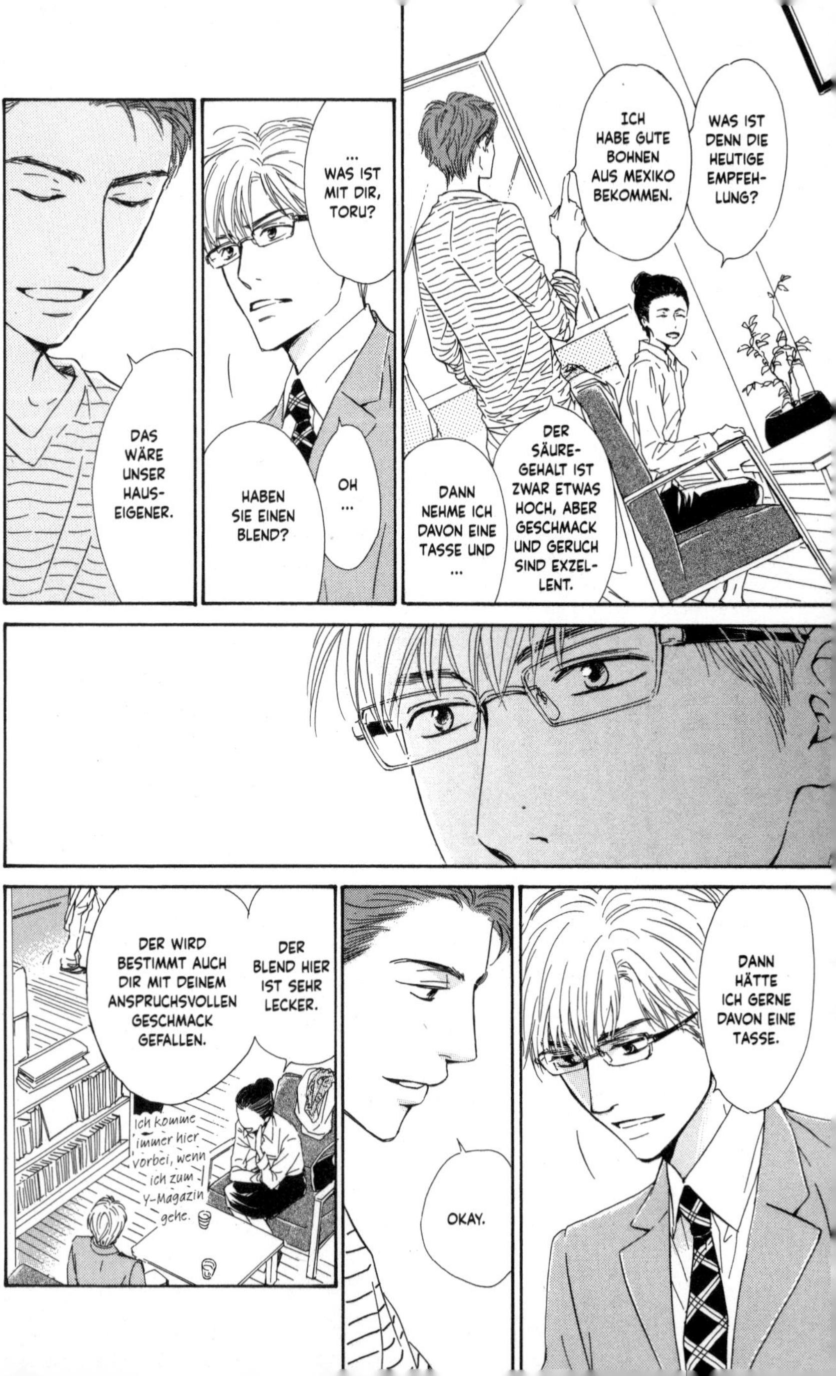
WAS IST DENN DIE HEUTIGE EMPFEH-LUNG?
ICH HABE GUTE BOHNEN AUS MEXIKO BEKOMMEN.
DER SÄURE-GEHALT IST ZWAR ETWAS HOCH, ABER GESCHMACK UND GERUCH SIND EXZEL-LENT.
DANN NEHME ICH DAVON EINE TASSE UND ...
... WAS IST MIT DIR, TORU?
OH ...
HABEN SIE EINEN BLEND?
DAS WÄRE UNSER HAUS-EIGENER.
DANN HÄTTE ICH GERNE DAVON EINE TASSE.
OKAY.
DER BLEND HIER IST SEHR LECKER.
DER WIRD BESTIMMT AUCH DIR MIT DEINEM ANSPRUCHSVOLLEN GESCHMACK GEFALLEN.
Ich komme immer hier vorbei, wenn ich zum Y-Magazin gehe.

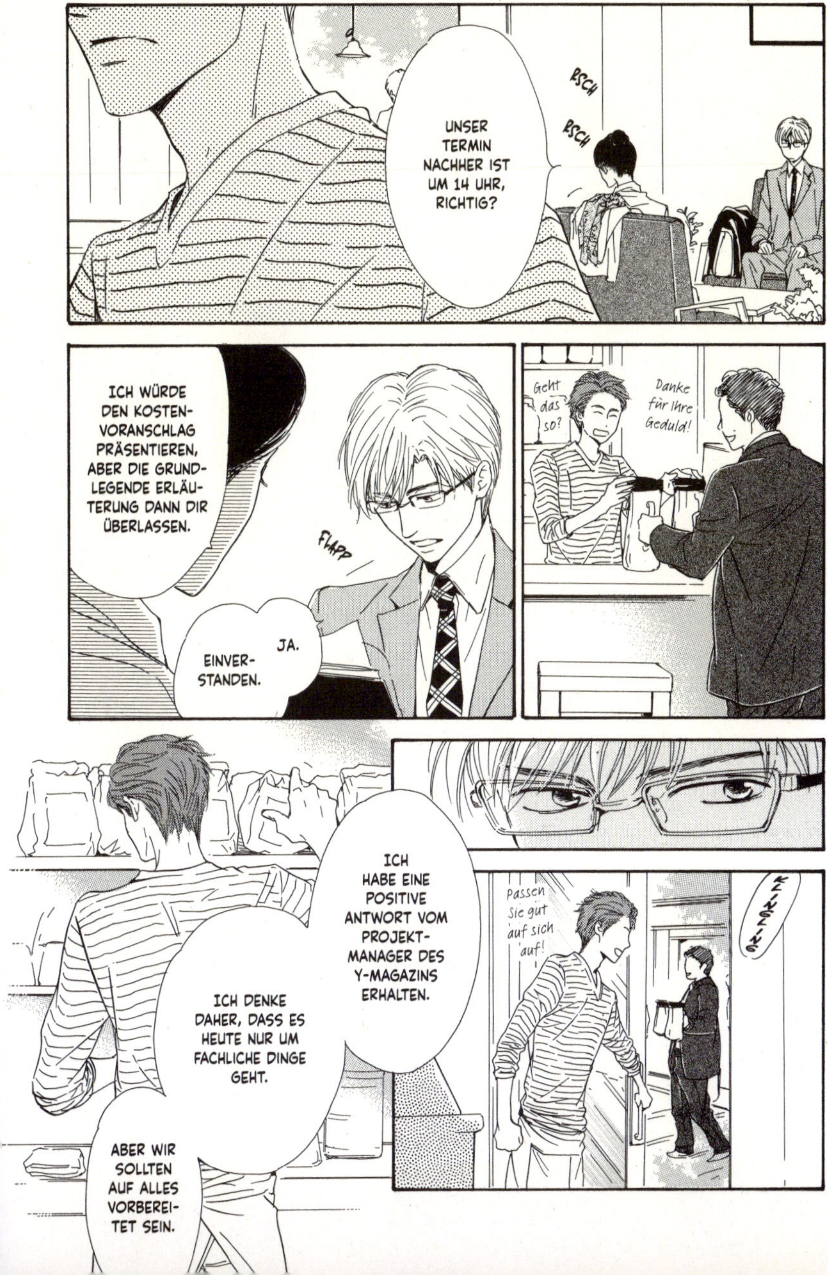

RSCH
RSCH
UNSER TERMIN NACHHER IST UM 14 UHR, RICHTIG?
Danke für Ihre Geduld!
Geht das so?
ICH WÜRDE DEN KOSTEN-VORANSCHLAG PRÄSENTIEREN, ABER DIE GRUND-LEGENDE ERLÄU-TERUNG DANN DIR ÜBERLASSEN.
FLAPP
JA.
EINVER-STANDEN.
KLINGELING
Passen Sie gut auf sich auf!
ICH HABE EINE POSITIVE ANTWORT VOM PROJEKT-MANAGER DES Y-MAGAZINS ERHALTEN.
ICH DENKE DAHER, DASS ES HEUTE NUR UM FACHLICHE DINGE GEHT.
ABER WIR SOLLTEN AUF ALLES VORBEREI-TET SEIN.

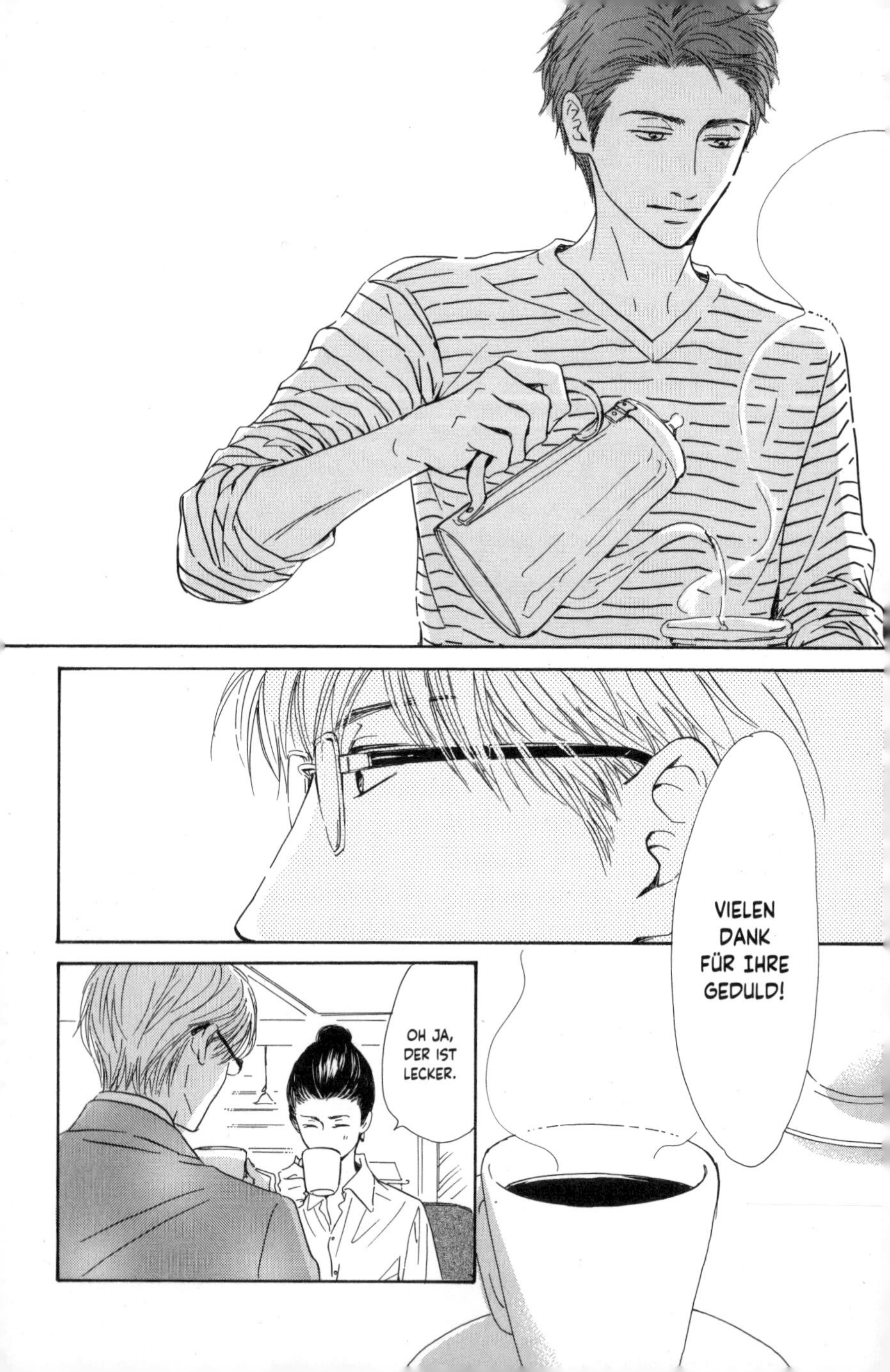
VIELEN DANK FÜR IHRE GEDULD!
OH JA, DER IST LECKER.

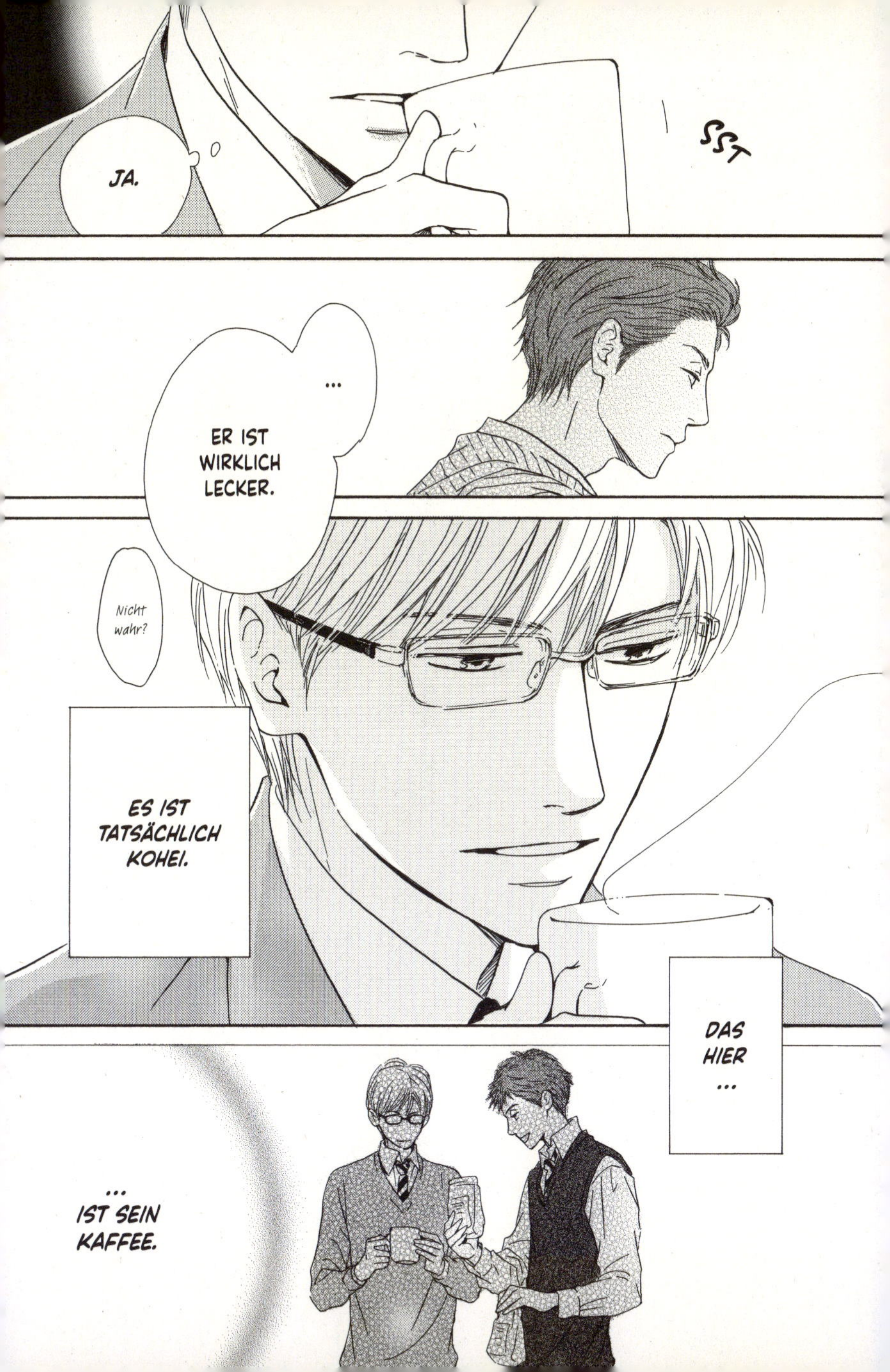

SST
JA.
... ER IST WIRKLICH LECKER.
Nicht wahr?
ES IST TATSÄCHLICH KOHEI.
DAS HIER ...
... IST SEIN KAFFEE.

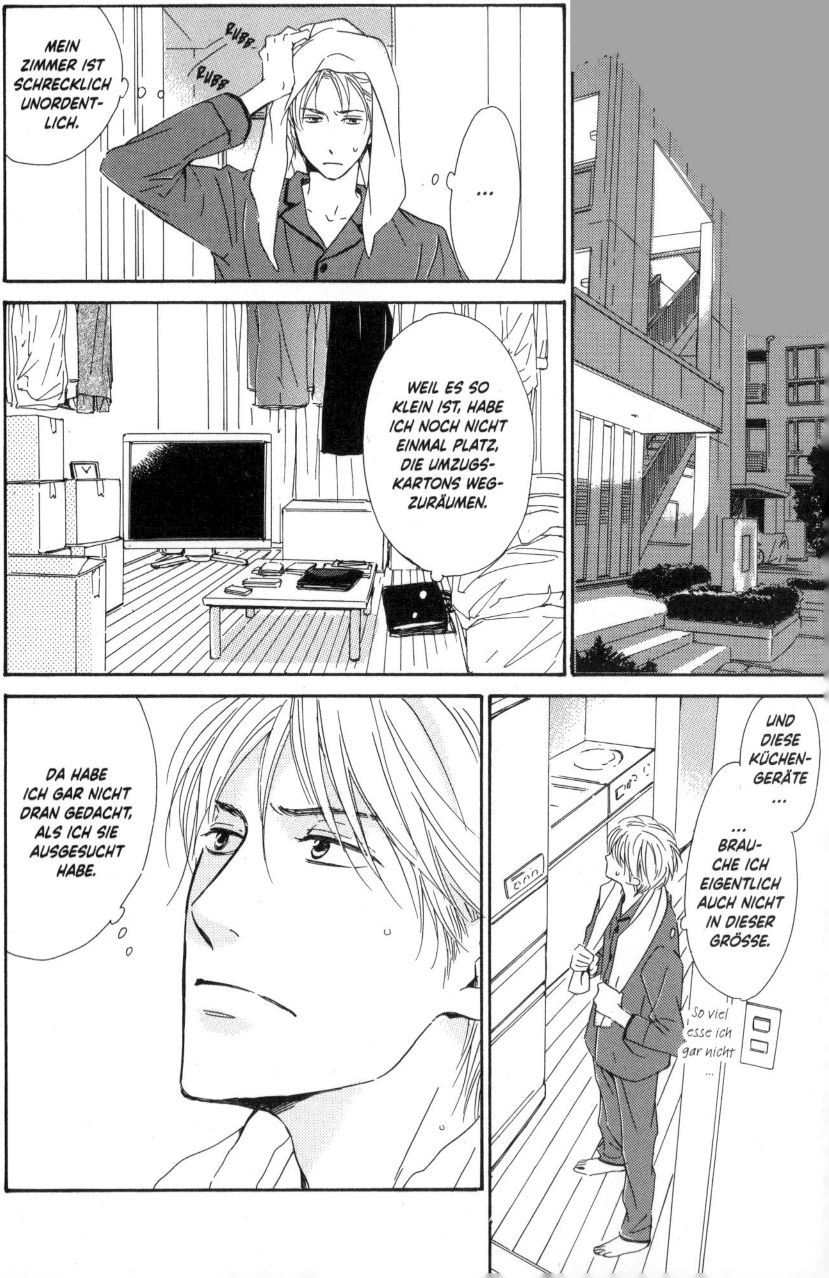
MEIN ZIMMER IST SCHRECKLICH UNORDENT-LICH.
RUBB
RUBB
...
WEIL ES SO KLEIN IST, HABE ICH NOCH NICHT EINMAL PLATZ, DIE UMZUGS-KARTONS WEG-ZURÄUMEN.
UND DIESE KÜCHEN-GERÄTE ...
... BRAU-CHE ICH EIGENTLICH AUCH NICHT IN DIESER GRÖSSE.
So viel esse ich gar nicht ...
DA HABE ICH GAR NICHT DRAN GEDACHT, ALS ICH SIE AUSGESUCHT HABE.

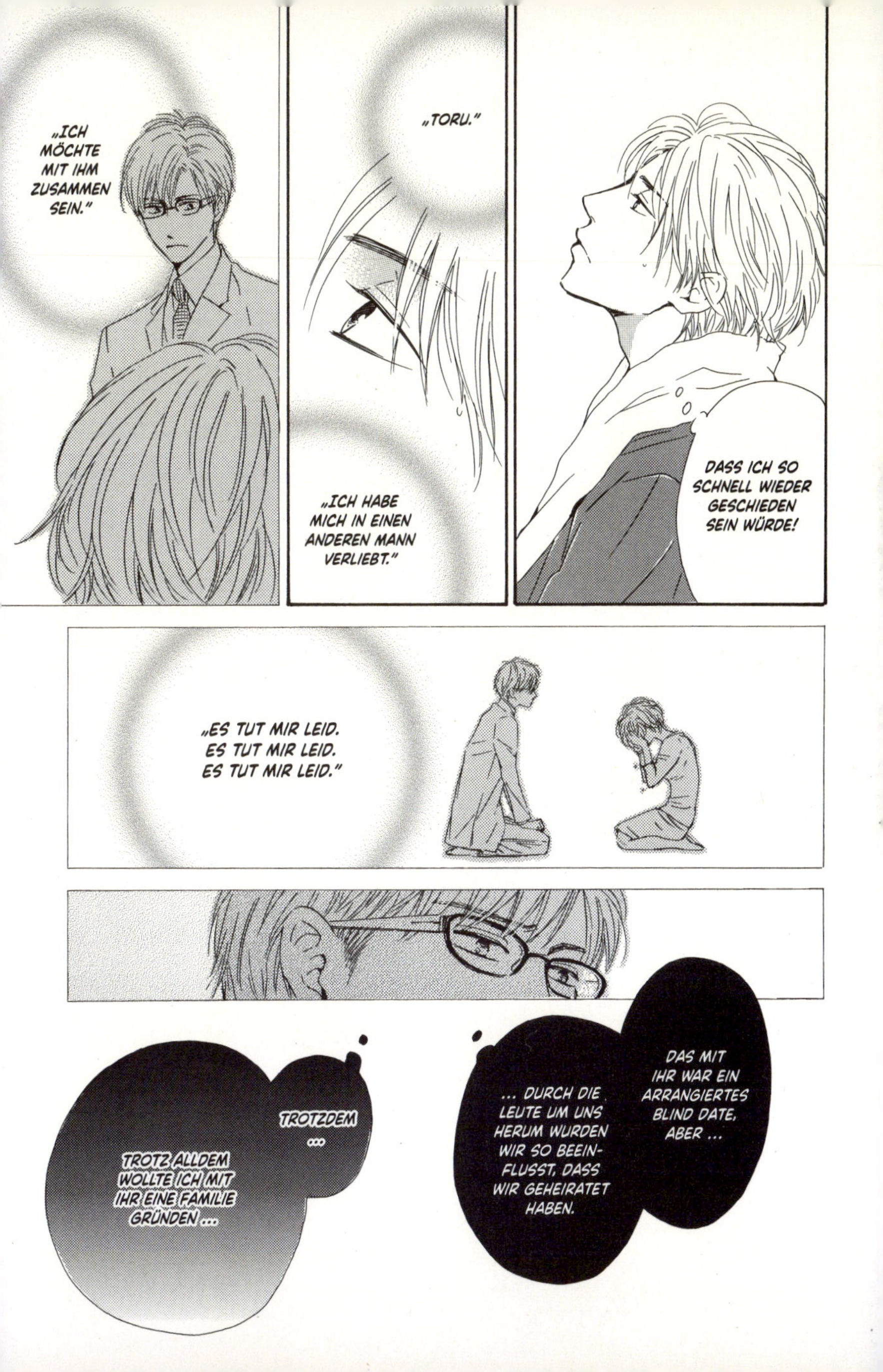
DASS ICH SO SCHNELL WIEDER GESCHIEDEN SEIN WÜRDE!
„TORU."
„ICH HABE MICH IN EINEN ANDEREN MANN VERLIEBT."
„ICH MÖCHTE MIT IHM ZUSAMMEN SEIN."
„ES TUT MIR LEID. ES TUT MIR LEID. ES TUT MIR LEID."
DAS MIT IHR WAR EIN ARRANGIERTES BLIND DATE, ABER …
… DURCH DIE LEUTE UM UNS HERUM WURDEN WIR SO BEEIN-FLUSST, DASS WIR GEHEIRATET HABEN.
TROTZDEM …
TROTZ ALLDEM WOLLTE ICH MIT IHR EINE FAMILIE GRÜNDEN …

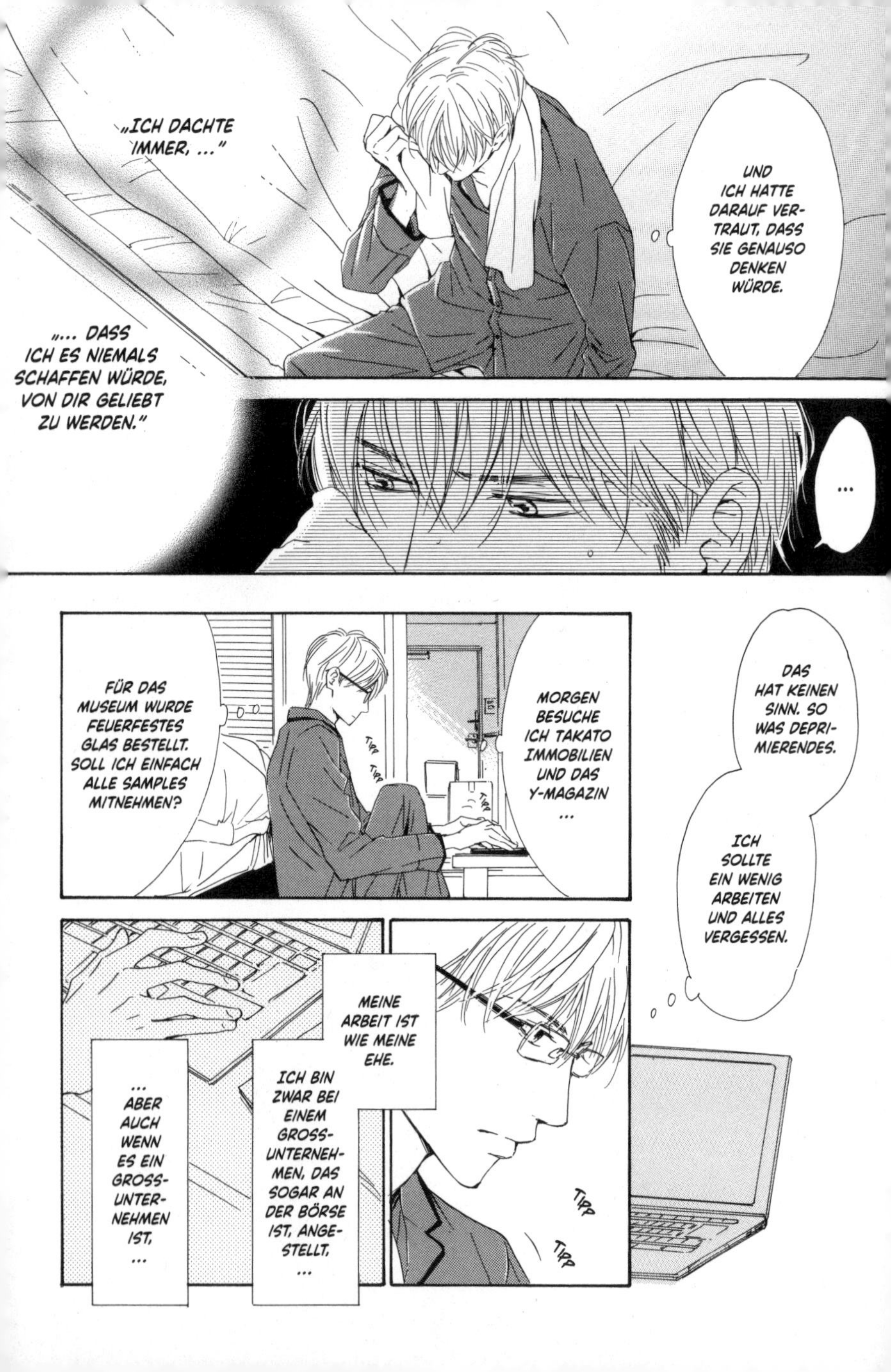
UND ICH HATTE DARAUF VERTRAUT, DASS SIE GENAUSO DENKEN WÜRDE.
„ICH DACHTE IMMER, ...“
„... DASS ICH ES NIEMALS SCHAFFEN WÜRDE, VON DIR GELIEBT ZU WERDEN.“
...
DAS HAT KEINEN SINN. SO WAS DEPRIMIERENDES.
ICH SOLLTE EIN WENIG ARBEITEN UND ALLES VERGESSEN.
MORGEN BESUCHE ICH TAKATO IMMOBILIEN UND DAS Y-MAGAZIN ...
TIPP TIPP TIPP
FÜR DAS MUSEUM WURDE FEUERFESTES GLAS BESTELLT. SOLL ICH EINFACH ALLE SAMPLES MITNEHMEN?
MEINE ARBEIT IST WIE MEINE EHE.
TIPP TIPP
ICH BIN ZWAR BEI EINEM GROSSUNTERNEHMEN, DAS SOGAR AN DER BÖRSE IST, ANGESTELLT, ...
... ABER AUCH WENN ES EIN GROSSUNTERNEHMEN IST, ...

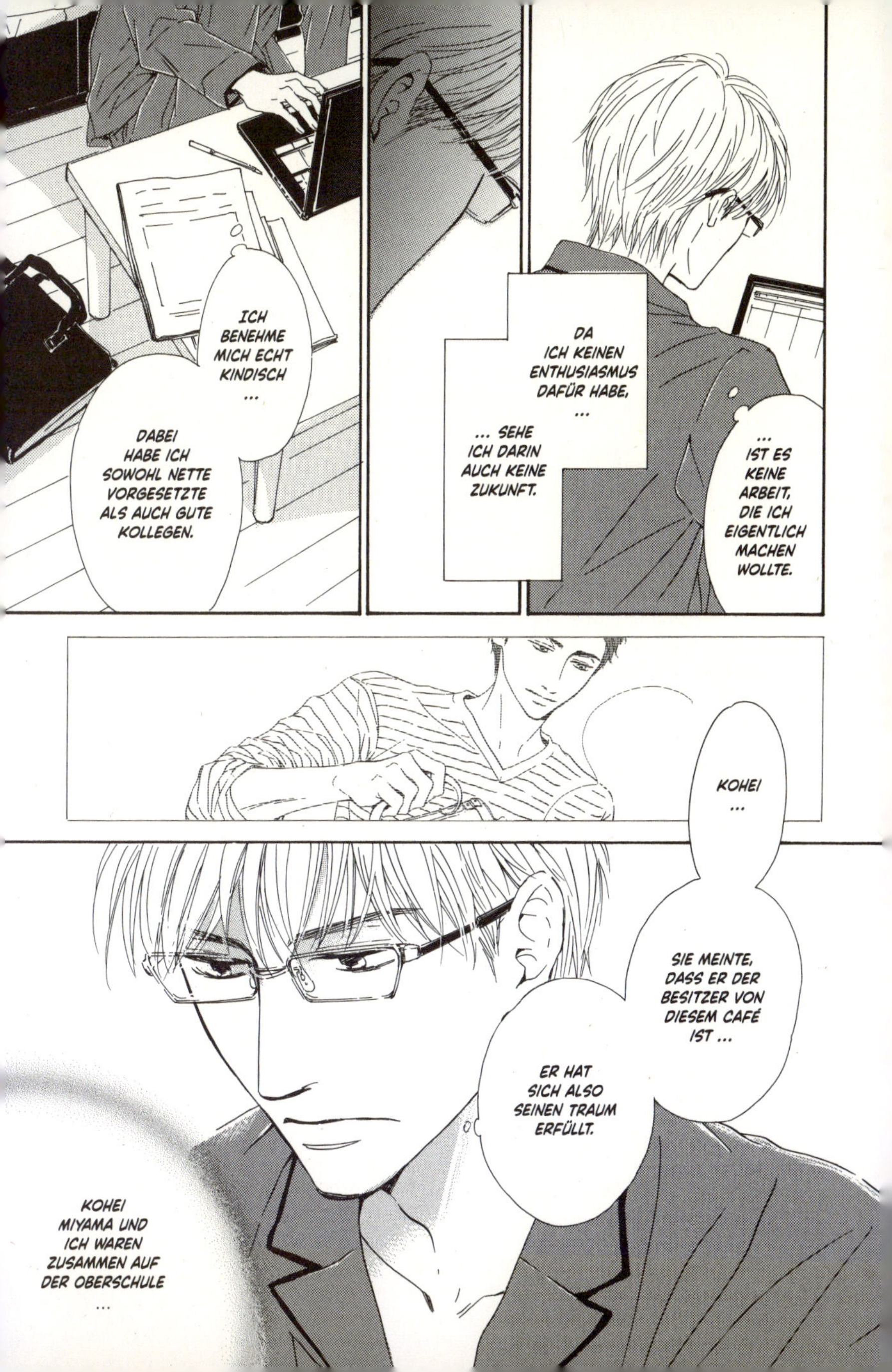
ICH BENEHME MICH ECHT KINDISCH ...
DABEI HABE ICH SOWOHL NETTE VORGESETZTE ALS AUCH GUTE KOLLEGEN.
... IST ES KEINE ARBEIT, DIE ICH EIGENTLICH MACHEN WOLLTE.
DA ICH KEINEN ENTHUSIASMUS DAFÜR HABE, ...
... SEHE ICH DARIN AUCH KEINE ZUKUNFT.
KOHEI ...
SIE MEINTE, DASS ER DER BESITZER VON DIESEM CAFÉ IST ...
ER HAT SICH ALSO SEINEN TRAUM ERFÜLLT.
KOHEI MIYAMA UND ICH WAREN ZUSAMMEN AUF DER OBERSCHULE ...

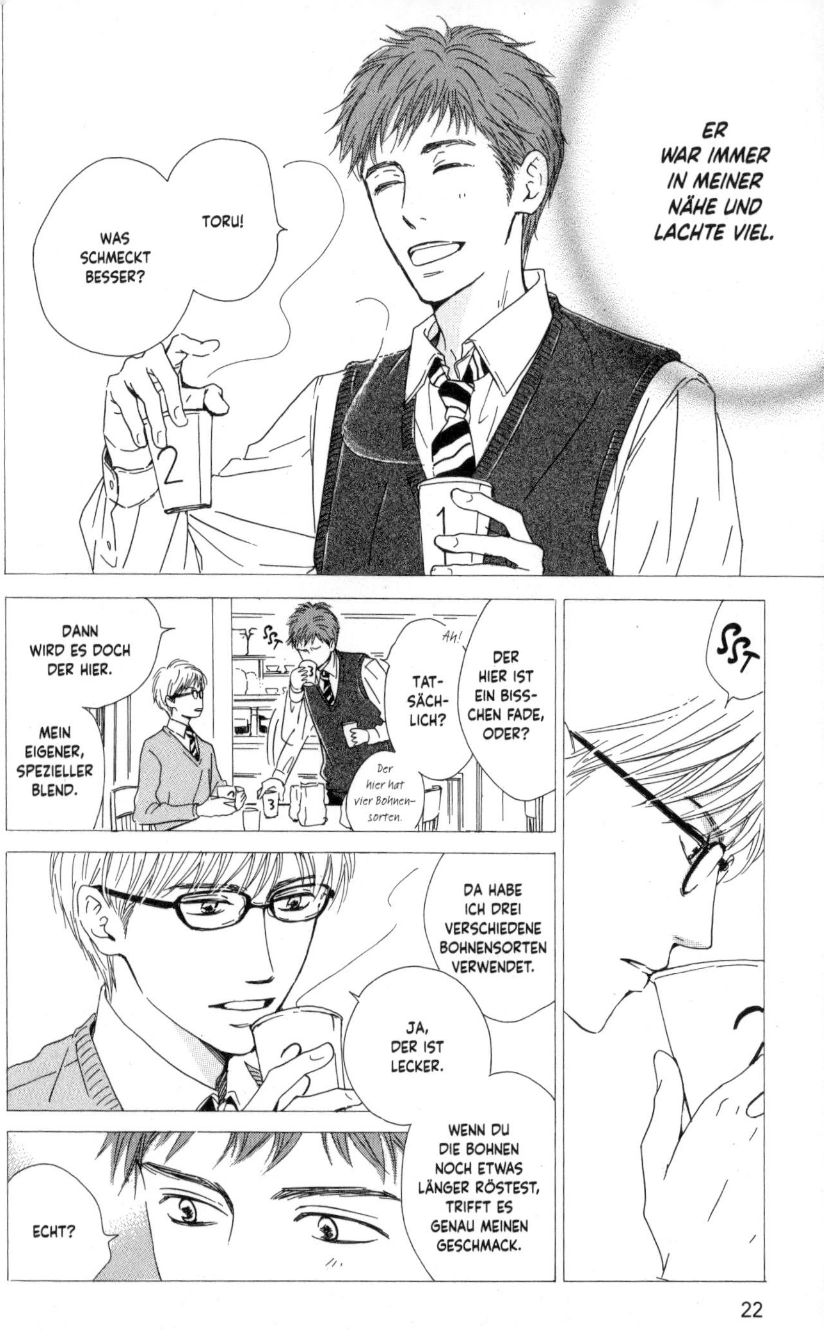
ER WAR IMMER IN MEINER NÄHE UND LACHTE VIEL.
TORU!
WAS SCHMECKT BESSER?
SST
DER HIER IST EIN BISS-CHEN FADE, ODER?
Ah!
TAT-SÄCH-LICH?
Der hier hat vier Bohnen-sorten.
SST
DANN WIRD ES DOCH DER HIER.
MEIN EIGENER, SPEZIELLER BLEND.
DA HABE ICH DREI VERSCHIEDENE BOHNENSORTEN VERWENDET.
JA, DER IST LECKER.
WENN DU DIE BOHNEN NOCH ETWAS LÄNGER RÖSTEST, TRIFFT ES GENAU MEINEN GESCHMACK.
ECHT?

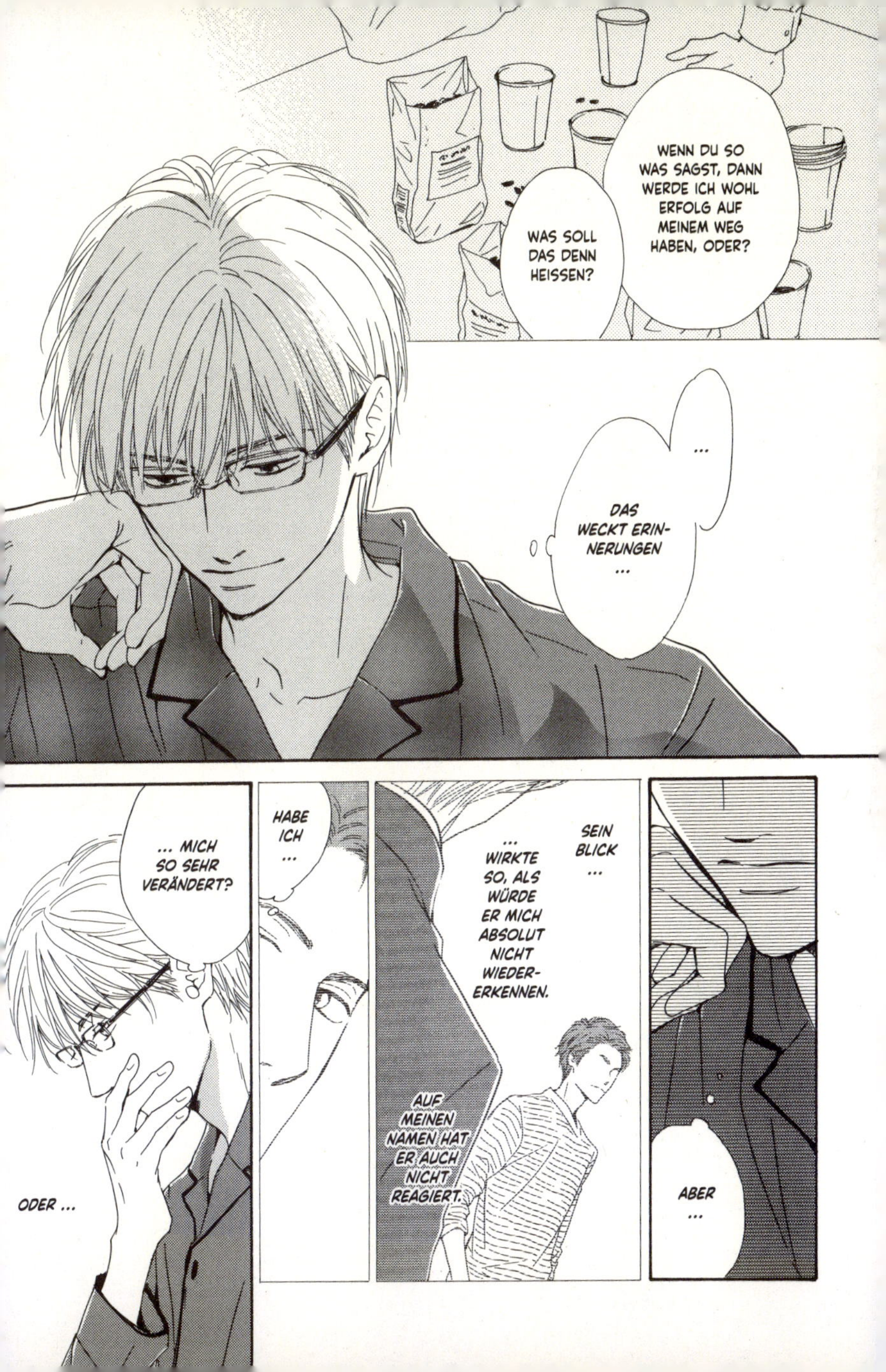
WENN DU SO WAS SAGST, DANN WERDE ICH WOHL ERFOLG AUF MEINEM WEG HABEN, ODER?
WAS SOLL DAS DENN HEISSEN?
...
DAS WECKT ERINNERUNGEN ...
ABER ...
SEIN BLICK ...
... WIRKTE SO, ALS WÜRDE ER MICH ABSOLUT NICHT WIEDERERKENNEN.
AUF MEINEN NAMEN HAT ER AUCH NICHT REAGIERT.
HABE ICH ...
... MICH SO SEHR VERÄNDERT?
ODER ...

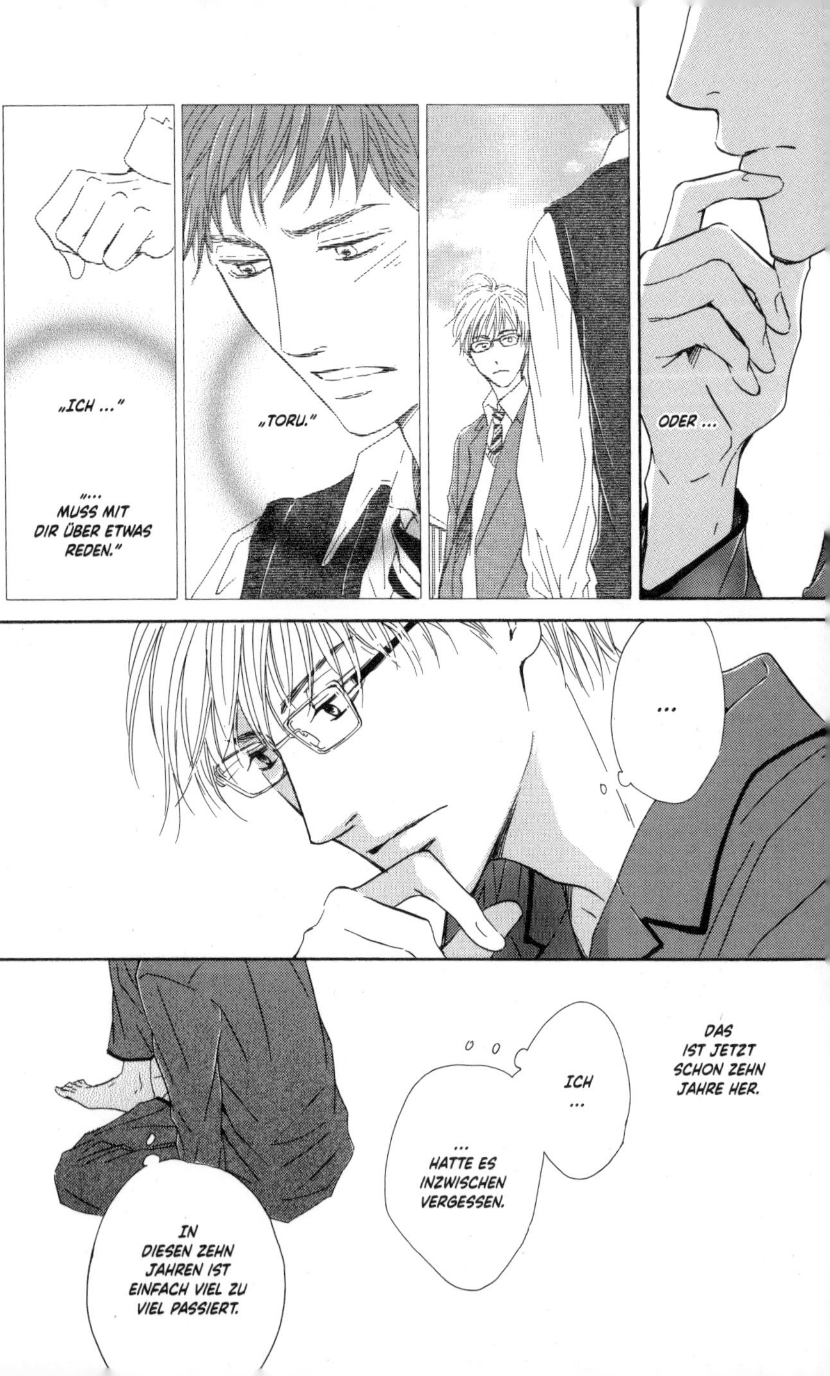
ODER ...
„TORU.“
„ICH ...“
„... MUSS MIT DIR ÜBER ETWAS REDEN.“
...
DAS IST JETZT SCHON ZEHN JAHRE HER.
ICH ...
... HATTE ES INZWISCHEN VERGESSEN.
IN DIESEN ZEHN JAHREN IST EINFACH VIEL ZU VIEL PASSIERT.

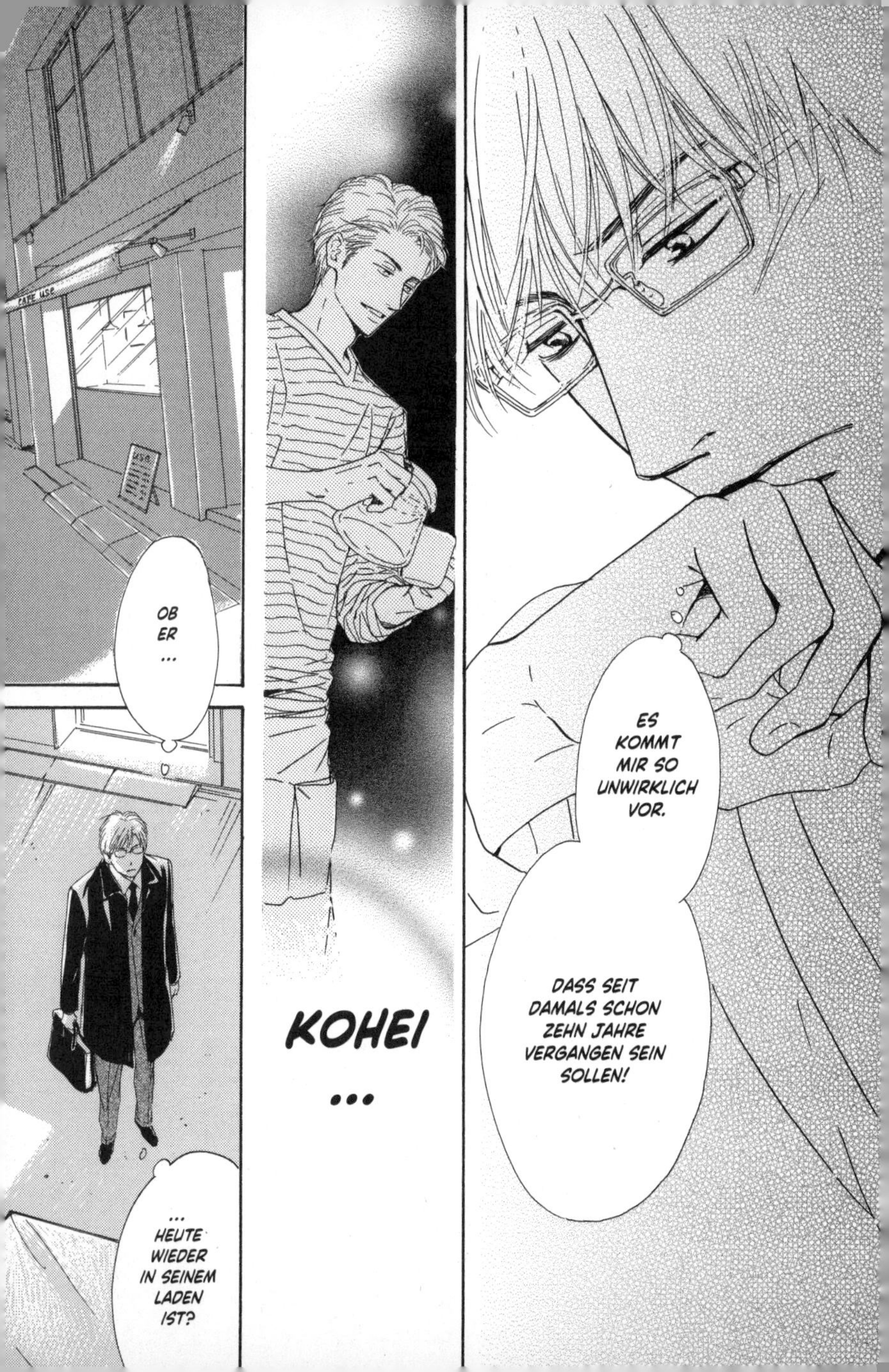

ES KOMMT MIR SO UNWIRKLICH VOR.
DASS SEIT DAMALS SCHON ZEHN JAHRE VERGANGEN SEIN SOLLEN!
KOHEI ...
OB ER ...
... HEUTE WIEDER IN SEINEM LADEN IST?

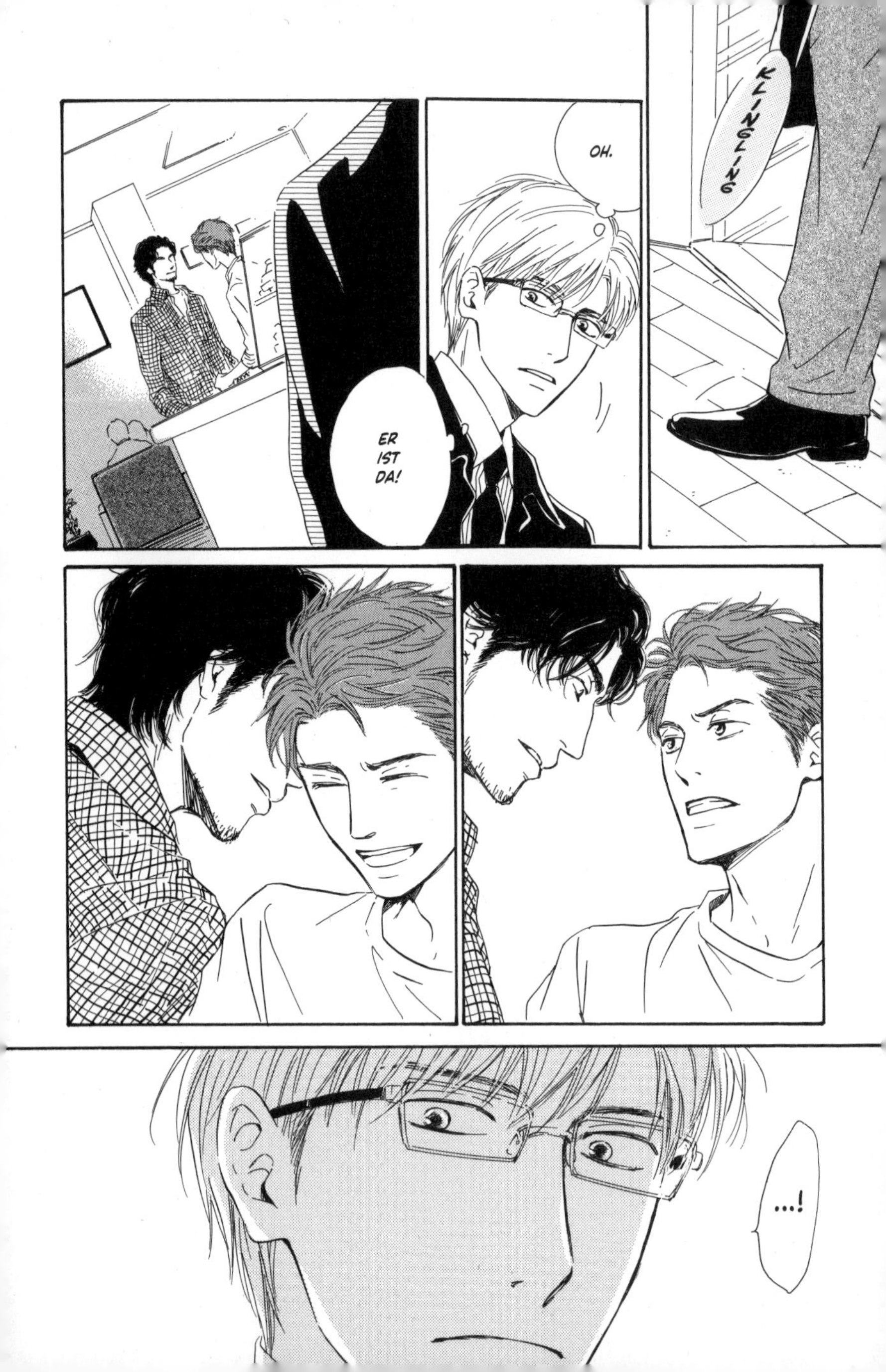
KLINGLING
OH.
ER IST DA!
...!

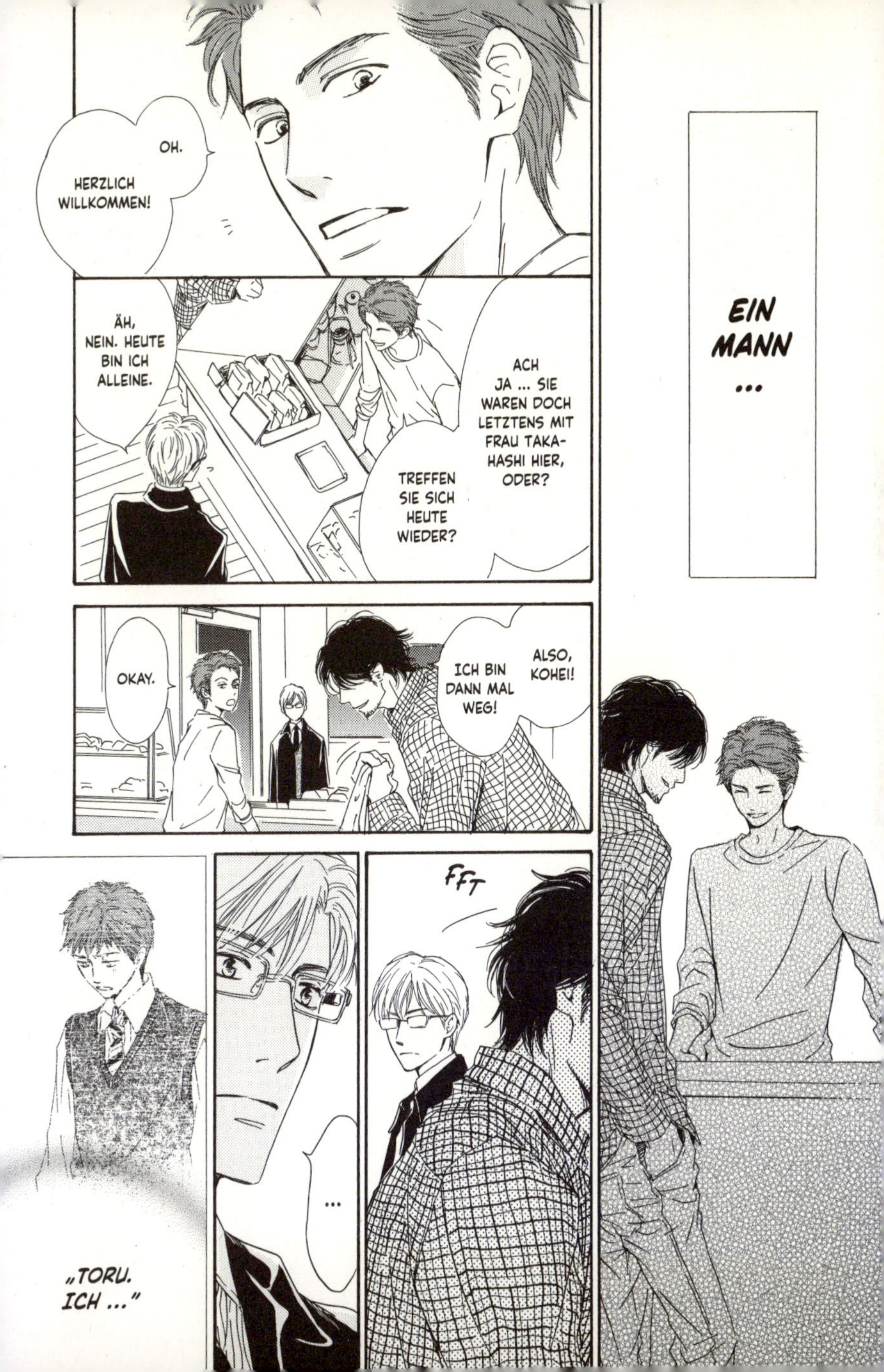

EIN MANN ...
OH.
HERZLICH WILLKOMMEN!
ACH JA ... SIE WAREN DOCH LETZTENS MIT FRAU TAKA-HASHI HIER, ODER?
TREFFEN SIE SICH HEUTE WIEDER?
ÄH, NEIN. HEUTE BIN ICH ALLEINE.
ALSO, KOHEI!
ICH BIN DANN MAL WEG!
OKAY.
FFT
...
„TORU. ICH ...“

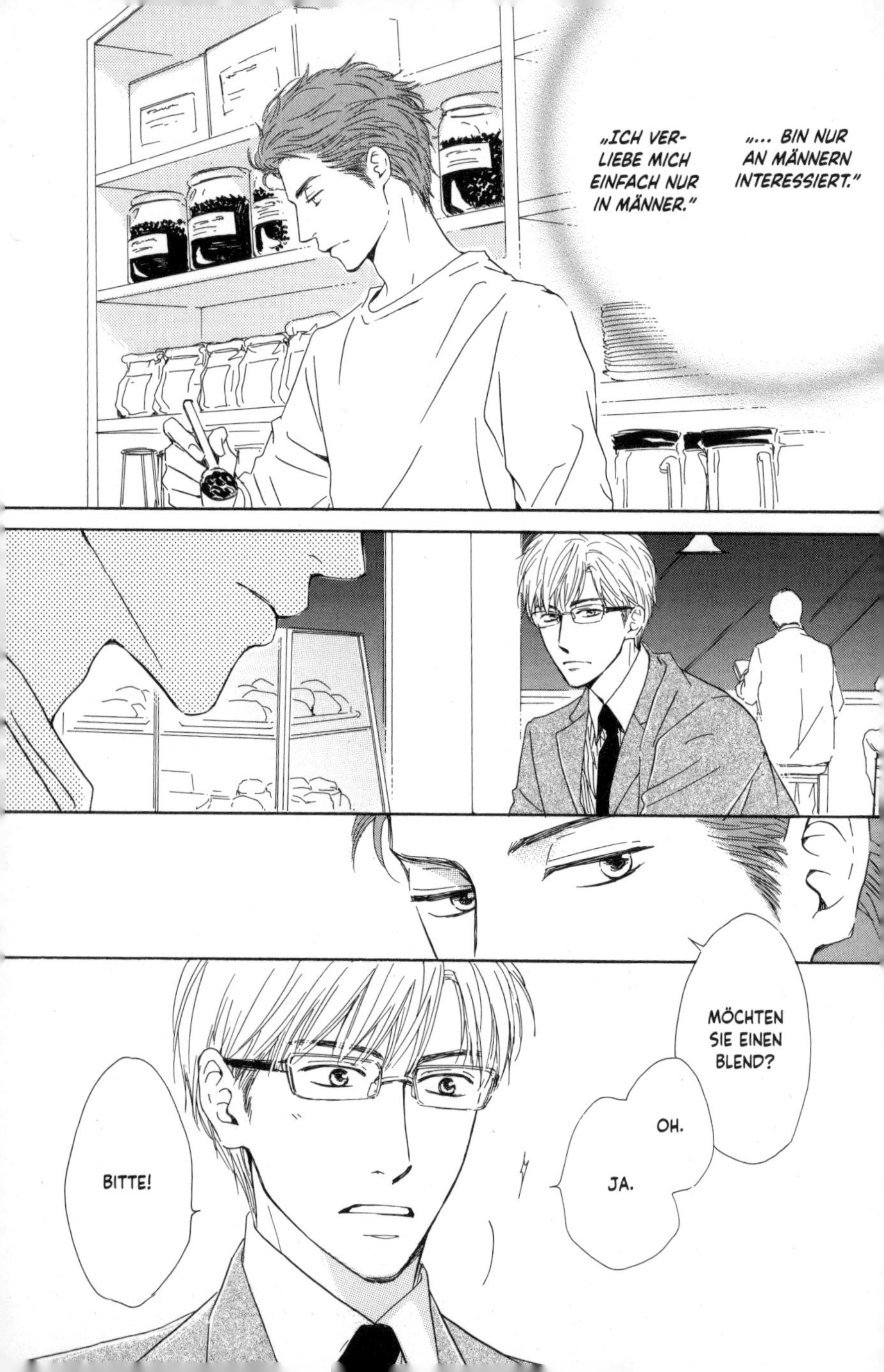
„... BIN NUR AN MÄNNERN INTERESSIERT."
„ICH VERLIEBE MICH EINFACH NUR IN MÄNNER."
MÖCHTEN SIE EINEN BLEND?
OH.
JA.
BITTE!

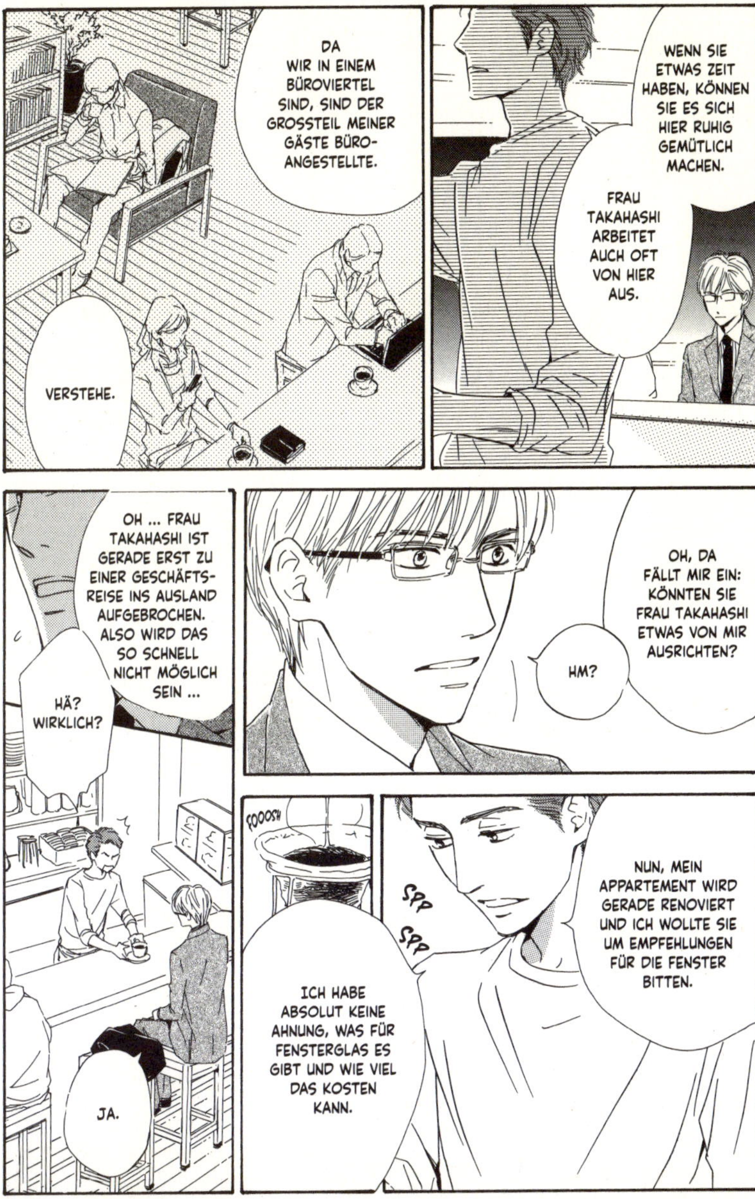
WENN SIE ETWAS ZEIT HABEN, KÖNNEN SIE ES SICH HIER RUHIG GEMÜTLICH MACHEN.
FRAU TAKAHASHI ARBEITET AUCH OFT VON HIER AUS.
DA WIR IN EINEM BÜROVIERTEL SIND, SIND DER GROSSTEIL MEINER GÄSTE BÜRO-ANGESTELLTE.
VERSTEHE.
OH, DA FÄLLT MIR EIN: KÖNNTEN SIE FRAU TAKAHASHI ETWAS VON MIR AUSRICHTEN?
HM?
NUN, MEIN APPARTEMENT WIRD GERADE RENOVIERT UND ICH WOLLTE SIE UM EMPFEHLUNGEN FÜR DIE FENSTER BITTEN.
SPP
SPP
FOOOSH
ICH HABE ABSOLUT KEINE AHNUNG, WAS FÜR FENSTERGLAS ES GIBT UND WIE VIEL DAS KOSTEN KANN.
OH ... FRAU TAKAHASHI IST GERADE ERST ZU EINER GESCHÄFTS-REISE INS AUSLAND AUFGEBROCHEN. ALSO WIRD DAS SO SCHNELL NICHT MÖGLICH SEIN ...
HÄ? WIRKLICH?
JA.

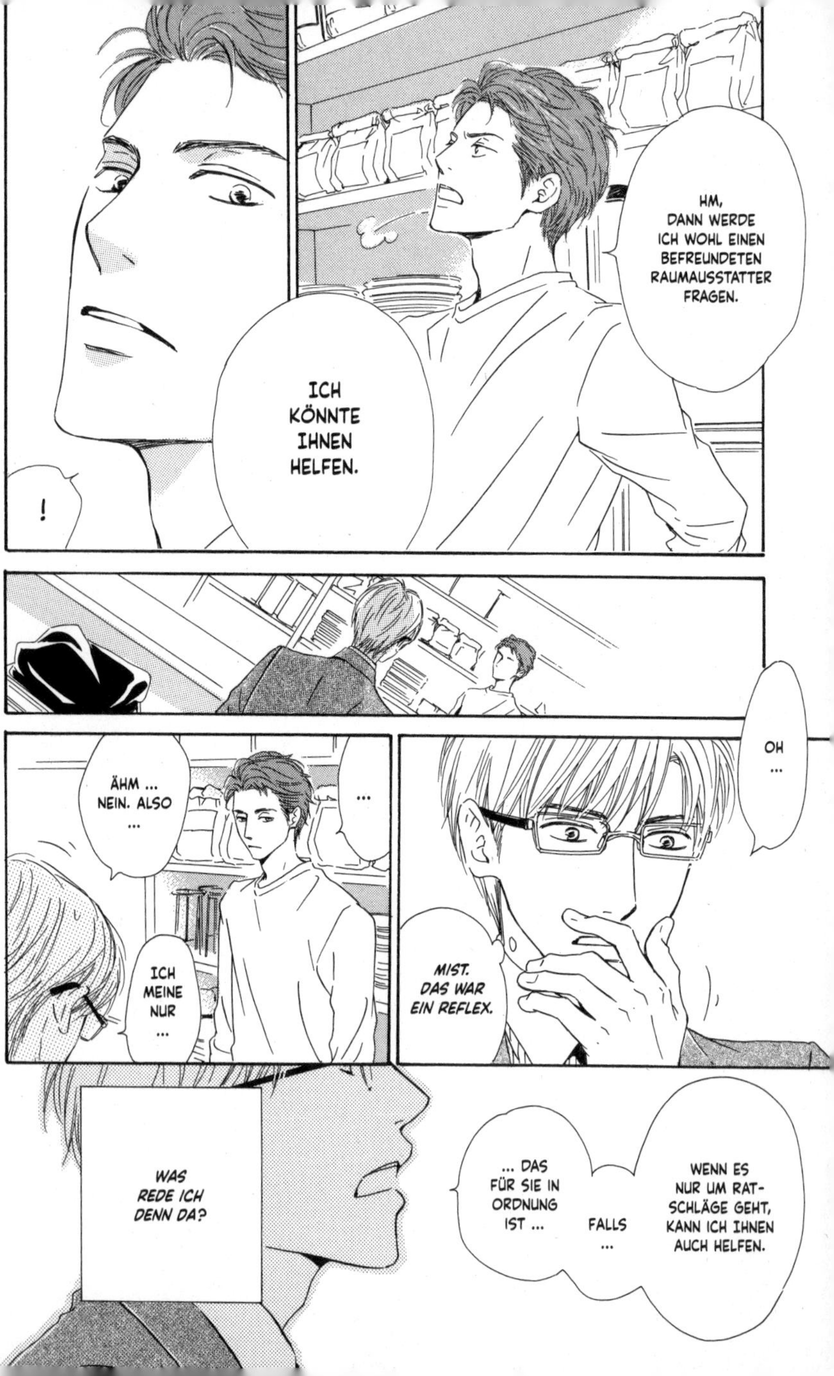
HM, DANN WERDE ICH WOHL EINEN BEFREUNDETEN RAUMAUSSTATTER FRAGEN.
ICH KÖNNTE IHNEN HELFEN.
!
OH ...
MIST. DAS WAR EIN REFLEX.
...
ÄHM ... NEIN. ALSO ...
ICH MEINE NUR ...
WENN ES NUR UM RAT-SCHLÄGE GEHT, KANN ICH IHNEN AUCH HELFEN.
FALLS ...
... DAS FÜR SIE IN ORDNUNG IST ...
WAS REDE ICH DENN DA?

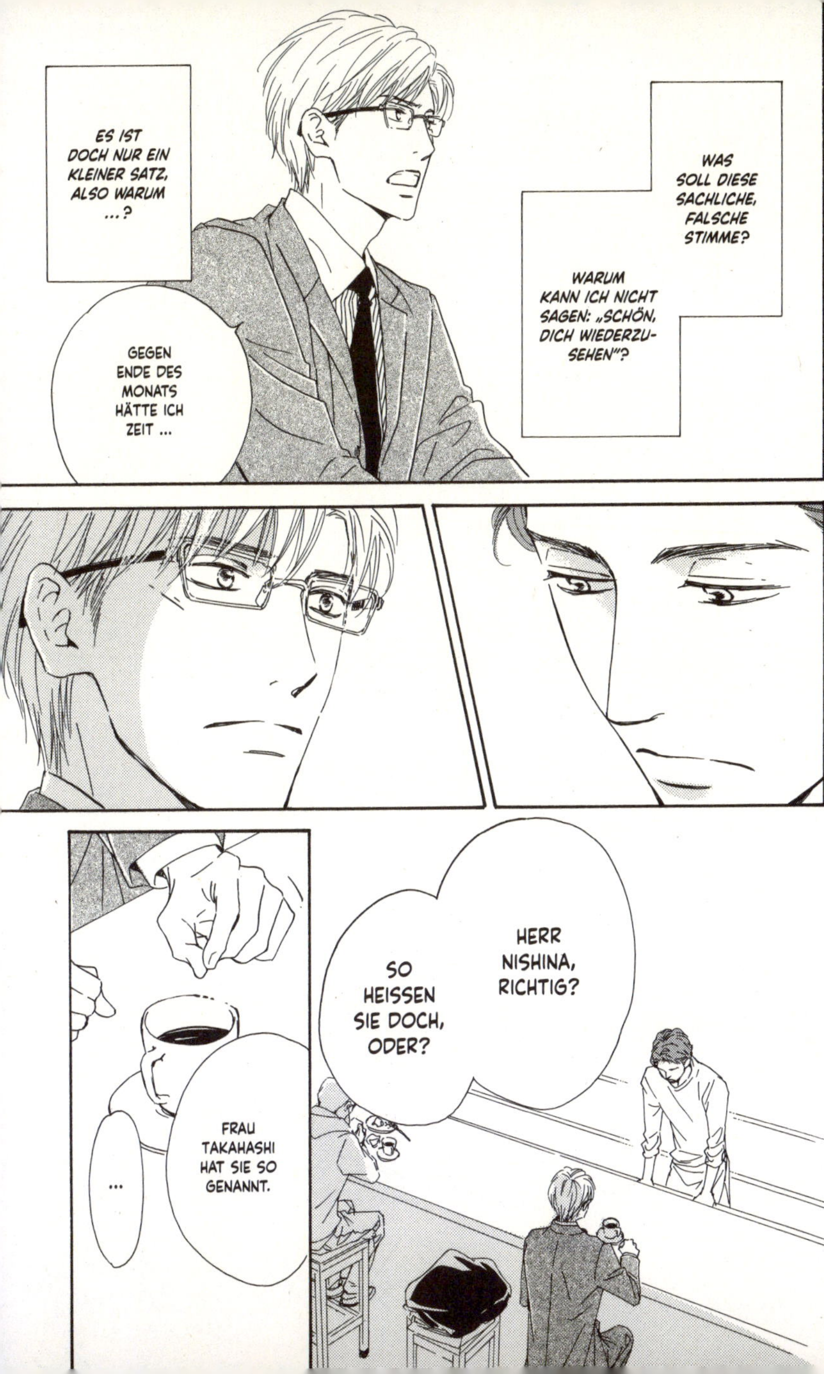
WAS SOLL DIESE SACHLICHE, FALSCHE STIMME?
WARUM KANN ICH NICHT SAGEN: „SCHÖN, DICH WIEDERZUSEHEN"?
ES IST DOCH NUR EIN KLEINER SATZ, ALSO WARUM ...?
GEGEN ENDE DES MONATS HÄTTE ICH ZEIT ...
HERR NISHINA, RICHTIG?
SO HEISSEN SIE DOCH, ODER?
FRAU TAKAHASHI HAT SIE SO GENANNT.
...

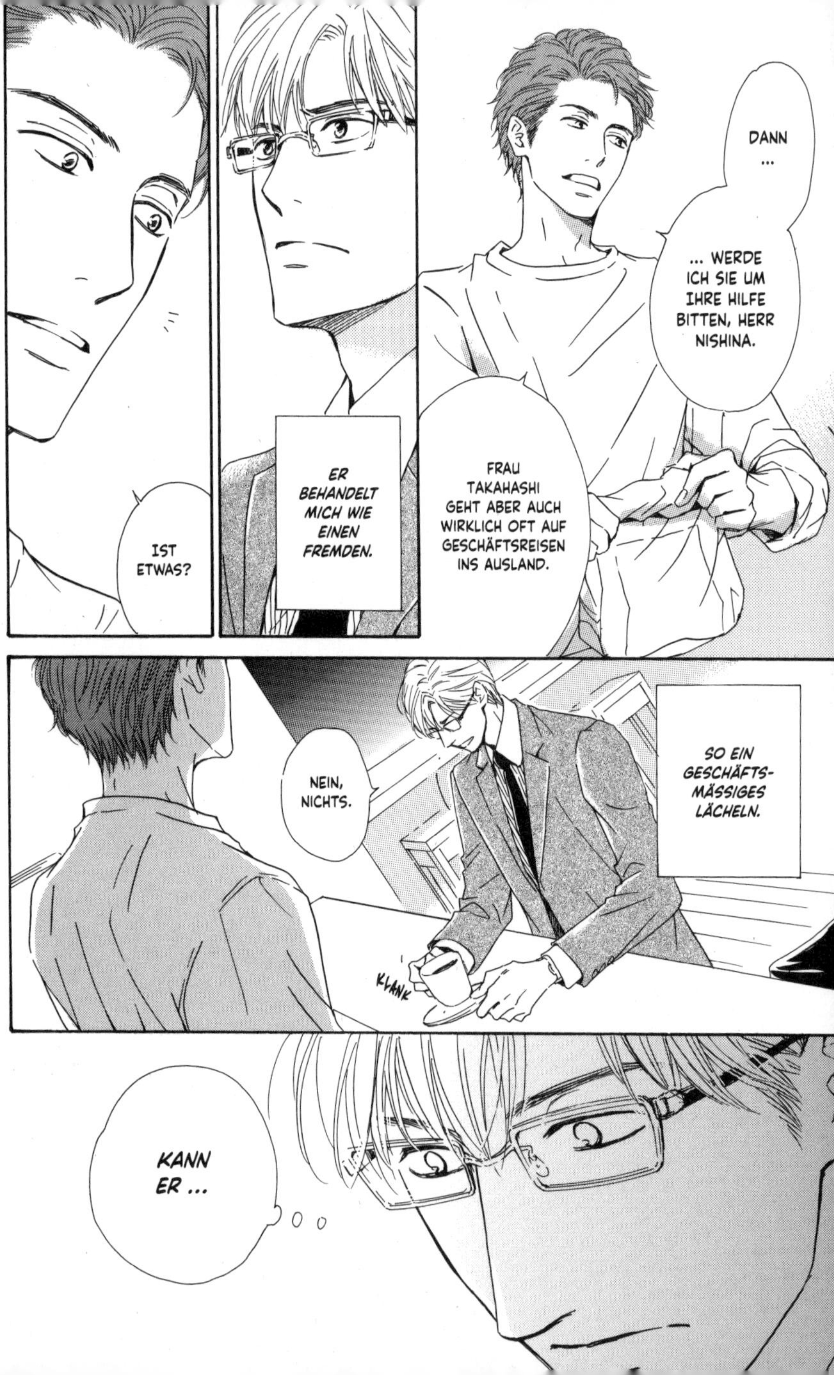
DANN ...
... WERDE ICH SIE UM IHRE HILFE BITTEN, HERR NISHINA.
FRAU TAKAHASHI GEHT ABER AUCH WIRKLICH OFT AUF GESCHÄFTSREISEN INS AUSLAND.
ER BEHANDELT MICH WIE EINEN FREMDEN.
IST ETWAS?
SO EIN GESCHÄFTS-MÄSSIGES LÄCHELN.
NEIN, NICHTS.
KLANK
KANN ER ...

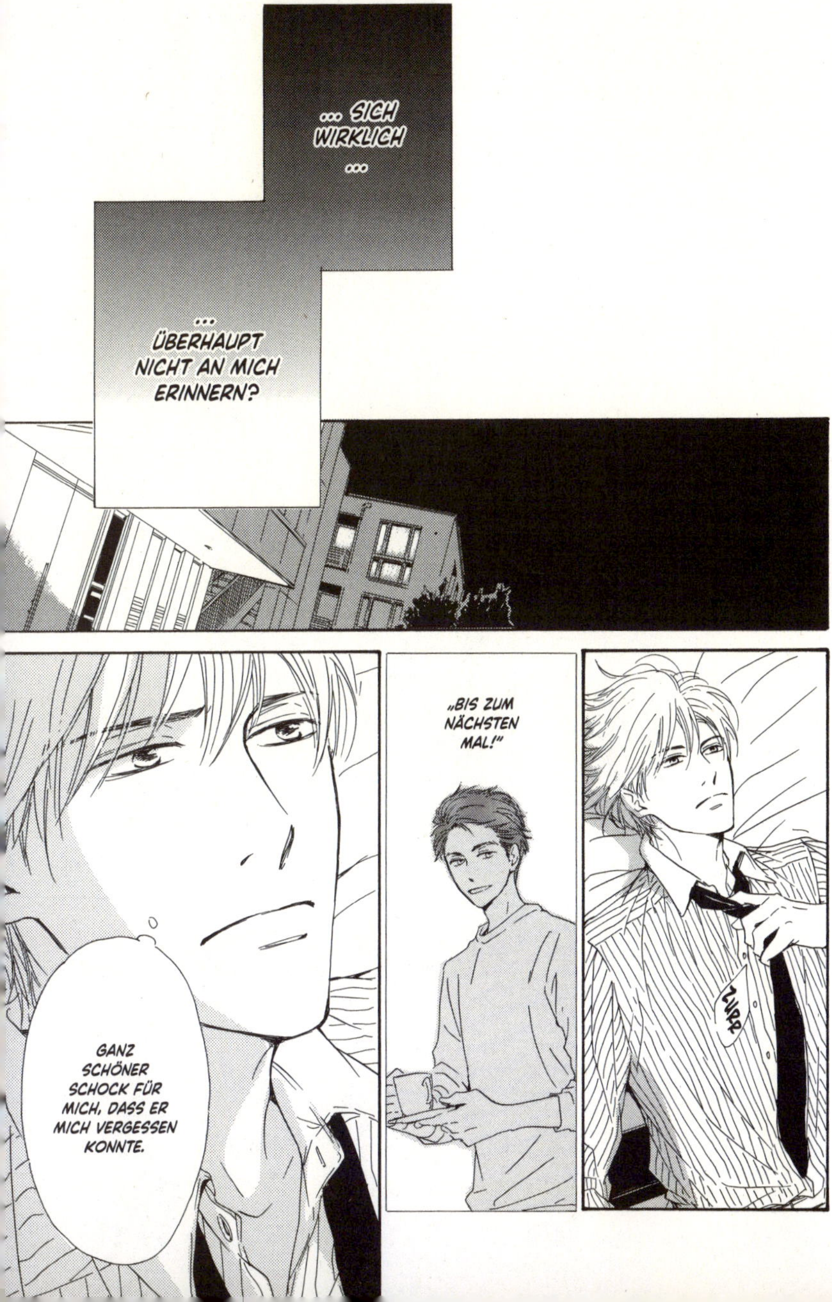
... SICH WIRKLICH ...
... ÜBERHAUPT NICHT AN MICH ERINNERN?
ZUPF
„BIS ZUM NÄCHSTEN MAL!“
GANZ SCHÖNER SCHOCK FÜR MICH, DASS ER MICH VERGESSEN KONNTE.

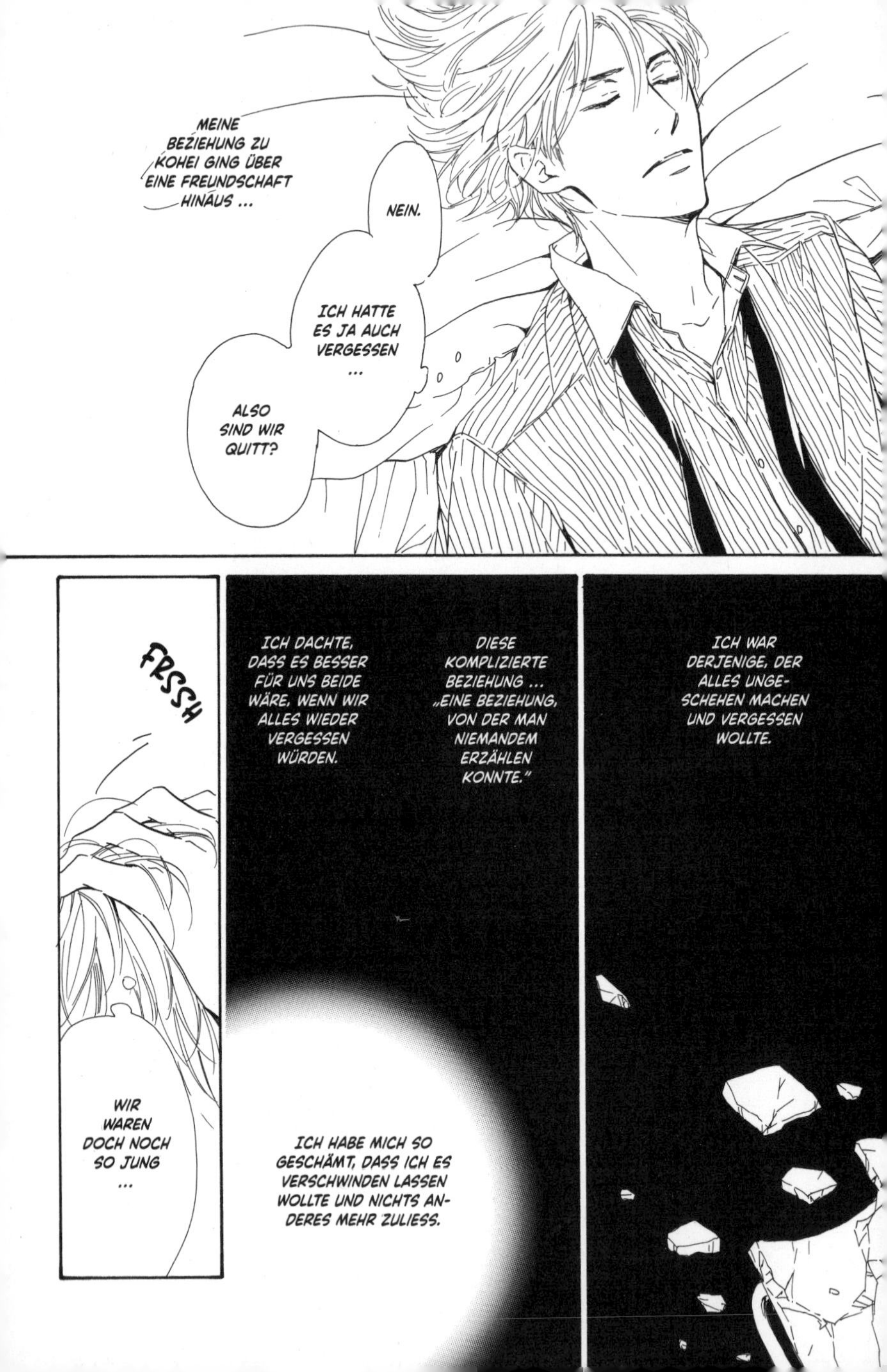
MEINE BEZIEHUNG ZU KOHEI GING ÜBER EINE FREUNDSCHAFT HINAUS ...
NEIN.
ICH HATTE ES JA AUCH VERGESSEN ...
ALSO SIND WIR QUITT?
ICH WAR DERJENIGE, DER ALLES UNGE-SCHEHEN MACHEN UND VERGESSEN WOLLTE.
DIESE KOMPLIZIERTE BEZIEHUNG ... „EINE BEZIEHUNG, VON DER MAN NIEMANDEM ERZÄHLEN KONNTE.“
ICH DACHTE, DASS ES BESSER FÜR UNS BEIDE WÄRE, WENN WIR ALLES WIEDER VERGESSEN WÜRDEN.
ICH HABE MICH SO GESCHÄMT, DASS ICH ES VERSCHWINDEN LASSEN WOLLTE UND NICHTS AN-DERES MEHR ZULIESS.
FRSSH
WIR WAREN DOCH NOCH SO JUNG ...

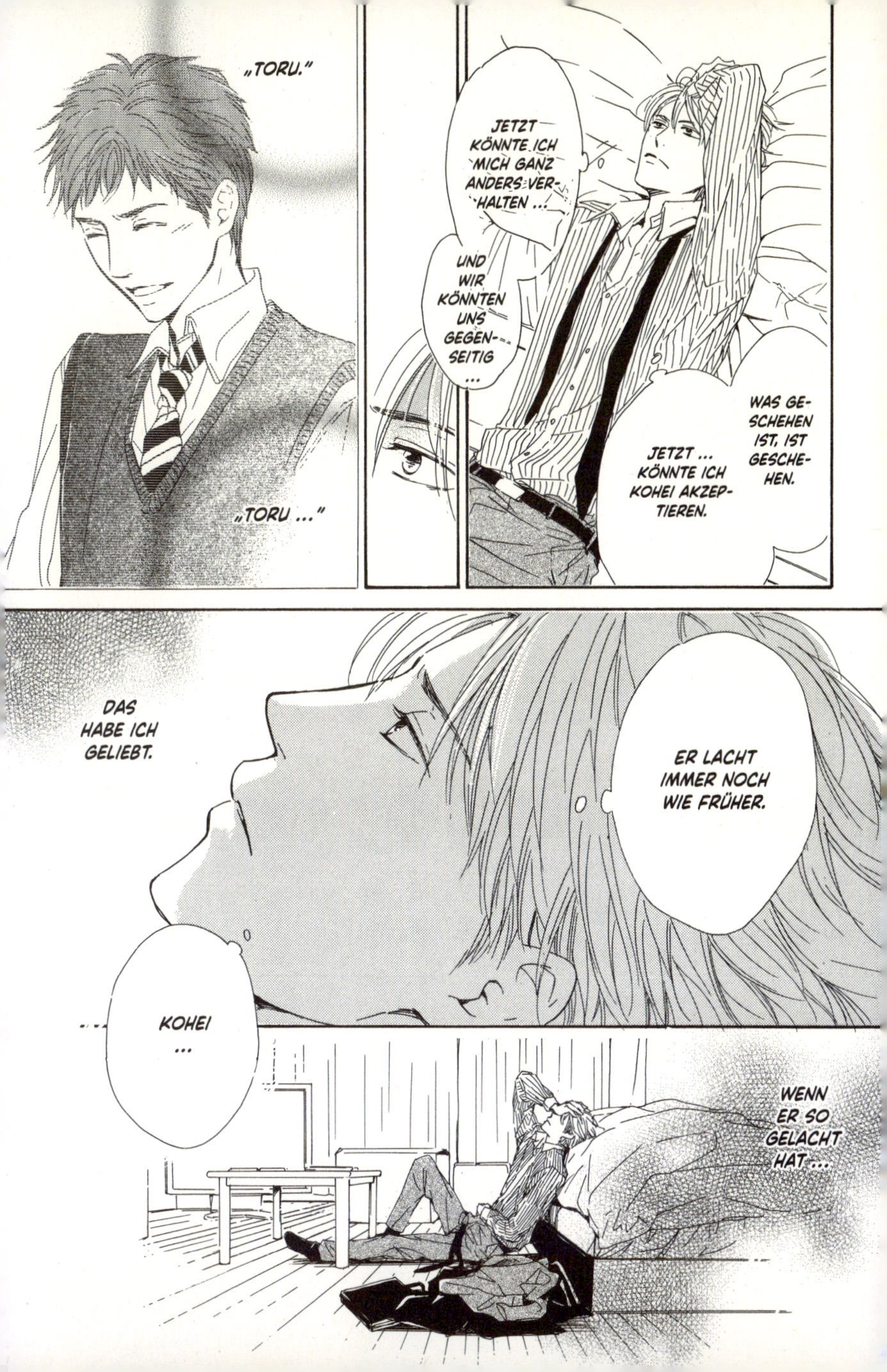
JETZT KÖNNTE ICH MICH GANZ ANDERS VERHALTEN ...
UND WIR KÖNNTEN UNS GEGENSEITIG ...
WAS GESCHEHEN IST, IST GESCHEHEN.
JETZT ... KÖNNTE ICH KOHEI AKZEPTIEREN.
„TORU."
„TORU ..."
ER LACHT IMMER NOCH WIE FRÜHER.
DAS HABE ICH GELIEBT.
WENN ER SO GELACHT HAT ...
... KOHEI ...

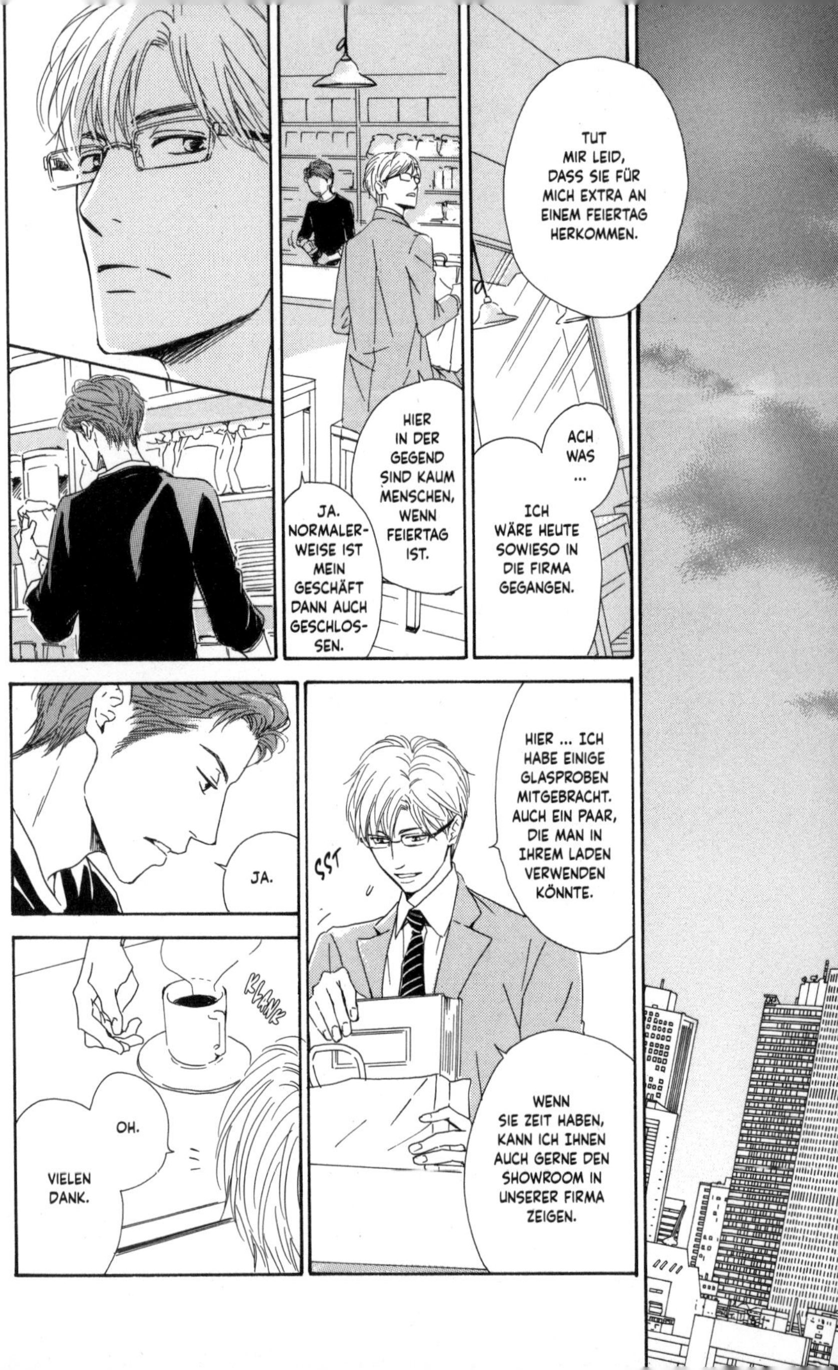
TUT MIR LEID, DASS SIE FÜR MICH EXTRA AN EINEM FEIERTAG HERKOMMEN.
ACH WAS ...
ICH WÄRE HEUTE SOWIESO IN DIE FIRMA GEGANGEN.
HIER IN DER GEGEND SIND KAUM MENSCHEN, WENN FEIERTAG IST.
JA. NORMALERWEISE IST MEIN GESCHÄFT DANN AUCH GESCHLOSSEN.
HIER ... ICH HABE EINIGE GLASPROBEN MITGEBRACHT. AUCH EIN PAAR, DIE MAN IN IHREM LADEN VERWENDEN KÖNNTE.
SST
WENN SIE ZEIT HABEN, KANN ICH IHNEN AUCH GERNE DEN SHOWROOM IN UNSERER FIRMA ZEIGEN.
JA.
KLANK
OH.
VIELEN DANK.

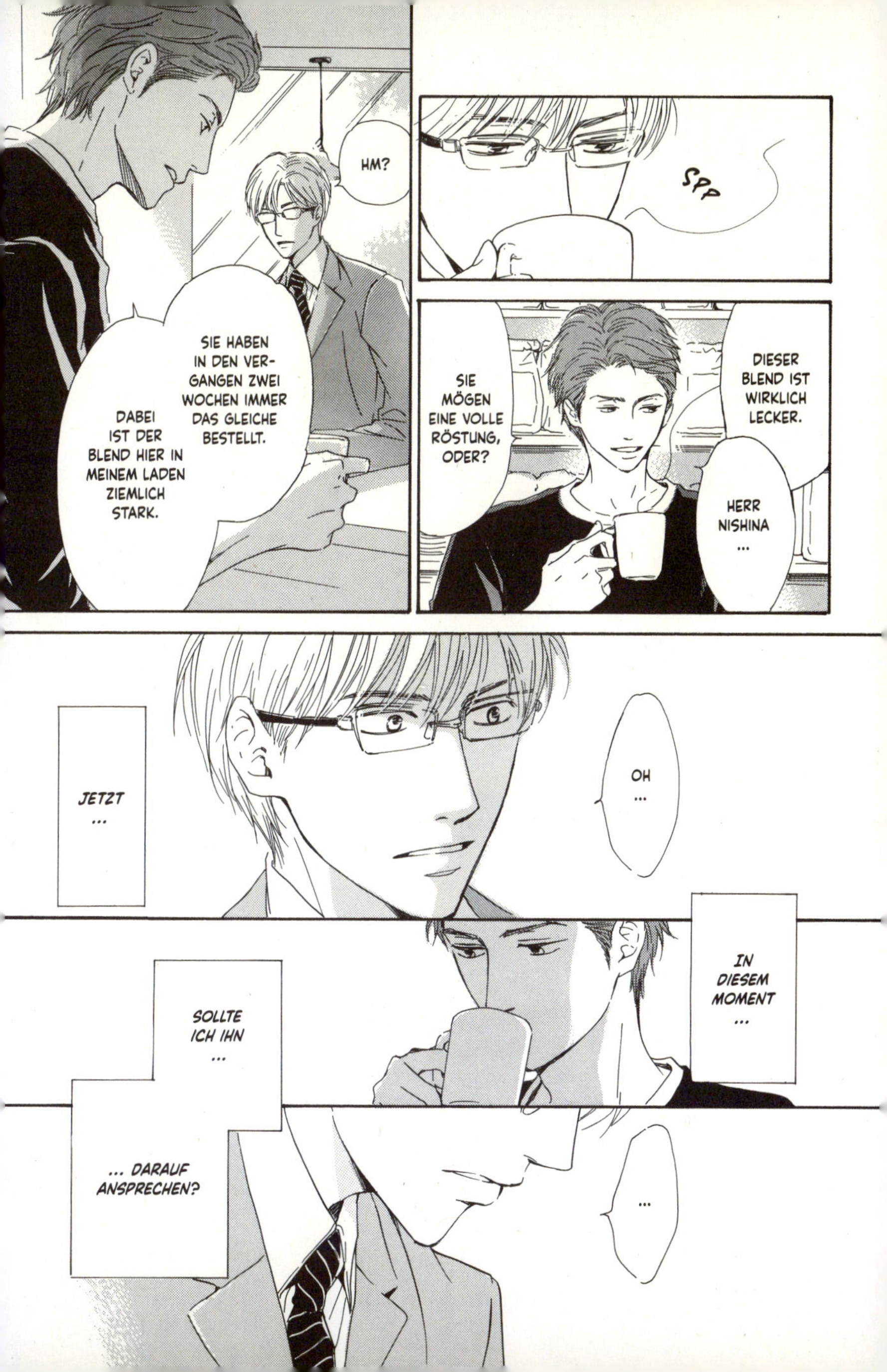
SPP
DIESER BLEND IST WIRKLICH LECKER.
HERR NISHINA ...
SIE MÖGEN EINE VOLLE RÖSTUNG, ODER?
HM?
SIE HABEN IN DEN VERGANGEN ZWEI WOCHEN IMMER DAS GLEICHE BESTELLT.
DABEI IST DER BLEND HIER IN MEINEM LADEN ZIEMLICH STARK.
OH ...
JETZT ...
IN DIESEM MOMENT ...
SOLLTE ICH IHN ...
... DARAUF ANSPRECHEN?
...

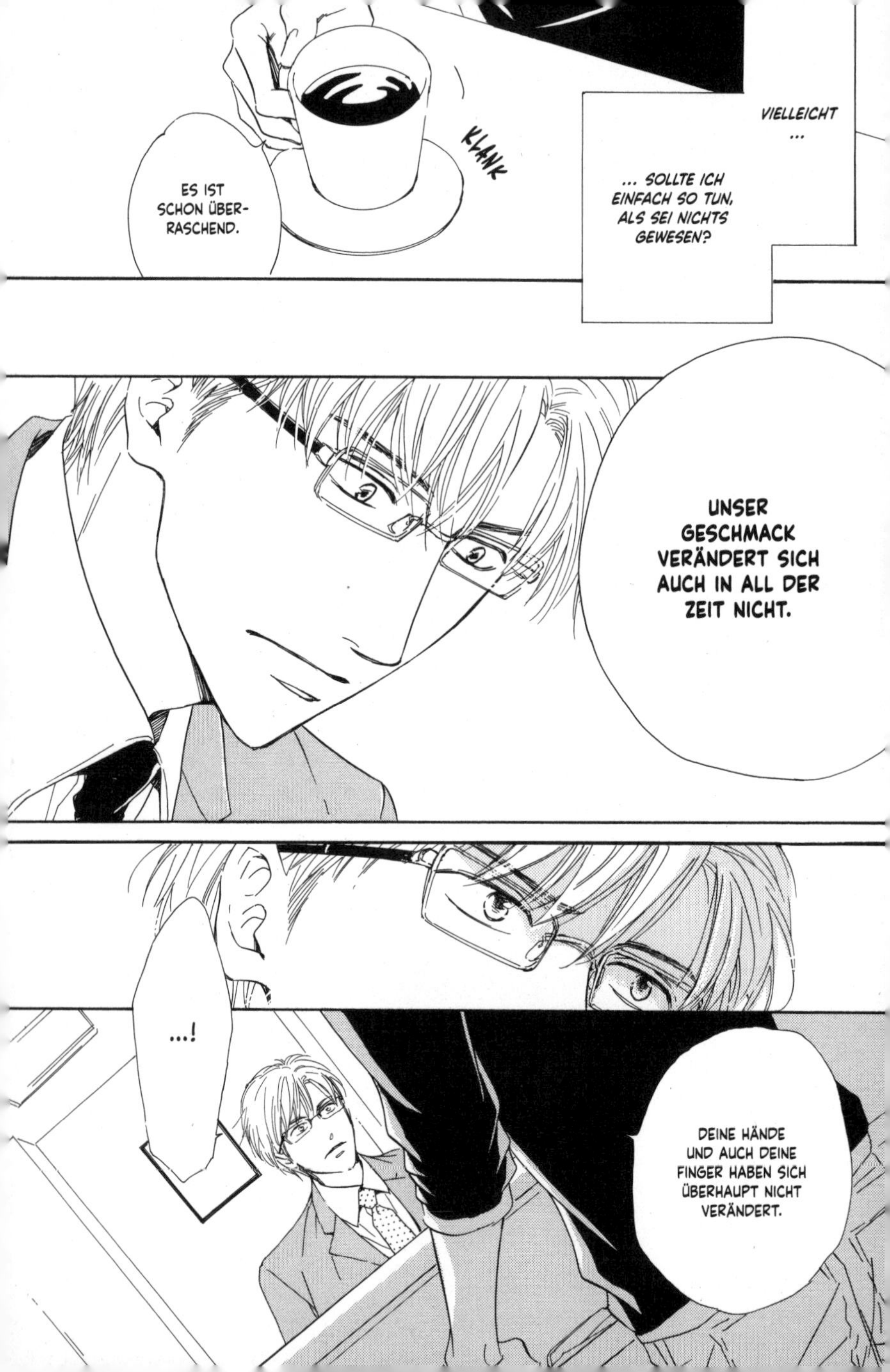
Vielleicht ...
... sollte ich einfach so tun, als sei nichts gewesen?
Klank
Es ist schon über-raschend.
Unser Geschmack verändert sich auch in all der Zeit nicht.
...!
Deine Hände und auch deine Finger haben sich überhaupt nicht verändert.

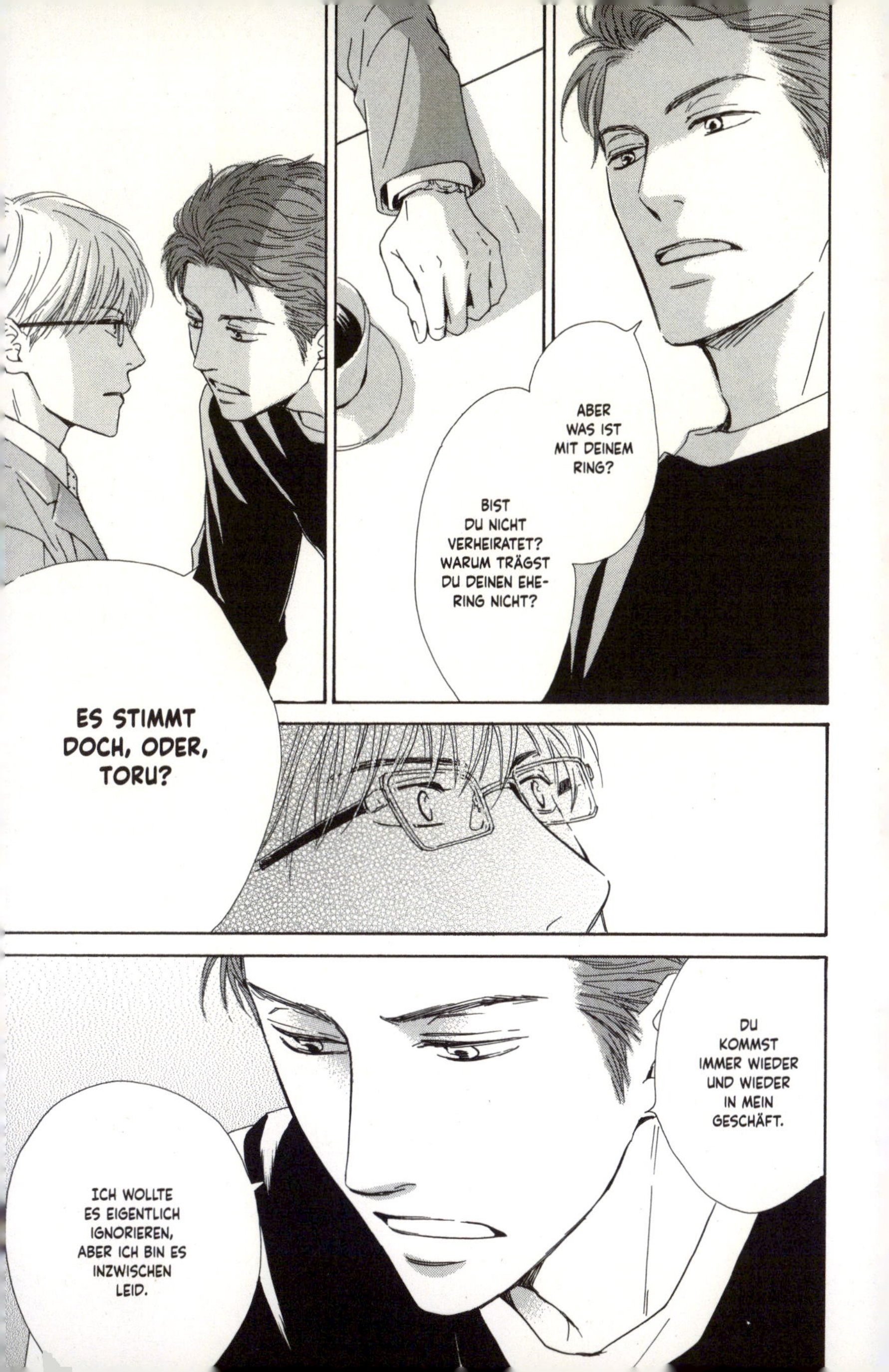
ABER WAS IST MIT DEINEM RING?
BIST DU NICHT VERHEIRATET? WARUM TRÄGST DU DEINEN EHE-RING NICHT?
ES STIMMT DOCH, ODER, TORU?
DU KOMMST IMMER WIEDER UND WIEDER IN MEIN GESCHÄFT.
ICH WOLLTE ES EIGENTLICH IGNORIEREN, ABER ICH BIN ES INZWISCHEN LEID.

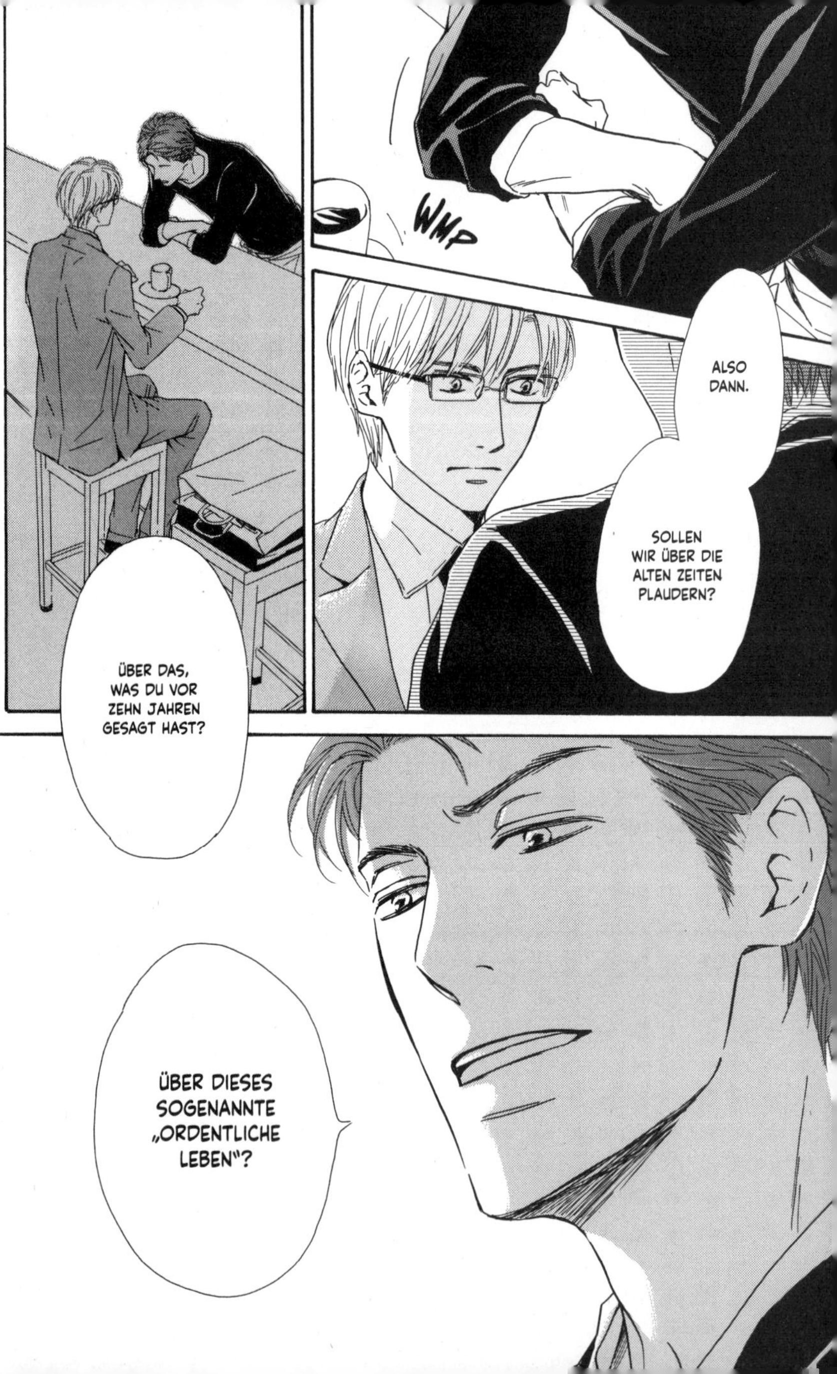
WMP
ALSO DANN.
SOLLEN WIR ÜBER DIE ALTEN ZEITEN PLAUDERN?
ÜBER DAS, WAS DU VOR ZEHN JAHREN GESAGT HAST?
ÜBER DIESES SOGENANNTE „ORDENTLICHE LEBEN"?

ZWEITE ERSTE LIEBE

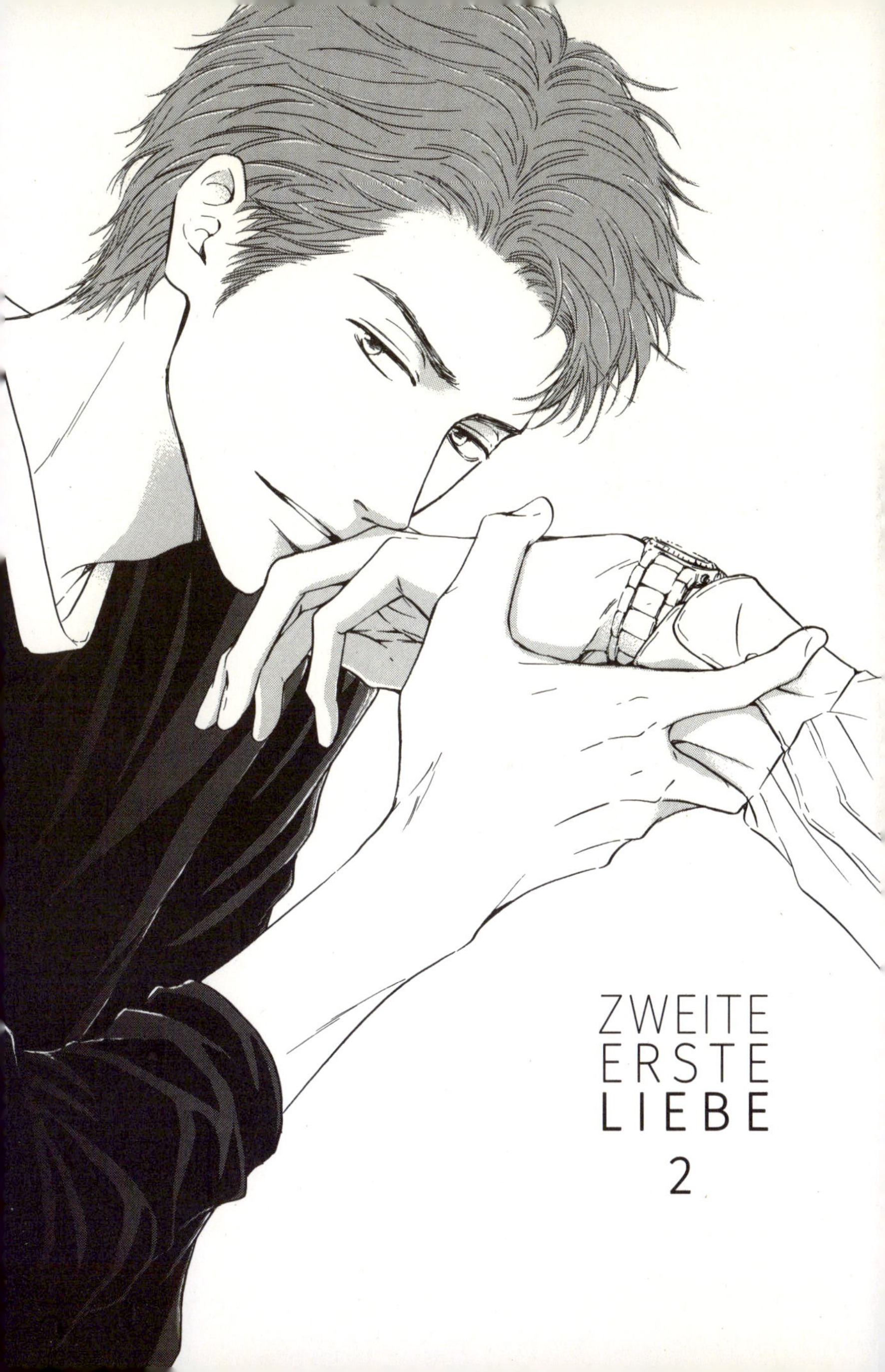

ZWEITE ERSTE LIEBE

2

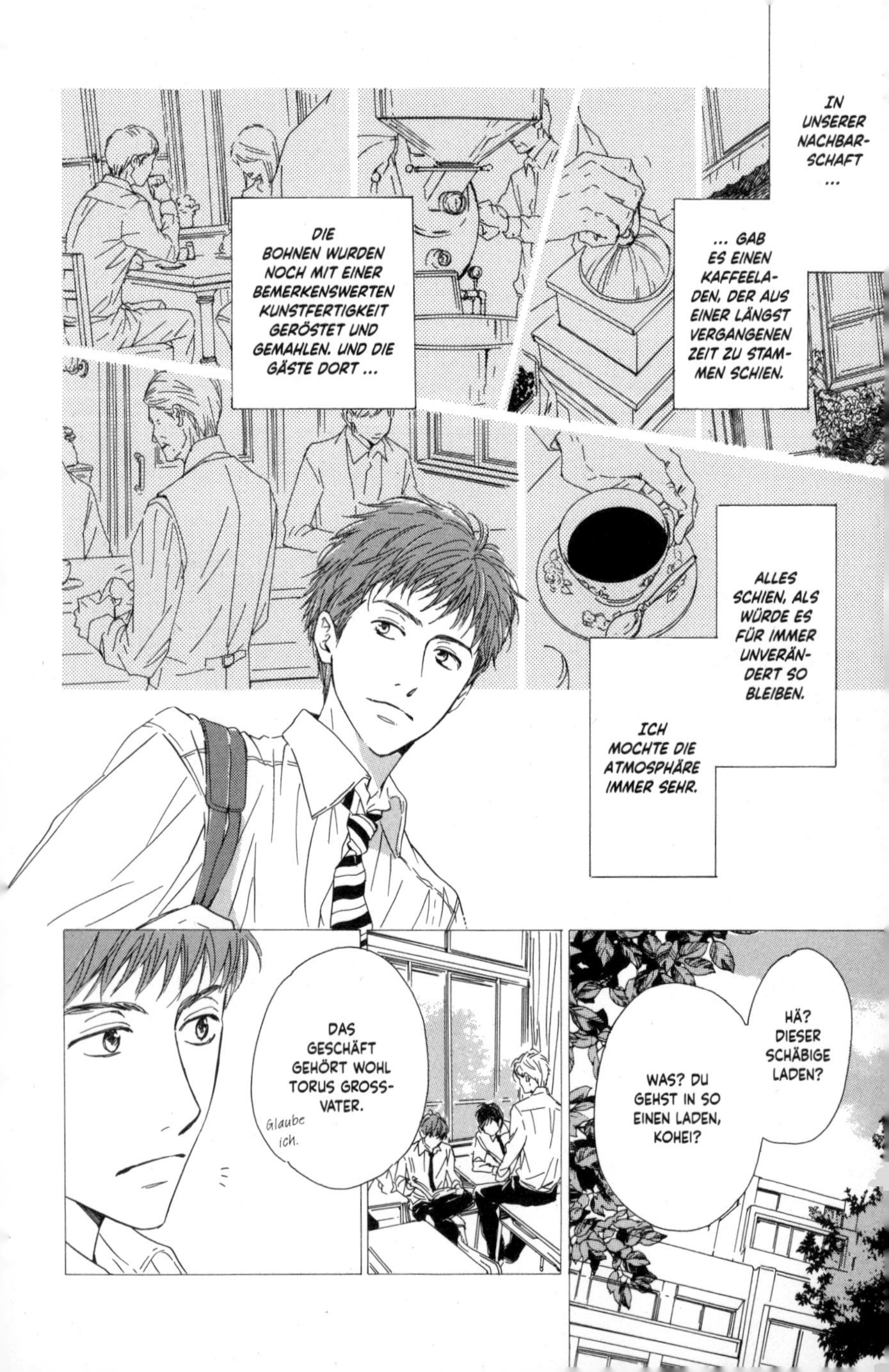

IN UNSERER NACHBARSCHAFT ...
... GAB ES EINEN KAFFEELADEN, DER AUS EINER LÄNGST VERGANGENEN ZEIT ZU STAMMEN SCHIEN.
DIE BOHNEN WURDEN NOCH MIT EINER BEMERKENSWERTEN KUNSTFERTIGKEIT GERÖSTET UND GEMAHLEN. UND DIE GÄSTE DORT ...
ALLES SCHIEN, ALS WÜRDE ES FÜR IMMER UNVERÄNDERT SO BLEIBEN.
ICH MOCHTE DIE ATMOSPHÄRE IMMER SEHR.
HÄ? DIESER SCHÄBIGE LADEN?
WAS? DU GEHST IN SO EINEN LADEN, KOHEI?
DAS GESCHÄFT GEHÖRT WOHL TORUS GROSSVATER.
Glaube ich.

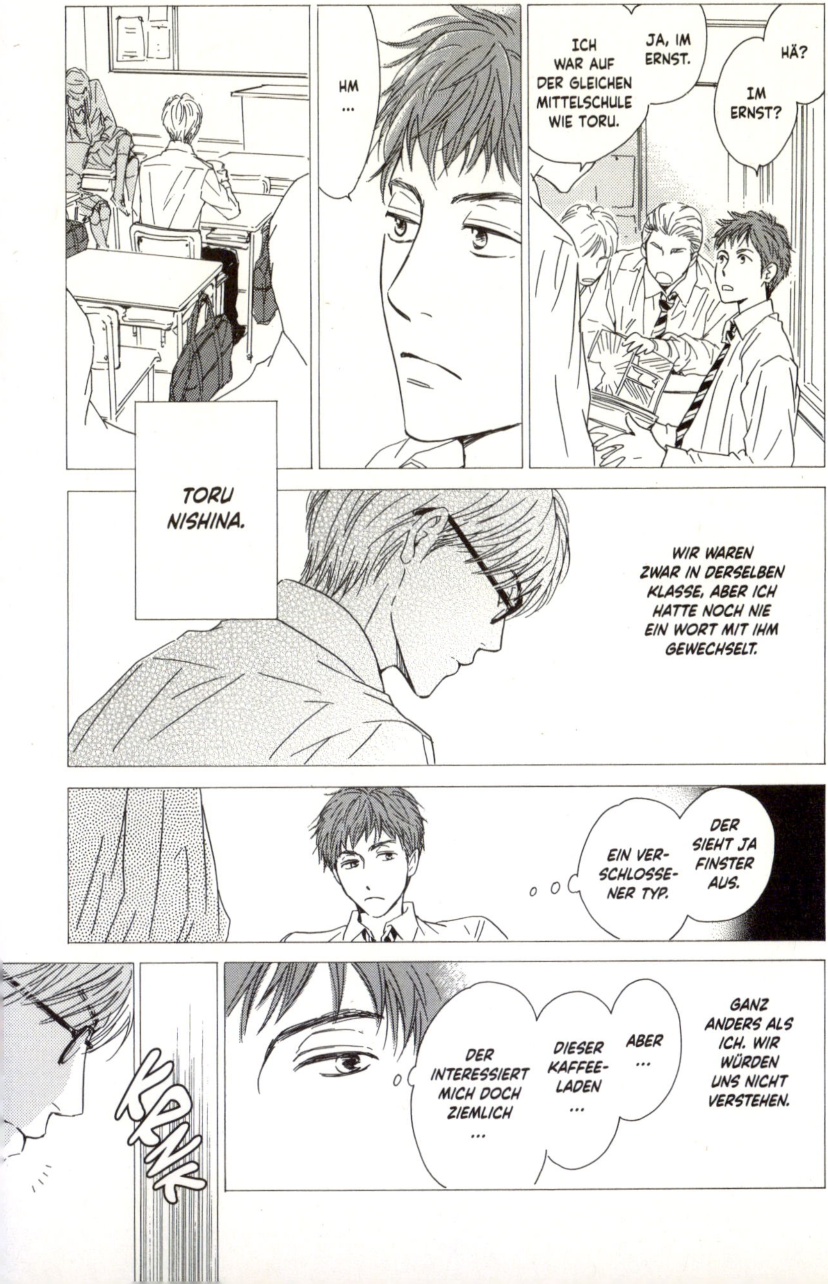

HÄ?
IM ERNST?
JA, IM ERNST.
ICH WAR AUF DER GLEICHEN MITTELSCHULE WIE TORU.
HM ...
TORU NISHINA.
WIR WAREN ZWAR IN DERSELBEN KLASSE, ABER ICH HATTE NOCH NIE EIN WORT MIT IHM GEWECHSELT.
DER SIEHT JA FINSTER AUS.
EIN VER-SCHLOSSE-NER TYP.
GANZ ANDERS ALS ICH. WIR WÜRDEN UNS NICHT VERSTEHEN.
ABER ...
DIESER KAFFEE-LADEN ...
DER INTERESSIERT MICH DOCH ZIEMLICH ...
KRNK

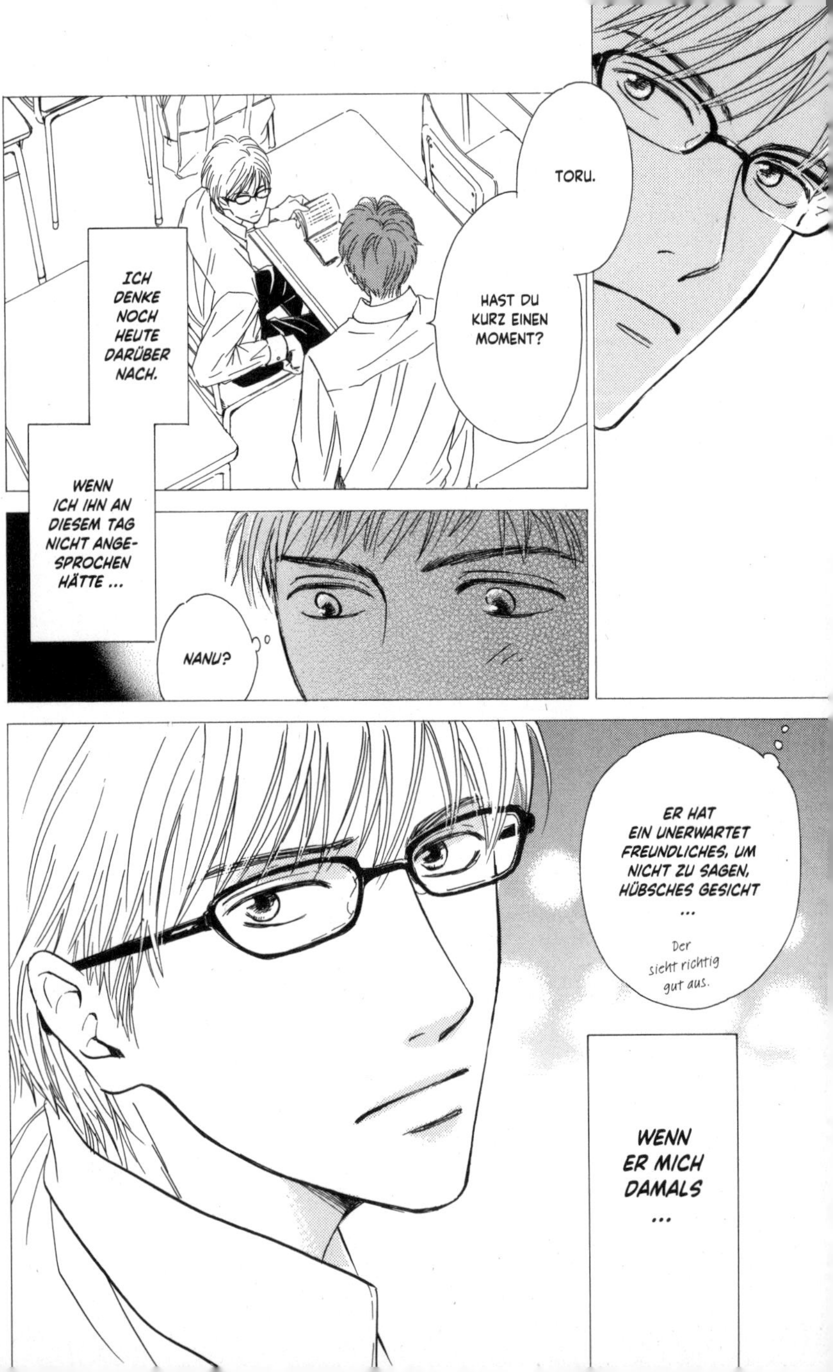
TORU.
HAST DU KURZ EINEN MOMENT?
ICH DENKE NOCH HEUTE DARÜBER NACH.
WENN ICH IHN AN DIESEM TAG NICHT ANGE-SPROCHEN HÄTTE ...
NANU?
ER HAT EIN UNERWARTET FREUNDLICHES, UM NICHT ZU SAGEN, HÜBSCHES GESICHT ...
Der sieht richtig gut aus.
WENN ER MICH DAMALS ...

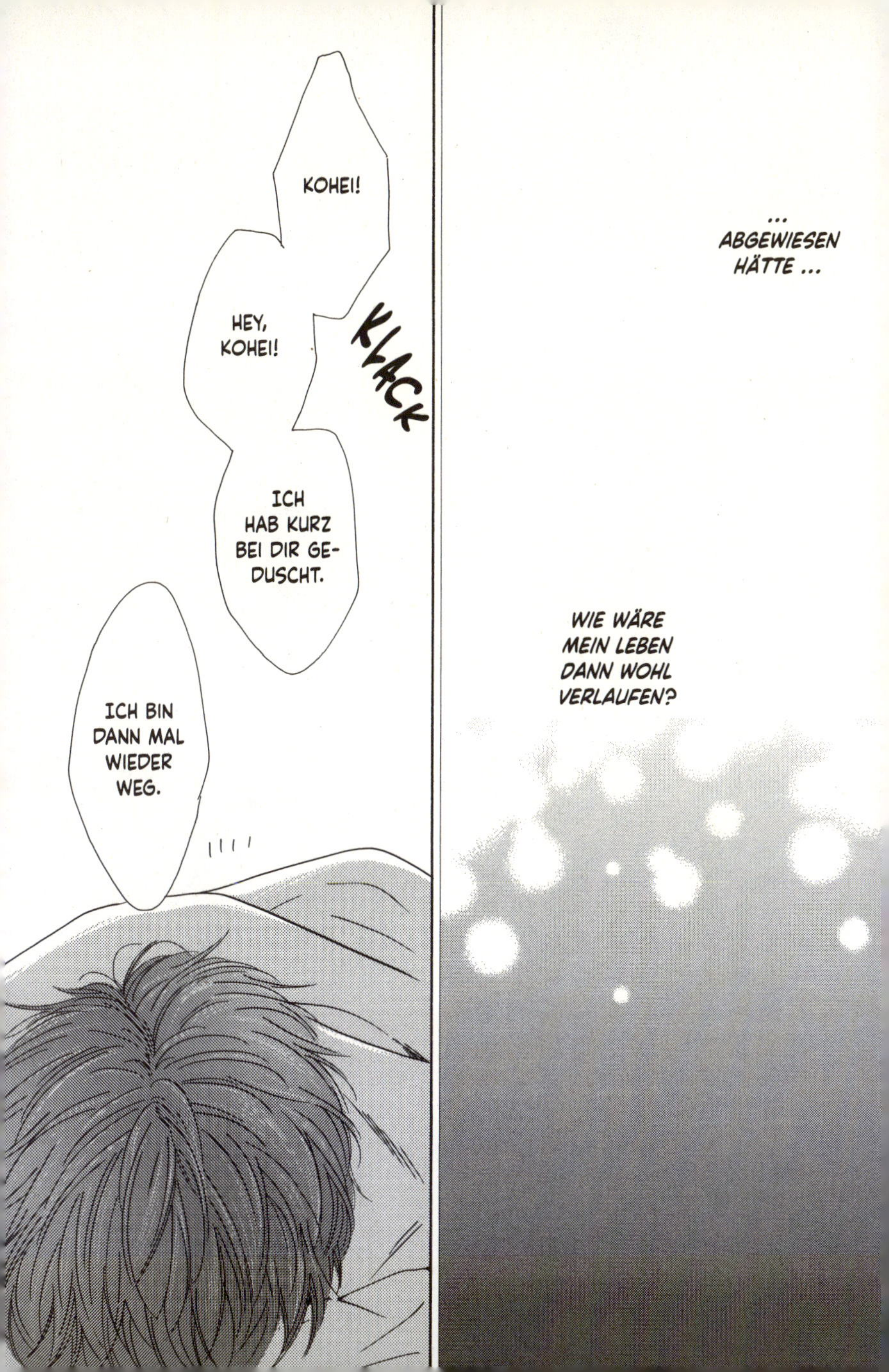
... ABGEWIESEN HÄTTE ...
WIE WÄRE MEIN LEBEN DANN WOHL VERLAUFEN?
KOHEI!
HEY, KOHEI!
KLACK
ICH HAB KURZ BEI DIR GE-DUSCHT.
ICH BIN DANN MAL WIEDER WEG.

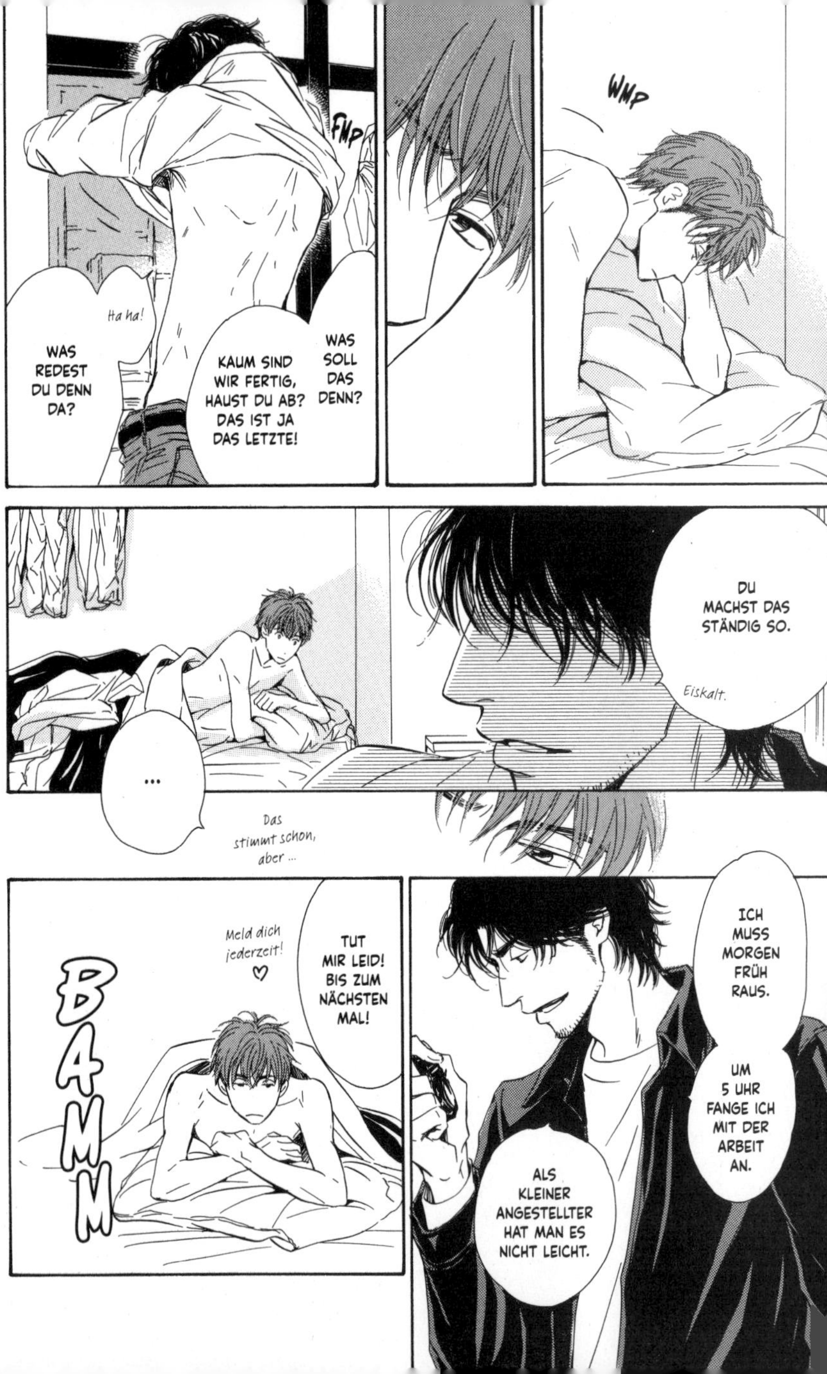
WMP
FMP
WAS SOLL DAS DENN?
KAUM SIND WIR FERTIG, HAUST DU AB? DAS IST JA DAS LETZTE!
Ha ha!
WAS REDEST DU DENN DA?
DU MACHST DAS STÄNDIG SO.
Eiskalt.
...
Das stimmt schon, aber ...
ICH MUSS MORGEN FRÜH RAUS.
UM 5 UHR FANGE ICH MIT DER ARBEIT AN.
ALS KLEINER ANGESTELLTER HAT MAN ES NICHT LEICHT.
TUT MIR LEID! BIS ZUM NÄCHSTEN MAL!
Meld dich jederzeit! ♡
BAMM

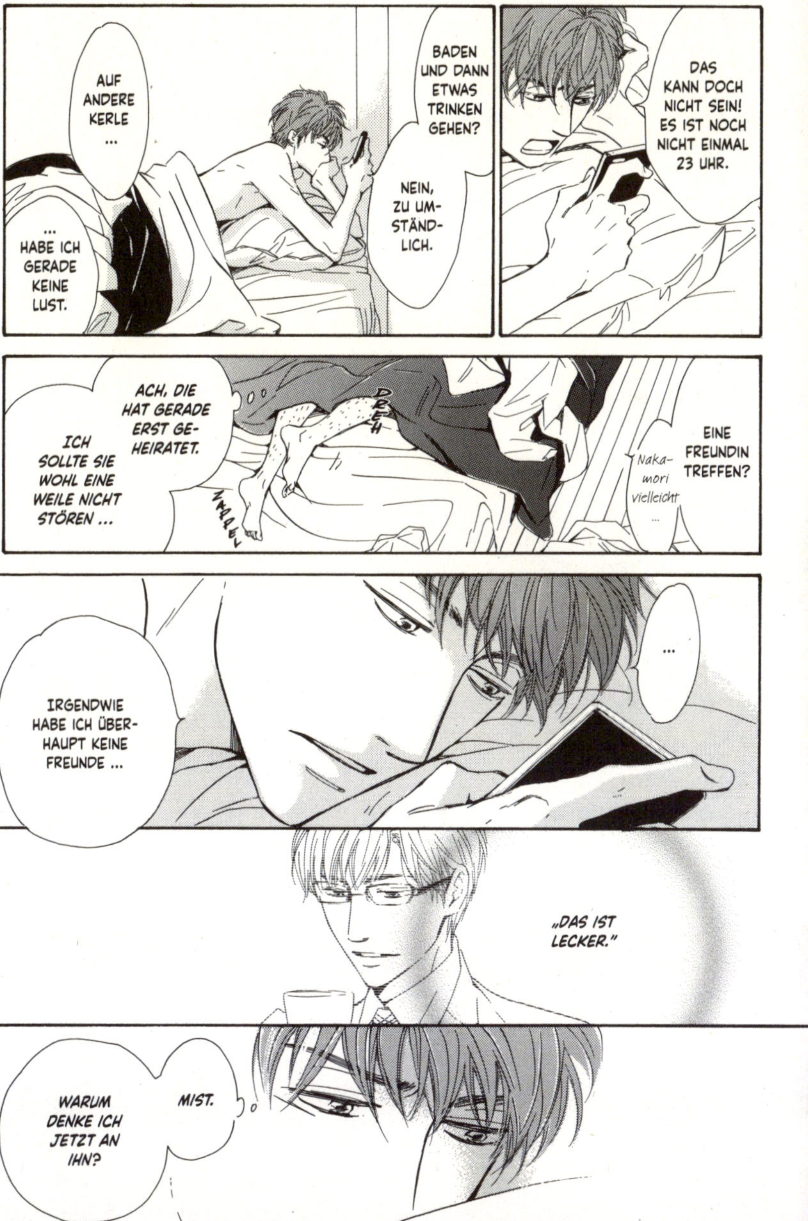
DAS KANN DOCH NICHT SEIN! ES IST NOCH NICHT EINMAL 23 UHR.
BADEN UND DANN ETWAS TRINKEN GEHEN?
NEIN, ZU UM-STÄND-LICH.
AUF ANDERE KERLE …
… HABE ICH GERADE KEINE LUST.
EINE FREUNDIN TREFFEN?
Naka-mori vielleicht …
DREH
ACH, DIE HAT GERADE ERST GE-HEIRATET.
ICH SOLLTE SIE WOHL EINE WEILE NICHT STÖREN …
…
IRGENDWIE HABE ICH ÜBER-HAUPT KEINE FREUNDE …
„DAS IST LECKER."
MIST.
WARUM DENKE ICH JETZT AN IHN?

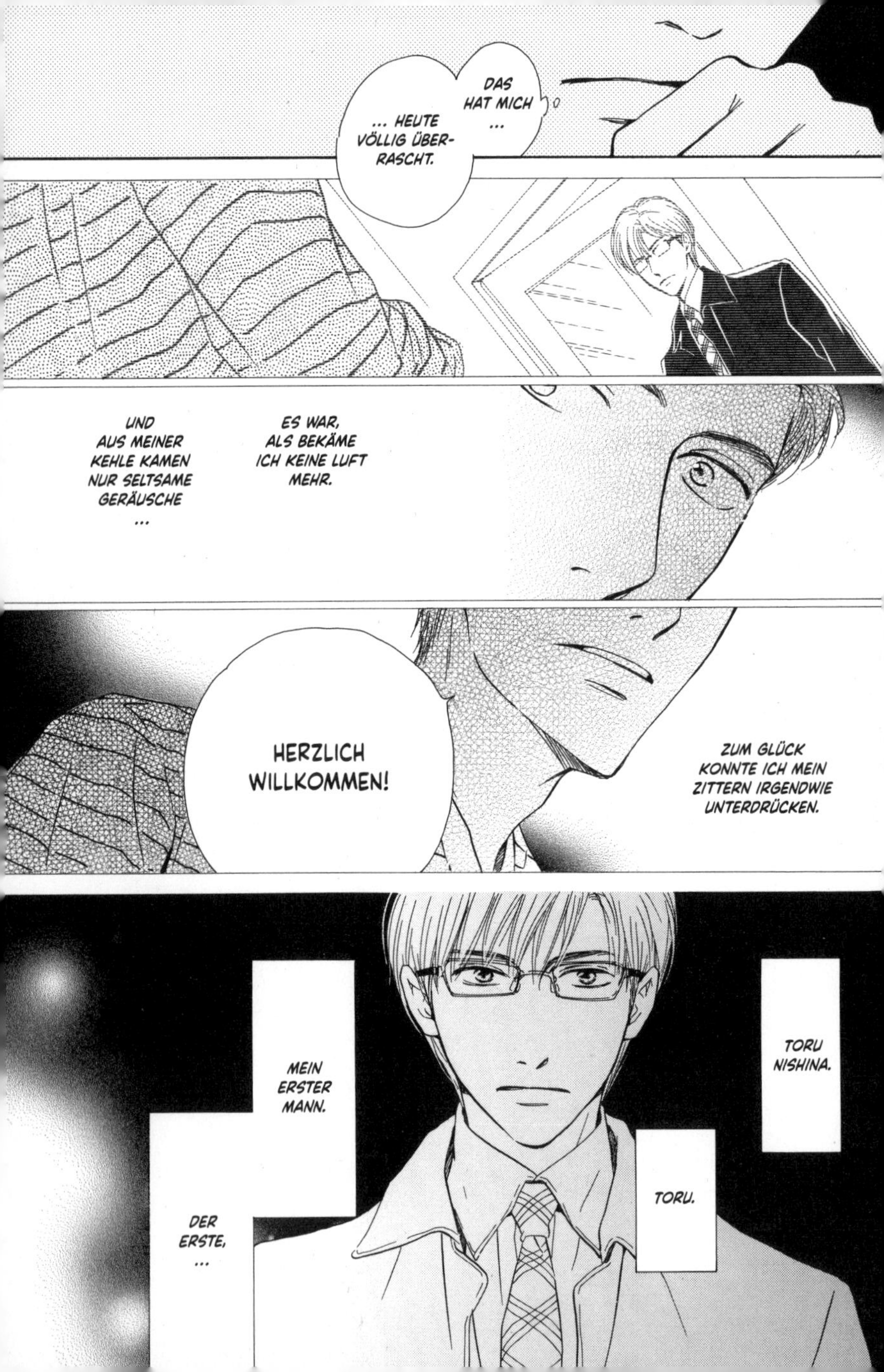
DAS HAT MICH ...
... HEUTE VÖLLIG ÜBER-RASCHT.
ES WAR, ALS BEKÄME ICH KEINE LUFT MEHR.
UND AUS MEINER KEHLE KAMEN NUR SELTSAME GERÄUSCHE ...
ZUM GLÜCK KONNTE ICH MEIN ZITTERN IRGENDWIE UNTERDRÜCKEN.
HERZLICH WILLKOMMEN!
TORU NISHINA.
TORU.
MEIN ERSTER MANN.
DER ERSTE, ...

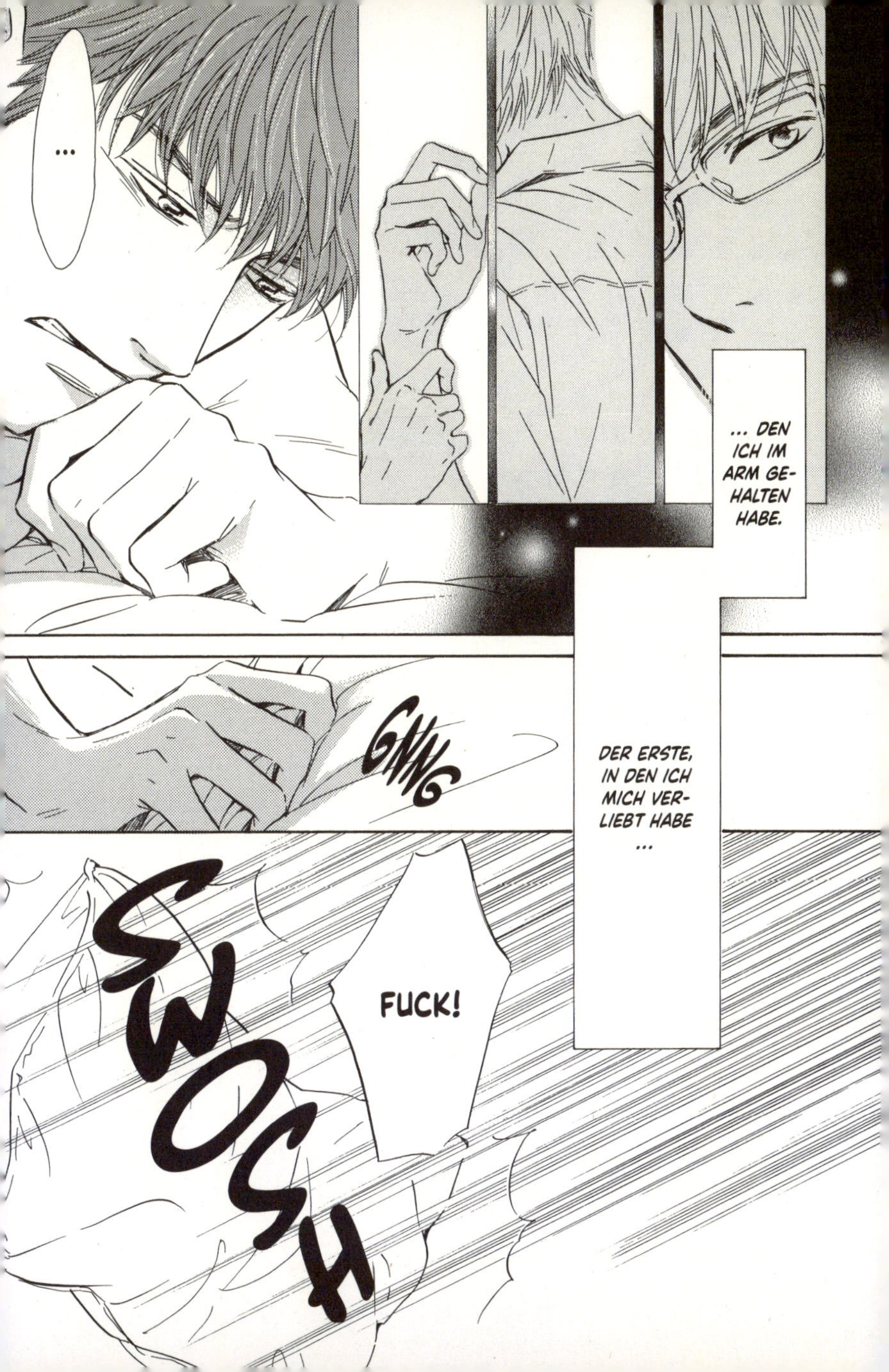
...
... DEN ICH IM ARM GEHALTEN HABE.
DER ERSTE, IN DEN ICH MICH VERLIEBT HABE ...
GNNG
FUCK!
SWOOSH

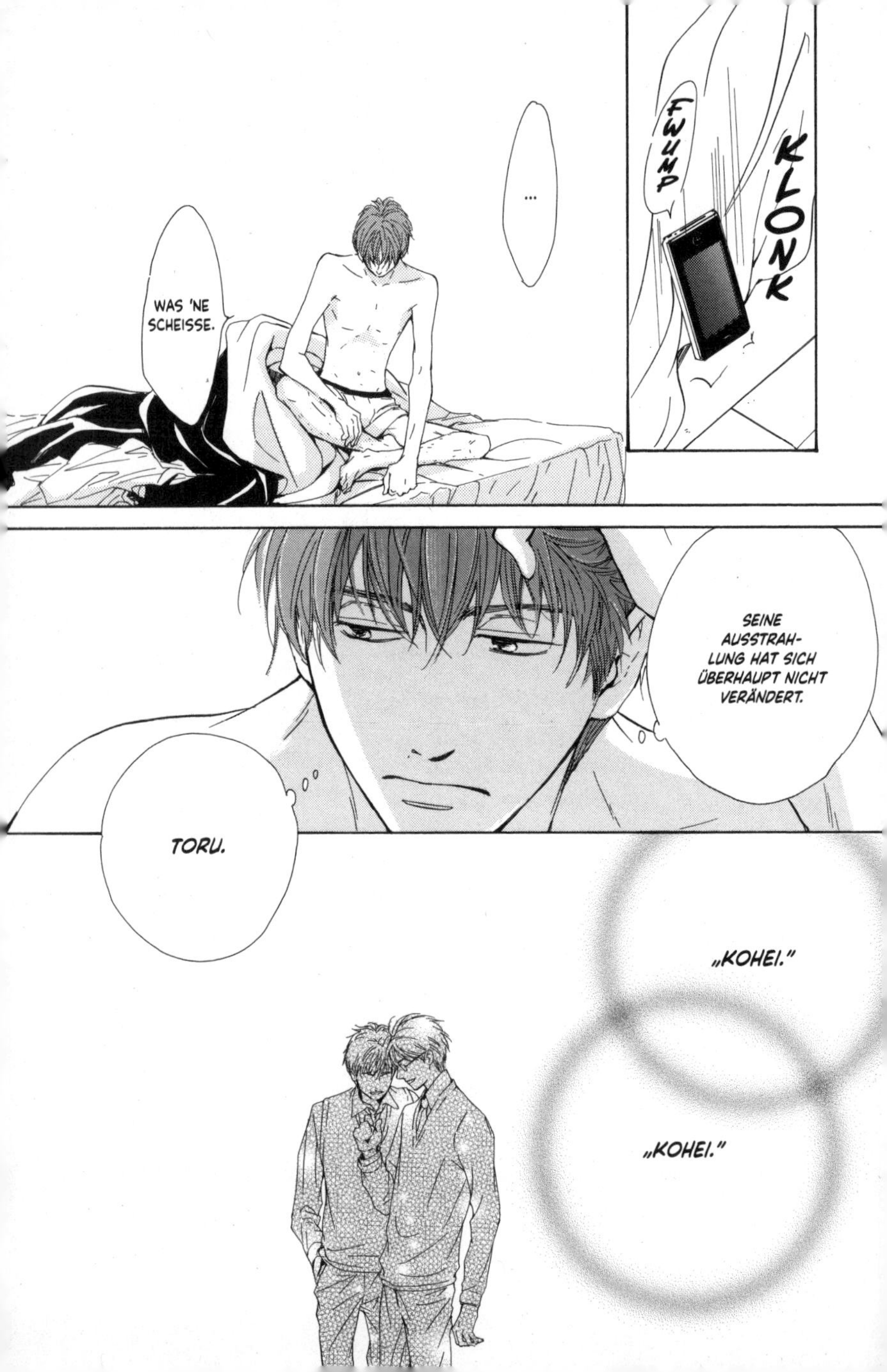
KLONK
FWUMP
...
WAS 'NE SCHEISSE.
SEINE AUSSTRAH-LUNG HAT SICH ÜBERHAUPT NICHT VERÄNDERT.
TORU.
„KOHEI."
„KOHEI."

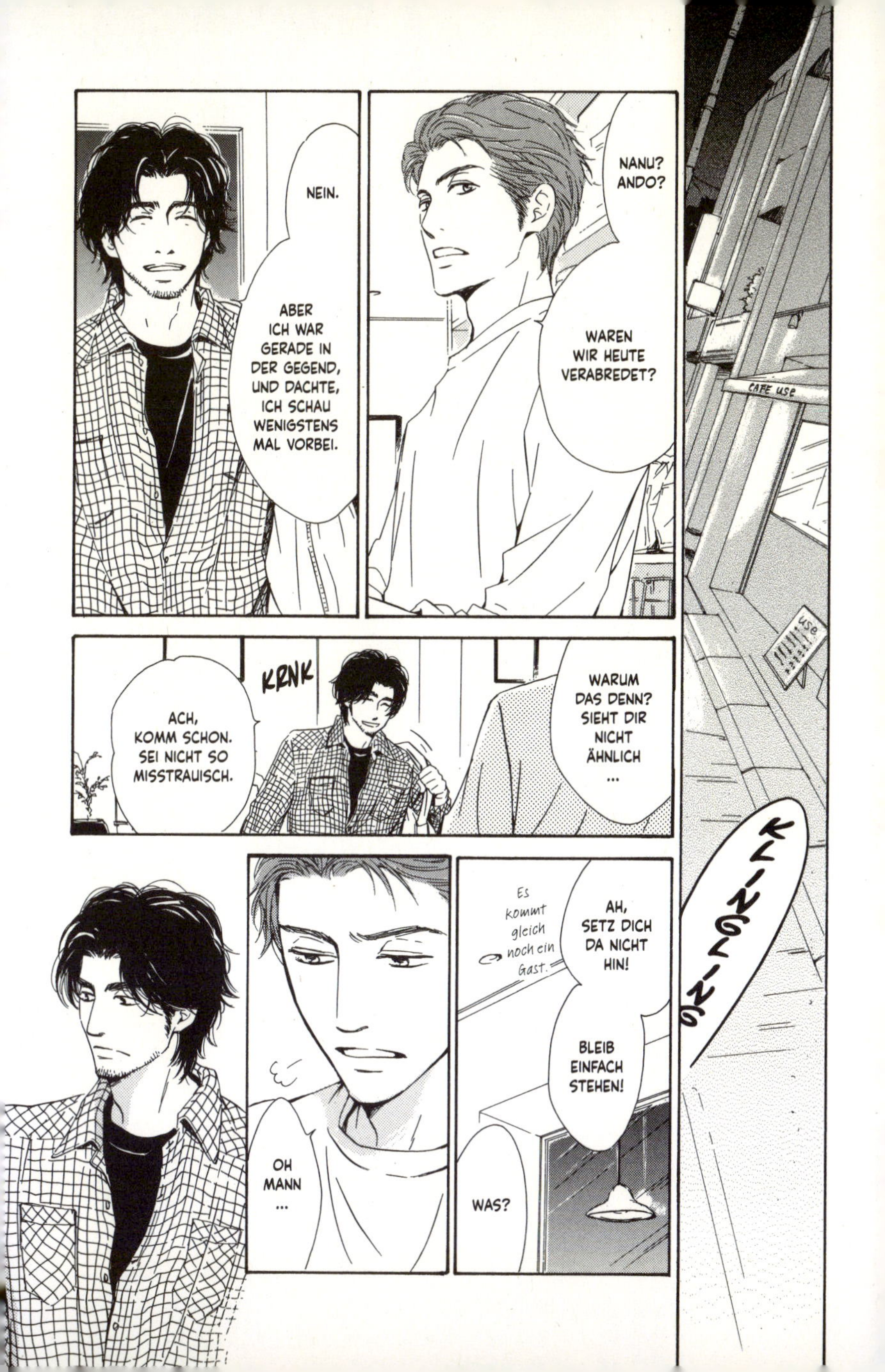
NANU?
ANDO?
WAREN WIR HEUTE VERABREDET?
NEIN.
ABER ICH WAR GERADE IN DER GEGEND, UND DACHTE, ICH SCHAU WENIGSTENS MAL VORBEI.
CAFE USE
WARUM DAS DENN? SIEHT DIR NICHT ÄHNLICH ...
KRNK
ACH, KOMM SCHON. SEI NICHT SO MISSTRAUISCH.
KLINGLING
AH, SETZ DICH DA NICHT HIN!
Es kommt gleich noch ein Gast.
BLEIB EINFACH STEHEN!
WAS?
OH MANN ...

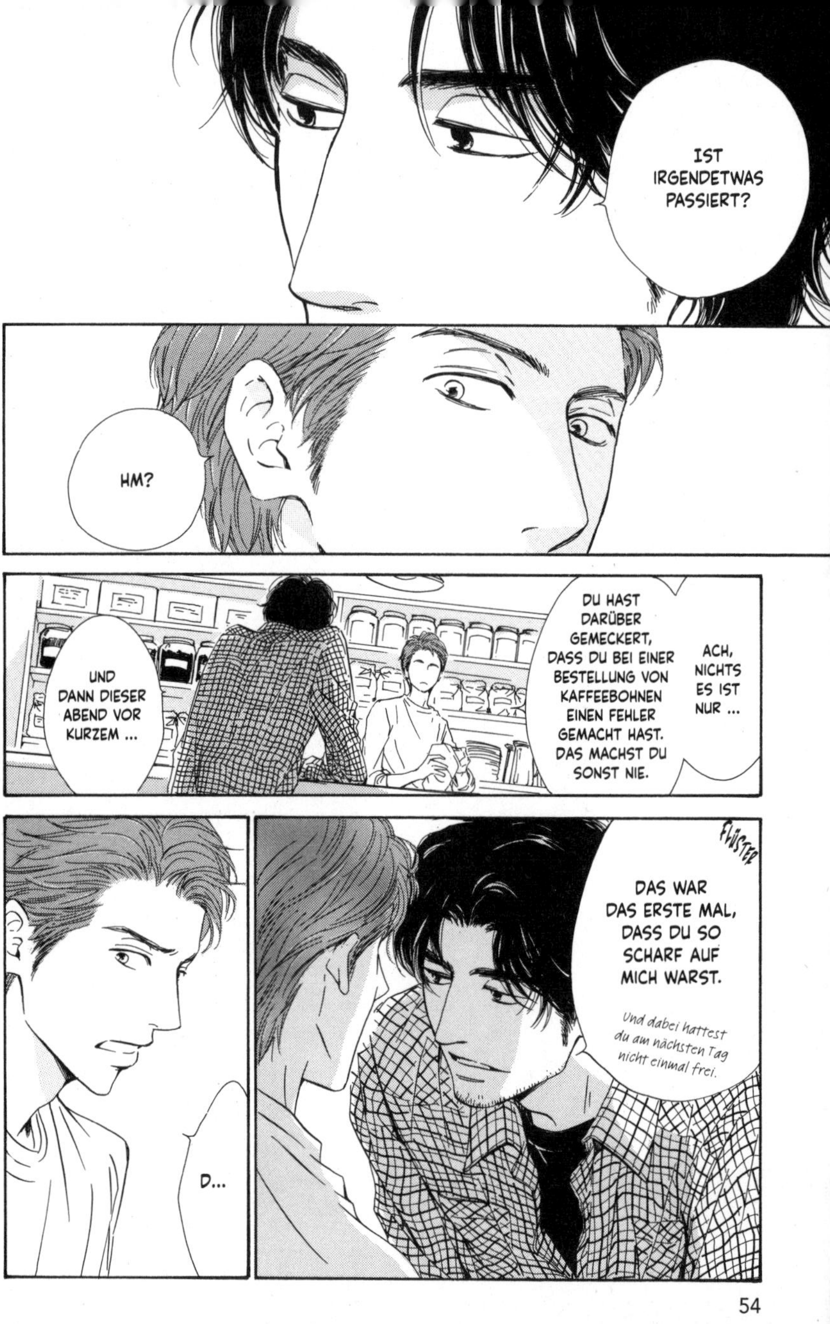
IST IRGENDETWAS PASSIERT?
HM?
ACH, NICHTS ES IST NUR ...
DU HAST DARÜBER GEMECKERT, DASS DU BEI EINER BESTELLUNG VON KAFFEEBOHNEN EINEN FEHLER GEMACHT HAST. DAS MACHST DU SONST NIE.
UND DANN DIESER ABEND VOR KURZEM ...
FLÜSTER
DAS WAR DAS ERSTE MAL, DASS DU SO SCHARF AUF MICH WARST.
Und dabei hattest du am nächsten Tag nicht einmal frei.
D...

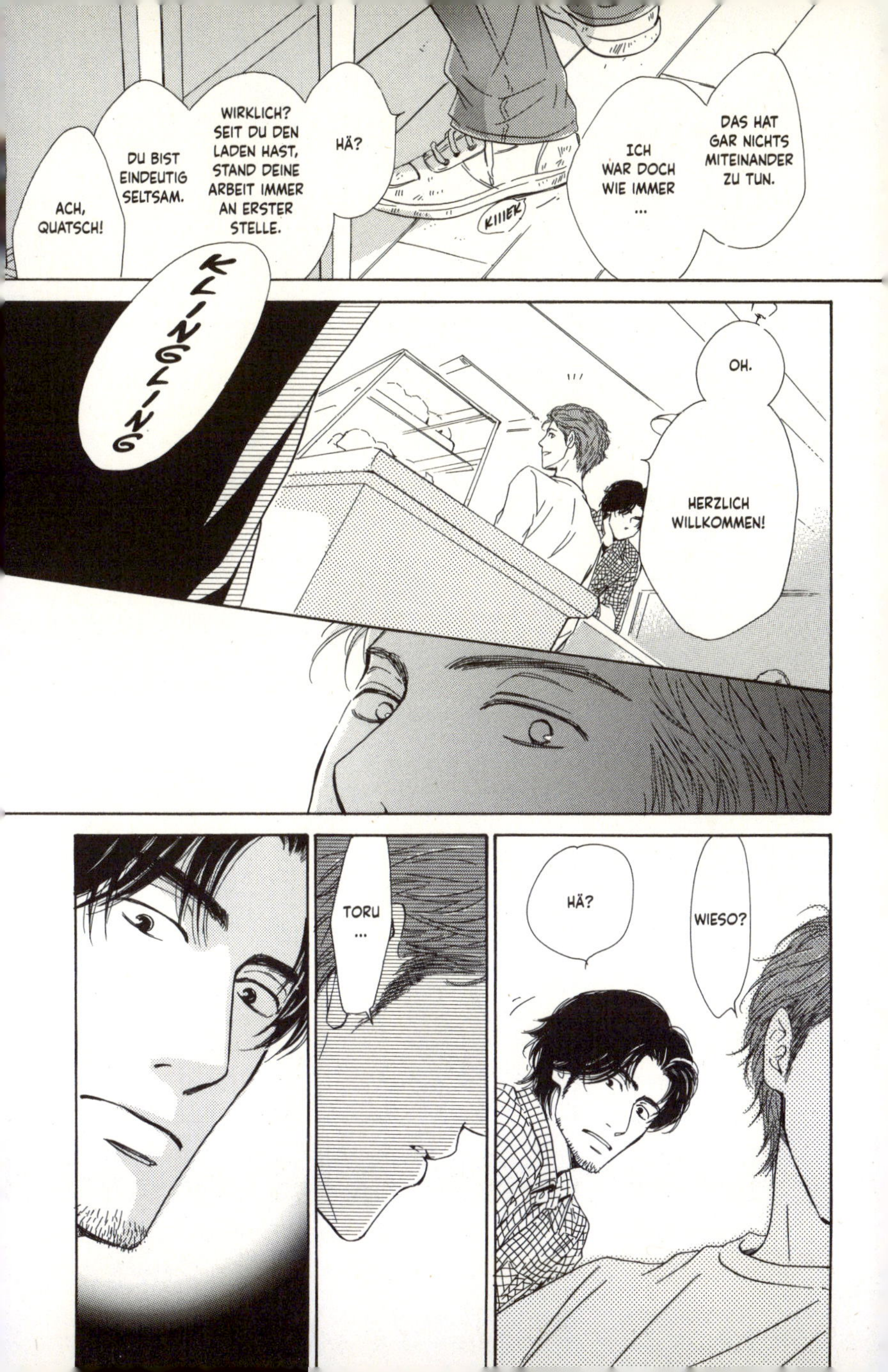
DAS HAT GAR NICHTS MITEINANDER ZU TUN.
ICH WAR DOCH WIE IMMER ...
KIIIEK
HÄ?
WIRKLICH? SEIT DU DEN LADEN HAST, STAND DEINE ARBEIT IMMER AN ERSTER STELLE.
DU BIST EINDEUTIG SELTSAM.
ACH, QUATSCH!
KLINGLING
OH.
HERZLICH WILLKOMMEN!
WIESO?
HÄ?
TORU ...

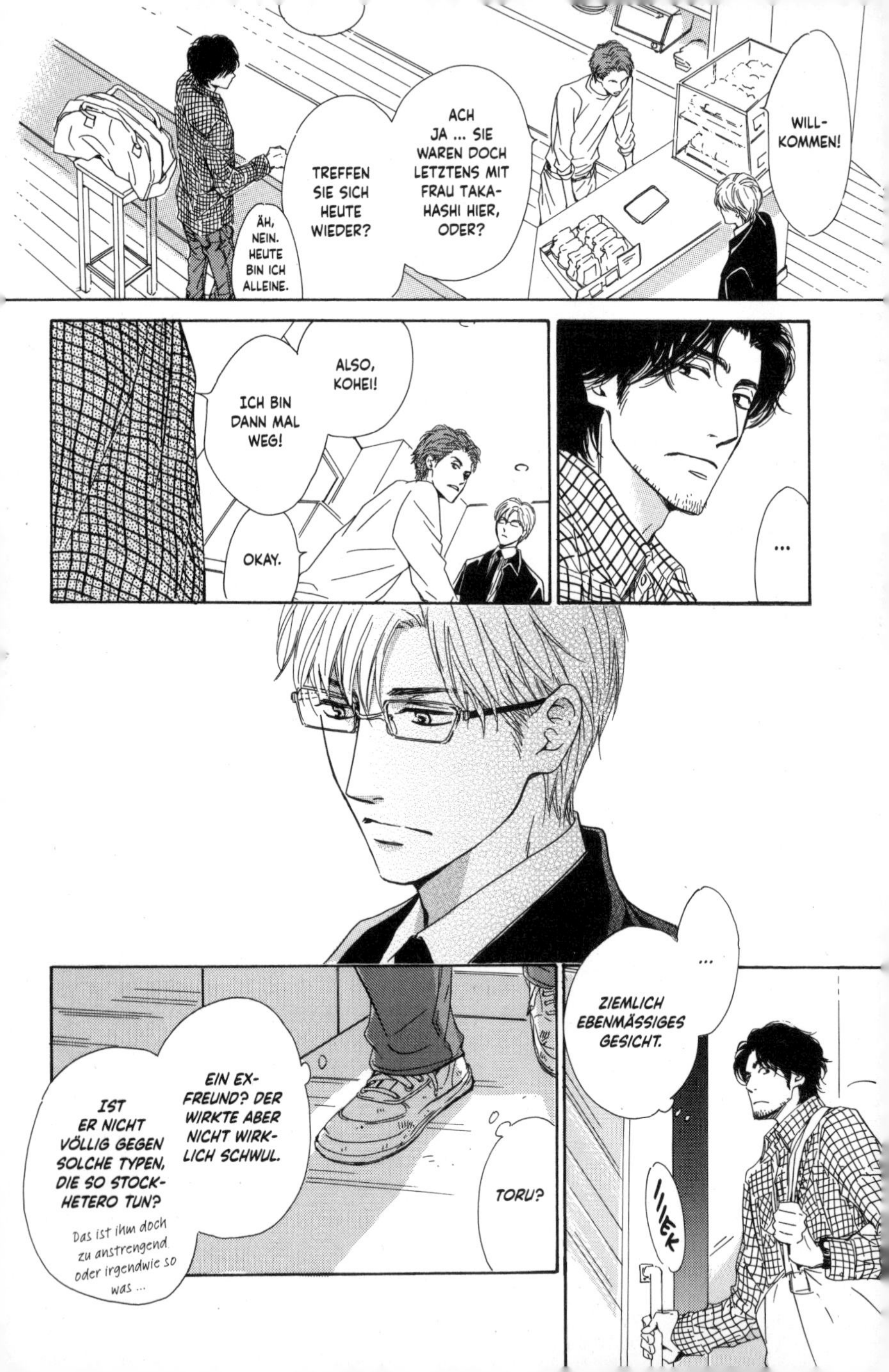
WILL-KOMMEN!
ACH JA ... SIE WAREN DOCH LETZTENS MIT FRAU TAKA-HASHI HIER, ODER?
TREFFEN SIE SICH HEUTE WIEDER?
ÄH, NEIN. HEUTE BIN ICH ALLEINE.
...
ALSO, KOHEI!
ICH BIN DANN MAL WEG!
OKAY.
...
ZIEMLICH EBENMÄSSIGES GESICHT.
IIIEK
TORU?
EIN EX-FREUND? DER WIRKTE ABER NICHT WIRKLICH SCHWUL.
IST ER NICHT VÖLLIG GEGEN SOLCHE TYPEN, DIE SO STOCK-HETERO TUN?
Das ist ihm doch zu anstrengend oder irgendwie so was ...

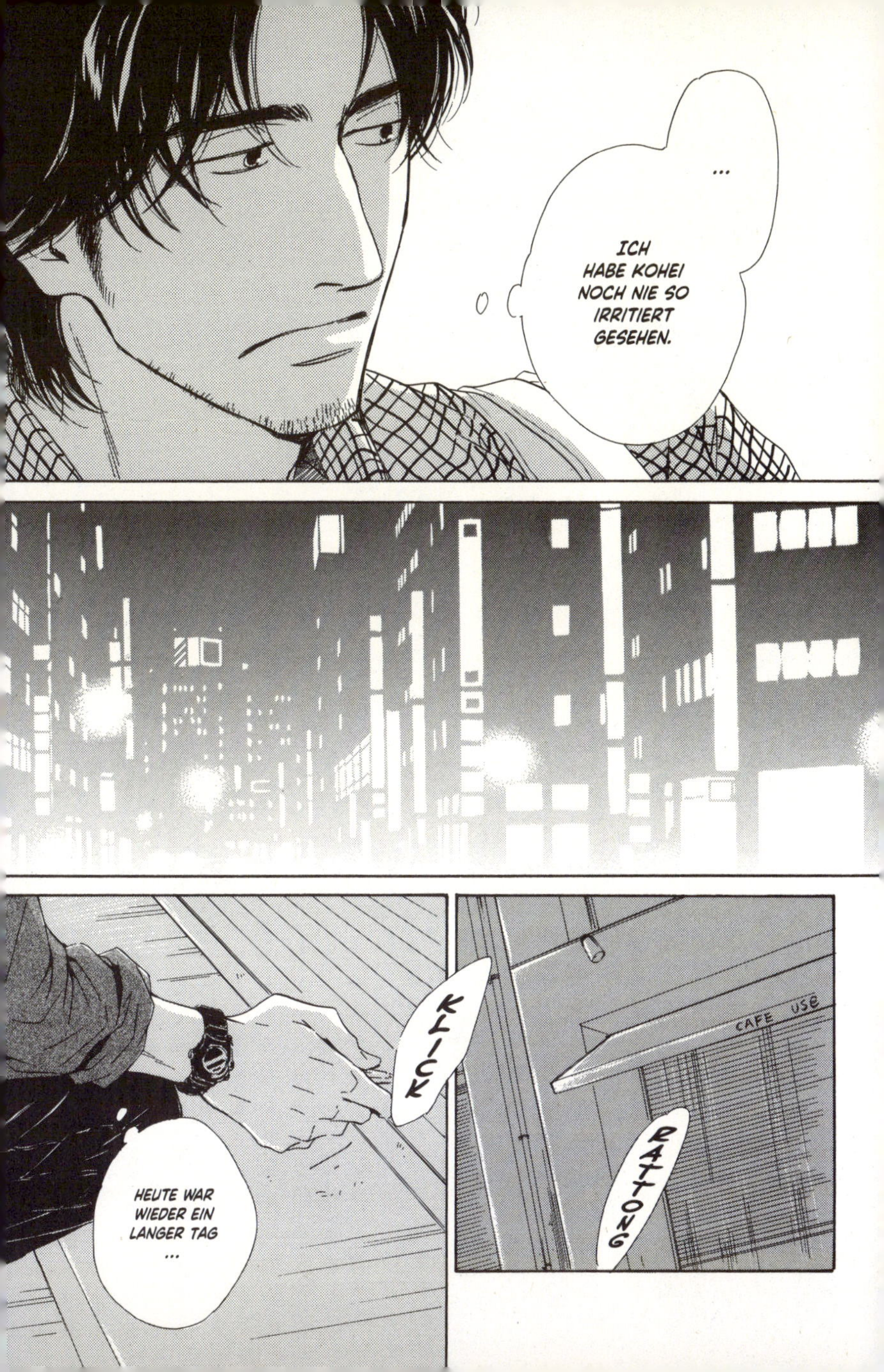
...
ICH HABE KOHEI NOCH NIE SO IRRITIERT GESEHEN.
RATTONG
KLICK
HEUTE WAR WIEDER EIN LANGER TAG ...
CAFE USE

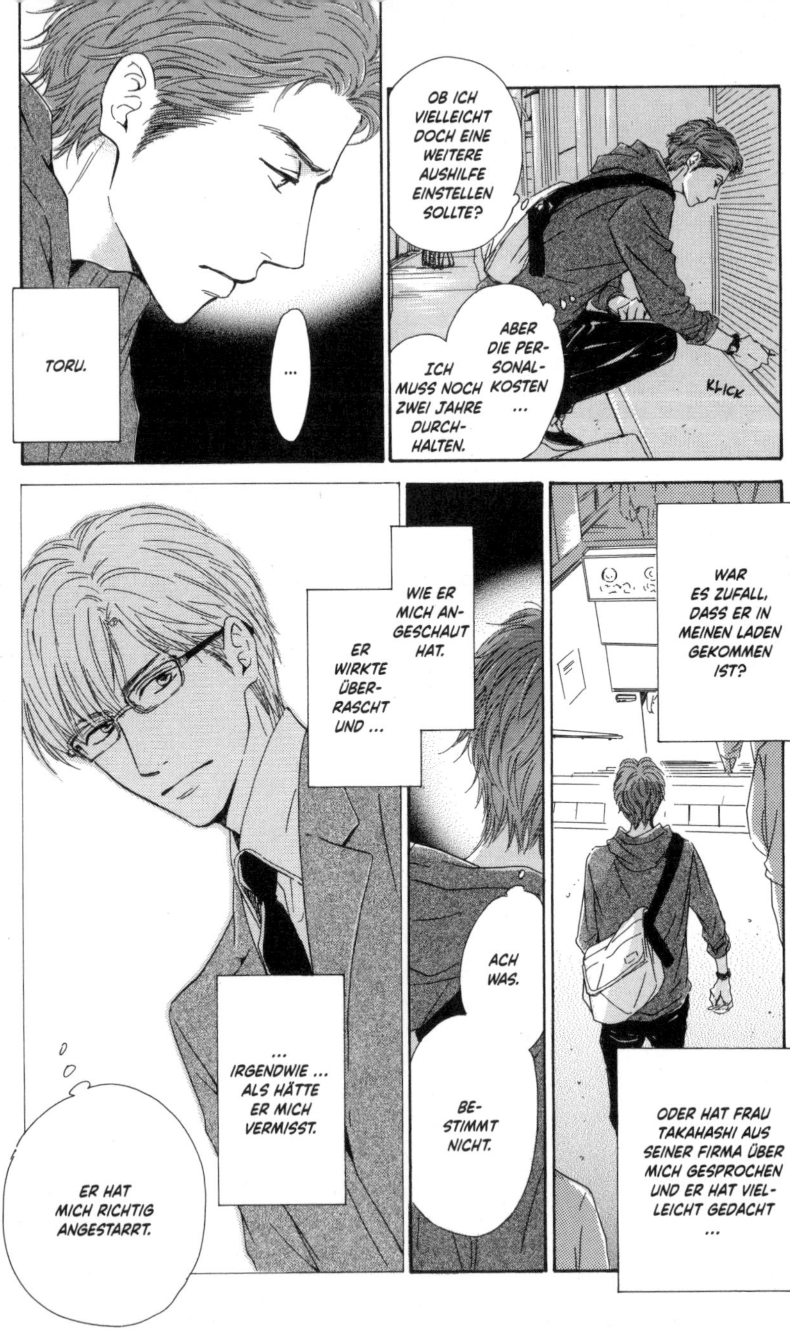
OB ICH VIELLEICHT DOCH EINE WEITERE AUSHILFE EINSTELLEN SOLLTE?
ABER DIE PERSONALKOSTEN ...
ICH MUSS NOCH ZWEI JAHRE DURCHHALTEN.
KLICK
...
TORU.
WAR ES ZUFALL, DASS ER IN MEINEN LADEN GEKOMMEN IST?
ODER HAT FRAU TAKAHASHI AUS SEINER FIRMA ÜBER MICH GESPROCHEN UND ER HAT VIELLEICHT GEDACHT ...
ACH WAS.
BESTIMMT NICHT.
WIE ER MICH ANGESCHAUT HAT.
ER WIRKTE ÜBERRASCHT UND ...
... IRGENDWIE ... ALS HÄTTE ER MICH VERMISST.
ER HAT MICH RICHTIG ANGESTARRT.

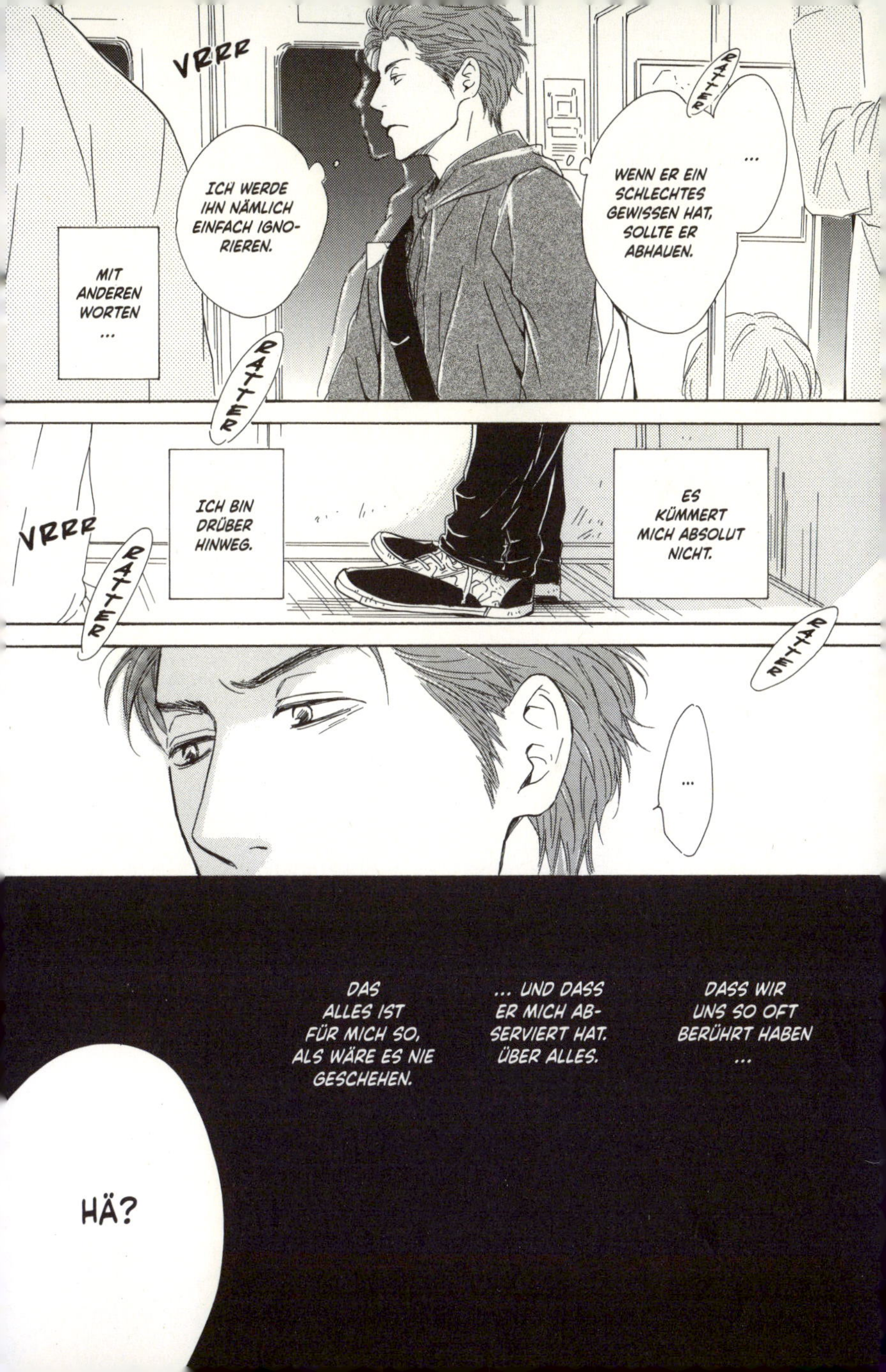
VRRR
RATTER
...
WENN ER EIN SCHLECHTES GEWISSEN HAT, SOLLTE ER ABHAUEN.
ICH WERDE IHN NÄMLICH EINFACH IGNO-RIEREN.
MIT ANDEREN WORTEN ...
RATTER
ES KÜMMERT MICH ABSOLUT NICHT.
ICH BIN DRÜBER HINWEG.
VRRR
RATTER
RATTER
...
DASS WIR UNS SO OFT BERÜHRT HABEN ...
... UND DASS ER MICH AB-SERVIERT HAT. ÜBER ALLES.
DAS ALLES IST FÜR MICH SO, ALS WÄRE ES NIE GESCHEHEN.
HÄ?

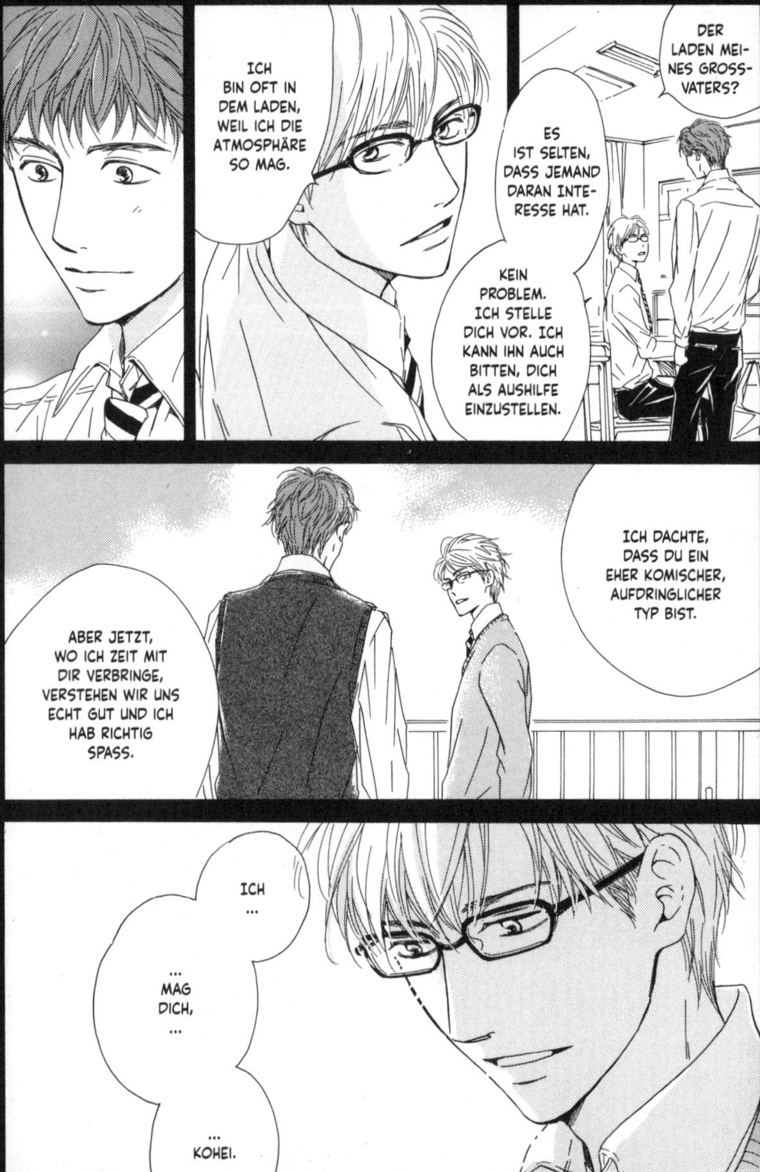
DER LADEN MEINES GROSSVATERS?
ES IST SELTEN, DASS JEMAND DARAN INTERESSE HAT.
KEIN PROBLEM. ICH STELLE DICH VOR. ICH KANN IHN AUCH BITTEN, DICH ALS AUSHILFE EINZUSTELLEN.
ICH BIN OFT IN DEM LADEN, WEIL ICH DIE ATMOSPHÄRE SO MAG.
ICH DACHTE, DASS DU EIN EHER KOMISCHER, AUFDRINGLICHER TYP BIST.
ABER JETZT, WO ICH ZEIT MIT DIR VERBRINGE, VERSTEHEN WIR UNS ECHT GUT UND ICH HAB RICHTIG SPASS.
ICH ...
... MAG DICH, ...
... KOHEI.

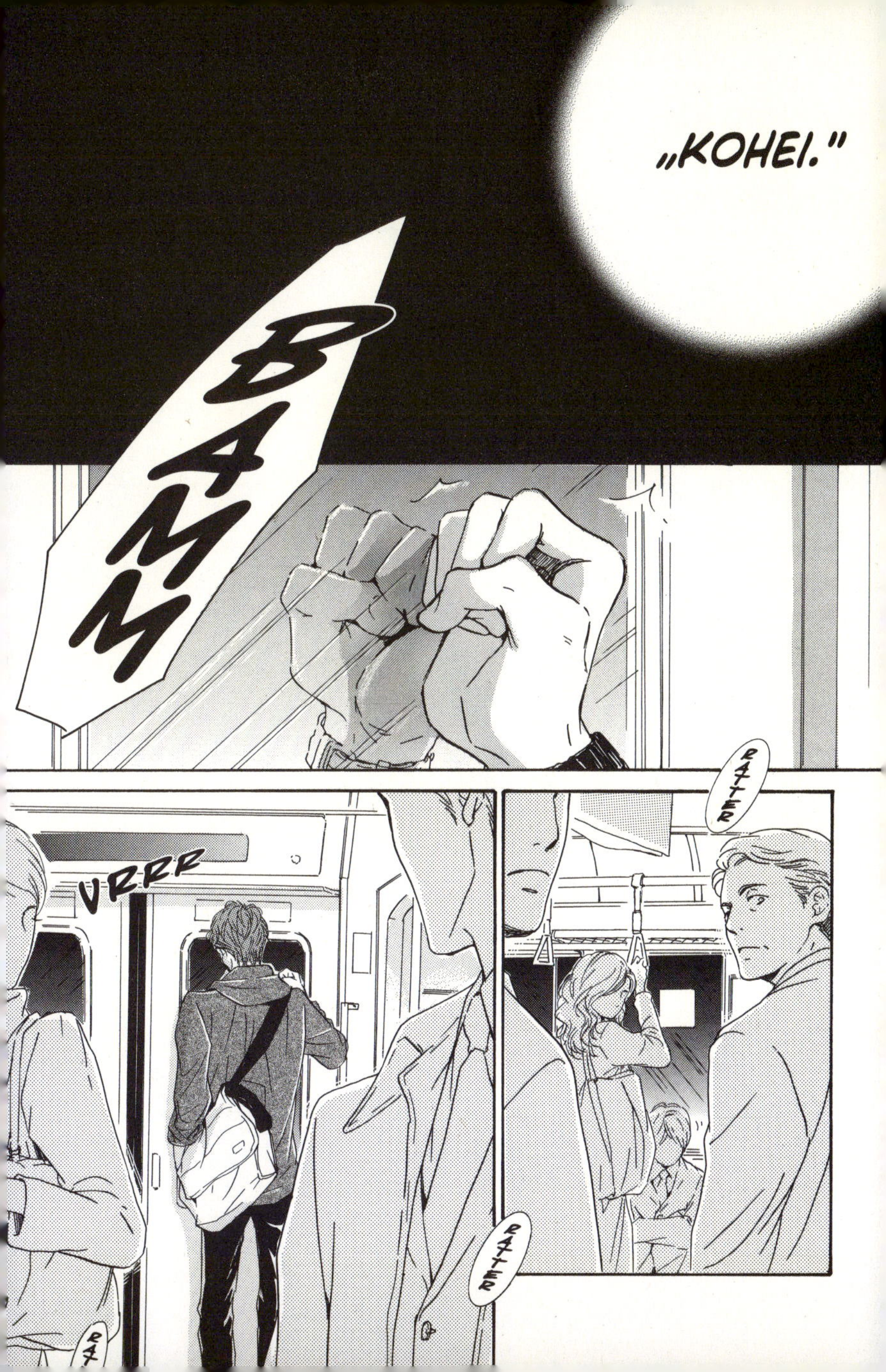
„KOHEI."
BAMM
RATTER
VRRR
RATTER

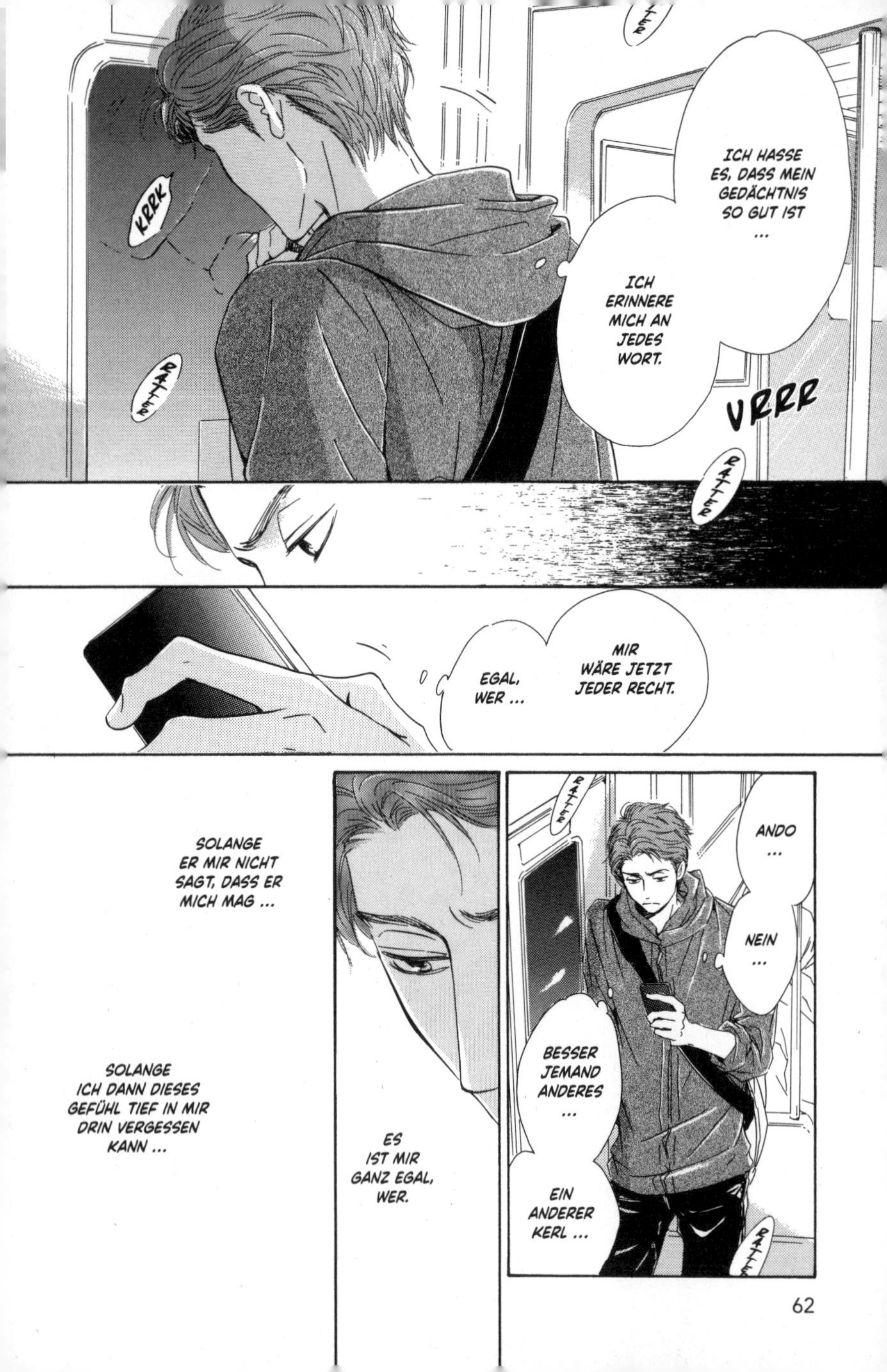
RATTER
ICH HASSE ES, DASS MEIN GEDÄCHTNIS SO GUT IST ...
ICH ERINNERE MICH AN JEDES WORT.
KRRK
RATTER
VRRR
RATTER
MIR WÄRE JETZT JEDER RECHT.
EGAL, WER ...
RATTER
ANDO ...
NEIN ...
BESSER JEMAND ANDERES ...
EIN ANDERER KERL ...
RATTER
ES IST MIR GANZ EGAL, WER.
SOLANGE ER MIR NICHT SAGT, DASS ER MICH MAG ...
SOLANGE ICH DANN DIESES GEFÜHL TIEF IN MIR DRIN VERGESSEN KANN ...

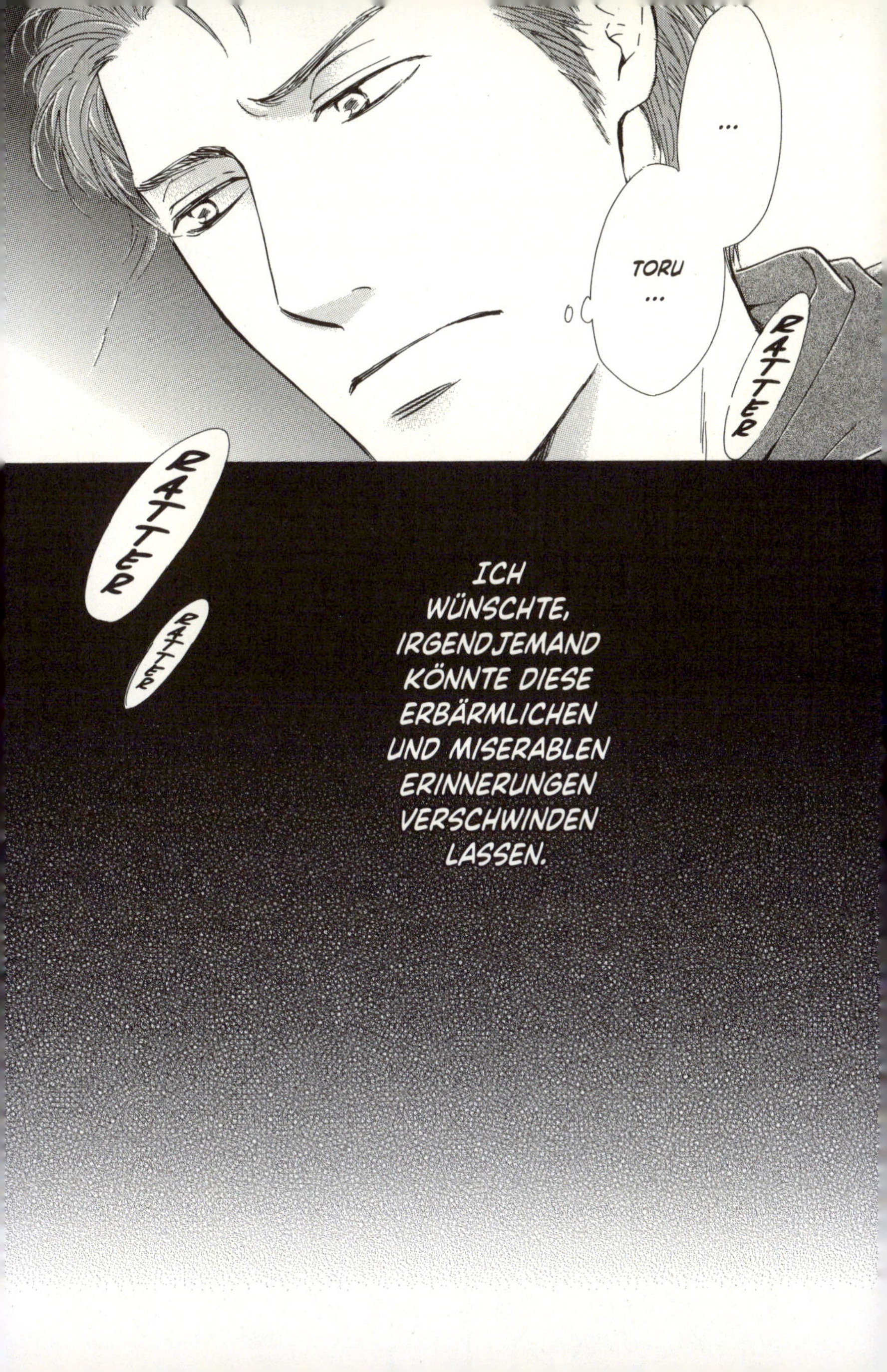
...
TORU ...
RATTER
RATTER
RATTER
ICH WÜNSCHTE, IRGENDJEMAND KÖNNTE DIESE ERBÄRMLICHEN UND MISERABLEN ERINNERUNGEN VERSCHWINDEN LASSEN.

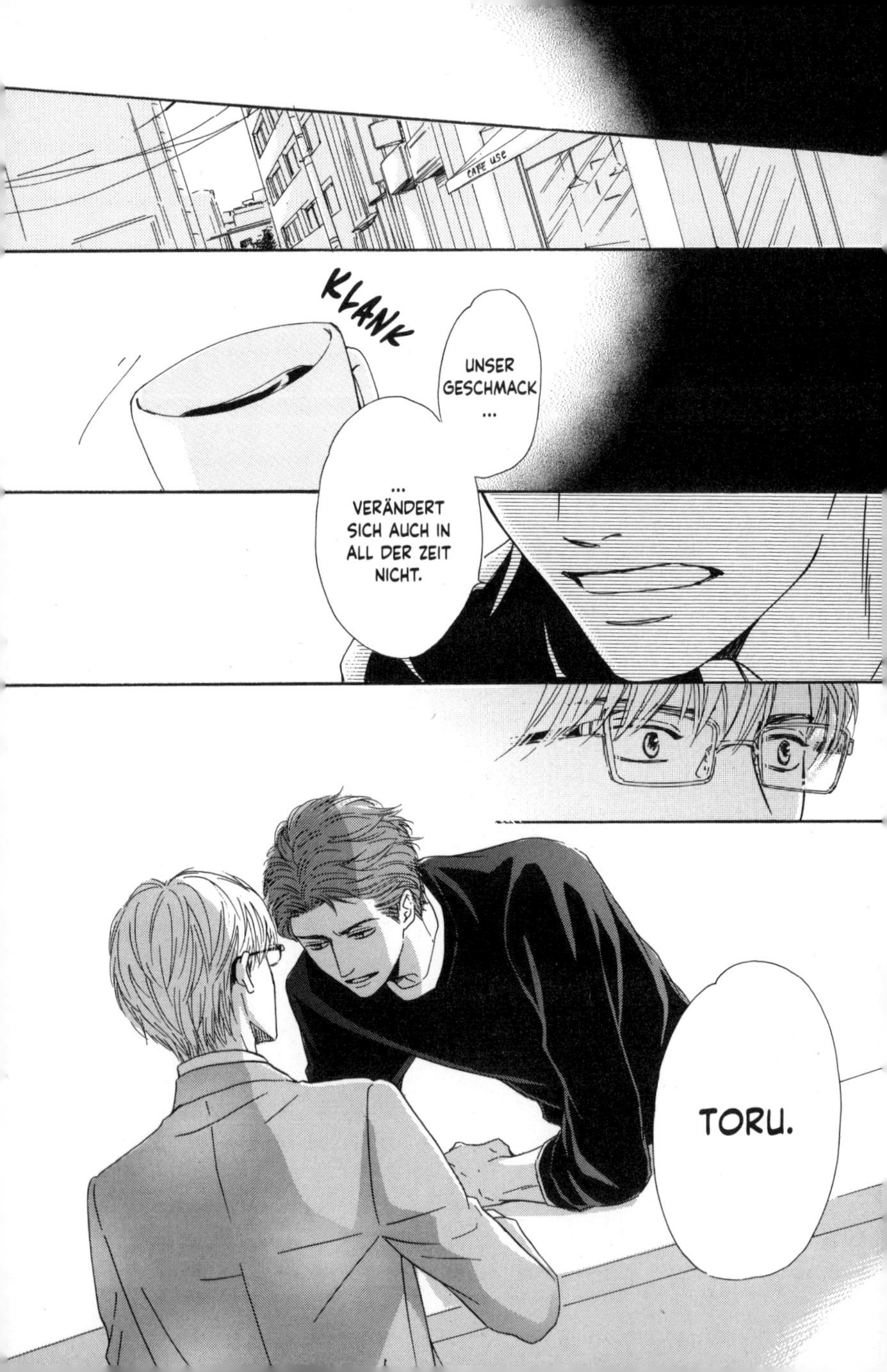
CAFE use
KLANK
UNSER GESCHMACK ...
... VERÄNDERT SICH AUCH IN ALL DER ZEIT NICHT.
TORU.

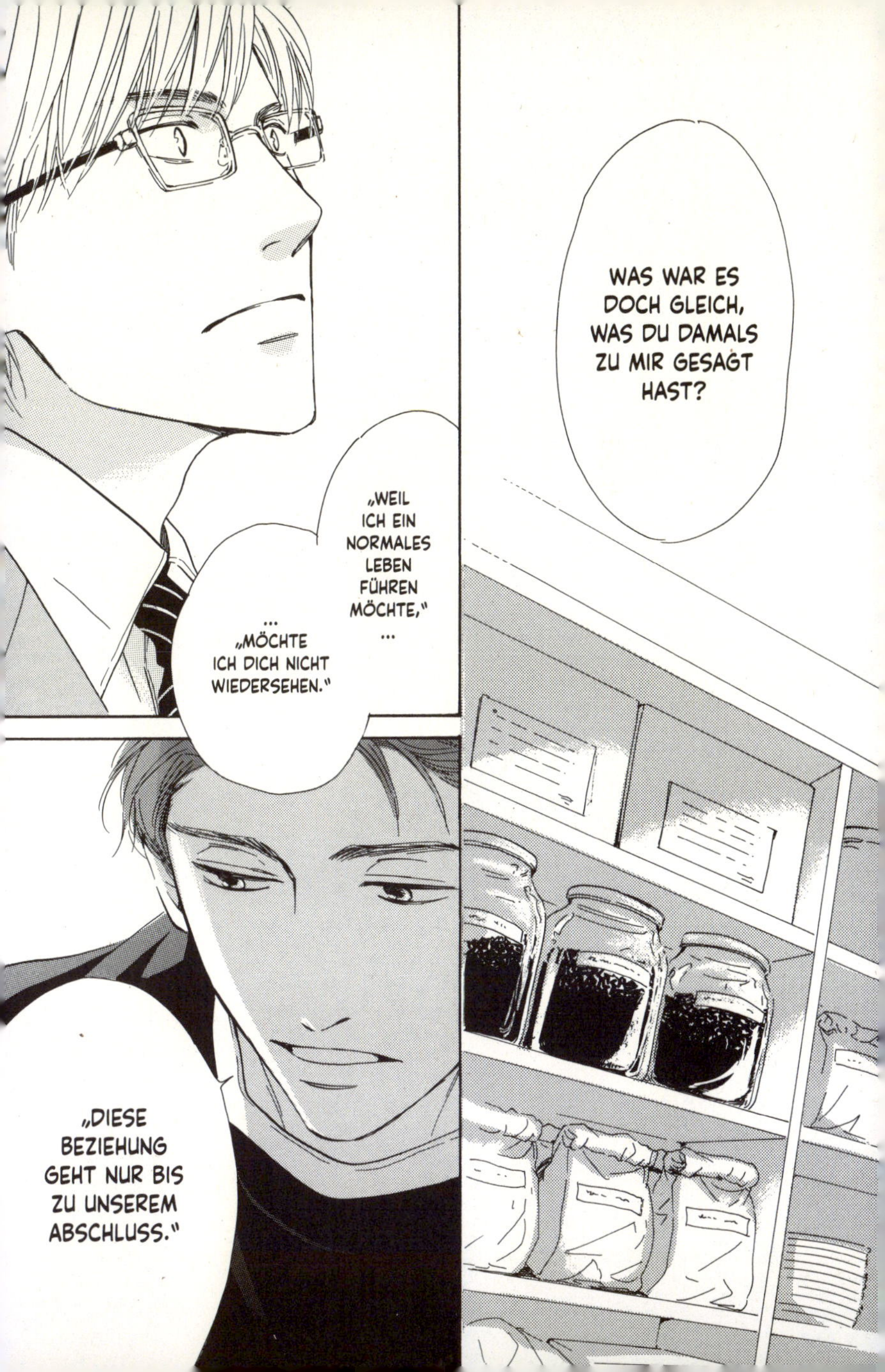
WAS WAR ES DOCH GLEICH, WAS DU DAMALS ZU MIR GESAGT HAST?
„WEIL ICH EIN NORMALES LEBEN FÜHREN MÖCHTE," ...
... „MÖCHTE ICH DICH NICHT WIEDERSEHEN."
„DIESE BEZIEHUNG GEHT NUR BIS ZU UNSEREM ABSCHLUSS."

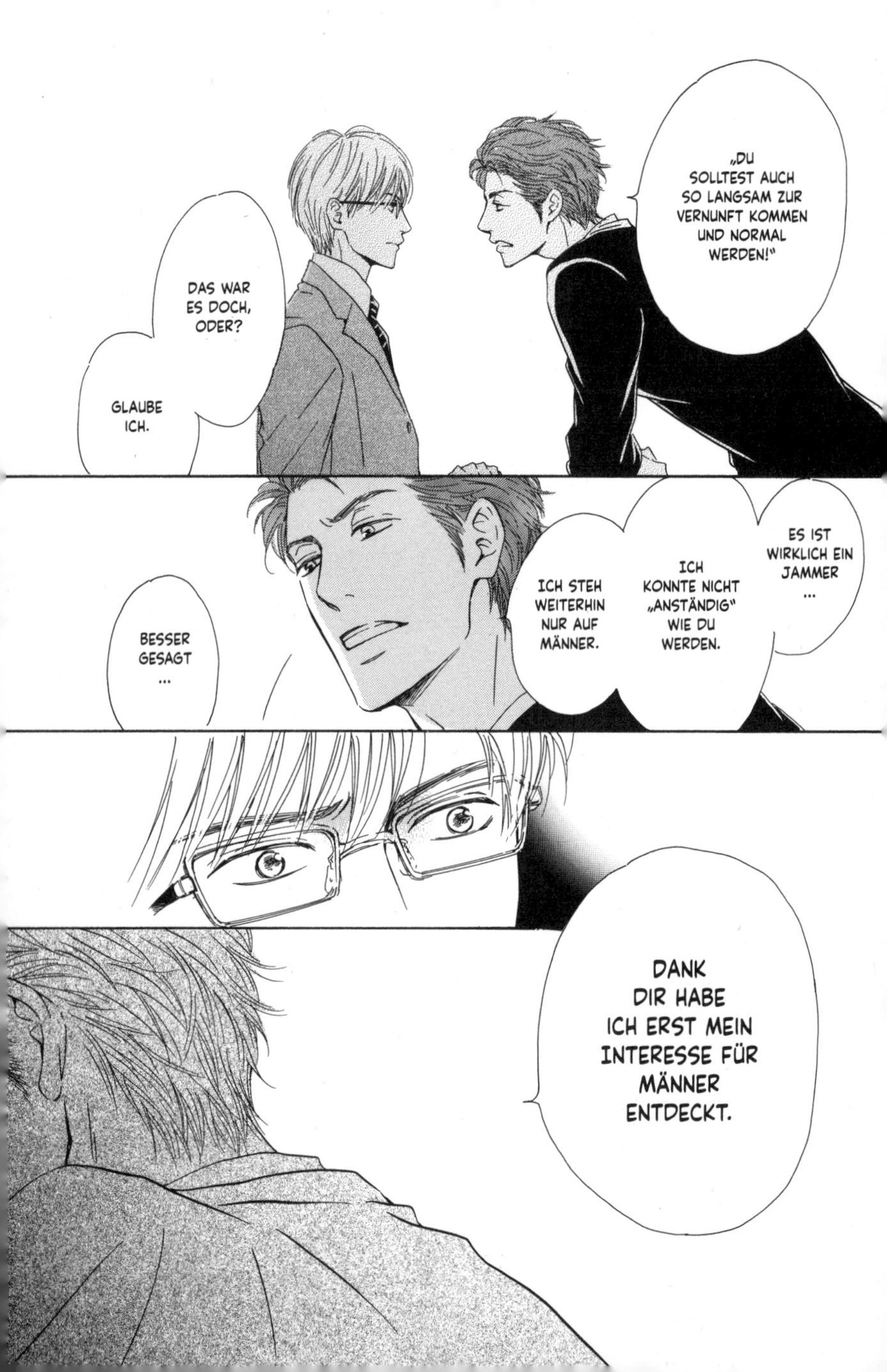
„DU SOLLTEST AUCH SO LANGSAM ZUR VERNUNFT KOMMEN UND NORMAL WERDEN!“
DAS WAR ES DOCH, ODER?
GLAUBE ICH.
ES IST WIRKLICH EIN JAMMER ...
ICH KONNTE NICHT „ANSTÄNDIG“ WIE DU WERDEN.
ICH STEH WEITERHIN NUR AUF MÄNNER.
BESSER GESAGT ...
DANK DIR HABE ICH ERST MEIN INTERESSE FÜR MÄNNER ENTDECKT.

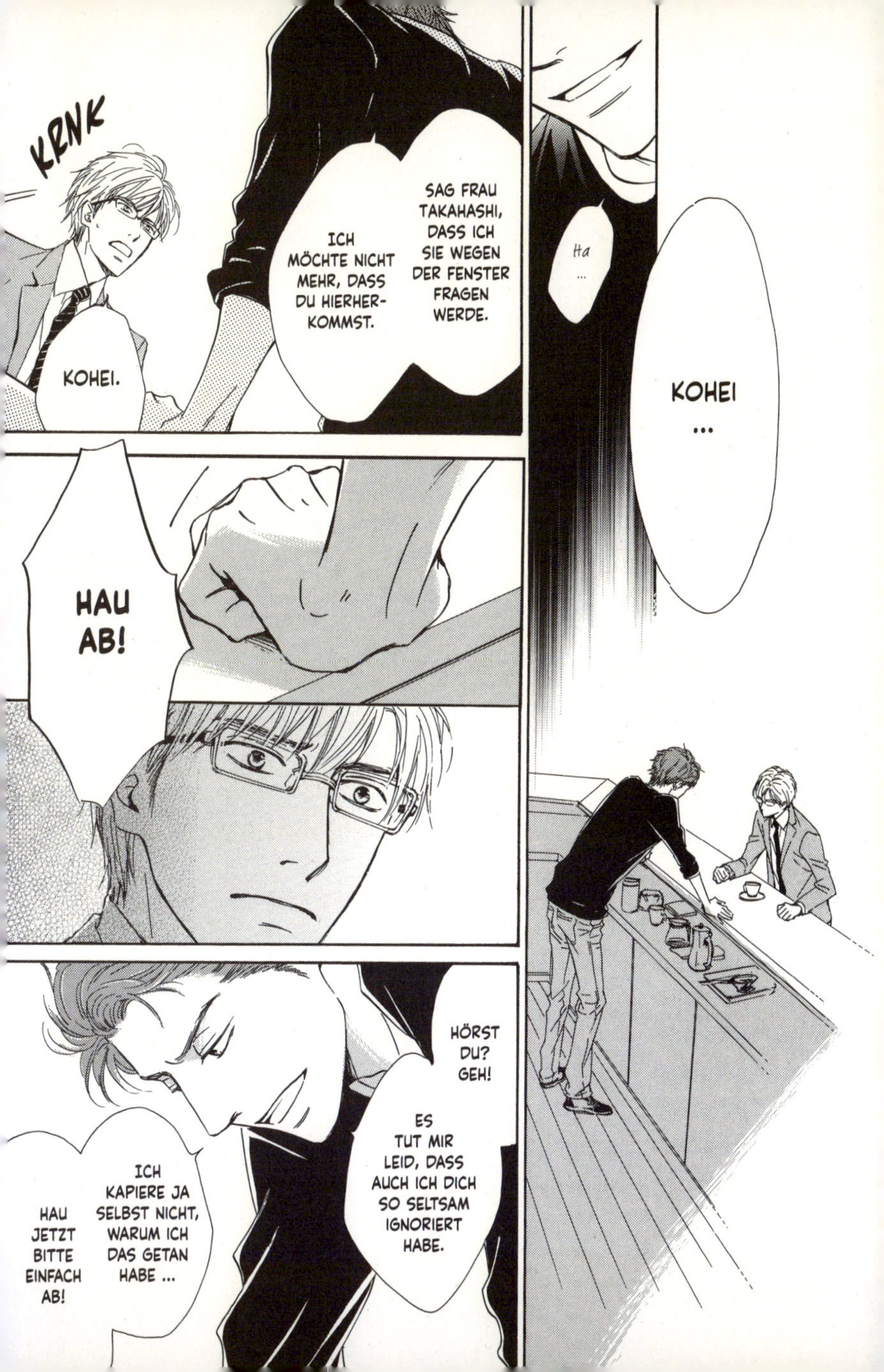
Ha ...
KOHEI ...
SAG FRAU TAKAHASHI, DASS ICH SIE WEGEN DER FENSTER FRAGEN WERDE.
ICH MÖCHTE NICHT MEHR, DASS DU HIERHER-KOMMST.
KRNK
KOHEI.
HAU AB!
HÖRST DU? GEH!
ES TUT MIR LEID, DASS AUCH ICH DICH SO SELTSAM IGNORIERT HABE.
ICH KAPIERE JA SELBST NICHT, WARUM ICH DAS GETAN HABE ...
HAU JETZT BITTE EINFACH AB!

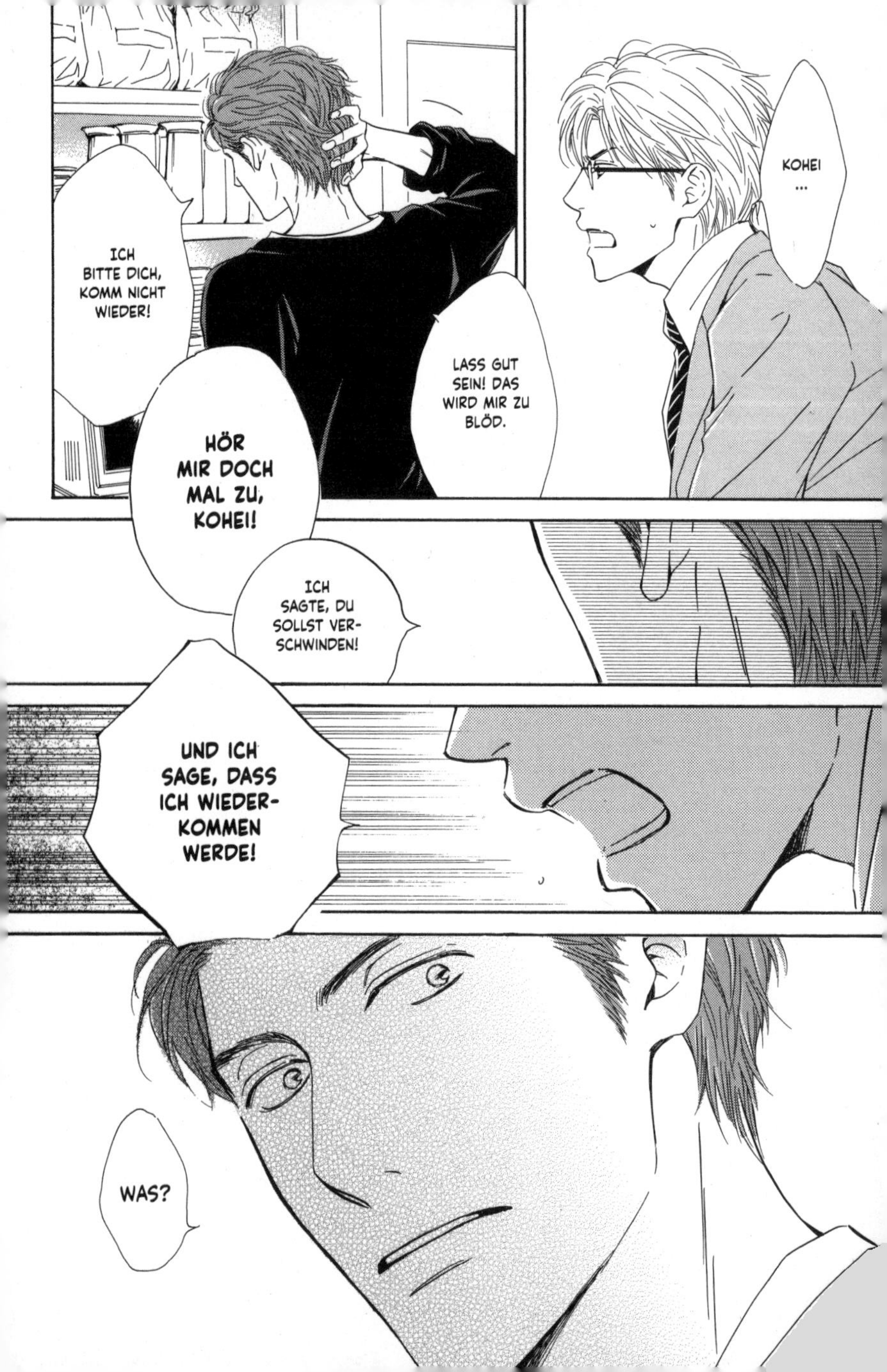
KOHEI ...
LASS GUT SEIN! DAS WIRD MIR ZU BLÖD.
ICH BITTE DICH, KOMM NICHT WIEDER!
HÖR MIR DOCH MAL ZU, KOHEI!
ICH SAGTE, DU SOLLST VER-SCHWINDEN!
UND ICH SAGE, DASS ICH WIEDER-KOMMEN WERDE!
WAS?

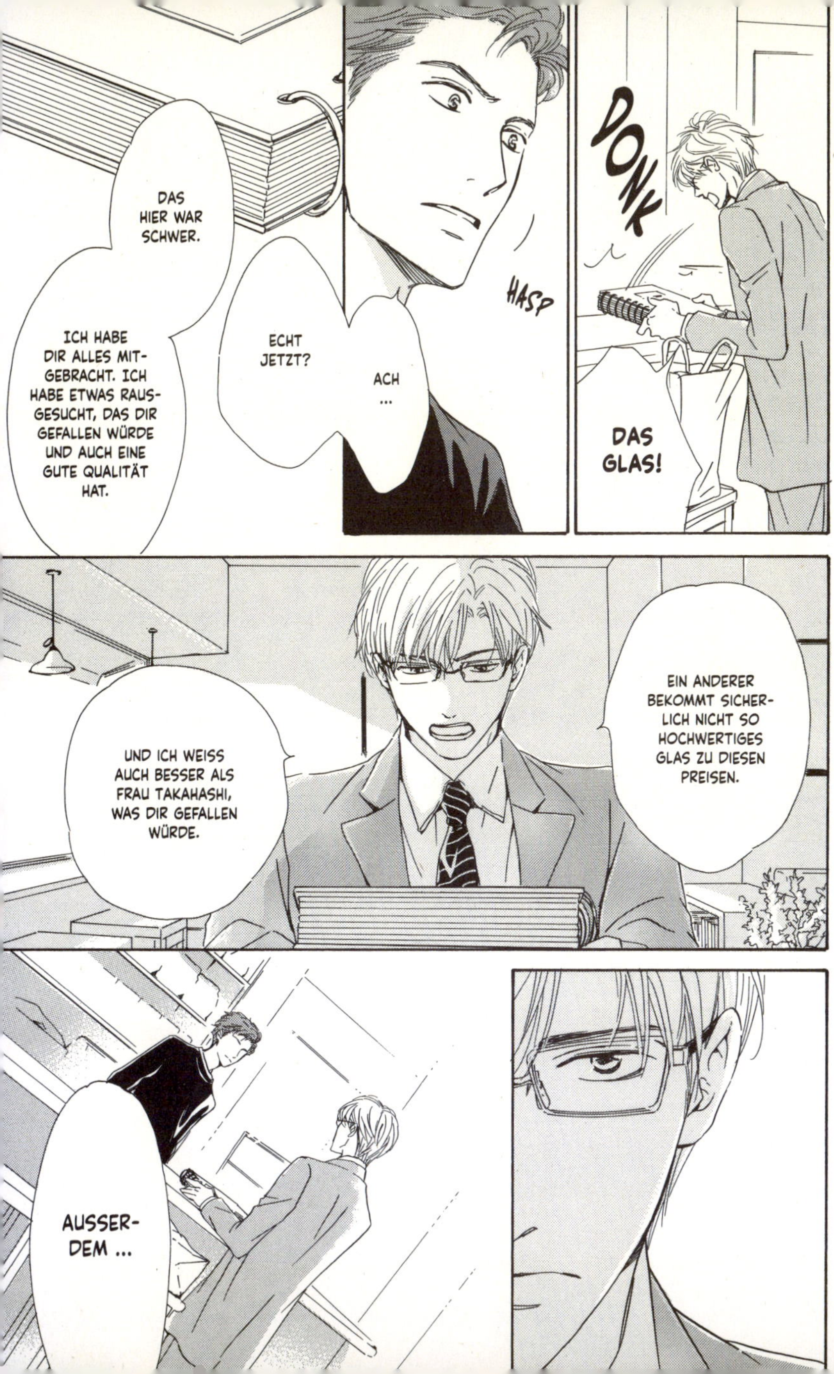
DONK
DAS GLAS!
HAS?
ACH ...
ECHT JETZT?
DAS HIER WAR SCHWER.
ICH HABE DIR ALLES MIT-GEBRACHT. ICH HABE ETWAS RAUS-GESUCHT, DAS DIR GEFALLEN WÜRDE UND AUCH EINE GUTE QUALITÄT HAT.
EIN ANDERER BEKOMMT SICHER-LICH NICHT SO HOCHWERTIGES GLAS ZU DIESEN PREISEN.
UND ICH WEISS AUCH BESSER ALS FRAU TAKAHASHI, WAS DIR GEFALLEN WÜRDE.
AUSSER-DEM ...

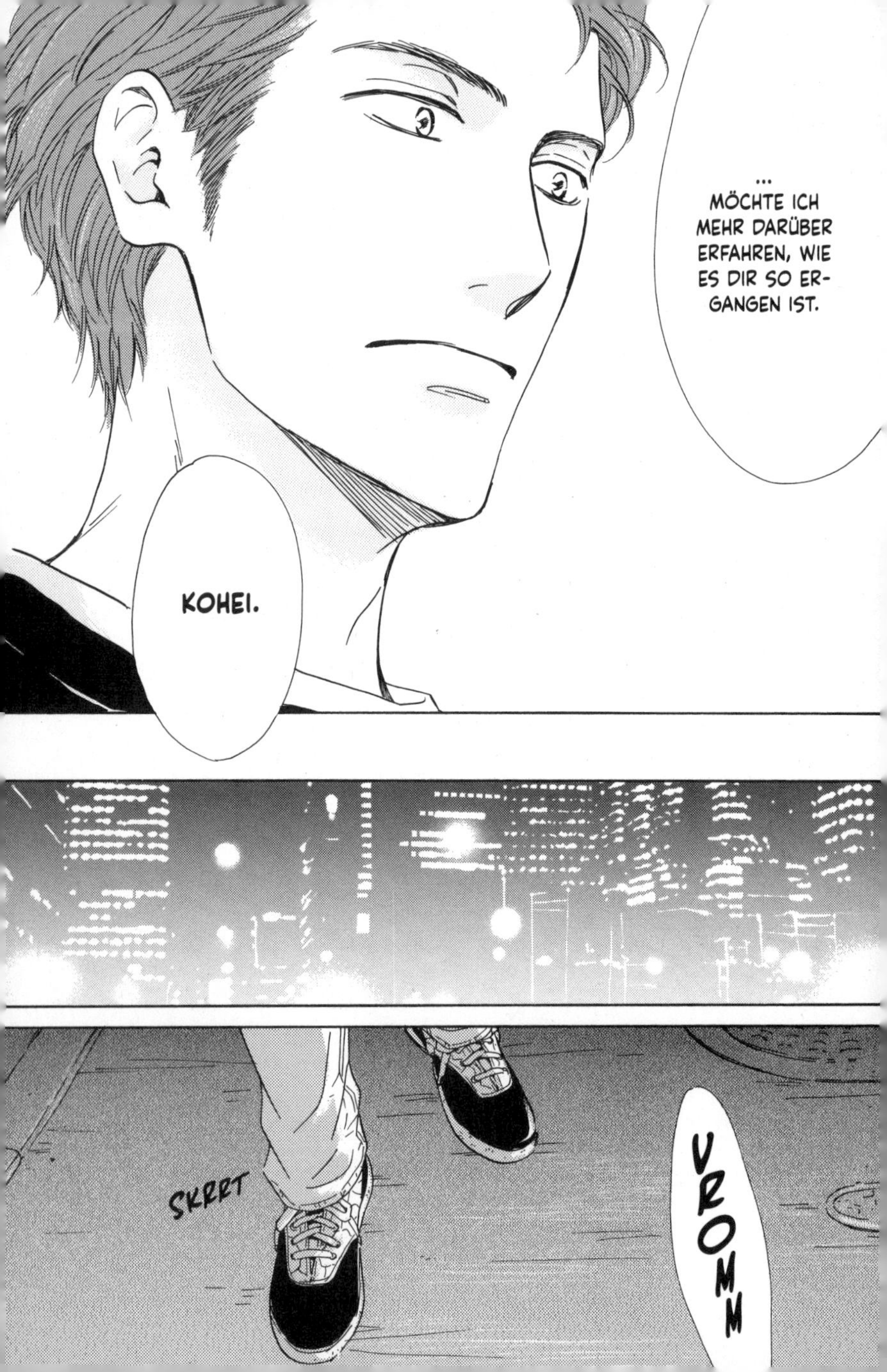
...
MÖCHTE ICH MEHR DARÜBER ERFAHREN, WIE ES DIR SO ER-GANGEN IST.
KOHEI.
VROMM
SKRRT

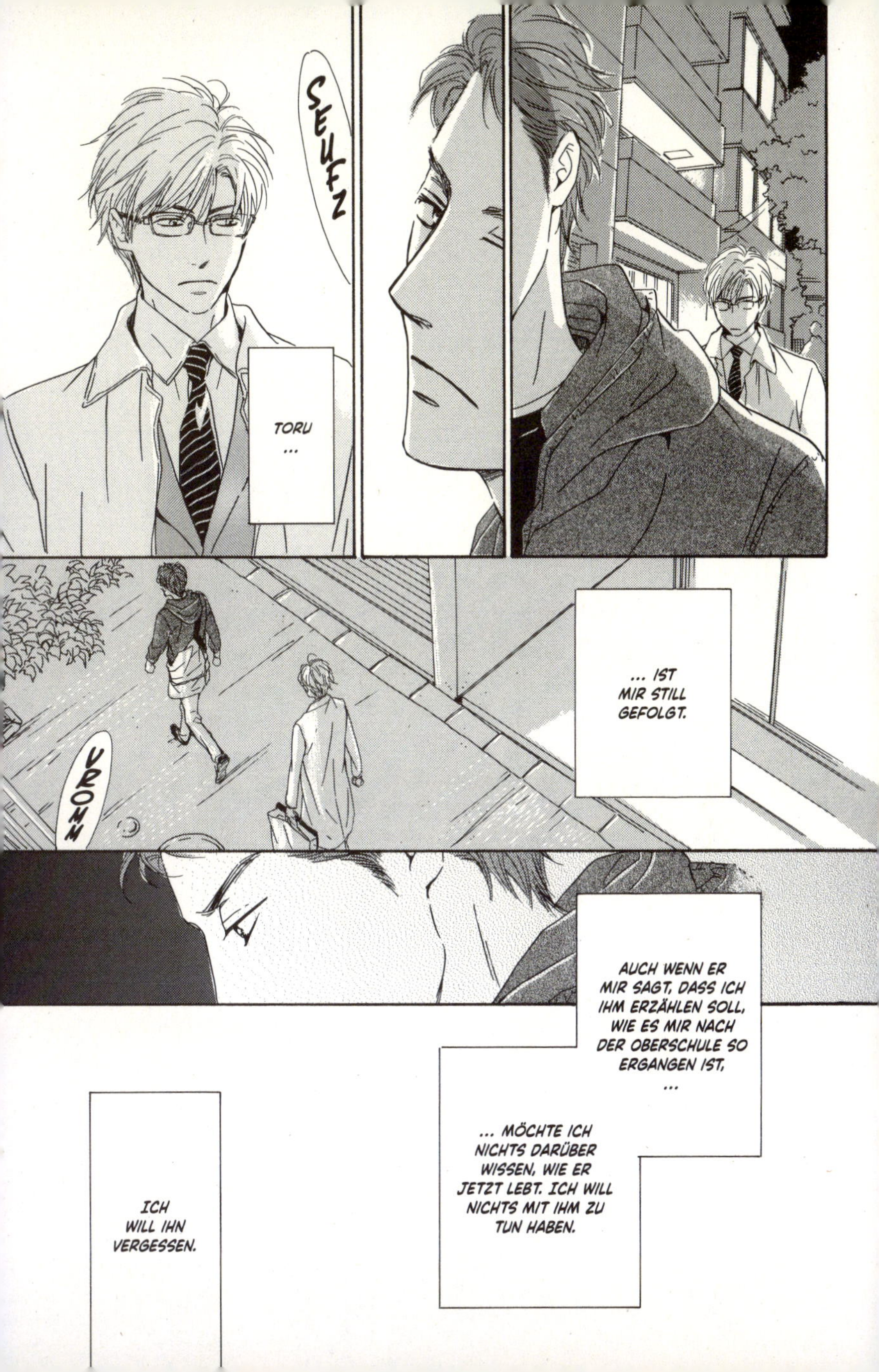
SEUFZ
TORU ...
... IST MIR STILL GEFOLGT.
VROMM
AUCH WENN ER MIR SAGT, DASS ICH IHM ERZÄHLEN SOLL, WIE ES MIR NACH DER OBERSCHULE SO ERGANGEN IST, ...
... MÖCHTE ICH NICHTS DARÜBER WISSEN, WIE ER JETZT LEBT. ICH WILL NICHTS MIT IHM ZU TUN HABEN.
ICH WILL IHN VERGESSEN.

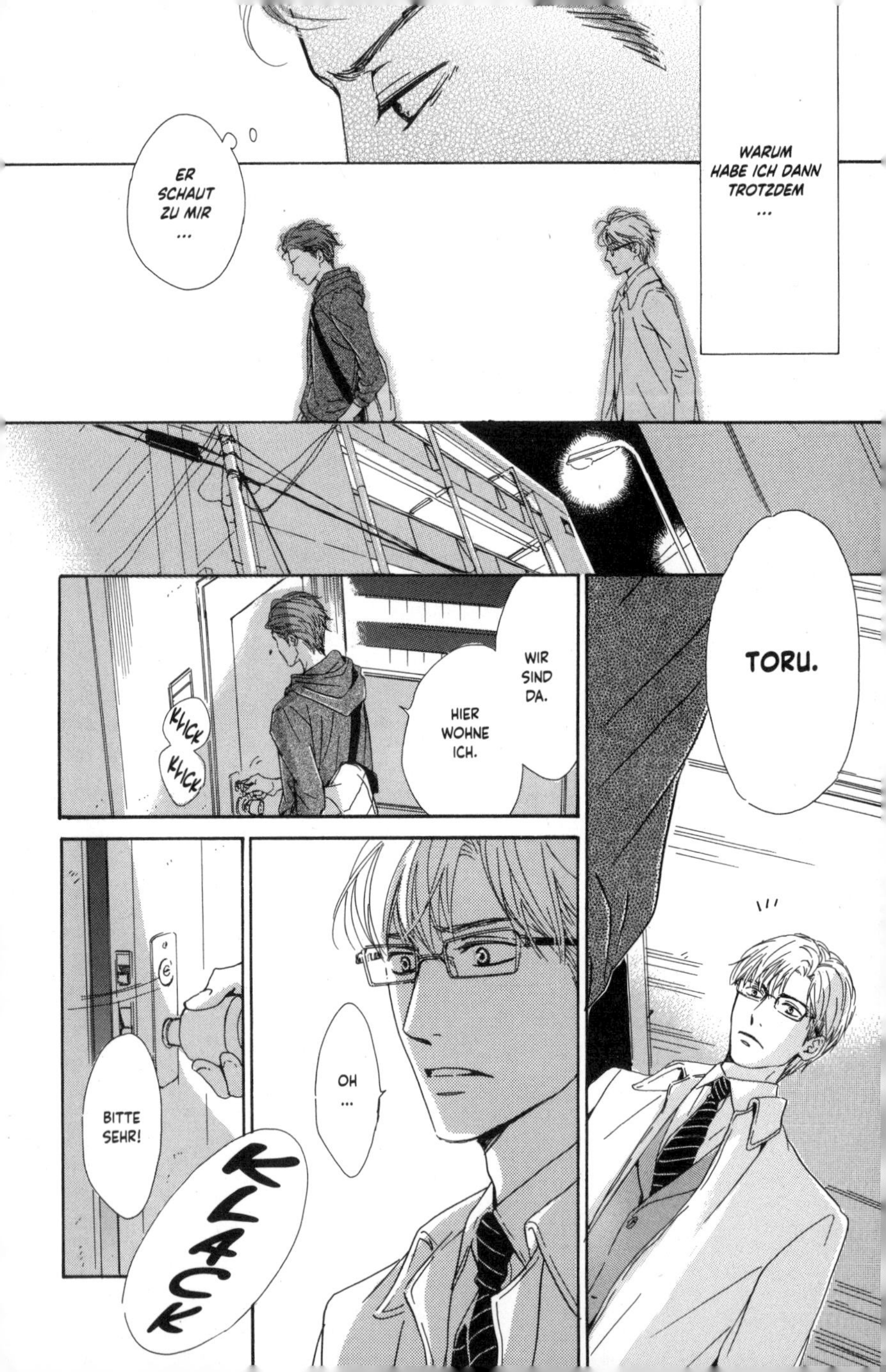
WARUM HABE ICH DANN TROTZDEM ...
ER SCHAUT ZU MIR ...
TORU.
WIR SIND DA.
HIER WOHNE ICH.
KLICK
KLICK
OH ...
BITTE SEHR!
KLACK

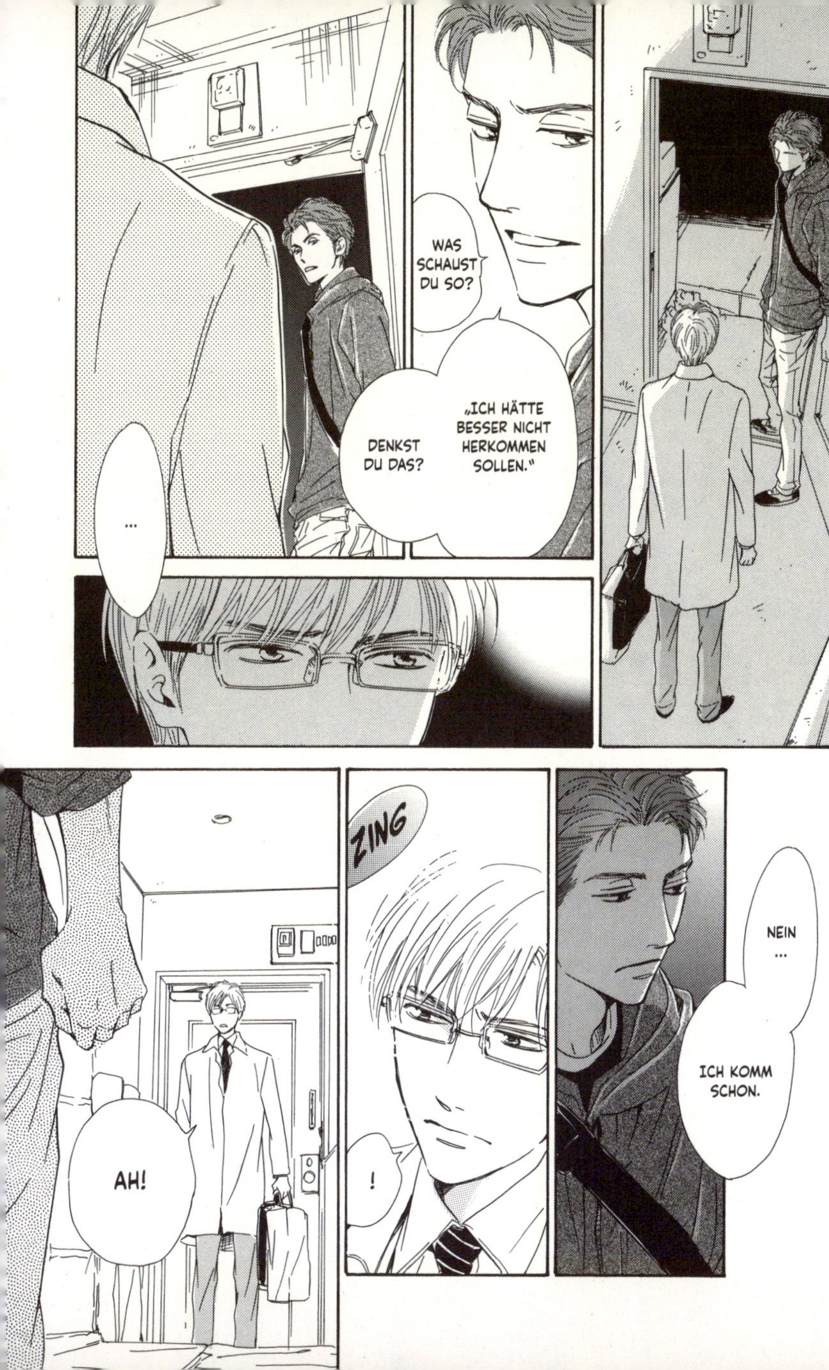

WAS SCHAUST DU SO?
„ICH HÄTTE BESSER NICHT HERKOMMEN SOLLEN."
DENKST DU DAS?
...
NEIN ...
ICH KOMM SCHON.
ZING
!
AH!

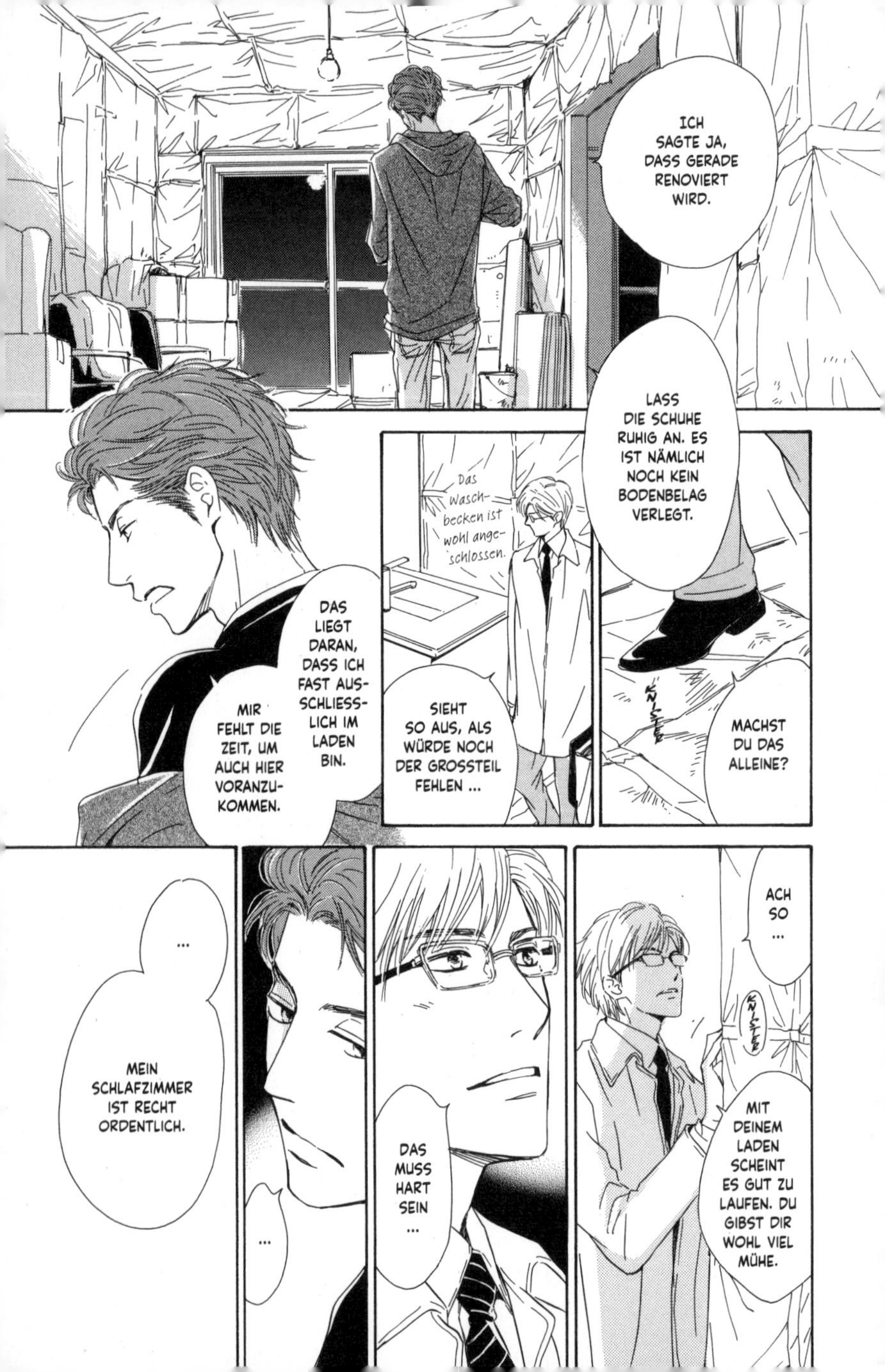
ICH SAGTE JA, DASS GERADE RENOVIERT WIRD.
LASS DIE SCHUHE RUHIG AN. ES IST NÄMLICH NOCH KEIN BODENBELAG VERLEGT.
KNISTER
MACHST DU DAS ALLEINE?
Das Waschbecken ist wohl angeschlossen.
SIEHT SO AUS, ALS WÜRDE NOCH DER GROSSTEIL FEHLEN ...
DAS LIEGT DARAN, DASS ICH FAST AUSSCHLIESSLICH IM LADEN BIN.
MIR FEHLT DIE ZEIT, UM AUCH HIER VORANZUKOMMEN.
ACH SO ...
KNISTER
MIT DEINEM LADEN SCHEINT ES GUT ZU LAUFEN. DU GIBST DIR WOHL VIEL MÜHE.
DAS MUSS HART SEIN ...
...
...
MEIN SCHLAFZIMMER IST RECHT ORDENTLICH.

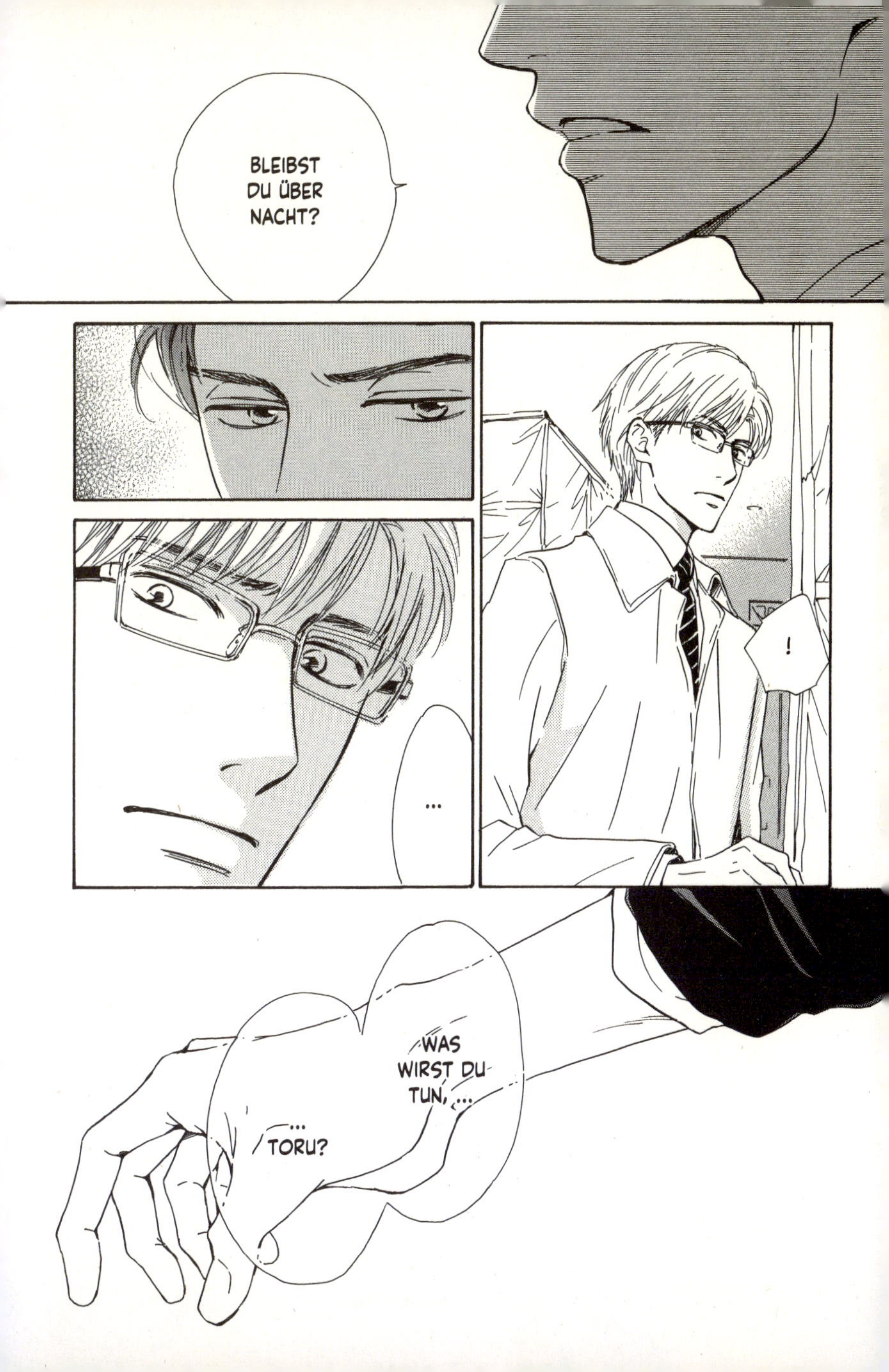
BLEIBST DU ÜBER NACHT?
...
!
WAS WIRST DU TUN, ...
... TORU?

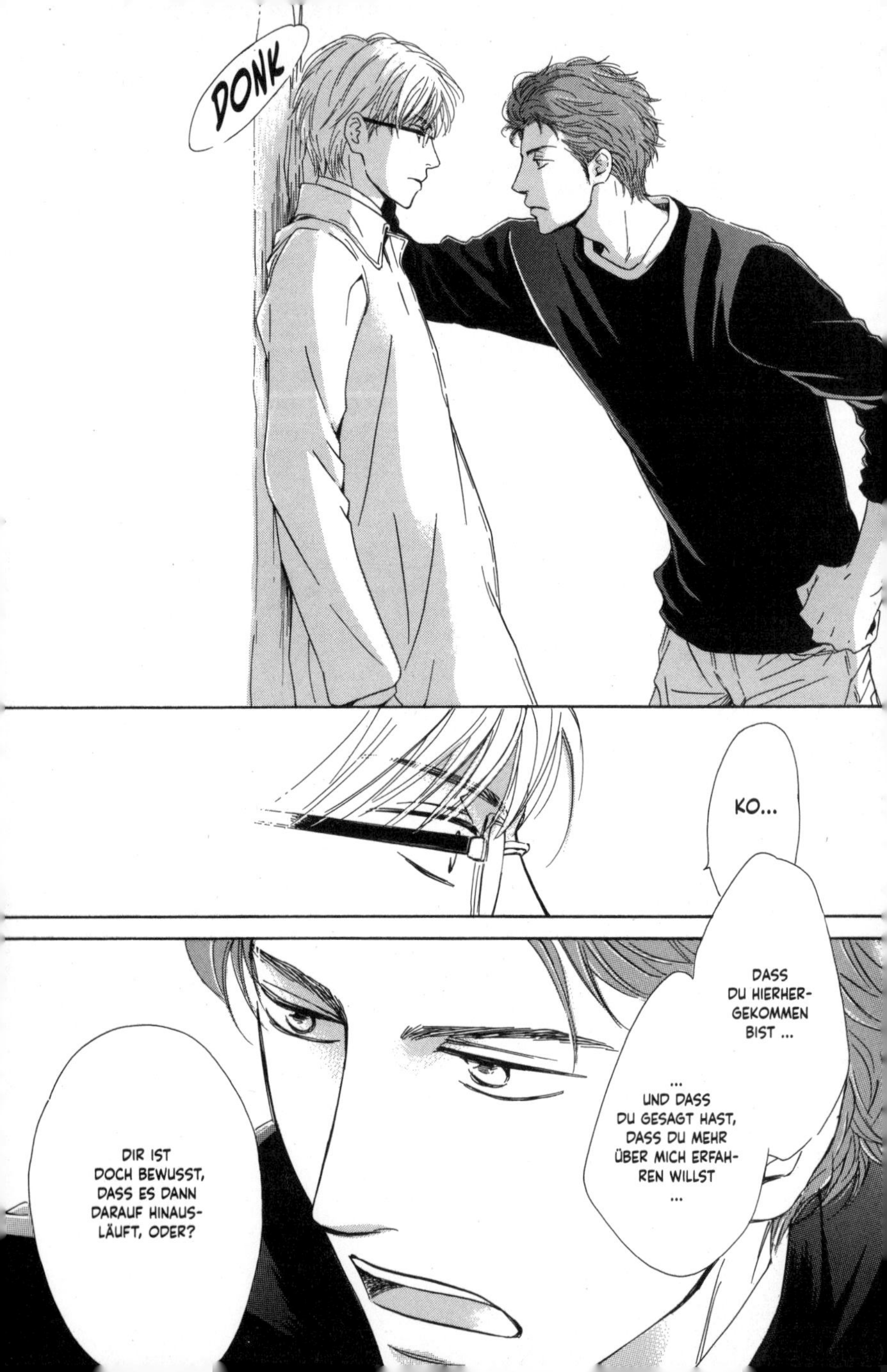
DONK
KO...
DASS DU HIERHER-GEKOMMEN BIST ...
... UND DASS DU GESAGT HAST, DASS DU MEHR ÜBER MICH ERFAHREN WILLST ...
DIR IST DOCH BEWUSST, DASS ES DANN DARAUF HINAUSLÄUFT, ODER?

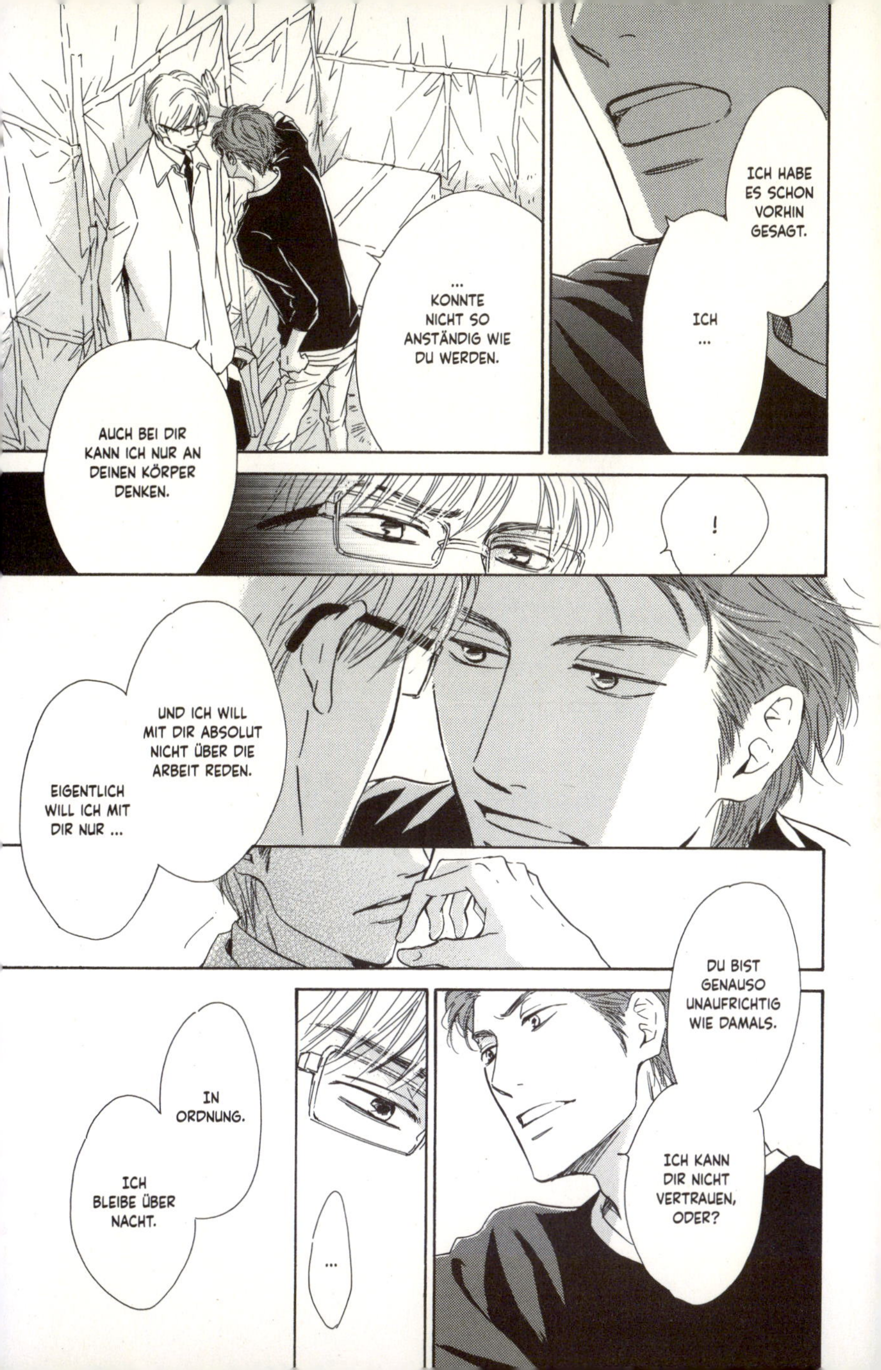
ICH HABE ES SCHON VORHIN GESAGT.
ICH ...
... KONNTE NICHT SO ANSTÄNDIG WIE DU WERDEN.
AUCH BEI DIR KANN ICH NUR AN DEINEN KÖRPER DENKEN.
!
UND ICH WILL MIT DIR ABSOLUT NICHT ÜBER DIE ARBEIT REDEN.
EIGENTLICH WILL ICH MIT DIR NUR ...
DU BIST GENAUSO UNAUFRICHTIG WIE DAMALS.
ICH KANN DIR NICHT VERTRAUEN, ODER?
...
IN ORDNUNG.
ICH BLEIBE ÜBER NACHT.

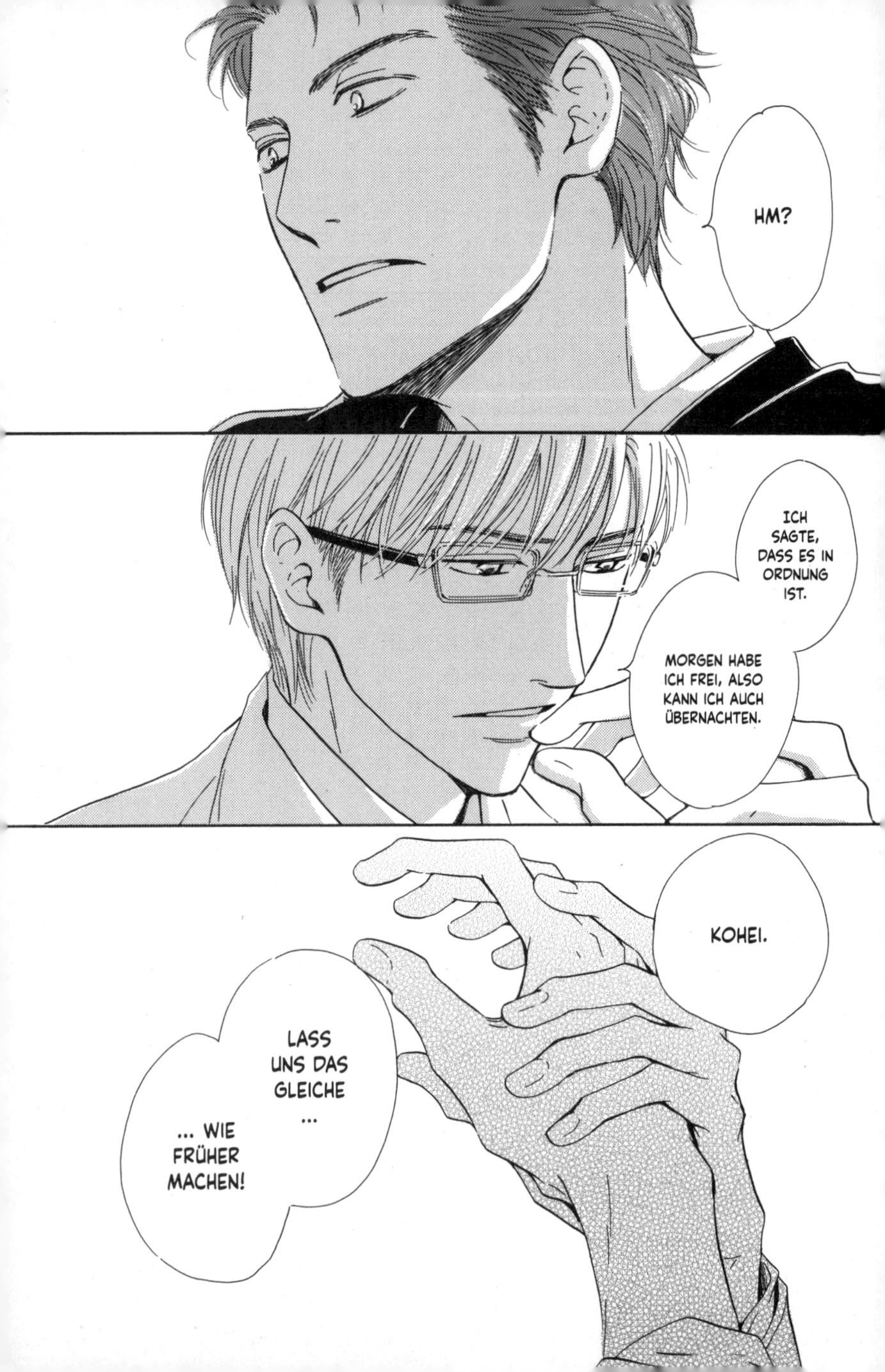
HM?
ICH SAGTE, DASS ES IN ORDNUNG IST.
MORGEN HABE ICH FREI, ALSO KANN ICH AUCH ÜBERNACHTEN.
KOHEI.
LASS UNS DAS GLEICHE ...
... WIE FRÜHER MACHEN!

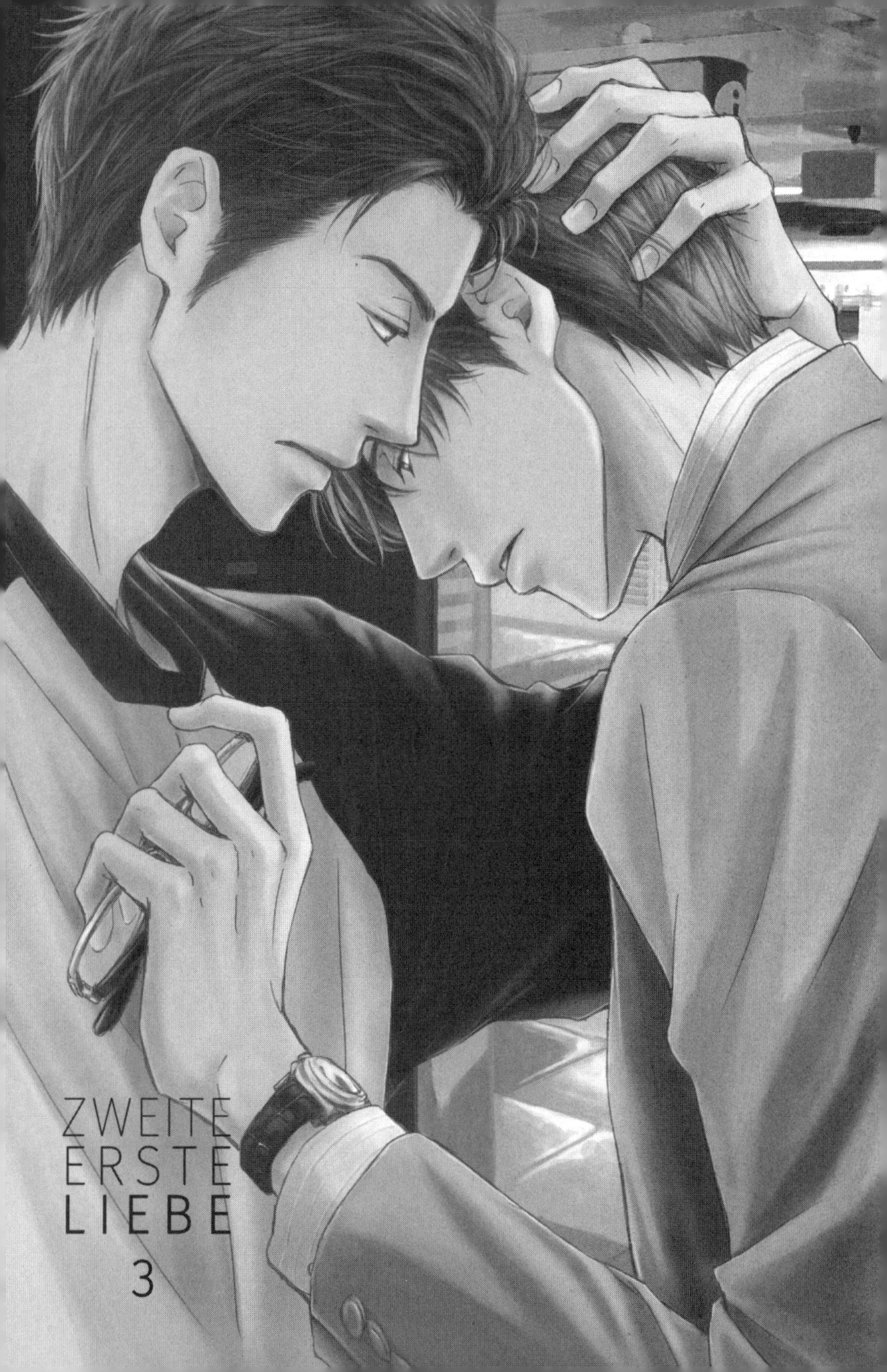
ZWEITE
ERSTE
LIEBE
3

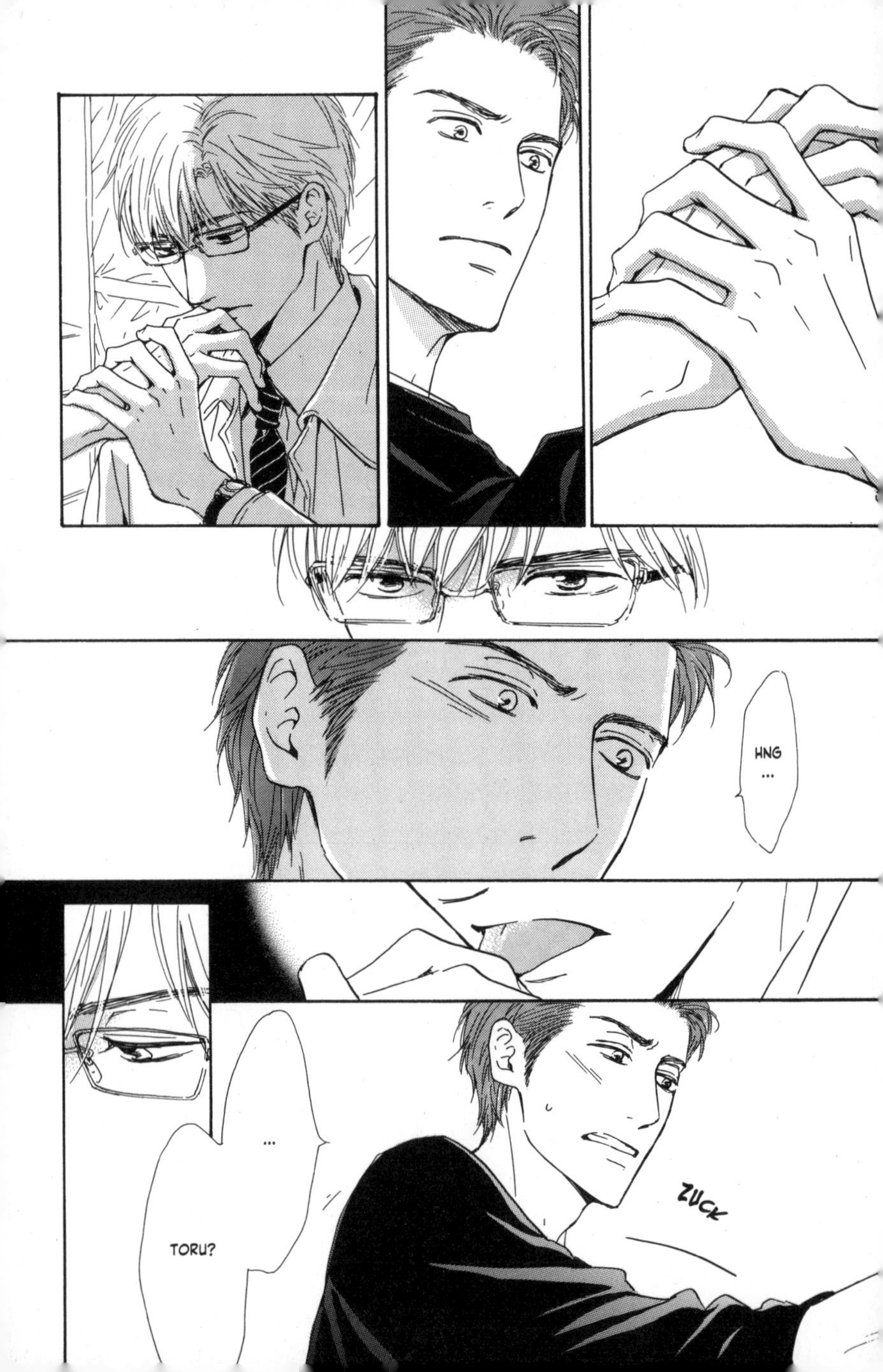
HNG ...
...
TORU?
ZUCK

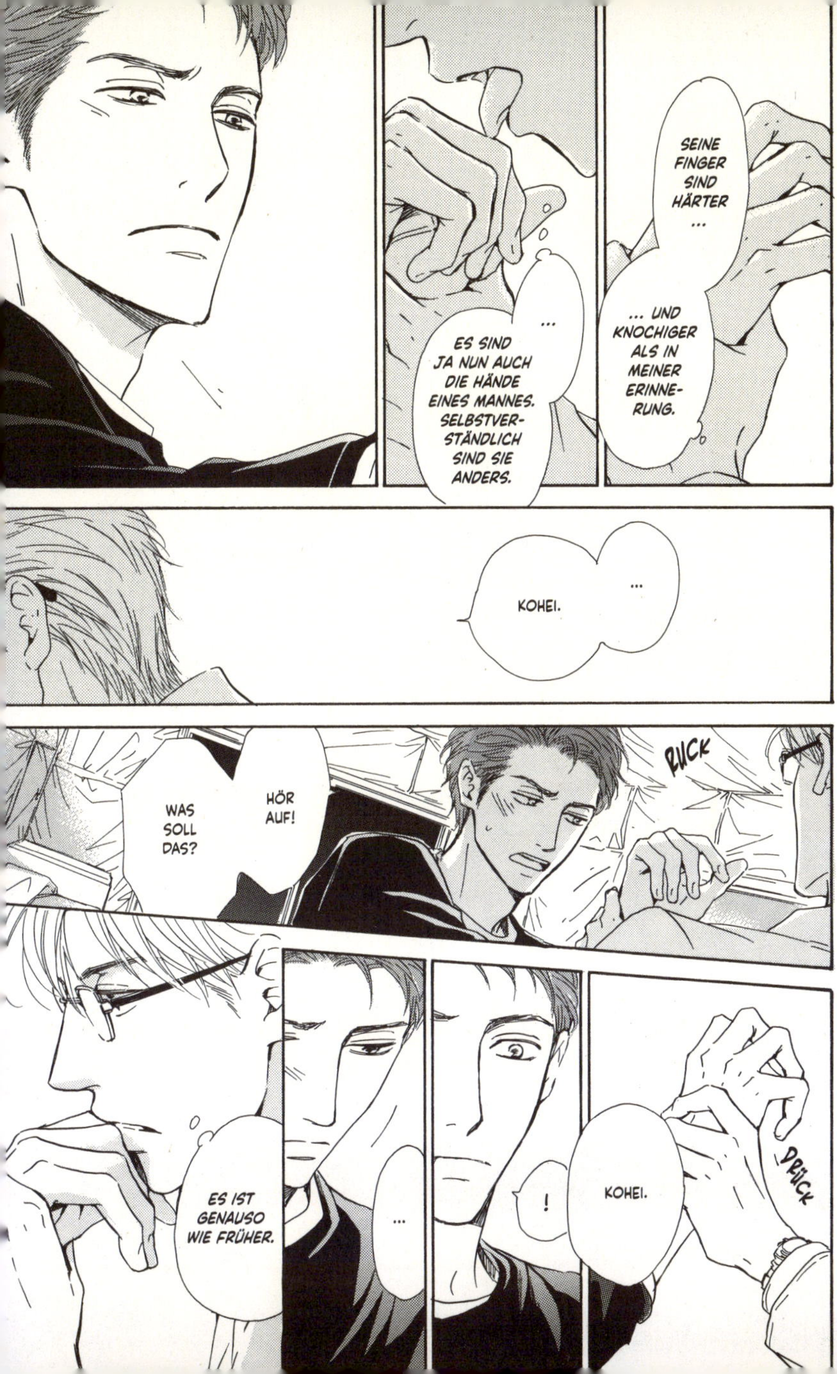
SEINE FINGER SIND HÄRTER ...
... UND KNOCHIGER ALS IN MEINER ERINNE-RUNG.
...
ES SIND JA NUN AUCH DIE HÄNDE EINES MANNES. SELBSTVER-STÄNDLICH SIND SIE ANDERS.
...
KOHEI.
RUCK
HÖR AUF!
WAS SOLL DAS?
DRÜCK
KOHEI.
!
...
ES IST GENAUSO WIE FRÜHER.

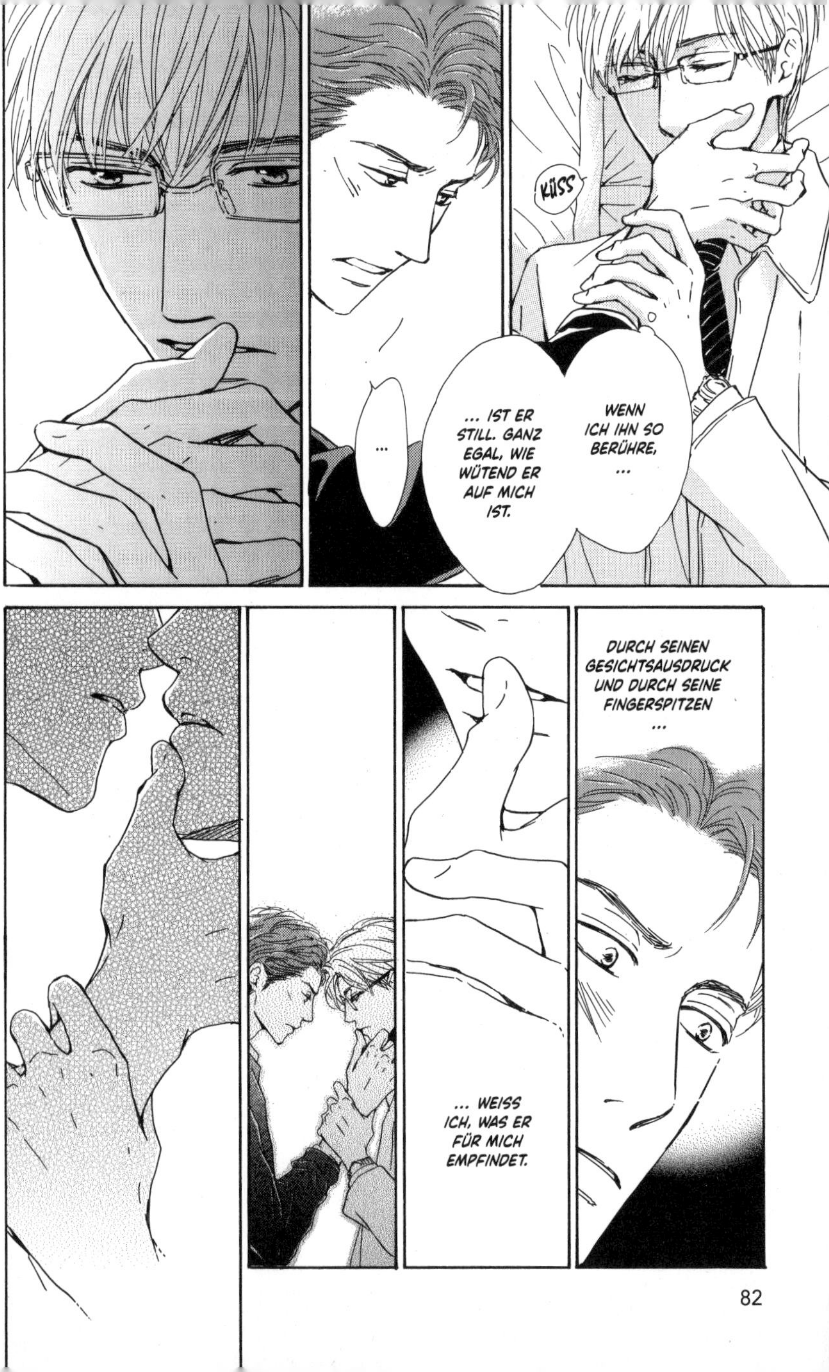
KÜSS
WENN ICH IHN SO BERÜHRE, ...
... IST ER STILL. GANZ EGAL, WIE WÜTEND ER AUF MICH IST.
...
DURCH SEINEN GESICHTSAUSDRUCK UND DURCH SEINE FINGERSPITZEN ...
... WEISS ICH, WAS ER FÜR MICH EMPFINDET.

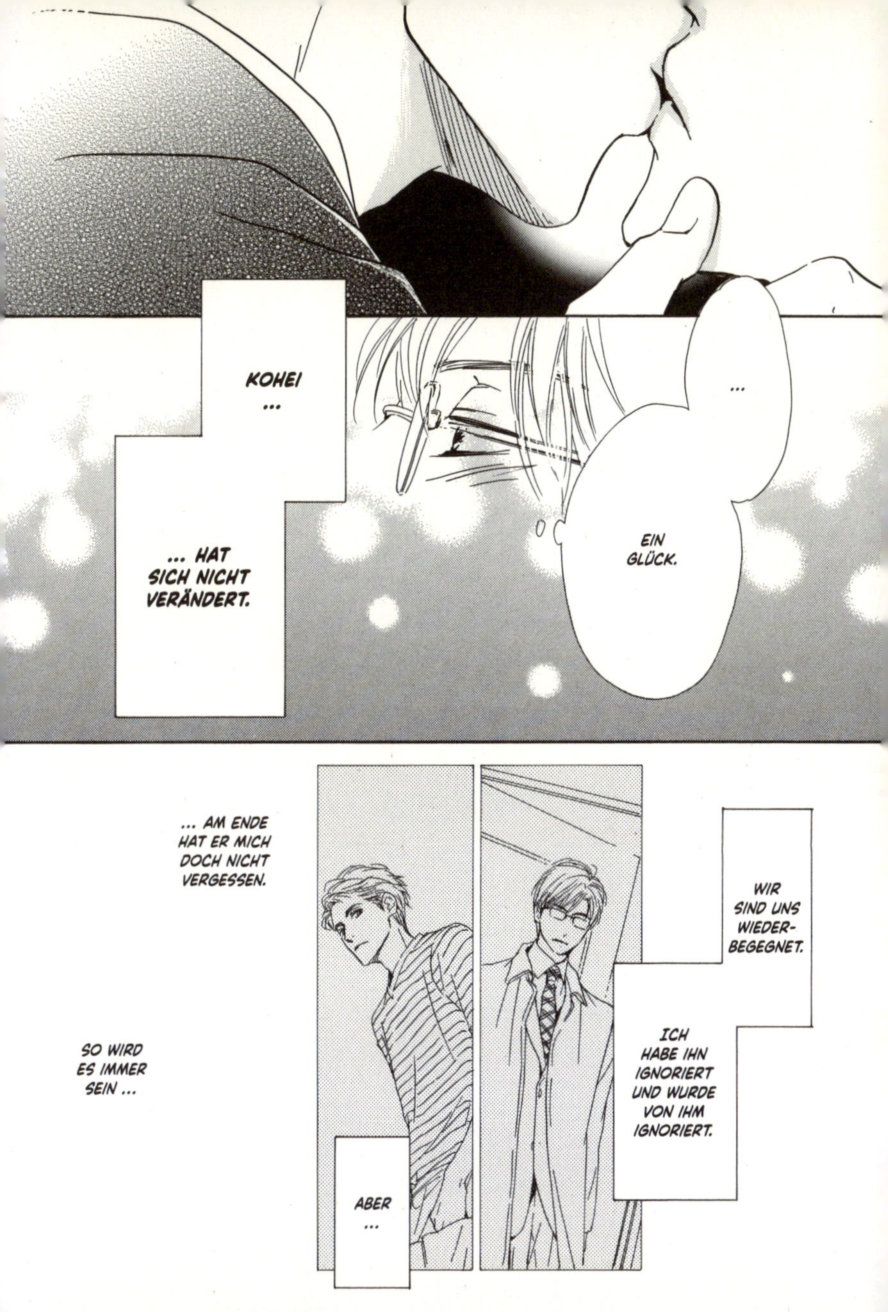

...
KOHEI ...
EIN GLÜCK.
... HAT SICH NICHT VERÄNDERT.
WIR SIND UNS WIEDER-BEGEGNET.
ICH HABE IHN IGNORIERT UND WURDE VON IHM IGNORIERT.
ABER ...
... AM ENDE HAT ER MICH DOCH NICHT VERGESSEN.
SO WIRD ES IMMER SEIN ...

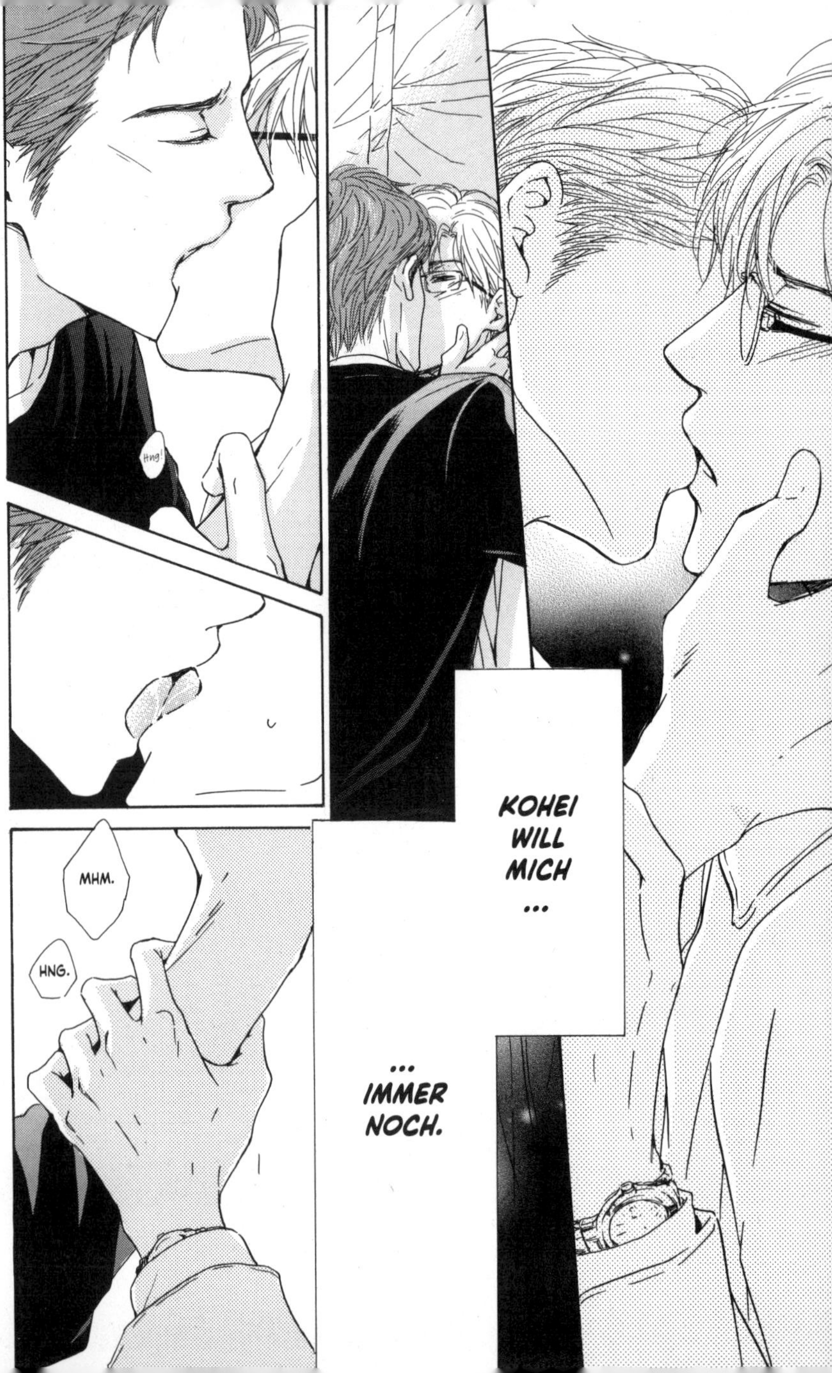

Hng!
KOHEI WILL MICH ...
... IMMER NOCH.
MHM.
HNG.

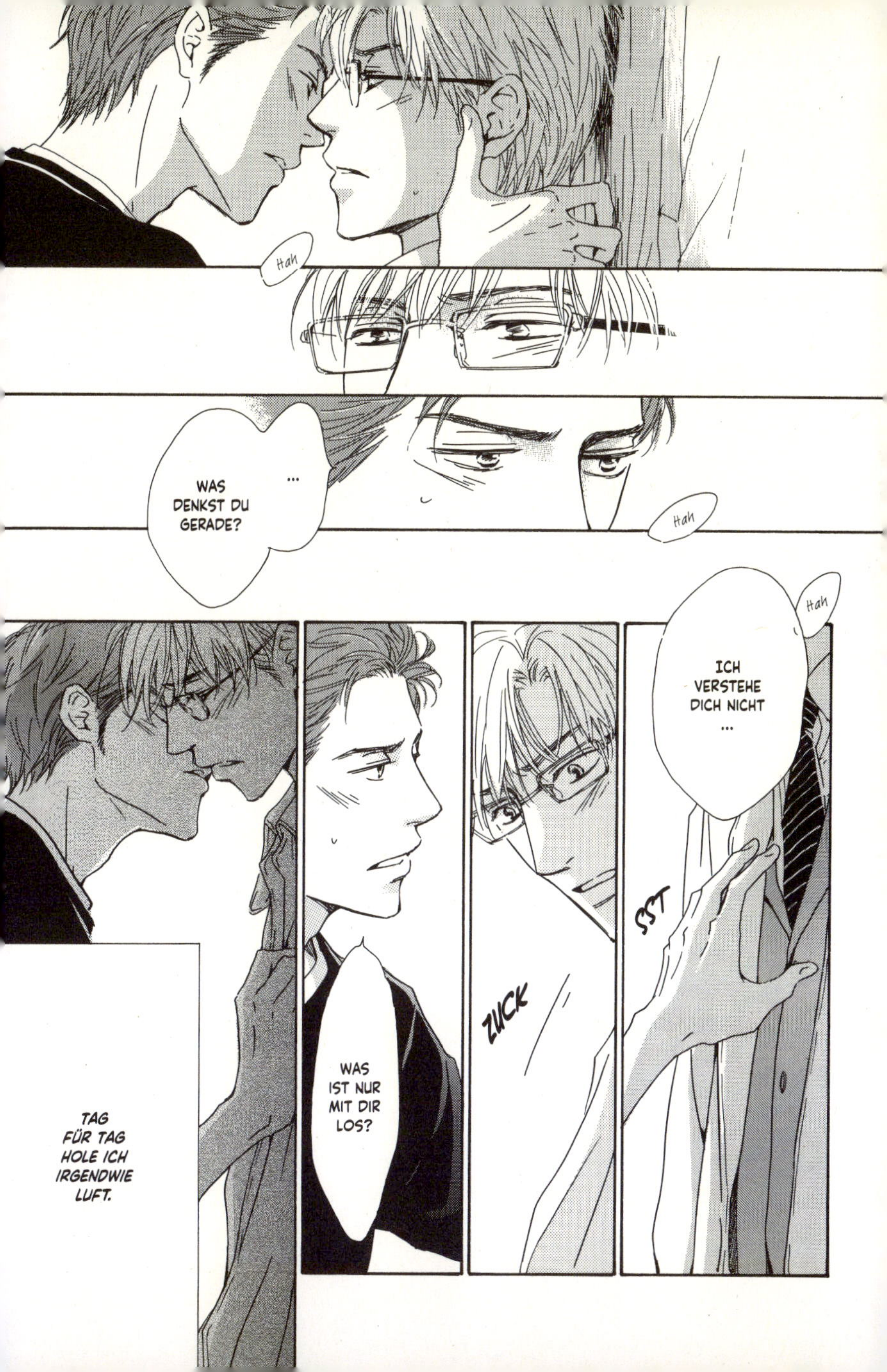
Hah
Hah
...
WAS DENKST DU GERADE?
Hah
ICH VERSTEHE DICH NICHT ...
SST
ZUCK
WAS IST NUR MIT DIR LOS?
TAG FÜR TAG HOLE ICH IRGENDWIE LUFT.

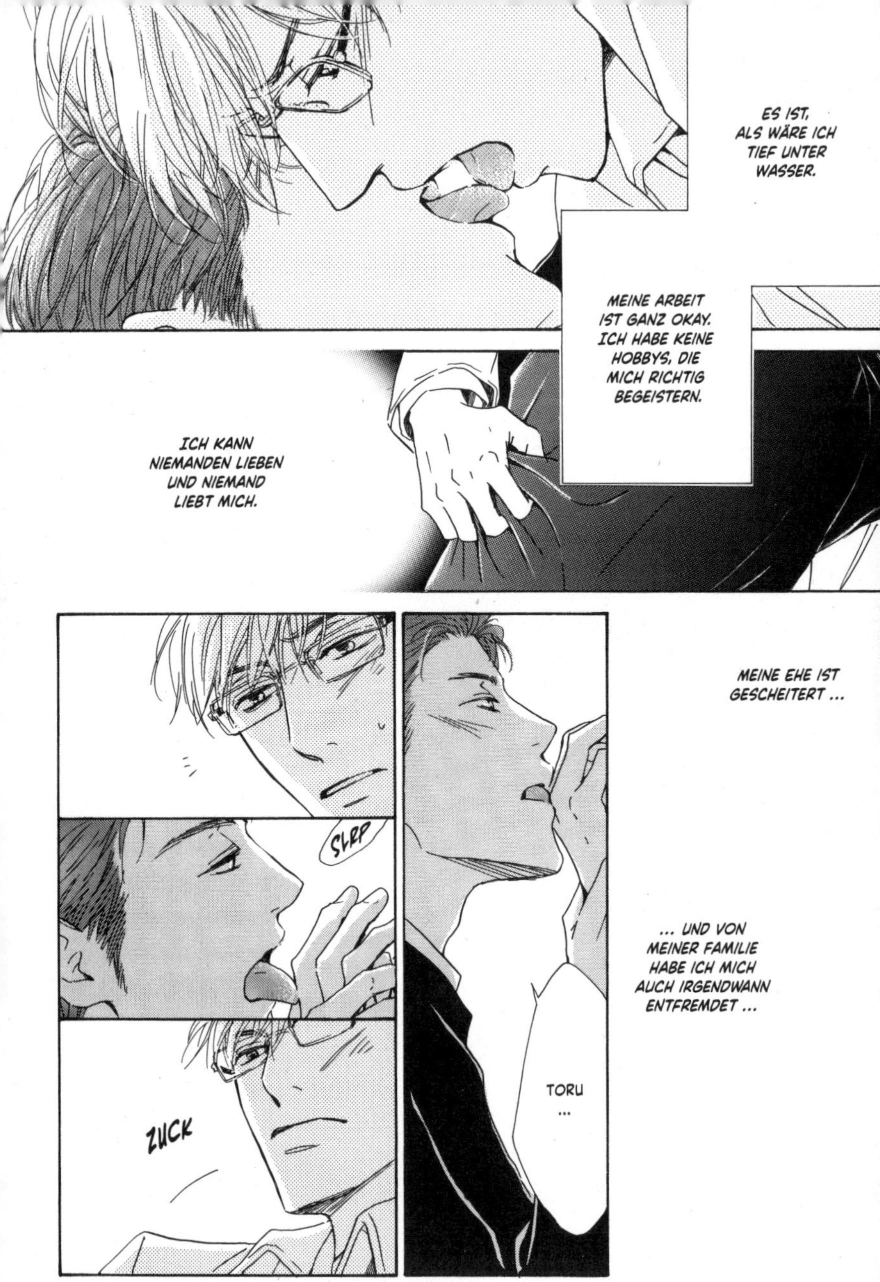
ES IST, ALS WÄRE ICH TIEF UNTER WASSER.
MEINE ARBEIT IST GANZ OKAY. ICH HABE KEINE HOBBYS, DIE MICH RICHTIG BEGEISTERN.
ICH KANN NIEMANDEN LIEBEN UND NIEMAND LIEBT MICH.
MEINE EHE IST GESCHEITERT ...
... UND VON MEINER FAMILIE HABE ICH MICH AUCH IRGENDWANN ENTFREMDET ...
TORU ...
SLRP
ZUCK

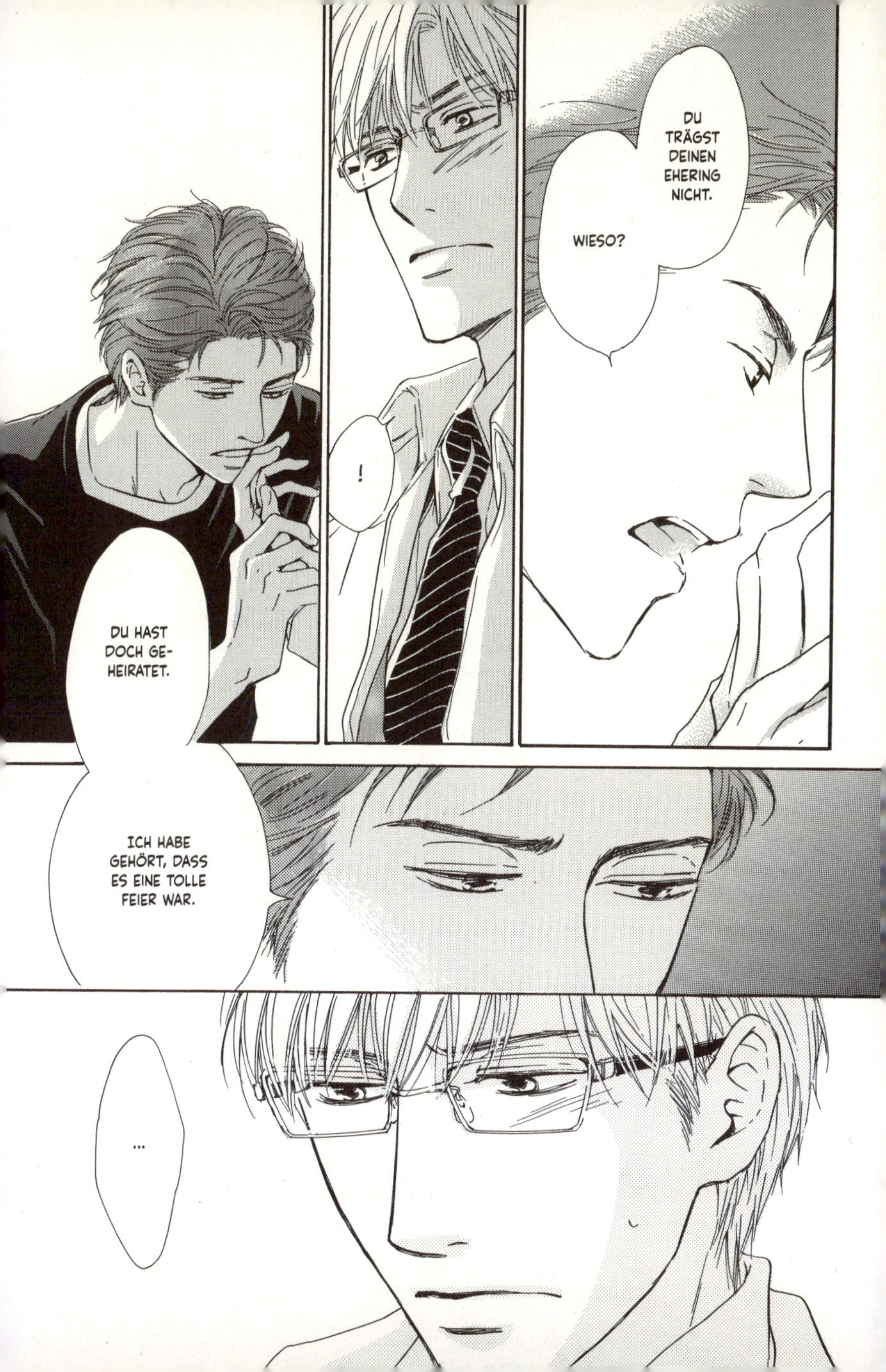
DU TRÄGST DEINEN EHERING NICHT.
WIESO?
!
DU HAST DOCH GEHEIRATET.
ICH HABE GEHÖRT, DASS ES EINE TOLLE FEIER WAR.
...

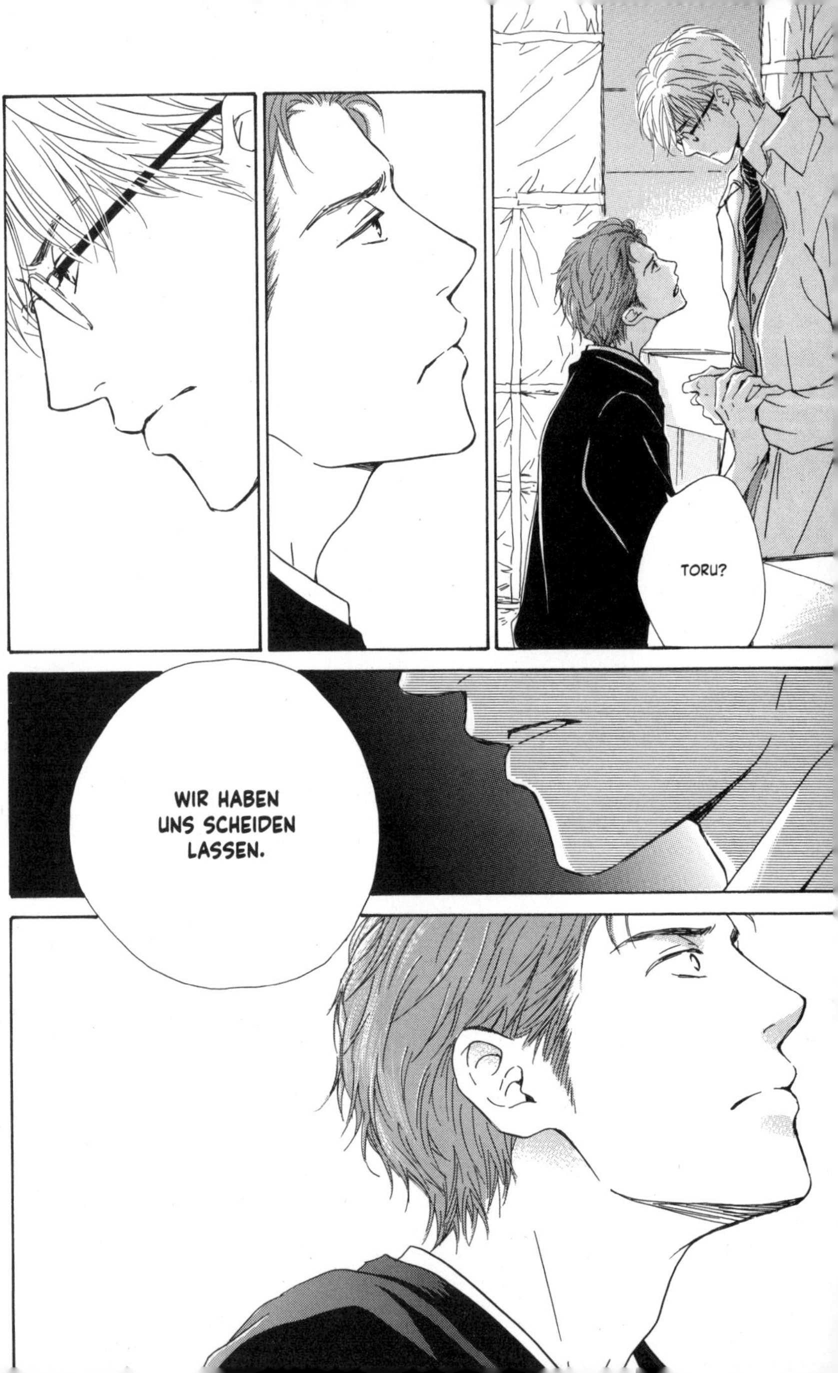
TORU?
WIR HABEN UNS SCHEIDEN LASSEN.

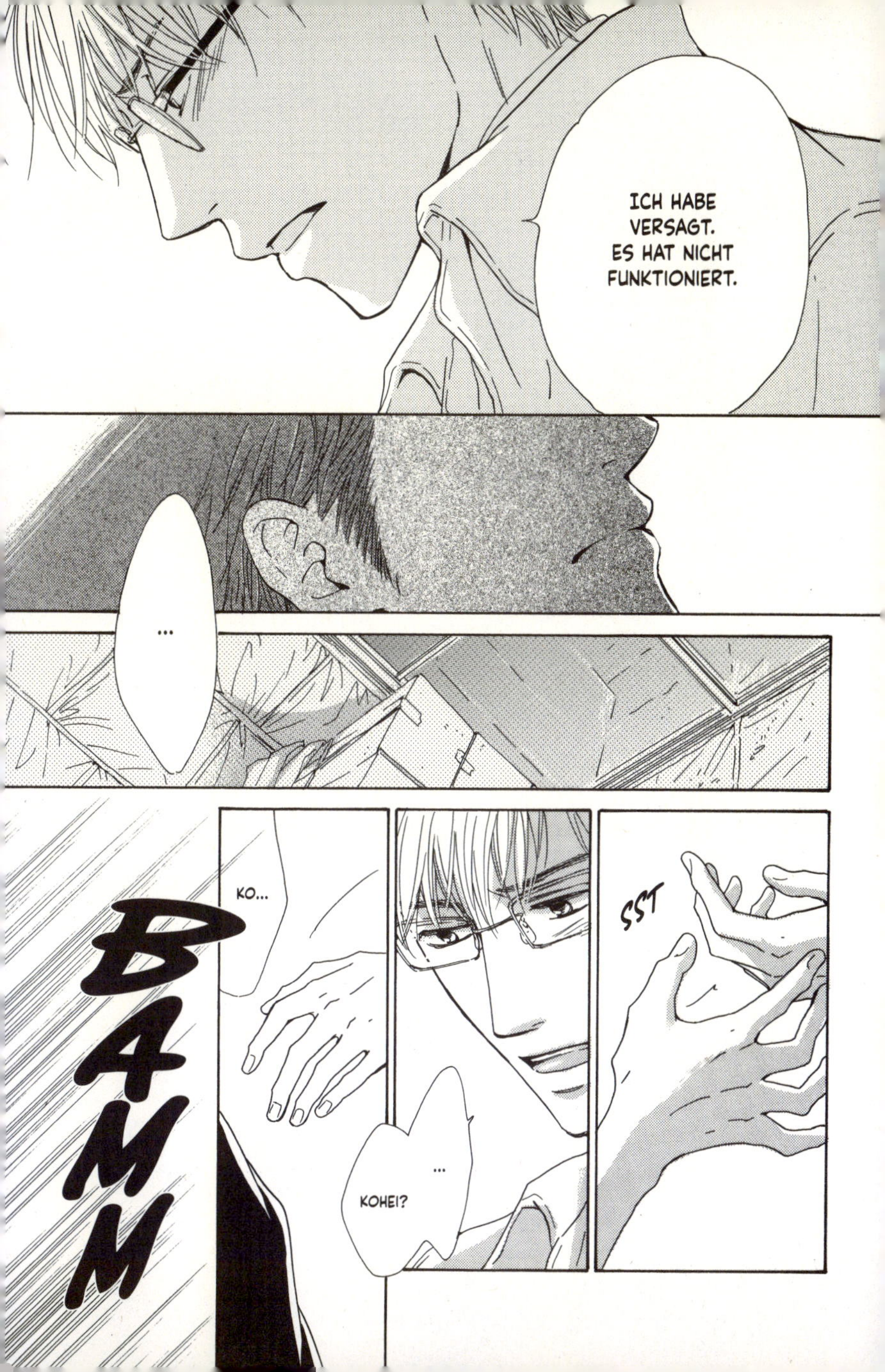
ICH HABE VERSAGT. ES HAT NICHT FUNKTIONIERT.
...
SST
... KOHEI?
KO...
BAMM

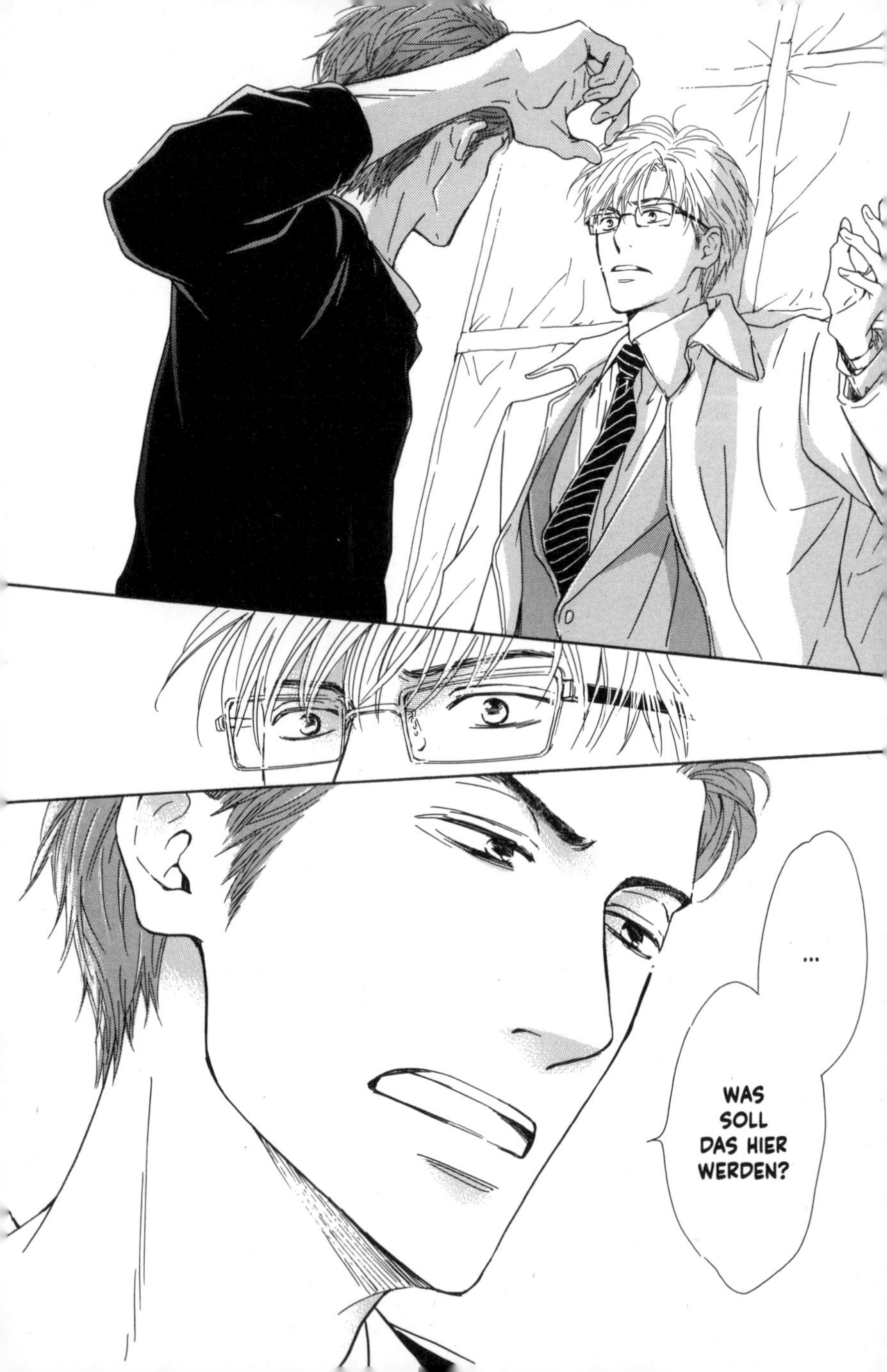
...
WAS SOLL DAS HIER WERDEN?

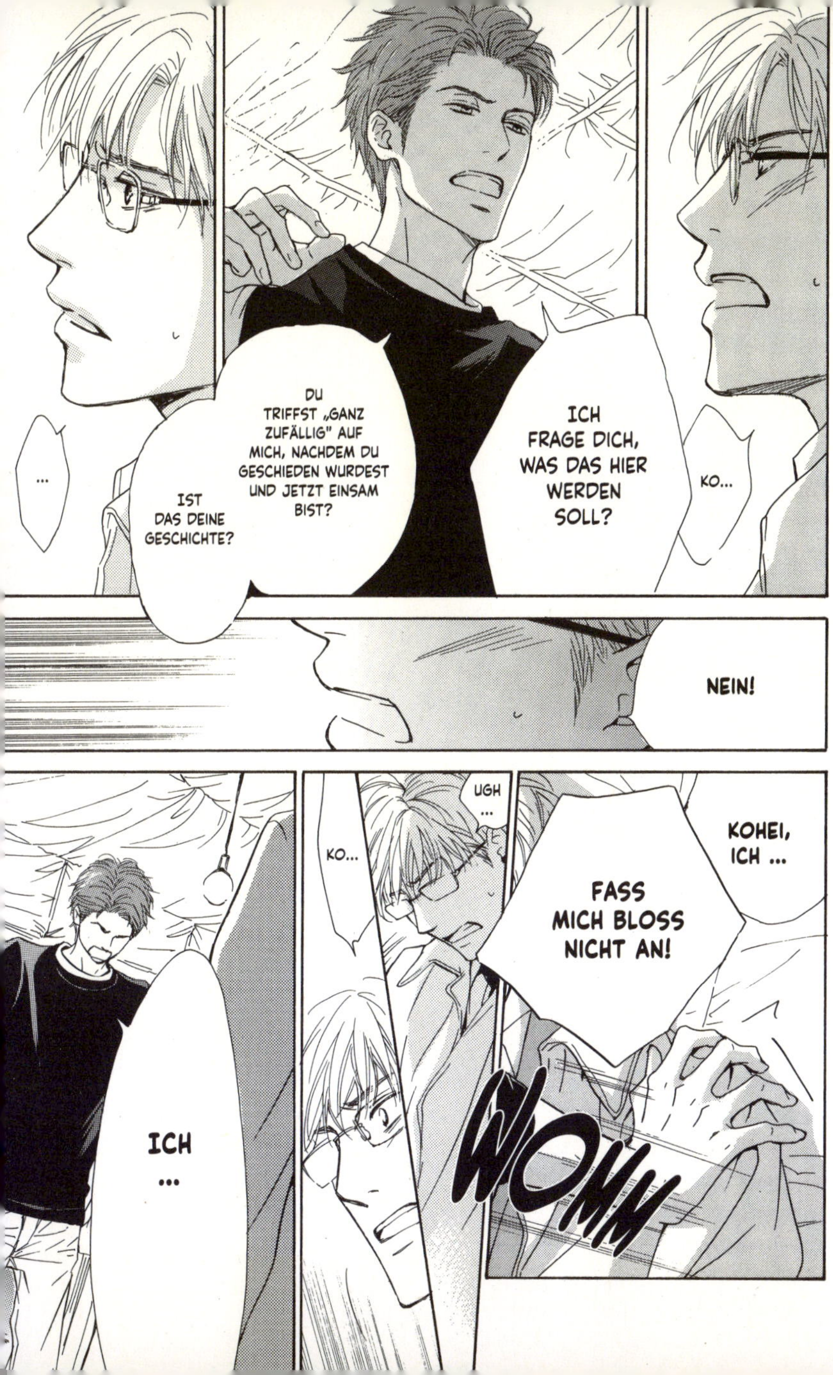
KO...
ICH FRAGE DICH, WAS DAS HIER WERDEN SOLL?
DU TRIFFST „GANZ ZUFÄLLIG" AUF MICH, NACHDEM DU GESCHIEDEN WURDEST UND JETZT EINSAM BIST?
IST DAS DEINE GESCHICHTE?
...
NEIN!
KOHEI, ICH ...
FASS MICH BLOSS NICHT AN!
UGH ...
WOMM
KO...
ICH ...

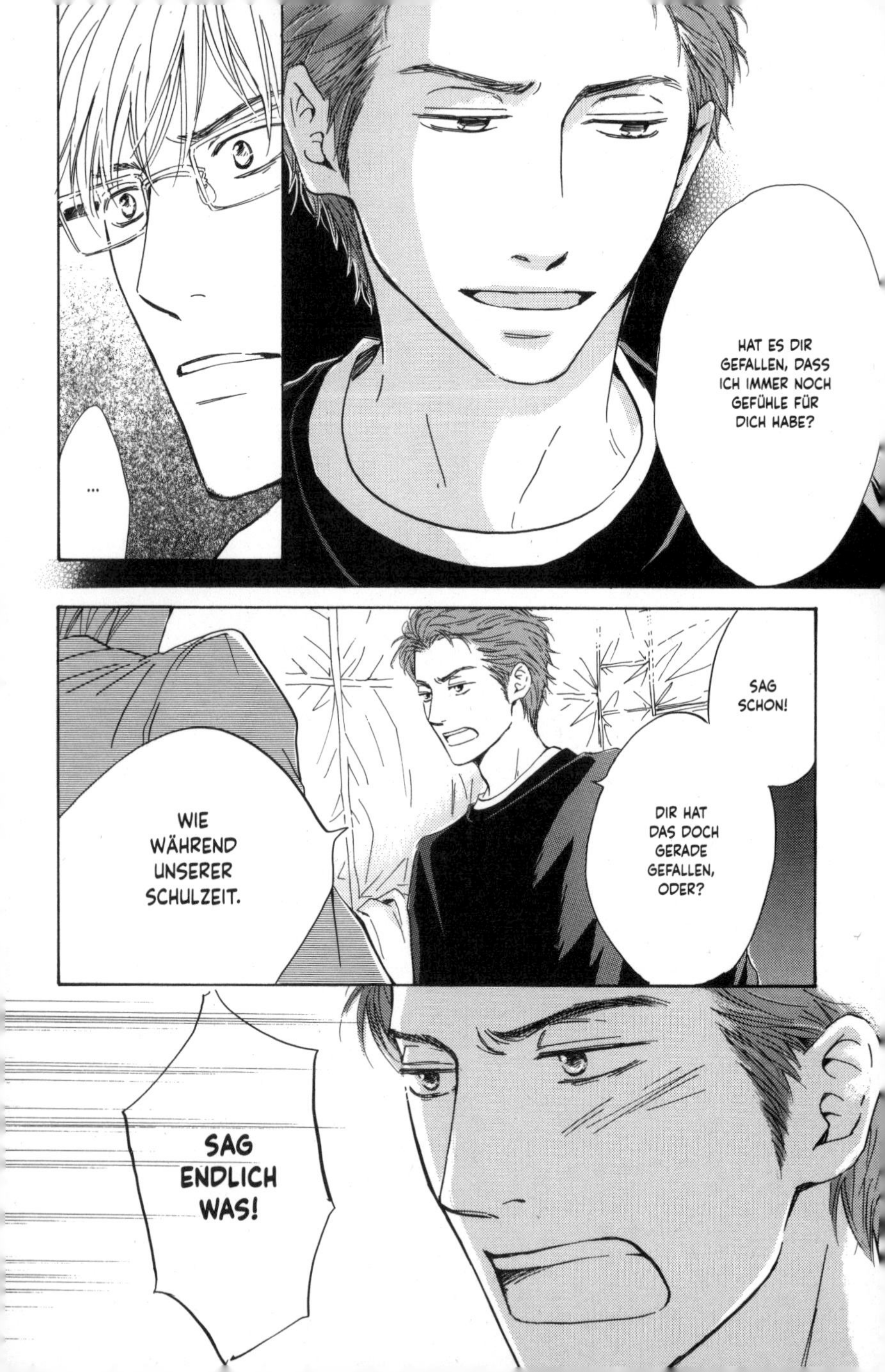
HAT ES DIR GEFALLEN, DASS ICH IMMER NOCH GEFÜHLE FÜR DICH HABE?
...
SAG SCHON!
DIR HAT DAS DOCH GERADE GEFALLEN, ODER?
WIE WÄHREND UNSERER SCHULZEIT.
SAG ENDLICH WAS!

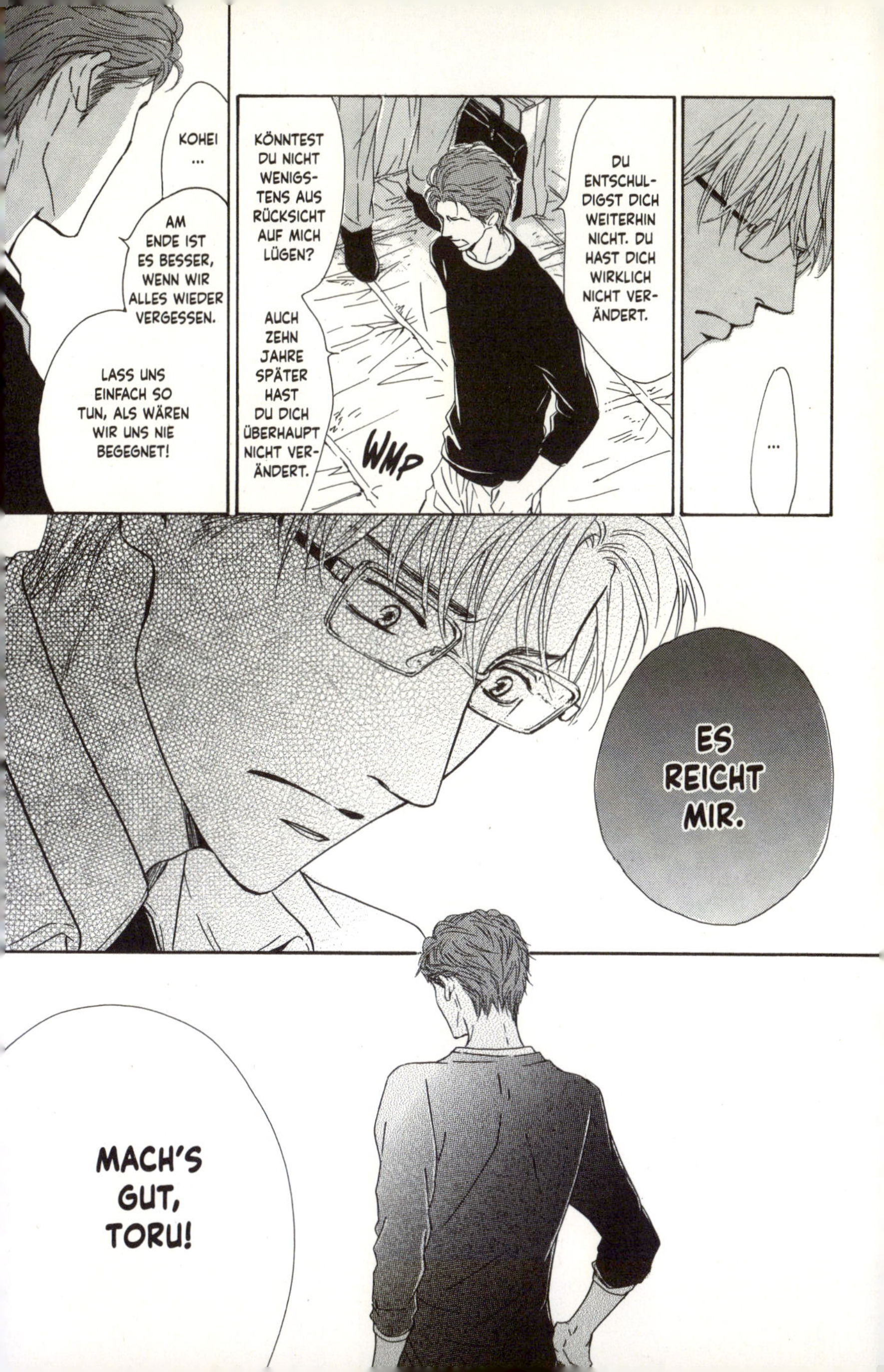
...
DU ENTSCHULDIGST DICH WEITERHIN NICHT. DU HAST DICH WIRKLICH NICHT VERÄNDERT.
WMP
KÖNNTEST DU NICHT WENIGSTENS AUS RÜCKSICHT AUF MICH LÜGEN?
AUCH ZEHN JAHRE SPÄTER HAST DU DICH ÜBERHAUPT NICHT VERÄNDERT.
KOHEI ...
AM ENDE IST ES BESSER, WENN WIR ALLES WIEDER VERGESSEN.
LASS UNS EINFACH SO TUN, ALS WÄREN WIR UNS NIE BEGEGNET!
ES REICHT MIR.
MACH'S GUT, TORU!

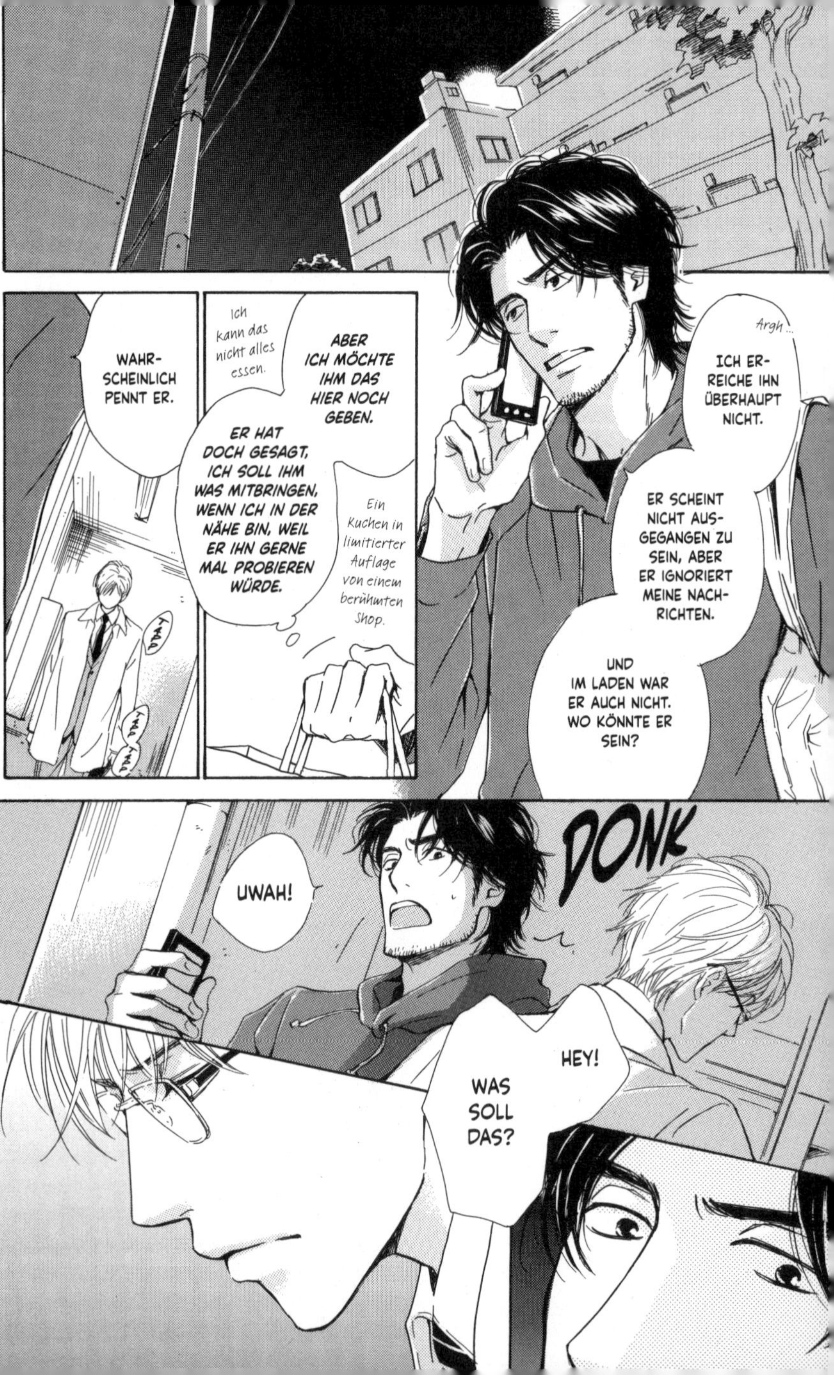
Argh ...
ICH ERREICHE IHN ÜBERHAUPT NICHT.
ER SCHEINT NICHT AUSGEGANGEN ZU SEIN, ABER ER IGNORIERT MEINE NACHRICHTEN.
UND IM LADEN WAR ER AUCH NICHT. WO KÖNNTE ER SEIN?
ABER ICH MÖCHTE IHM DAS HIER NOCH GEBEN.
Ich kann das nicht alles essen.
ER HAT DOCH GESAGT, ICH SOLL IHM WAS MITBRINGEN, WENN ICH IN DER NÄHE BIN, WEIL ER IHN GERNE MAL PROBIEREN WÜRDE.
Ein Kuchen in limitierter Auflage von einem berühmten Shop.
WAHRSCHEINLICH PENNT ER.
TAPP
TAPP TAPP
DONK
UWAH!
HEY!
WAS SOLL DAS?

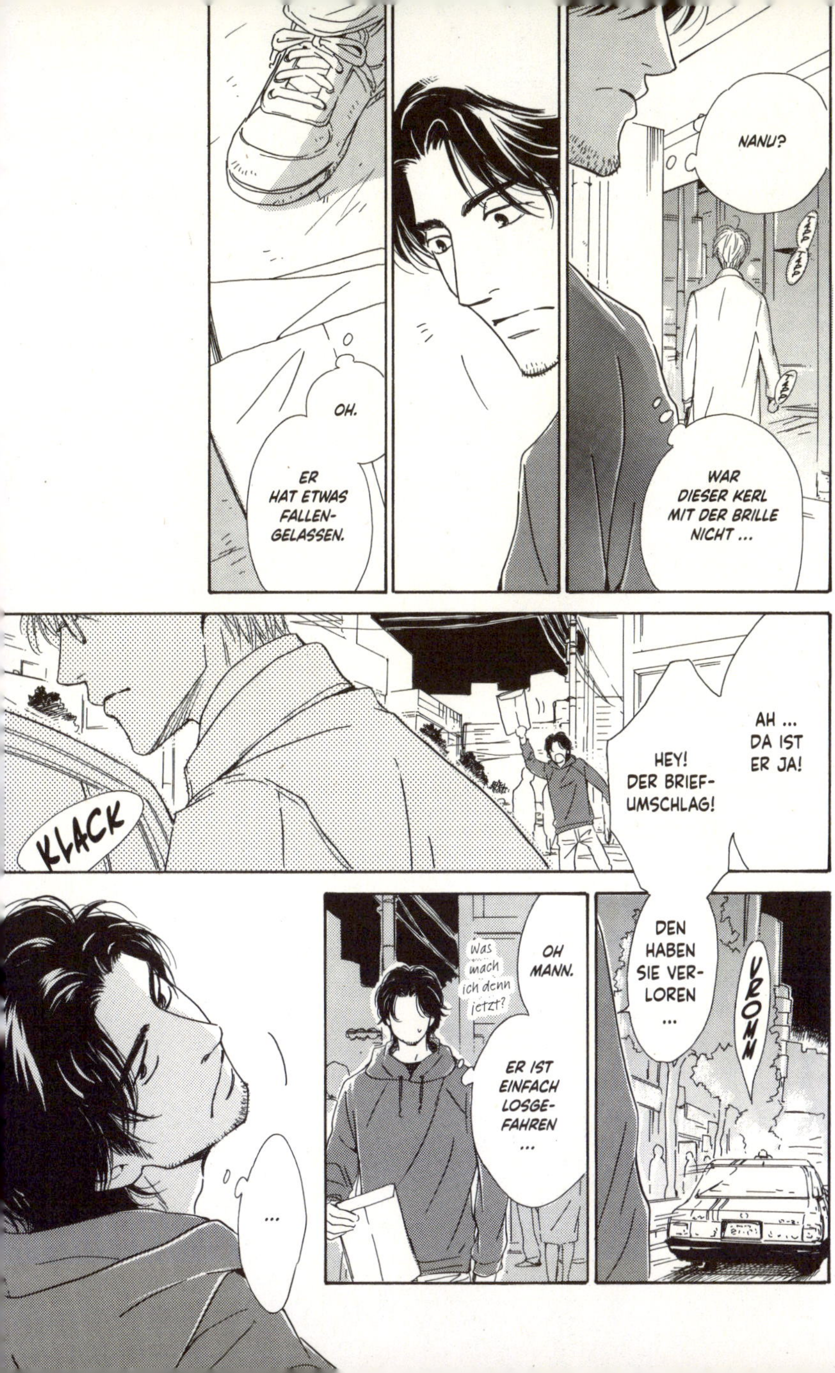
NANU?
TAP TAP
WAR DIESER KERL MIT DER BRILLE NICHT ...
OH.
ER HAT ETWAS FALLEN-GELASSEN.
AH ... DA IST ER JA!
HEY! DER BRIEF-UMSCHLAG!
KLACK
DEN HABEN SIE VERLOREN ...
VROMM
OH MANN.
Was mach ich denn jetzt?
ER IST EINFACH LOSGE-FAHREN ...
...

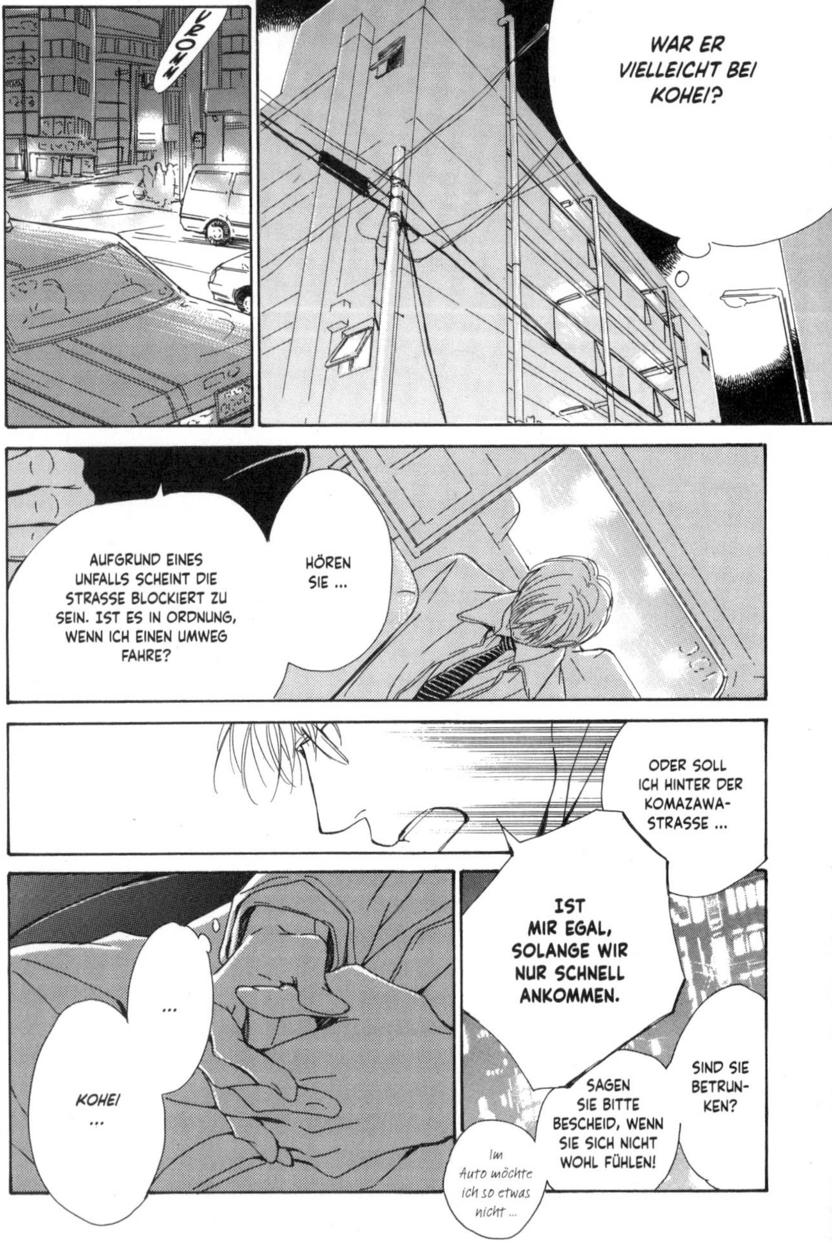
WAR ER VIELLEICHT BEI KOHEI?
VROMM
HÖREN SIE ...
AUFGRUND EINES UNFALLS SCHEINT DIE STRASSE BLOCKIERT ZU SEIN. IST ES IN ORDNUNG, WENN ICH EINEN UMWEG FAHRE?
ODER SOLL ICH HINTER DER KOMAZAWA-STRASSE ...
IST MIR EGAL, SOLANGE WIR NUR SCHNELL ANKOMMEN.
SIND SIE BETRUNKEN?
SAGEN SIE BITTE BESCHEID, WENN SIE SICH NICHT WOHL FÜHLEN!
Im Auto möchte ich so etwas nicht ...
...
KOHEI ...

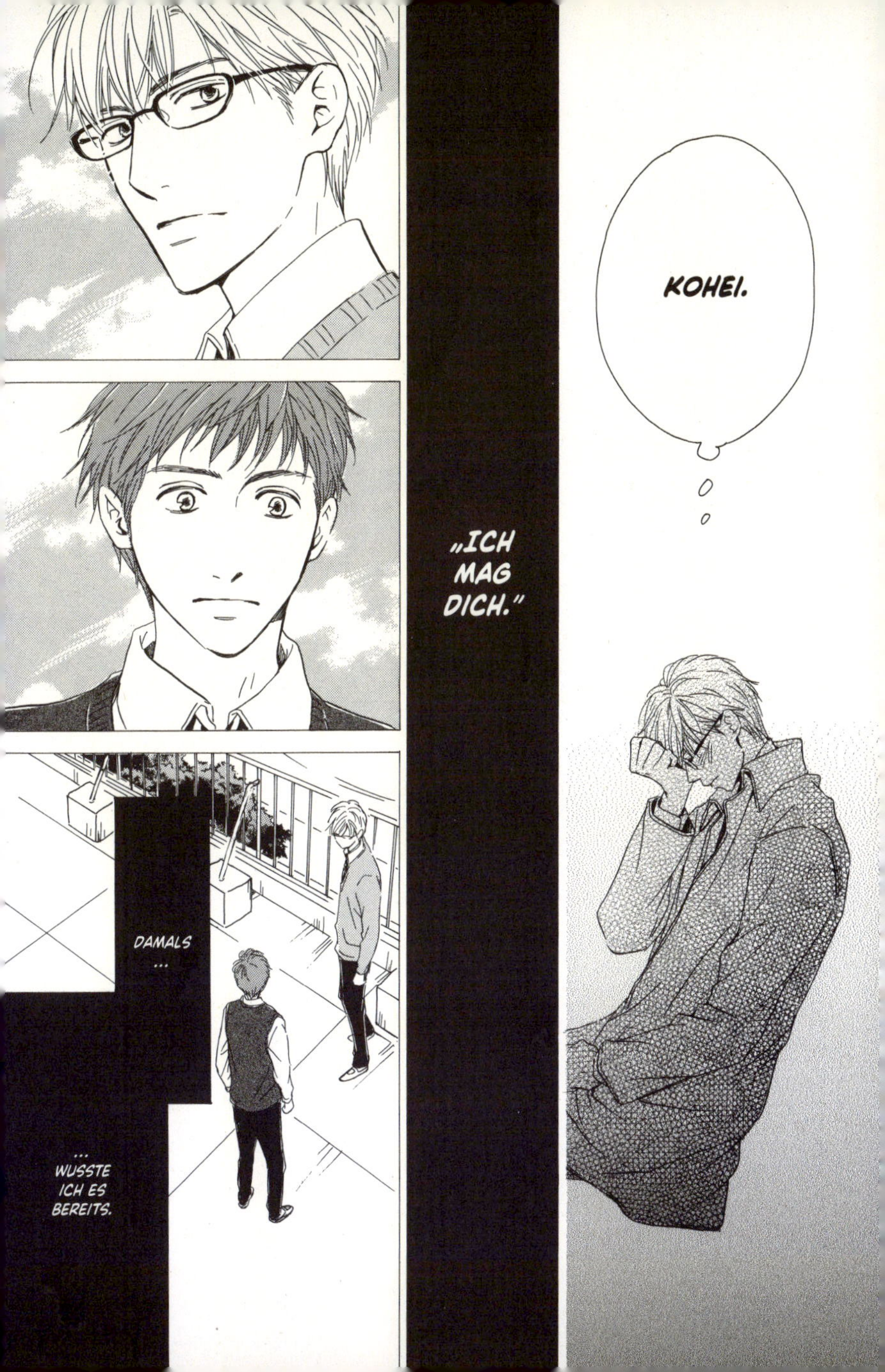
KOHEI.
„ICH MAG DICH.“
DAMALS ...
... WUSSTE ICH ES BEREITS.

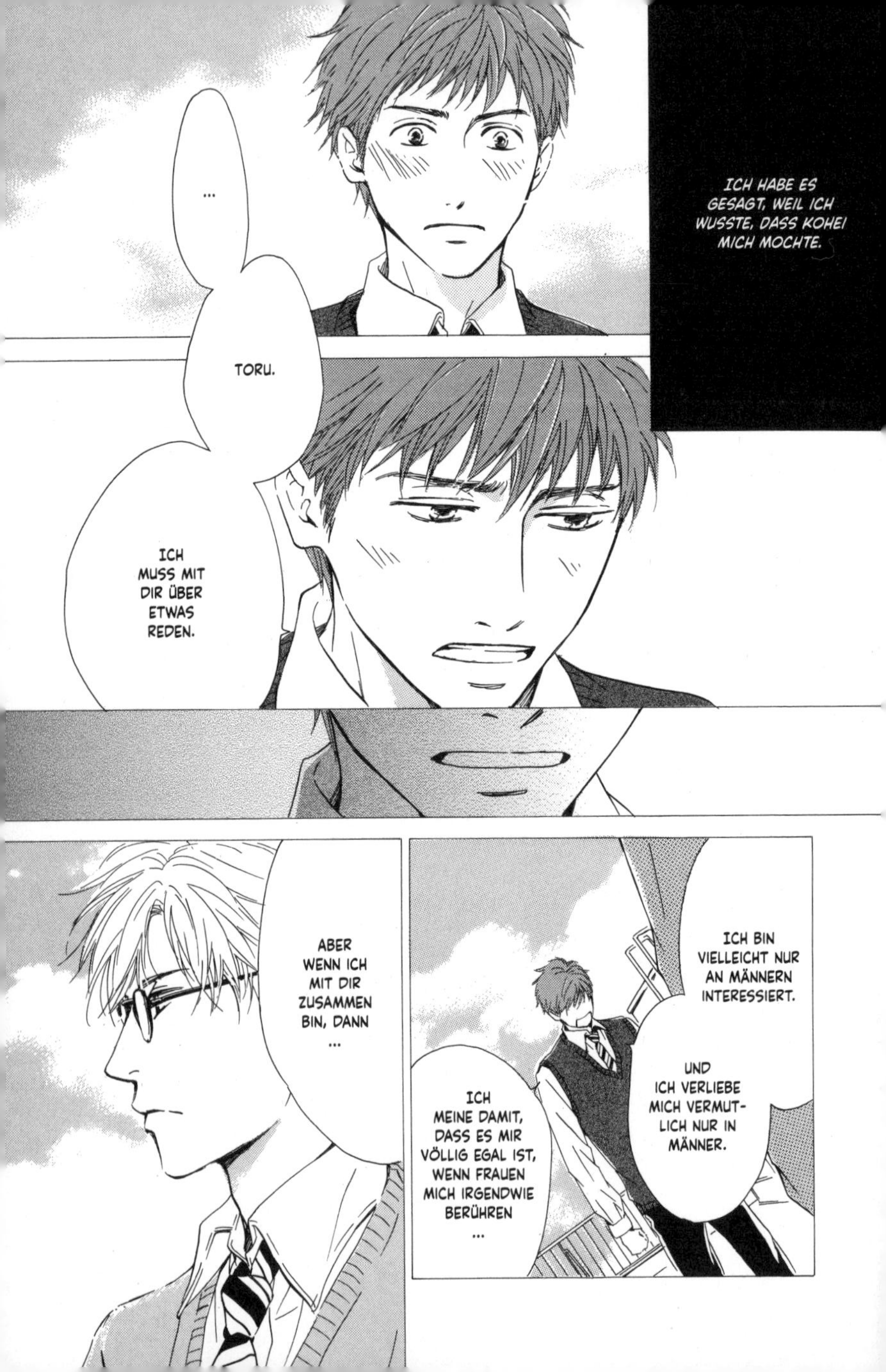
ICH HABE ES GESAGT, WEIL ICH WUSSTE, DASS KOHEI MICH MOCHTE.
...
TORU.
ICH MUSS MIT DIR ÜBER ETWAS REDEN.
ICH BIN VIELLEICHT NUR AN MÄNNERN INTERESSIERT.
UND ICH VERLIEBE MICH VERMUT-LICH NUR IN MÄNNER.
ICH MEINE DAMIT, DASS ES MIR VÖLLIG EGAL IST, WENN FRAUEN MICH IRGENDWIE BERÜHREN ...
ABER WENN ICH MIT DIR ZUSAMMEN BIN, DANN ...

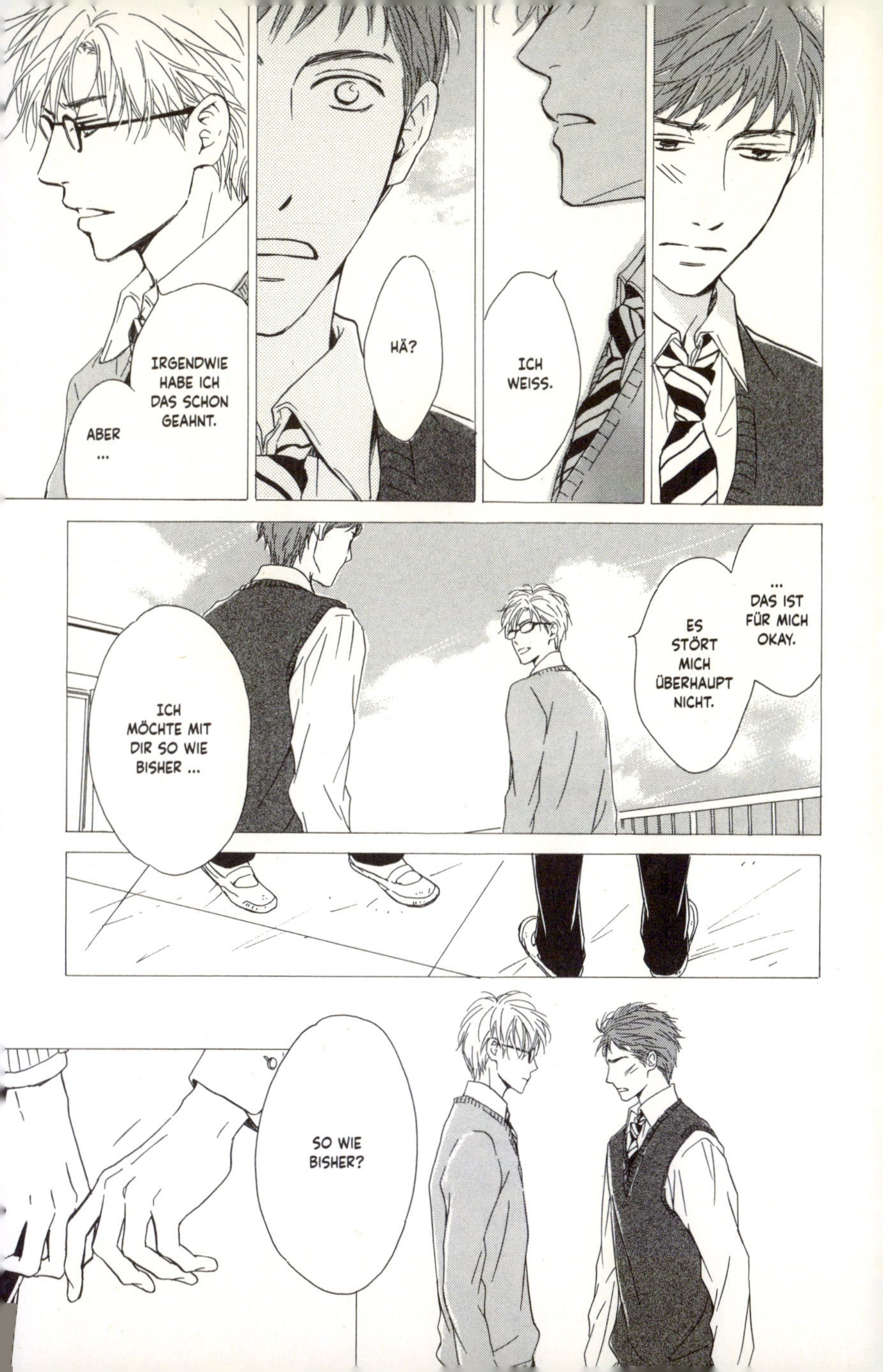
ICH WEISS.
HÄ?
IRGENDWIE HABE ICH DAS SCHON GEAHNT.
ABER ...
... DAS IST FÜR MICH OKAY.
ES STÖRT MICH ÜBERHAUPT NICHT.
ICH MÖCHTE MIT DIR SO WIE BISHER ...
SO WIE BISHER?

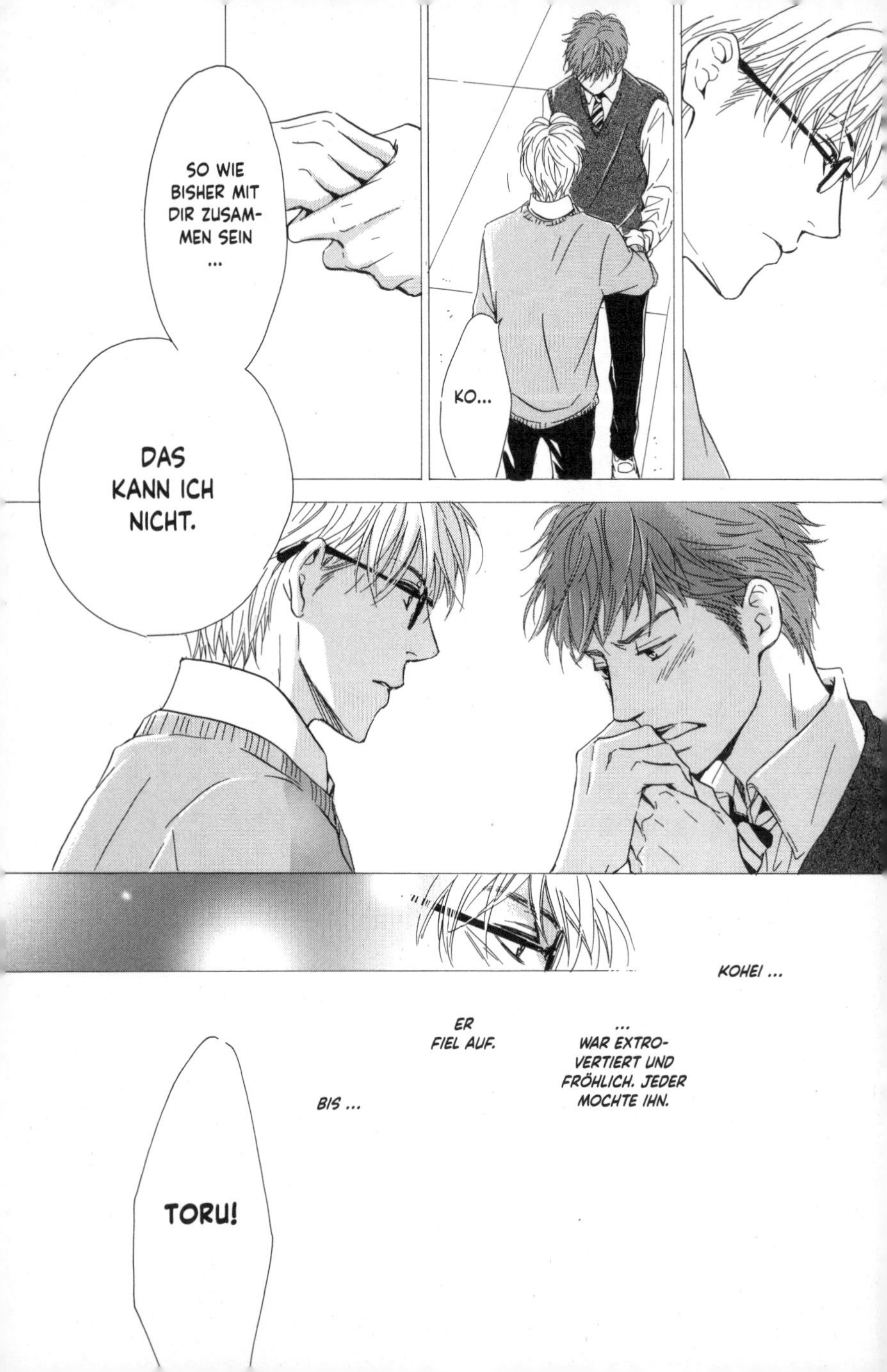
So wie bisher mit dir zusammen sein ...
Das kann ich nicht.
Ko...
Kohei ...
... war extrovertiert und fröhlich. Jeder mochte ihn.
Er fiel auf.
Bis ...
Toru!

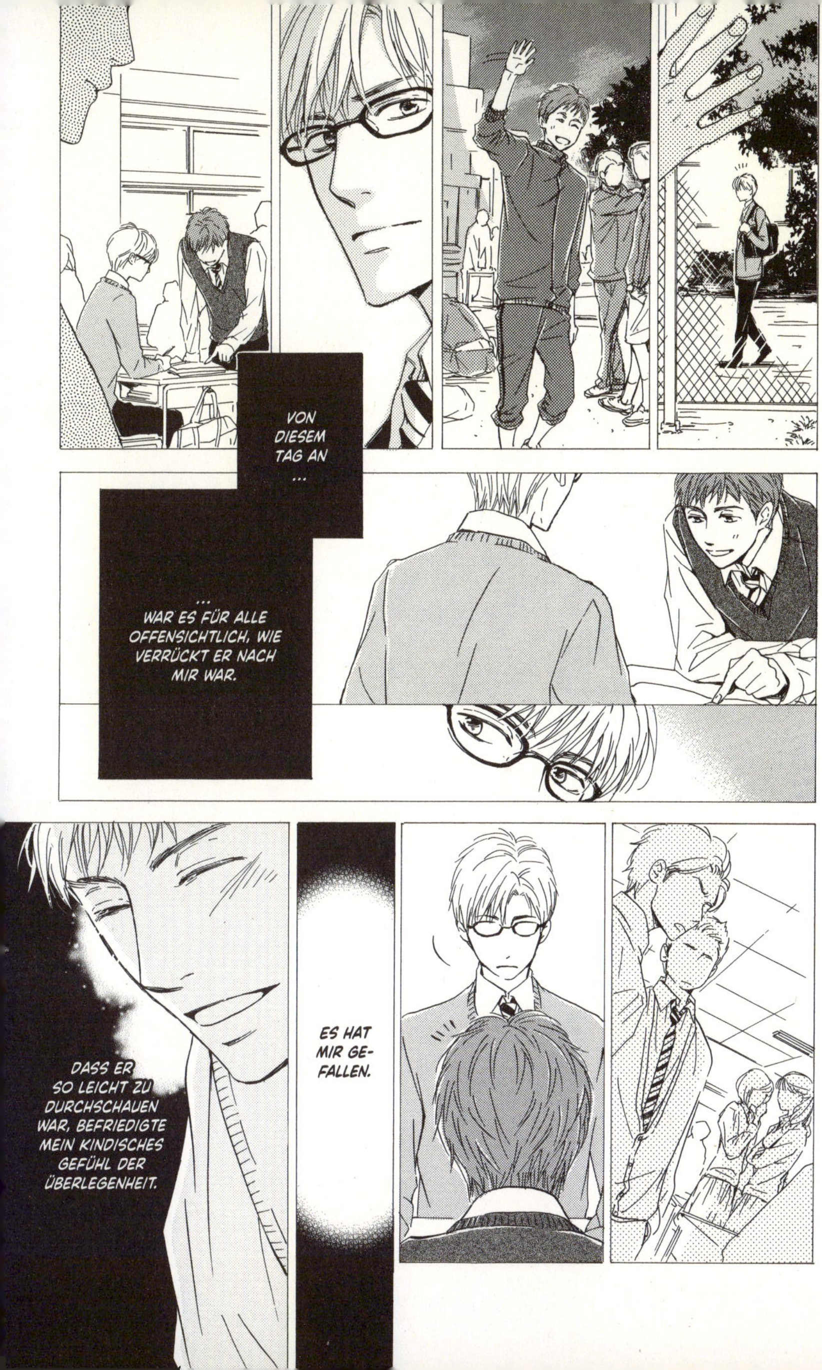
VON DIESEM TAG AN ...
... WAR ES FÜR ALLE OFFENSICHTLICH, WIE VERRÜCKT ER NACH MIR WAR.
ES HAT MIR GE-FALLEN.
DASS ER SO LEICHT ZU DURCHSCHAUEN WAR, BEFRIEDIGTE MEIN KINDISCHES GEFÜHL DER ÜBERLEGENHEIT.

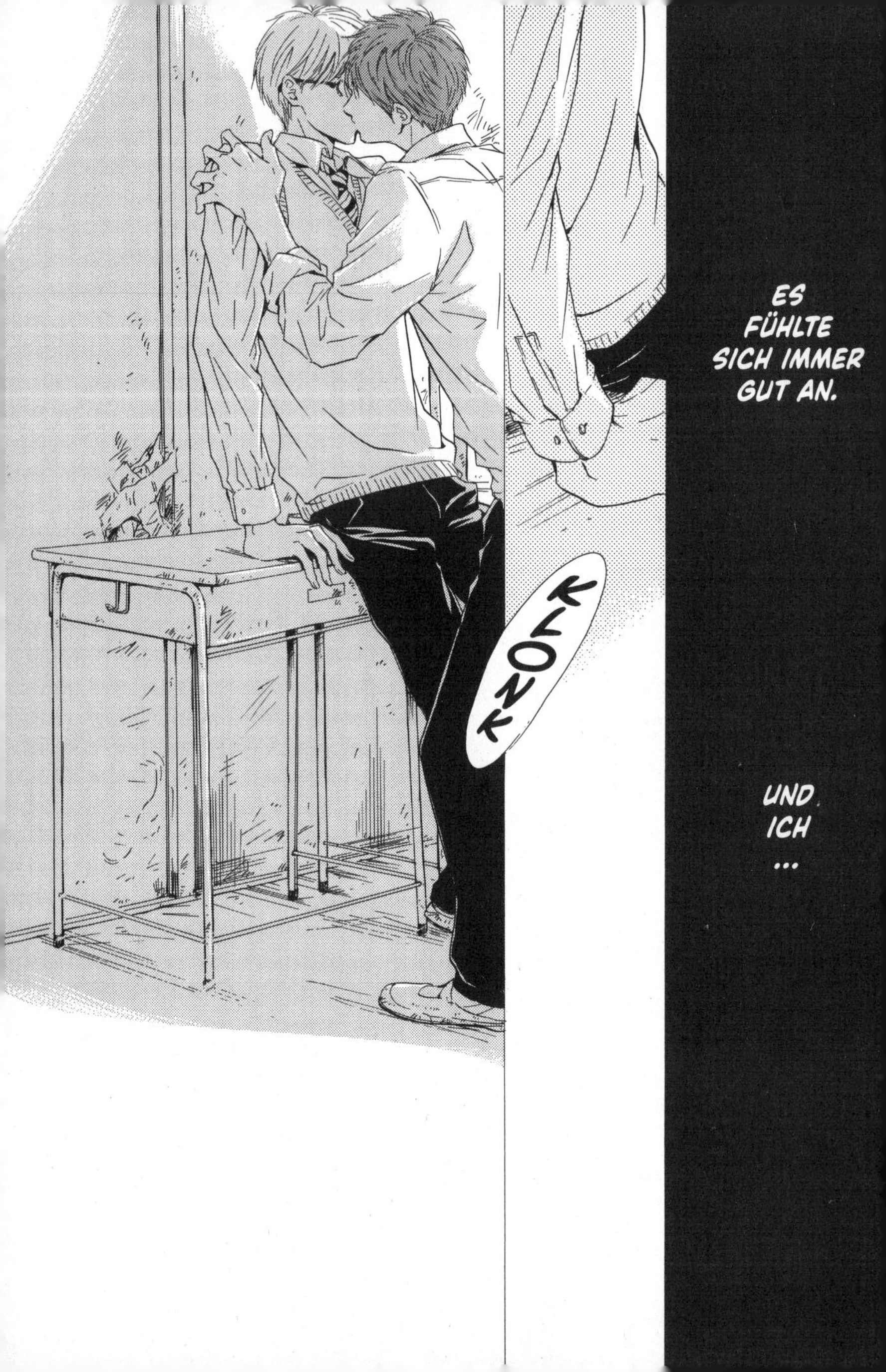
KLONK
ES FÜHLTE SICH IMMER GUT AN.
UND ICH ...

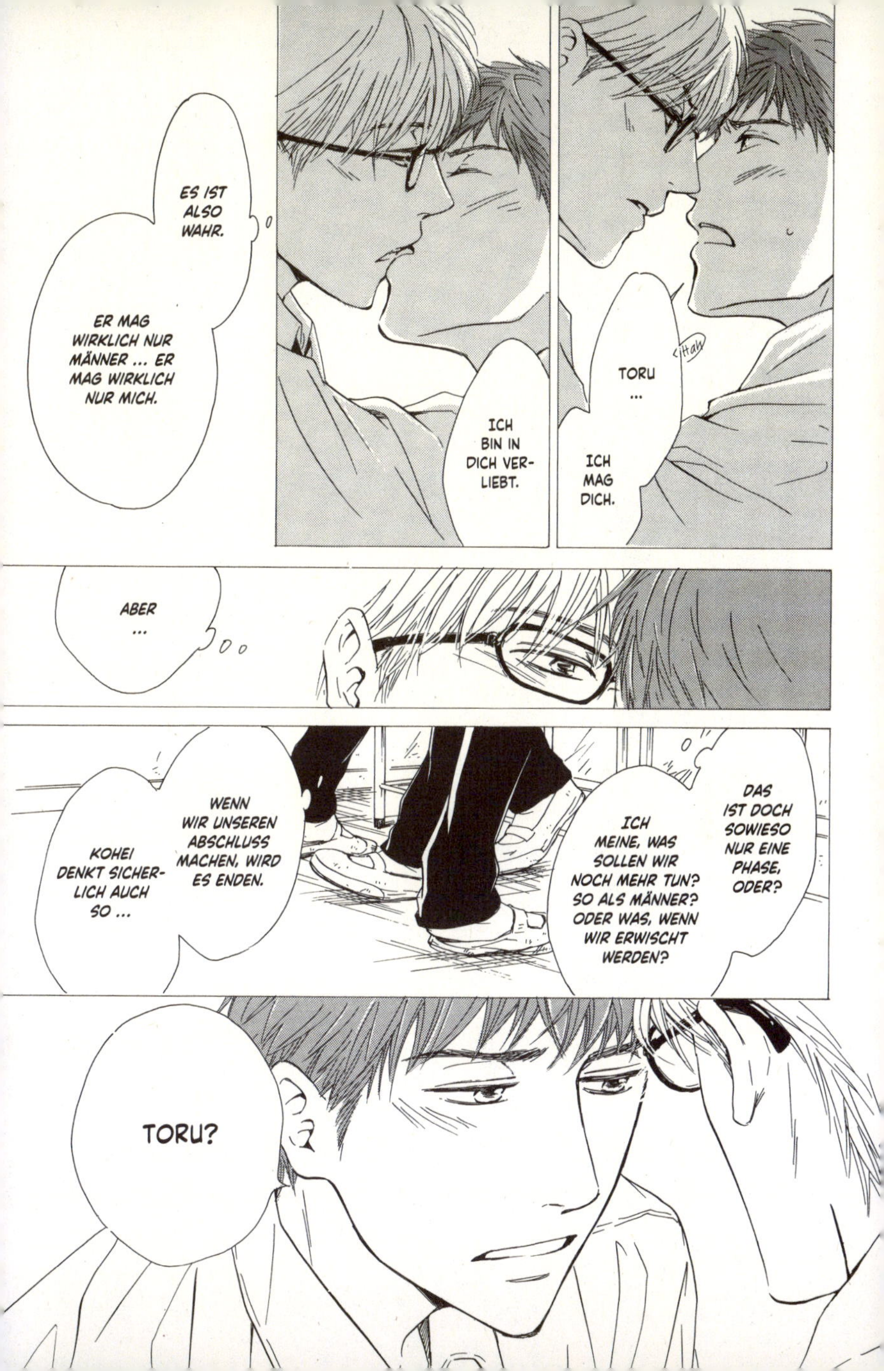
TORU ...
ICH MAG DICH.
ICH BIN IN DICH VERLIEBT.
ES IST ALSO WAHR.
ER MAG WIRKLICH NUR MÄNNER ... ER MAG WIRKLICH NUR MICH.
ABER ...
DAS IST DOCH SOWIESO NUR EINE PHASE, ODER?
ICH MEINE, WAS SOLLEN WIR NOCH MEHR TUN? SO ALS MÄNNER? ODER WAS, WENN WIR ERWISCHT WERDEN?
WENN WIR UNSEREN ABSCHLUSS MACHEN, WIRD ES ENDEN.
KOHEI DENKT SICHERLICH AUCH SO ...
TORU?

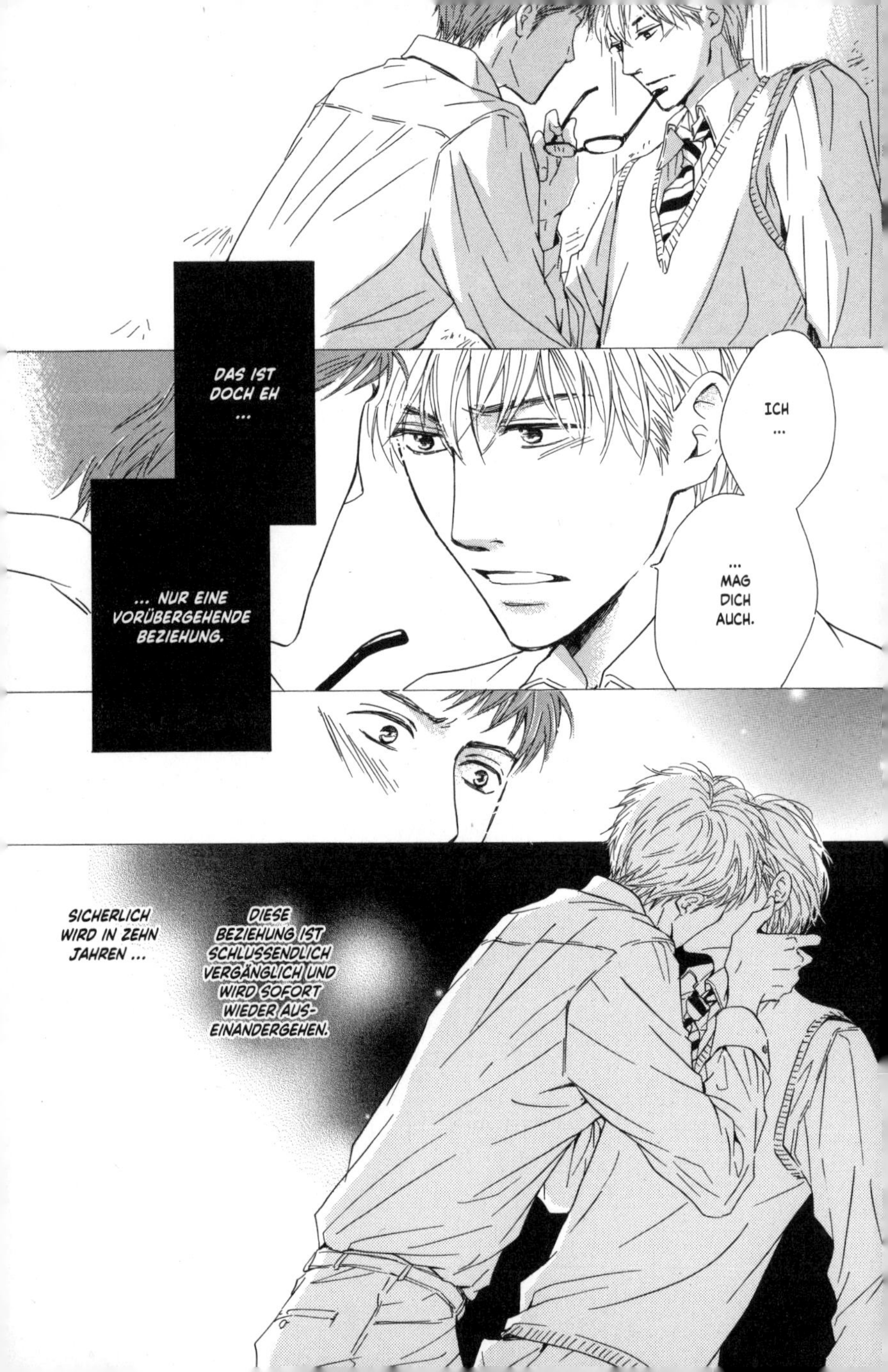
DAS IST DOCH EH ...
ICH ...
... MAG DICH AUCH.
... NUR EINE VORÜBERGEHENDE BEZIEHUNG.
DIESE BEZIEHUNG IST SCHLUSSENDLICH VERGÄNGLICH UND WIRD SOFORT WIEDER AUS-EINANDERGEHEN.
SICHERLICH WIRD IN ZEHN JAHREN ...

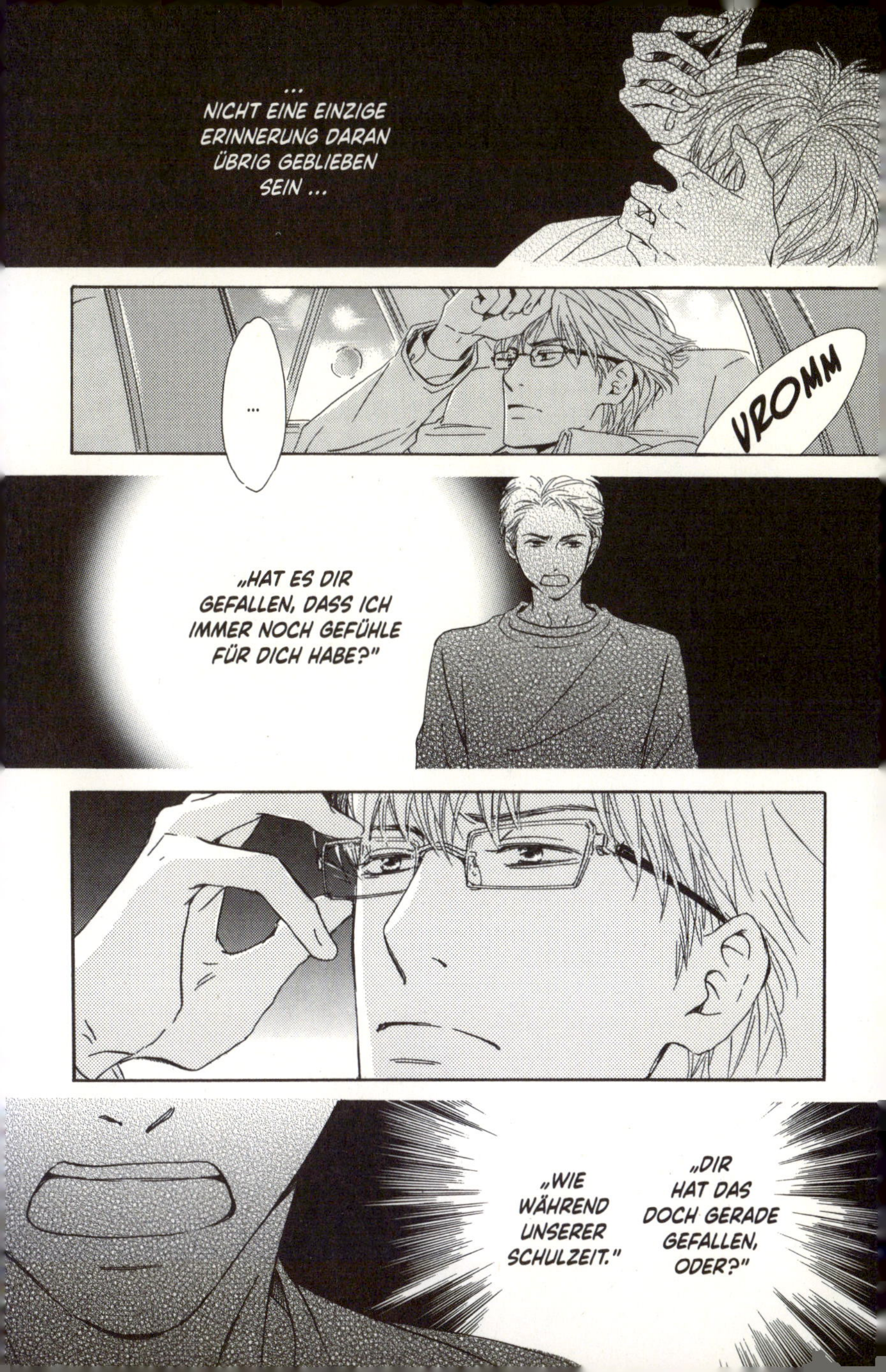
... NICHT EINE EINZIGE ERINNERUNG DARAN ÜBRIG GEBLIEBEN SEIN ...
VROMM
...
„HAT ES DIR GEFALLEN, DASS ICH IMMER NOCH GEFÜHLE FÜR DICH HABE?"
„DIR HAT DAS DOCH GERADE GEFALLEN, ODER?"
„WIE WÄHREND UNSERER SCHULZEIT."

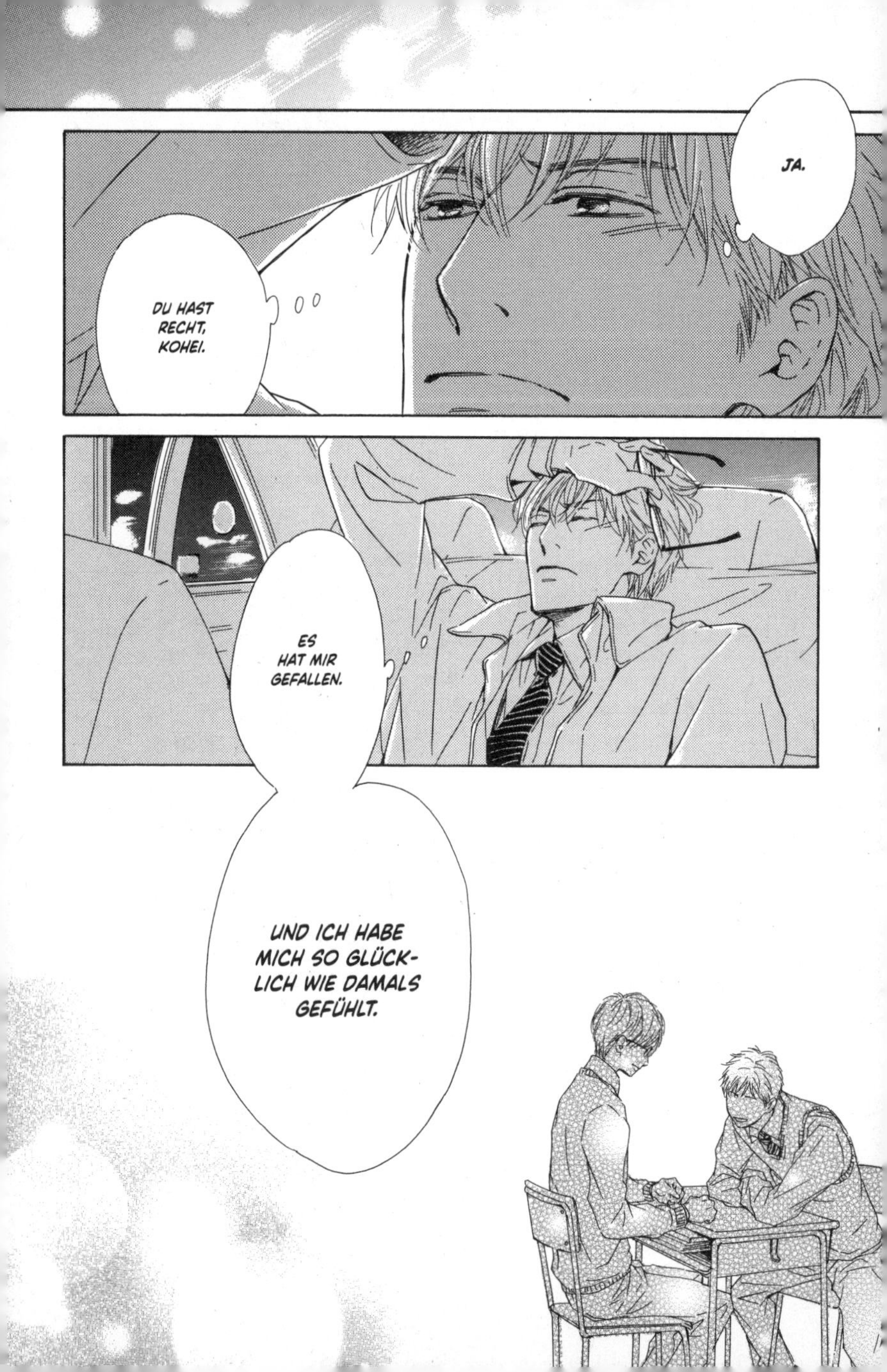
JA.
DU HAST RECHT, KOHEI.
ES HAT MIR GEFALLEN.
UND ICH HABE MICH SO GLÜCK-LICH WIE DAMALS GEFÜHLT.

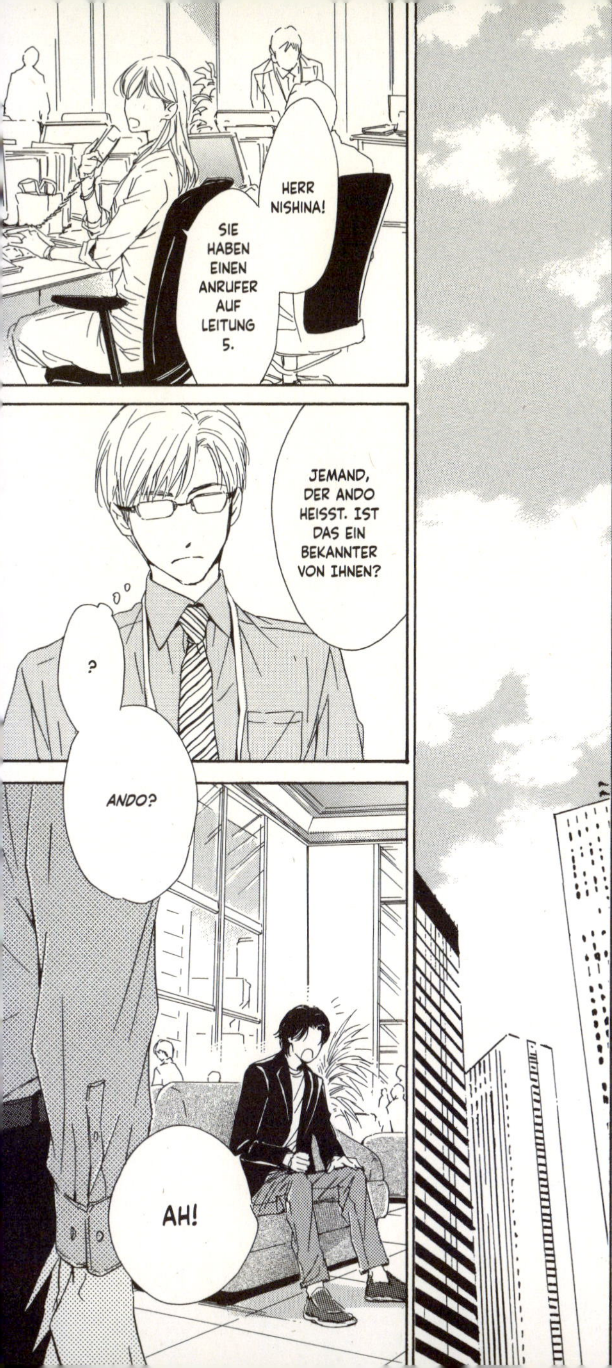
HERR NISHINA!
SIE HABEN EINEN ANRUFER AUF LEITUNG 5.
JEMAND, DER ANDO HEISST. IST DAS EIN BEKANNTER VON IHNEN?
?
ANDO?
AH!

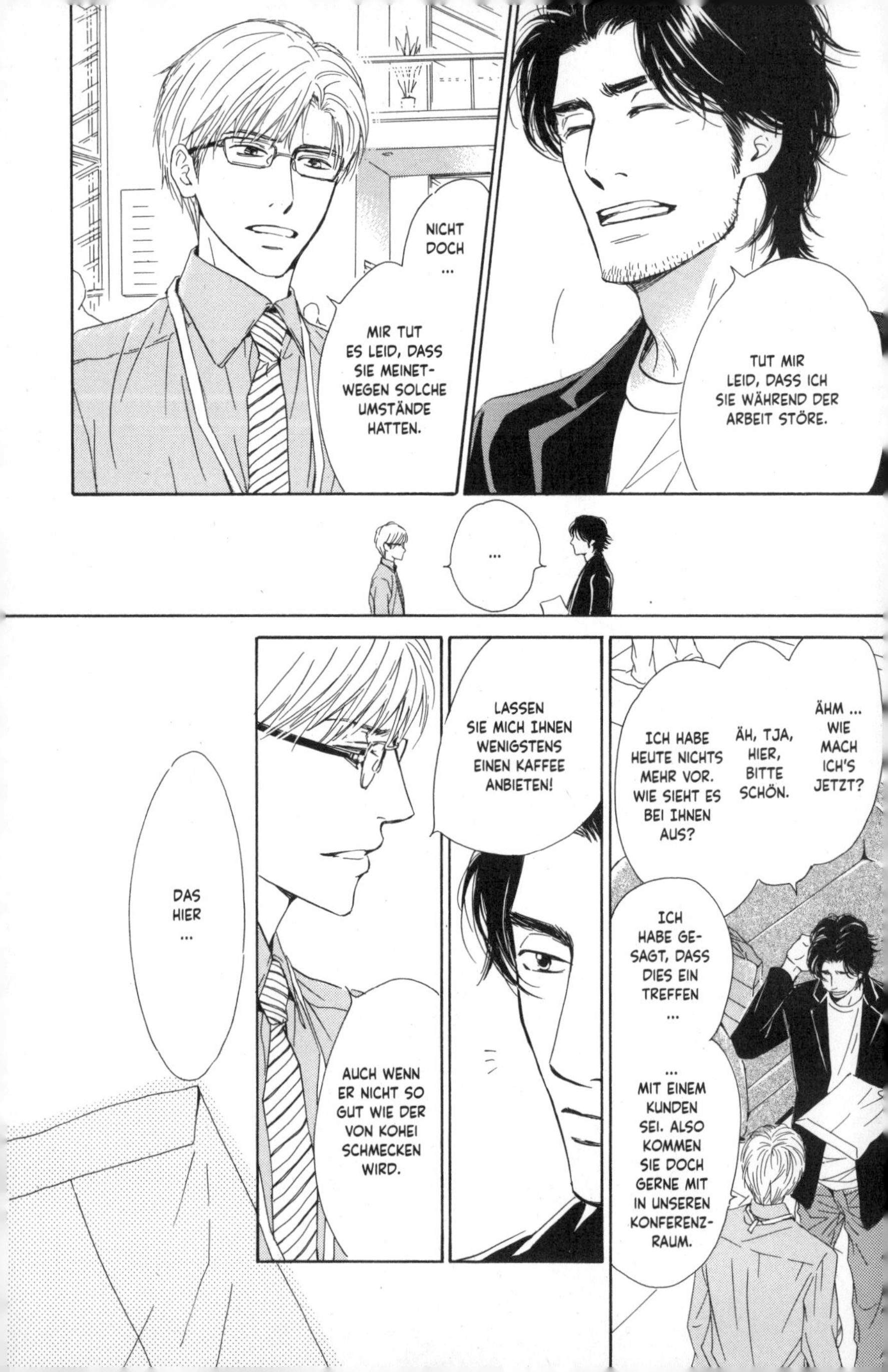
TUT MIR LEID, DASS ICH SIE WÄHREND DER ARBEIT STÖRE.
NICHT DOCH ...
MIR TUT ES LEID, DASS SIE MEINETWEGEN SOLCHE UMSTÄNDE HATTEN.
...
ÄHM ... WIE MACH ICH'S JETZT?
ÄH, TJA, HIER, BITTE SCHÖN.
ICH HABE HEUTE NICHTS MEHR VOR. WIE SIEHT ES BEI IHNEN AUS?
ICH HABE GESAGT, DASS DIES EIN TREFFEN ...
... MIT EINEM KUNDEN SEI. ALSO KOMMEN SIE DOCH GERNE MIT IN UNSEREN KONFERENZRAUM.
LASSEN SIE MICH IHNEN WENIGSTENS EINEN KAFFEE ANBIETEN!
DAS HIER ...
AUCH WENN ER NICHT SO GUT WIE DER VON KOHEI SCHMECKEN WIRD.

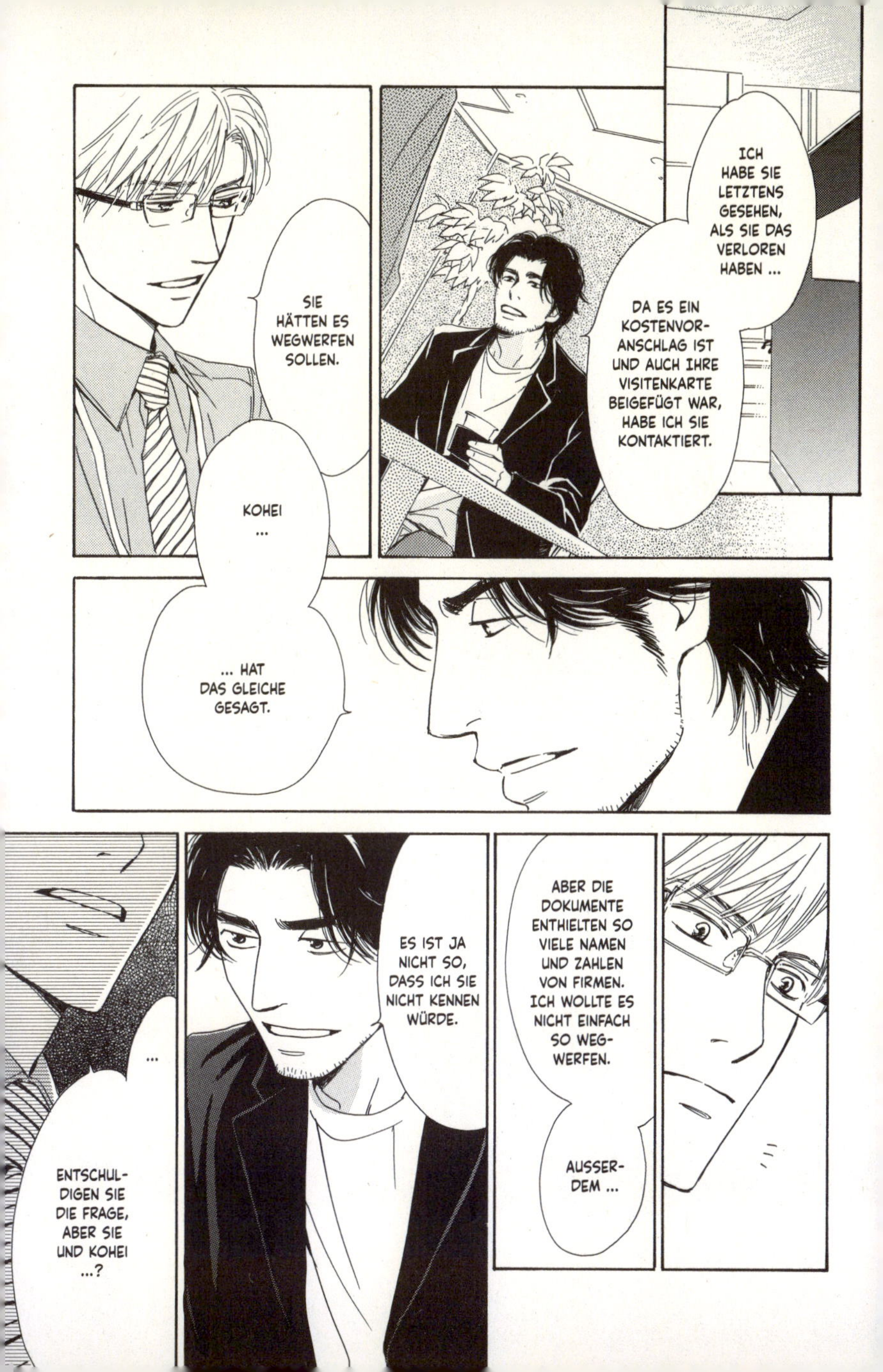
ICH HABE SIE LETZTENS GESEHEN, ALS SIE DAS VERLOREN HABEN ...
DA ES EIN KOSTENVOR-ANSCHLAG IST UND AUCH IHRE VISITENKARTE BEIGEFÜGT WAR, HABE ICH SIE KONTAKTIERT.
SIE HÄTTEN ES WEGWERFEN SOLLEN.
KOHEI ...
... HAT DAS GLEICHE GESAGT.
ABER DIE DOKUMENTE ENTHIELTEN SO VIELE NAMEN UND ZAHLEN VON FIRMEN. ICH WOLLTE ES NICHT EINFACH SO WEG-WERFEN.
AUSSER-DEM ...
ES IST JA NICHT SO, DASS ICH SIE NICHT KENNEN WÜRDE.
...
ENTSCHUL-DIGEN SIE DIE FRAGE, ABER SIE UND KOHEI ...?

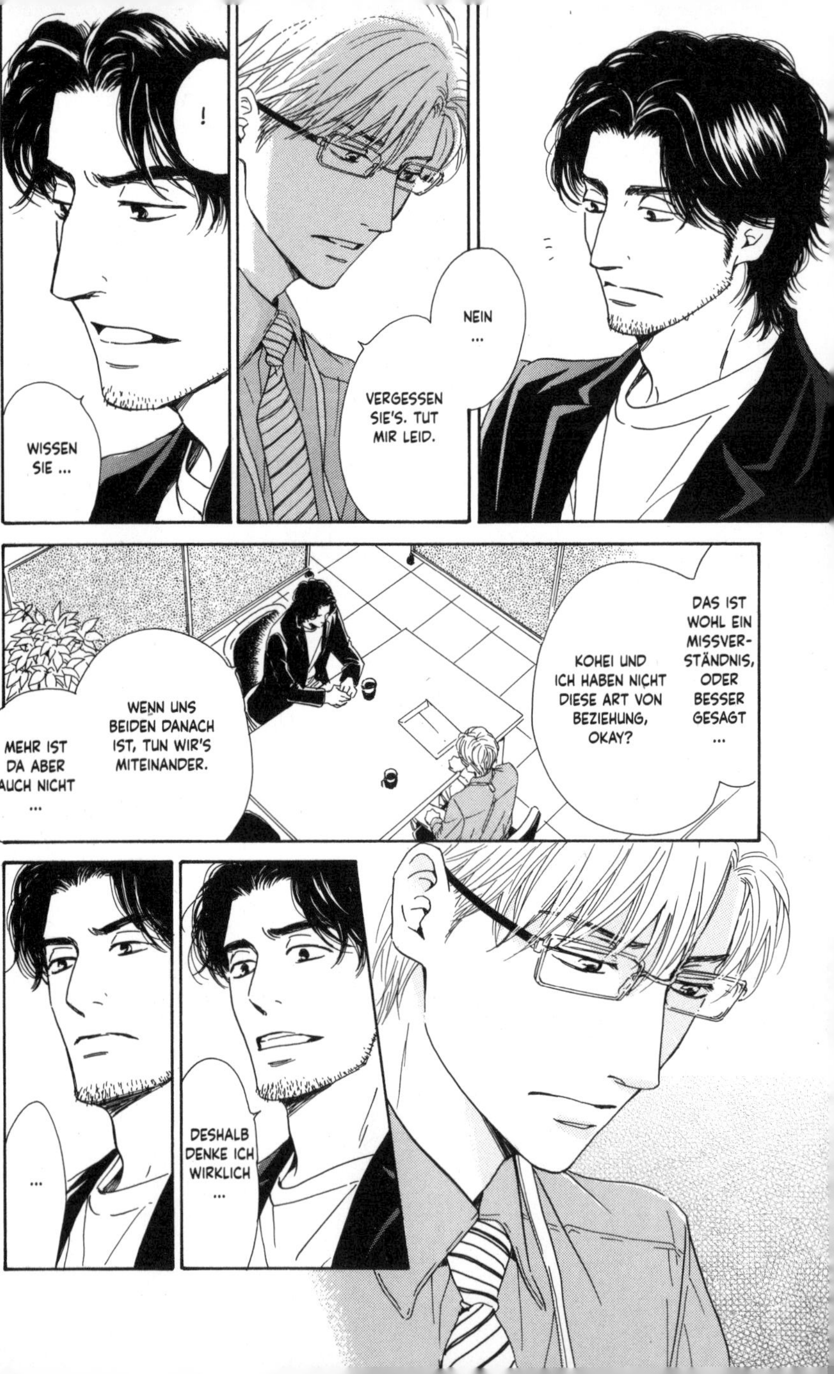

NEIN ...
VERGESSEN SIE'S. TUT MIR LEID.
!
WISSEN SIE ...
DAS IST WOHL EIN MISSVERSTÄNDNIS, ODER BESSER GESAGT ...
KOHEI UND ICH HABEN NICHT DIESE ART VON BEZIEHUNG, OKAY?
WENN UNS BEIDEN DANACH IST, TUN WIR'S MITEINANDER.
MEHR IST DA ABER AUCH NICHT ...
DESHALB DENKE ICH WIRKLICH ...
...

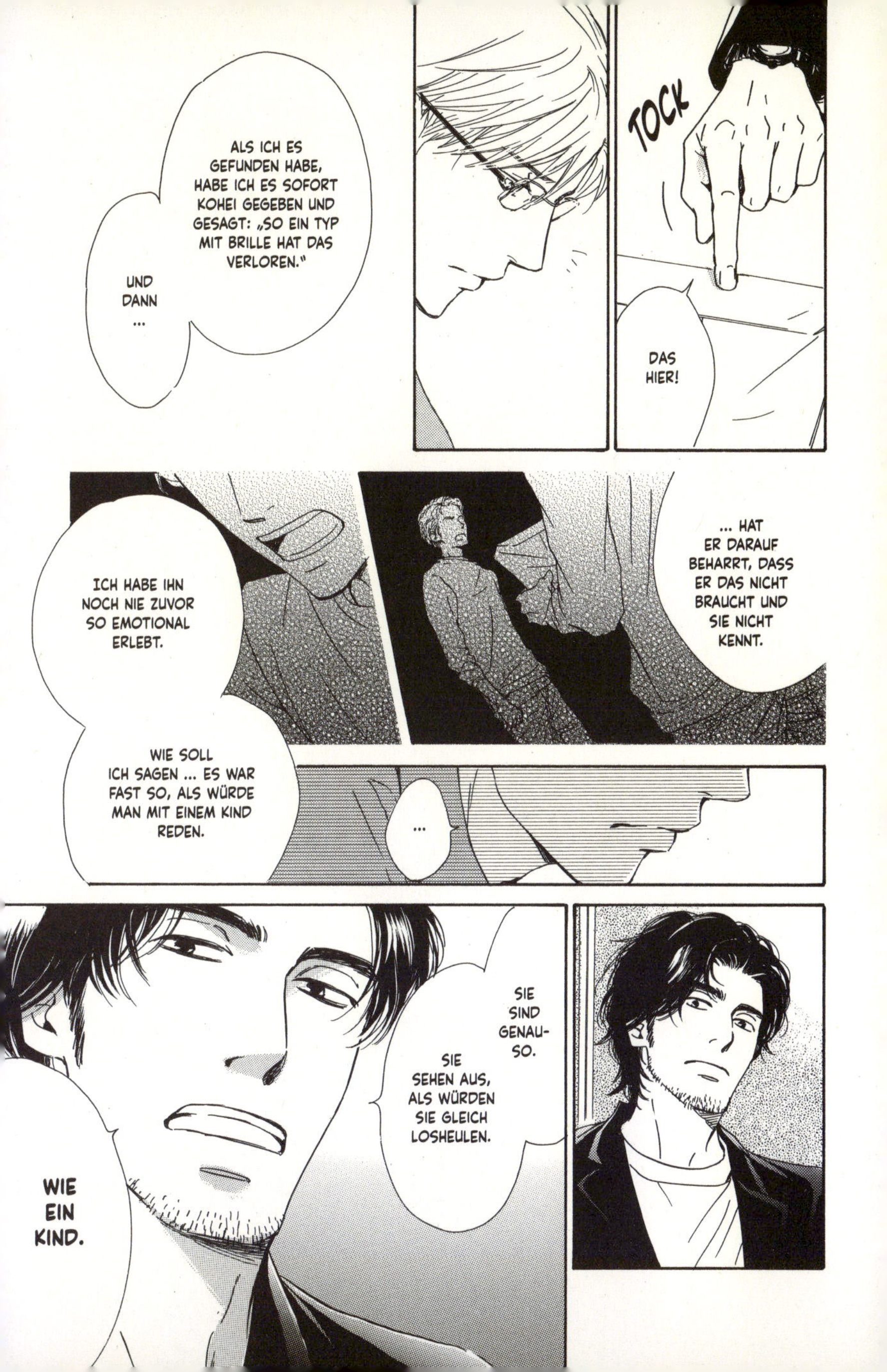
TOCK
DAS HIER!
ALS ICH ES GEFUNDEN HABE, HABE ICH ES SOFORT KOHEI GEGEBEN UND GESAGT: „SO EIN TYP MIT BRILLE HAT DAS VERLOREN.“
UND DANN ...
... HAT ER DARAUF BEHARRT, DASS ER DAS NICHT BRAUCHT UND SIE NICHT KENNT.
ICH HABE IHN NOCH NIE ZUVOR SO EMOTIONAL ERLEBT.
...
WIE SOLL ICH SAGEN ... ES WAR FAST SO, ALS WÜRDE MAN MIT EINEM KIND REDEN.
SIE SIND GENAU-SO.
SIE SEHEN AUS, ALS WÜRDEN SIE GLEICH LOSHEULEN.
WIE EIN KIND.

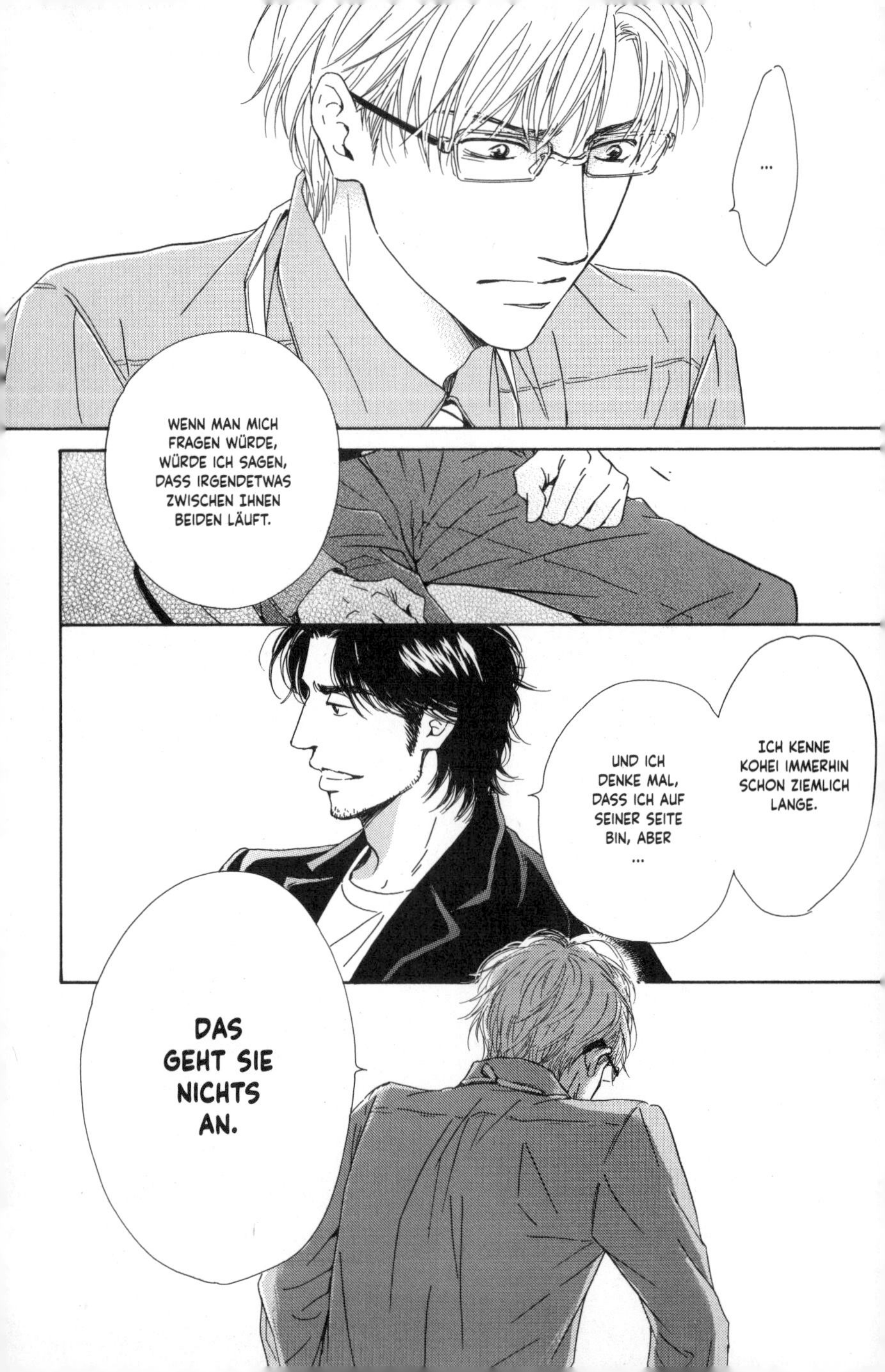
...
WENN MAN MICH FRAGEN WÜRDE, WÜRDE ICH SAGEN, DASS IRGENDETWAS ZWISCHEN IHNEN BEIDEN LÄUFT.
ICH KENNE KOHEI IMMERHIN SCHON ZIEMLICH LANGE.
UND ICH DENKE MAL, DASS ICH AUF SEINER SEITE BIN, ABER ...
DAS GEHT SIE NICHTS AN.

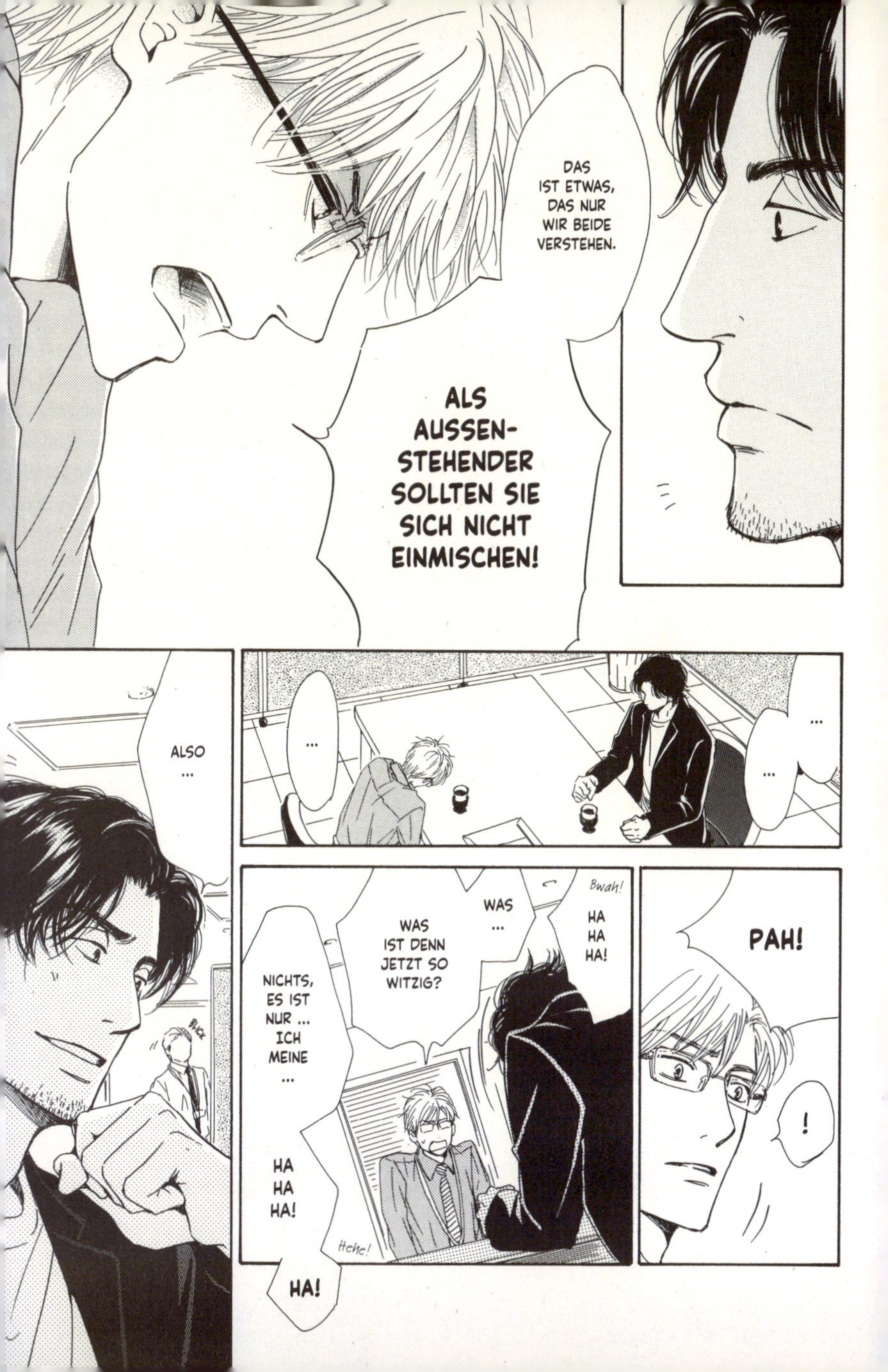
DAS IST ETWAS, DAS NUR WIR BEIDE VERSTEHEN.
ALS AUSSEN-STEHENDER SOLLTEN SIE SICH NICHT EINMISCHEN!
...
...
...
ALSO ...
PAH!
!
Bwah!
HA HA HA!
WAS ...
WAS IST DENN JETZT SO WITZIG?
NICHTS, ES IST NUR ... ICH MEINE ...
HA HA HA!
Hehe!
HA!

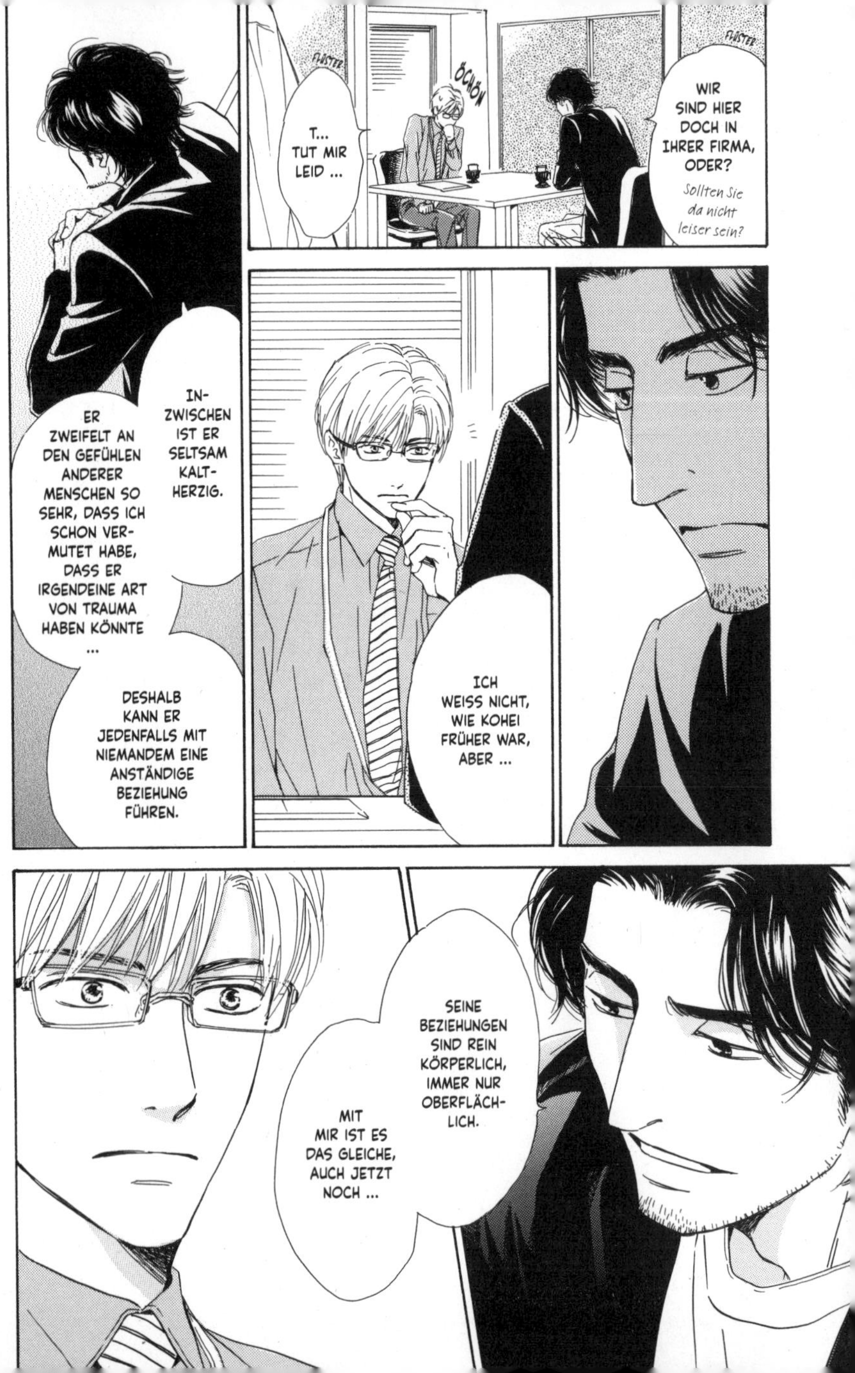
FLÜSTER
WIR SIND HIER DOCH IN IHRER FIRMA, ODER?
Sollten Sie da nicht leiser sein?
ÖCHÖM
T... TUT MIR LEID ...
FLÜSTER
ICH WEISS NICHT, WIE KOHEI FRÜHER WAR, ABER ...
INZWISCHEN IST ER SELTSAM KALTHERZIG.
ER ZWEIFELT AN DEN GEFÜHLEN ANDERER MENSCHEN SO SEHR, DASS ICH SCHON VERMUTET HABE, DASS ER IRGENDEINE ART VON TRAUMA HABEN KÖNNTE ...
DESHALB KANN ER JEDENFALLS MIT NIEMANDEM EINE ANSTÄNDIGE BEZIEHUNG FÜHREN.
SEINE BEZIEHUNGEN SIND REIN KÖRPERLICH, IMMER NUR OBERFLÄCHLICH.
MIT MIR IST ES DAS GLEICHE, AUCH JETZT NOCH ...

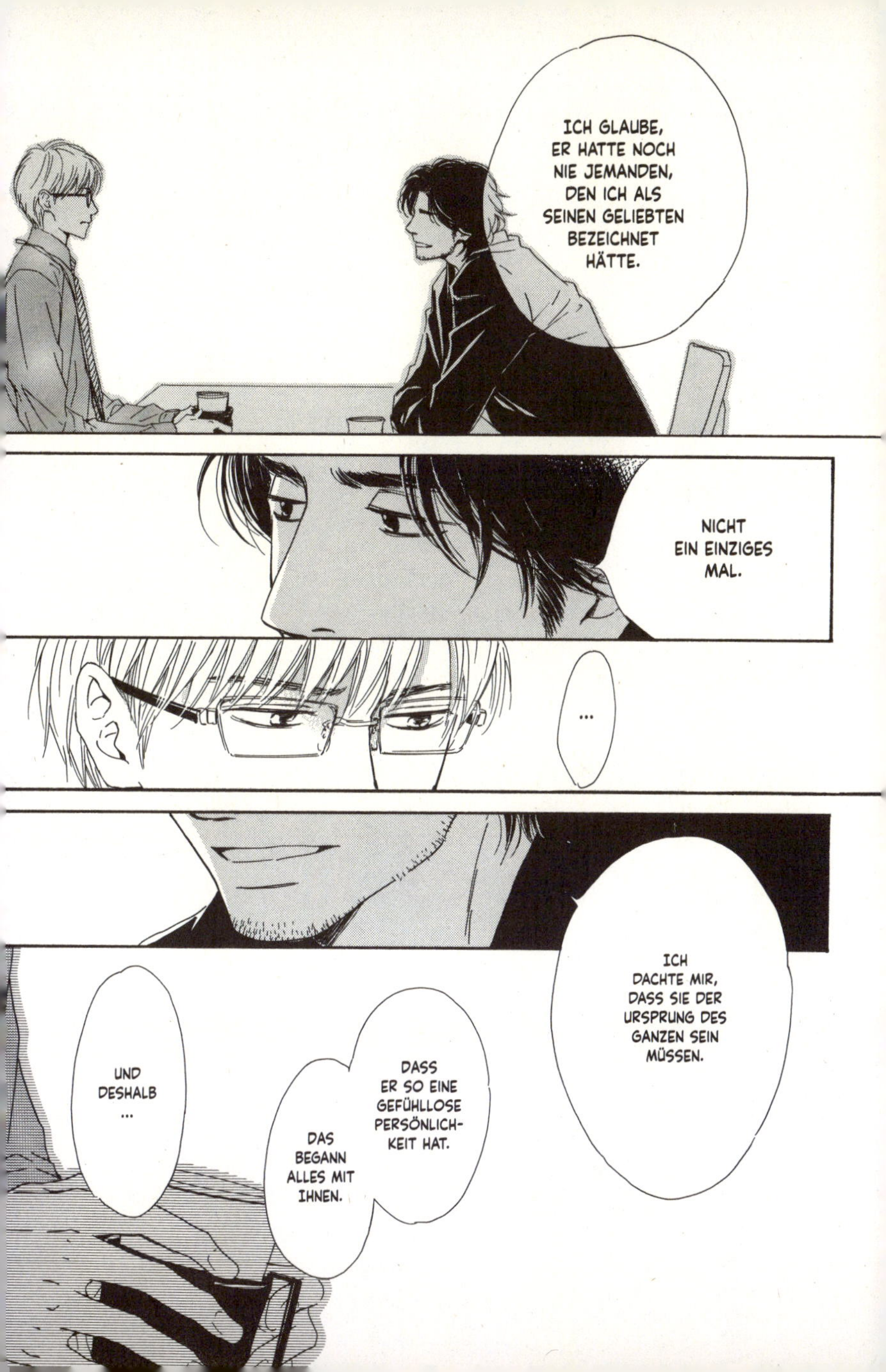
ICH GLAUBE, ER HATTE NOCH NIE JEMANDEN, DEN ICH ALS SEINEN GELIEBTEN BEZEICHNET HÄTTE.
NICHT EIN EINZIGES MAL.
...
ICH DACHTE MIR, DASS SIE DER URSPRUNG DES GANZEN SEIN MÜSSEN.
DASS ER SO EINE GEFÜHLLOSE PERSÖNLICH-KEIT HAT.
DAS BEGANN ALLES MIT IHNEN.
UND DESHALB ...

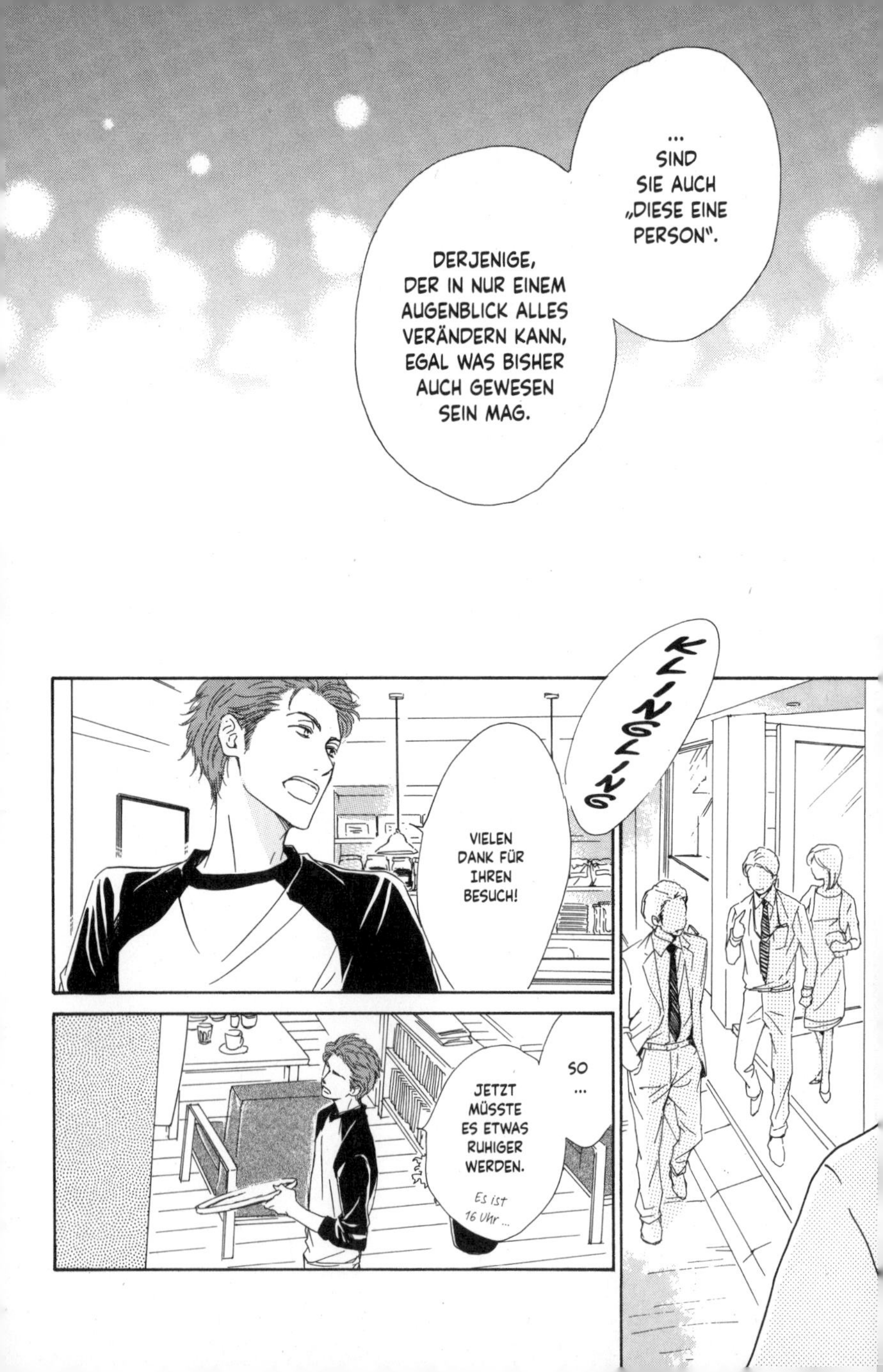
... Sind Sie auch „diese eine Person".
Derjenige, der in nur einem Augenblick alles verändern kann, egal was bisher auch gewesen sein mag.
KLINGLING
Vielen Dank für Ihren Besuch!
So ...
Jetzt müsste es etwas ruhiger werden.
Es ist 16 Uhr ...

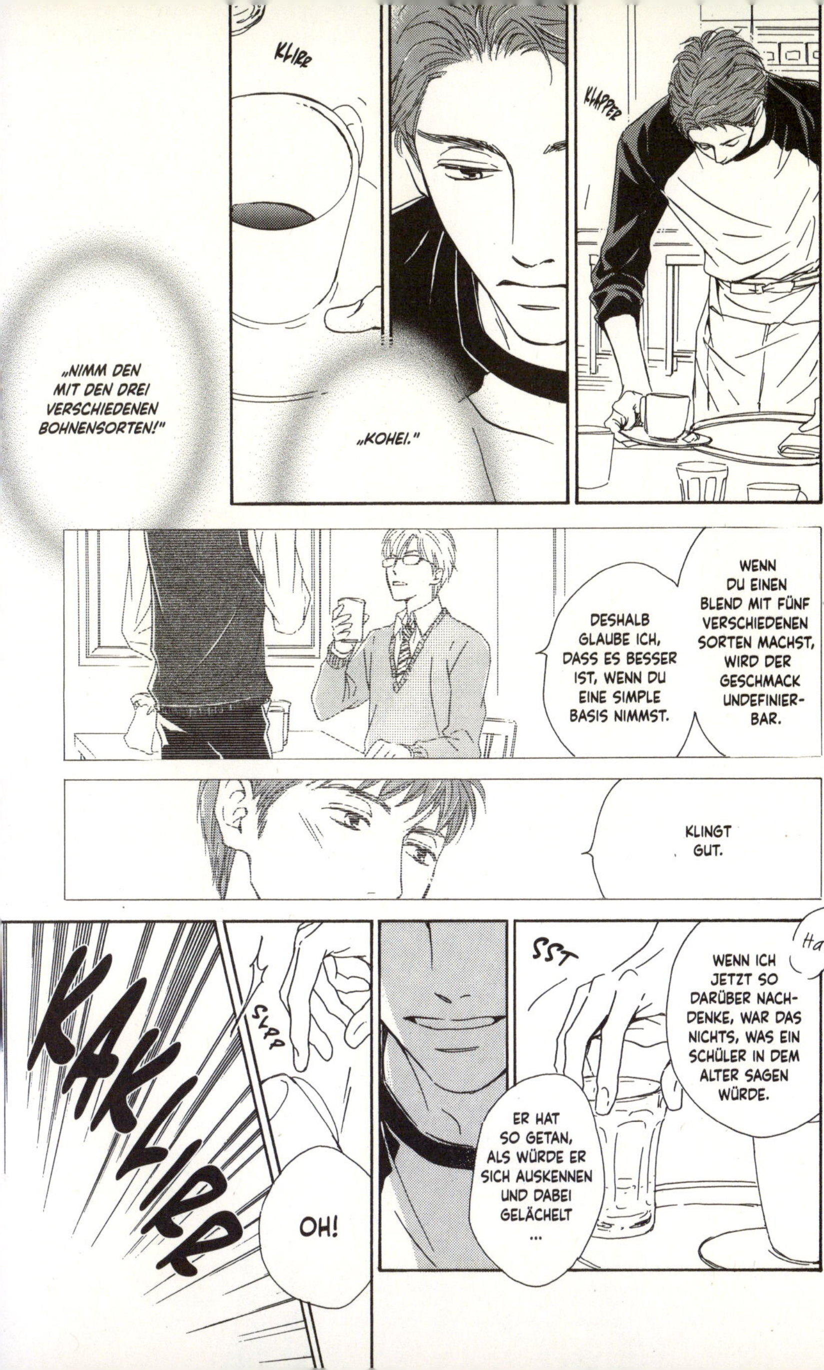

KLAPPER
„KOHEI."
KLIRR
„NIMM DEN MIT DEN DREI VERSCHIEDENEN BOHNENSORTEN!"
WENN DU EINEN BLEND MIT FÜNF VERSCHIEDENEN SORTEN MACHST, WIRD DER GESCHMACK UNDEFINIER-BAR.
DESHALB GLAUBE ICH, DASS ES BESSER IST, WENN DU EINE SIMPLE BASIS NIMMST.
KLINGT GUT.
Ha!
WENN ICH JETZT SO DARÜBER NACH-DENKE, WAR DAS NICHTS, WAS EIN SCHÜLER IN DEM ALTER SAGEN WÜRDE.
SST
ER HAT SO GETAN, ALS WÜRDE ER SICH AUSKENNEN UND DABEI GELÄCHELT ...
SUPP
OH!
KAKLIRR

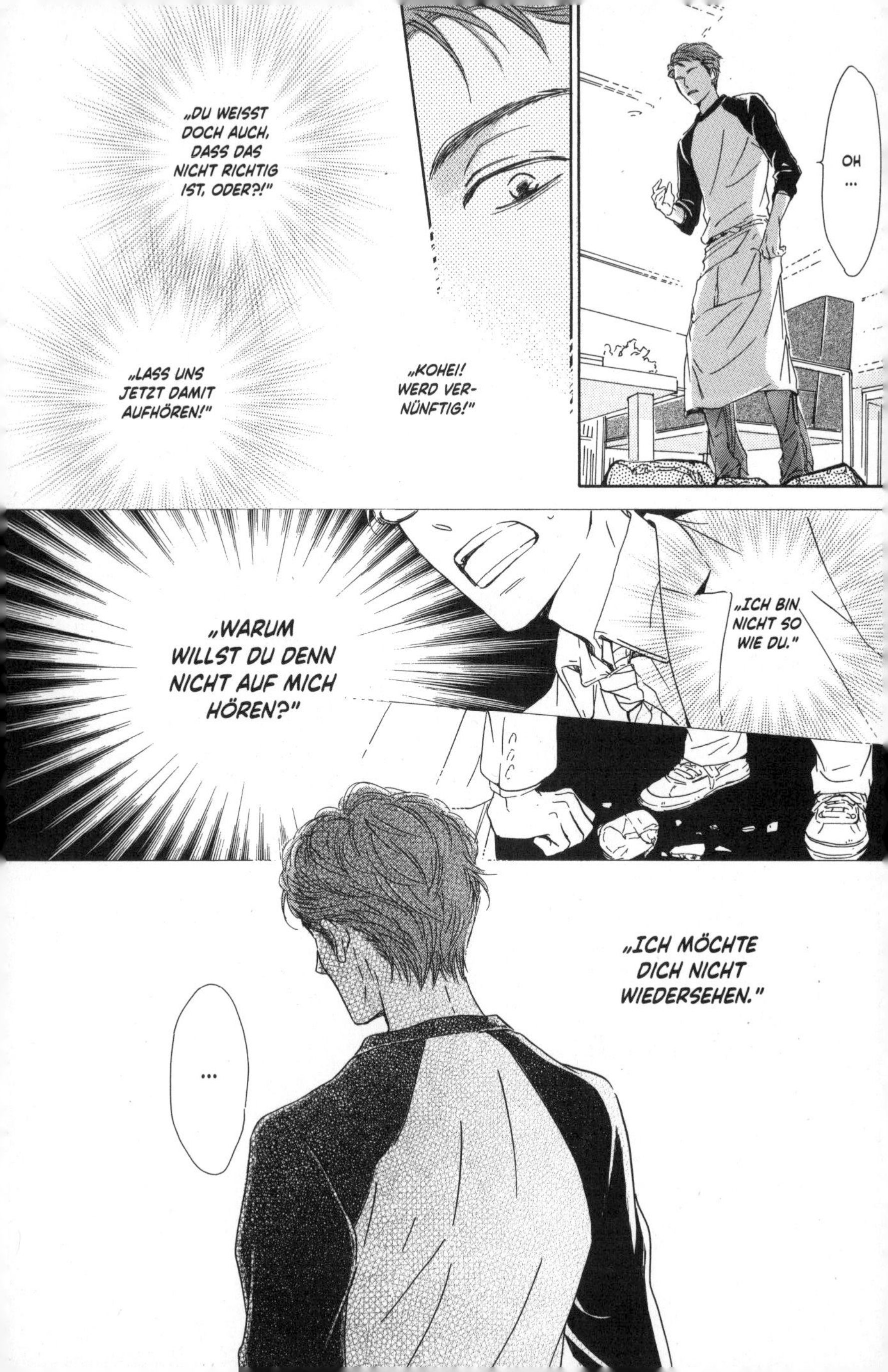
OH ...
„KOHEI! WERD VERNÜNFTIG!"
„DU WEISST DOCH AUCH, DASS DAS NICHT RICHTIG IST, ODER?!"
„LASS UNS JETZT DAMIT AUFHÖREN!"
„ICH BIN NICHT SO WIE DU."
„WARUM WILLST DU DENN NICHT AUF MICH HÖREN?"
„ICH MÖCHTE DICH NICHT WIEDERSEHEN."
...

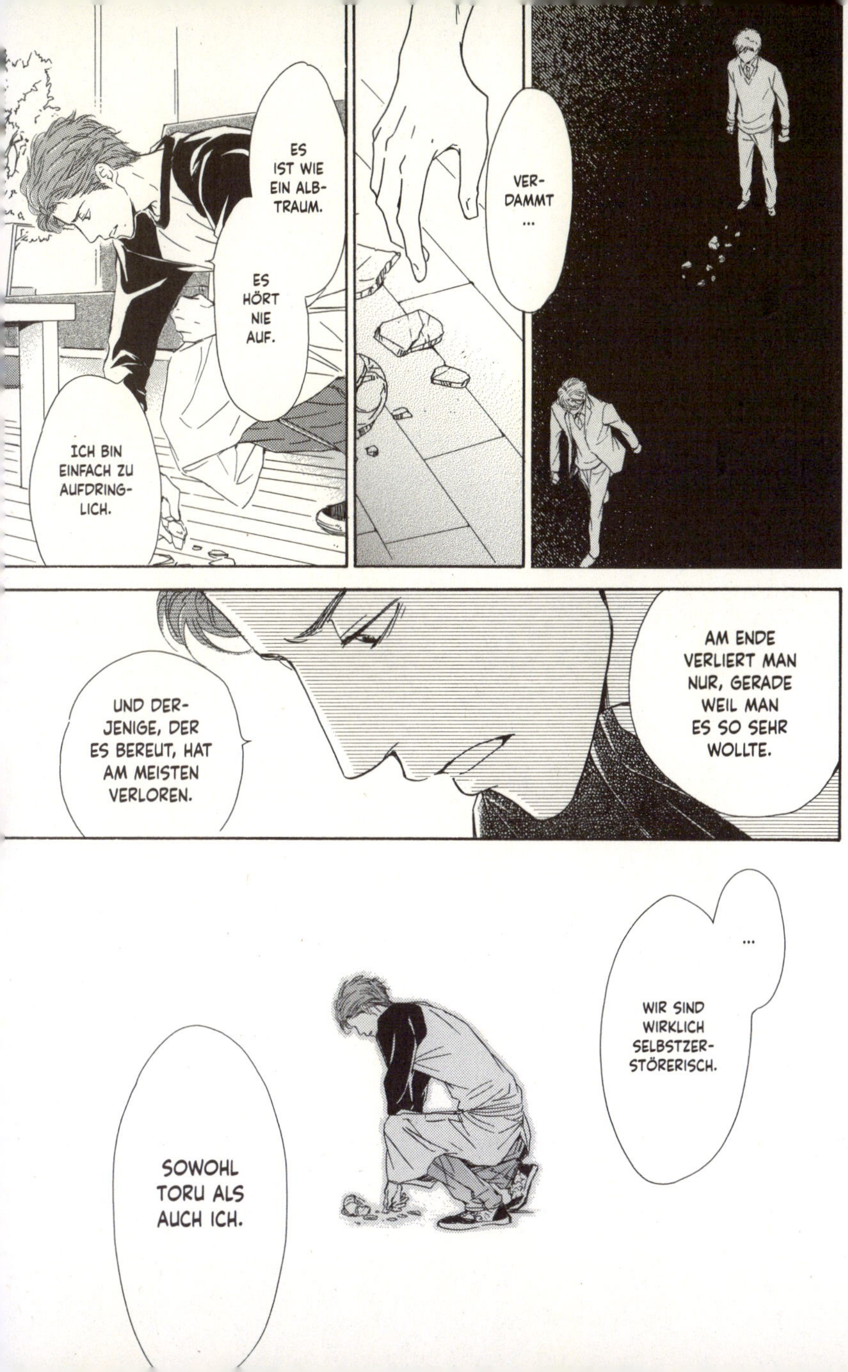
VER-DAMMT ...
ES IST WIE EIN ALB-TRAUM.
ES HÖRT NIE AUF.
ICH BIN EINFACH ZU AUFDRING-LICH.
AM ENDE VERLIERT MAN NUR, GERADE WEIL MAN ES SO SEHR WOLLTE.
UND DER-JENIGE, DER ES BEREUT, HAT AM MEISTEN VERLOREN.
...
WIR SIND WIRKLICH SELBSTZER-STÖRERISCH.
SOWOHL TORU ALS AUCH ICH.

ZWEITE ERSTE LIEBE

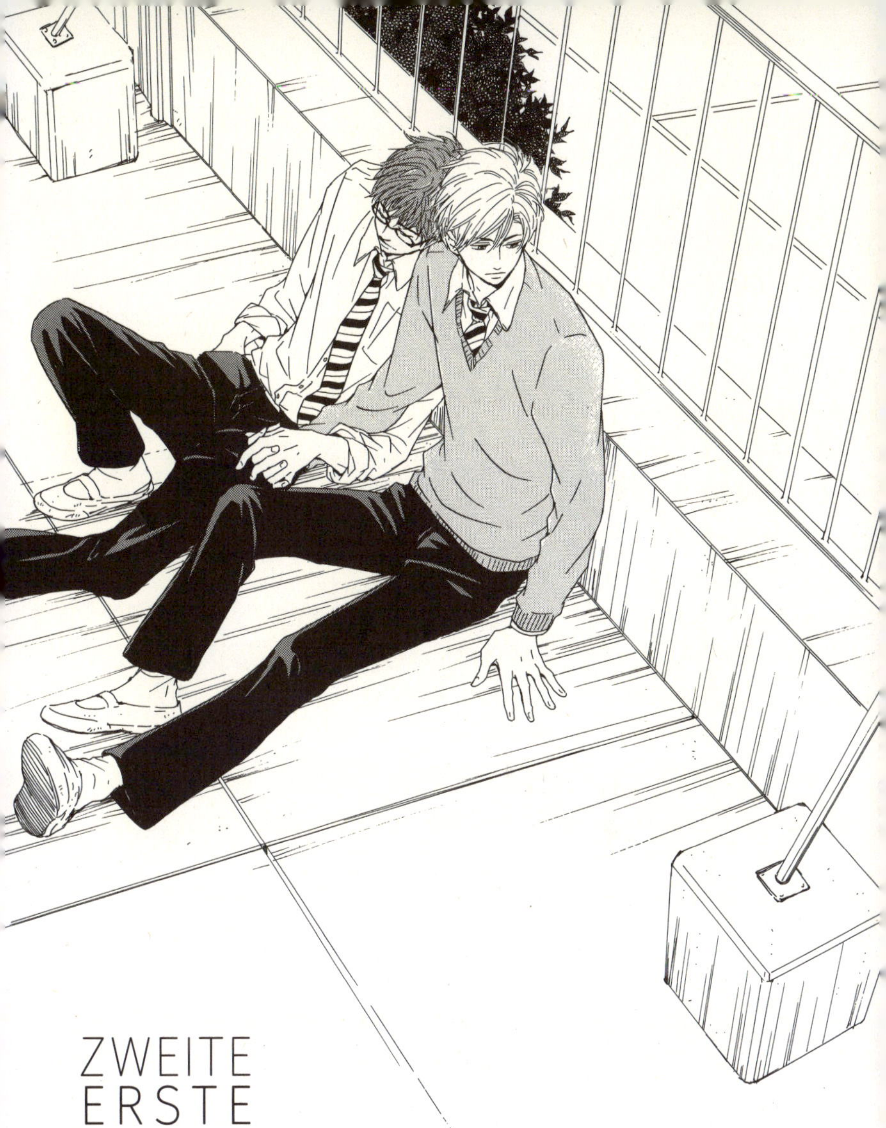

ZWEITE
ERSTE
LIEBE

4

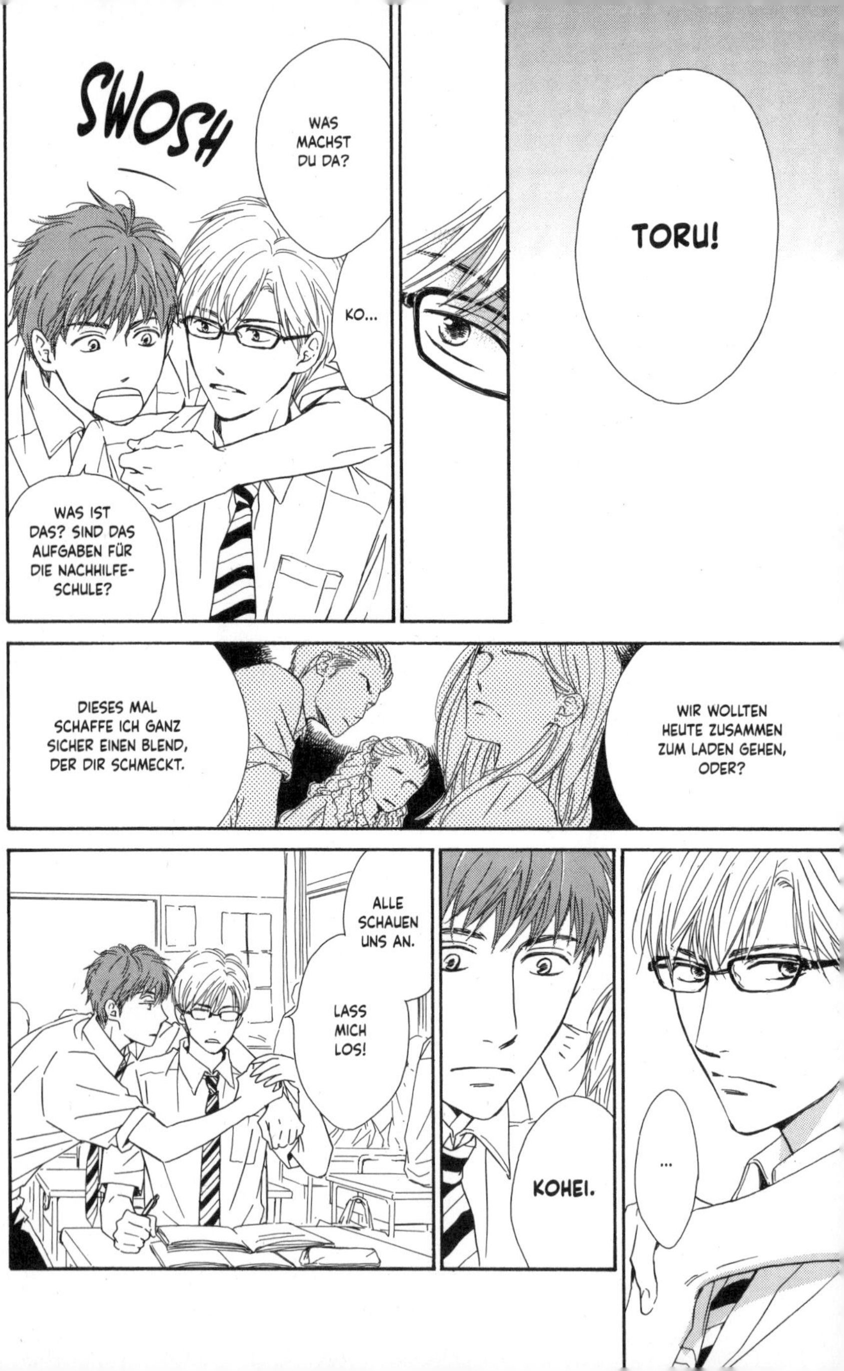
TORU!
WAS MACHST DU DA?
KO...
SWOSH
WAS IST DAS? SIND DAS AUFGABEN FÜR DIE NACHHILFE-SCHULE?
WIR WOLLTEN HEUTE ZUSAMMEN ZUM LADEN GEHEN, ODER?
DIESES MAL SCHAFFE ICH GANZ SICHER EINEN BLEND, DER DIR SCHMECKT.
...
KOHEI.
ALLE SCHAUEN UNS AN.
LASS MICH LOS!

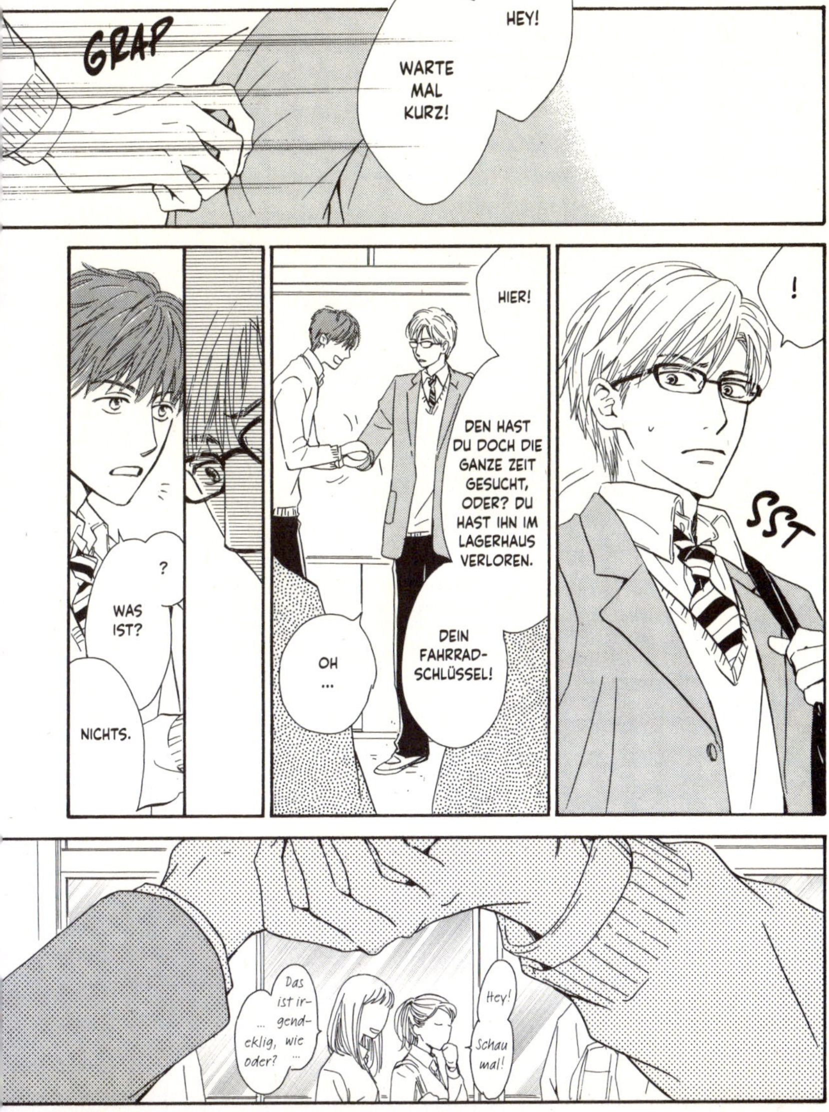
GRAP
HEY!
WARTE MAL KURZ!
!
SST
HIER!
DEN HAST DU DOCH DIE GANZE ZEIT GESUCHT, ODER? DU HAST IHN IM LAGERHAUS VERLOREN.
DEIN FAHRRAD-SCHLÜSSEL!
OH ...
?
WAS IST?
NICHTS.
Hey! Schau mal!
Das ist irgend-wie ... eklig, oder? ...

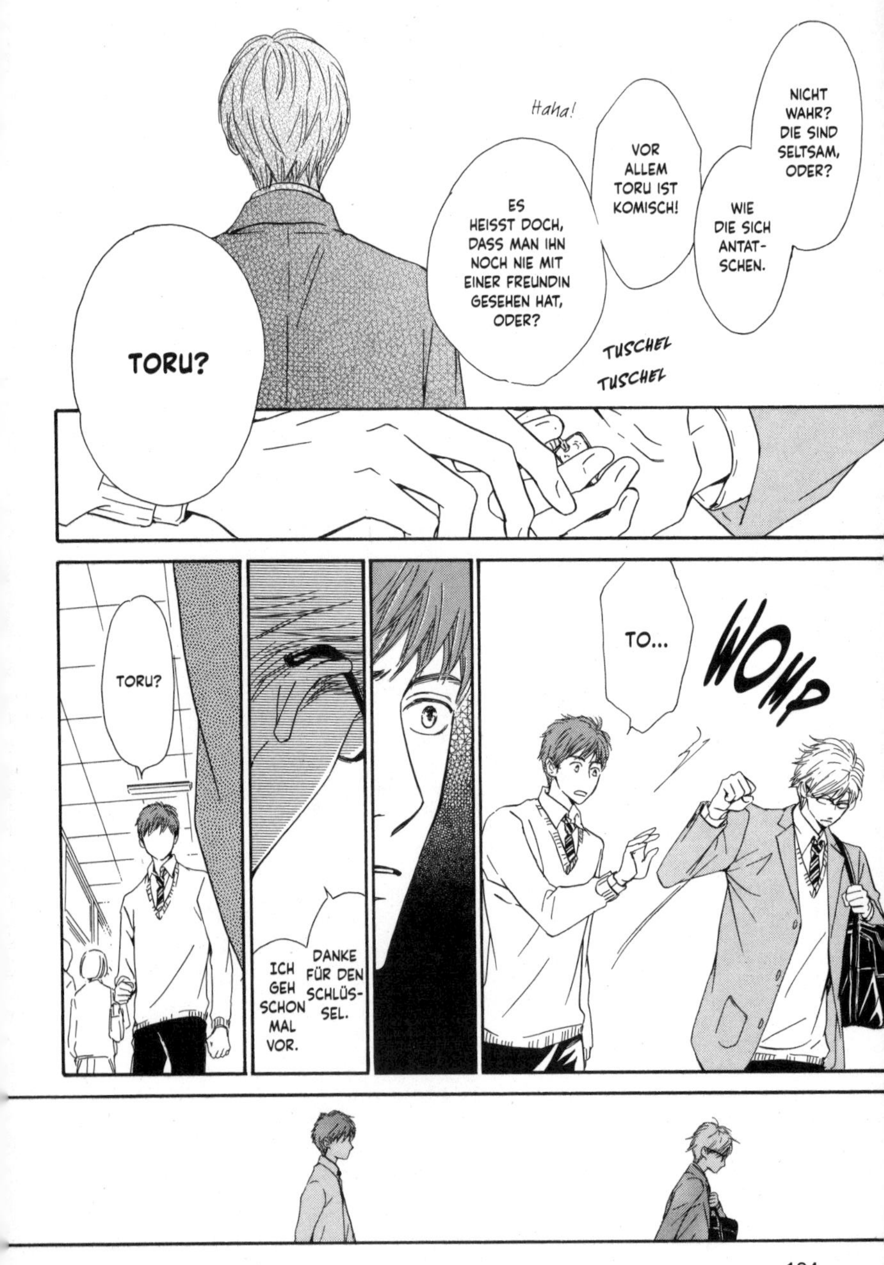
NICHT WAHR? DIE SIND SELTSAM, ODER?
WIE DIE SICH ANTAT-SCHEN.
VOR ALLEM TORU IST KOMISCH!
Haha!
ES HEISST DOCH, DASS MAN IHN NOCH NIE MIT EINER FREUNDIN GESEHEN HAT, ODER?
TUSCHEL TUSCHEL
TORU?
TO...
WOM?
DANKE FÜR DEN SCHLÜS-SEL.
ICH GEH SCHON MAL VOR.
TORU?

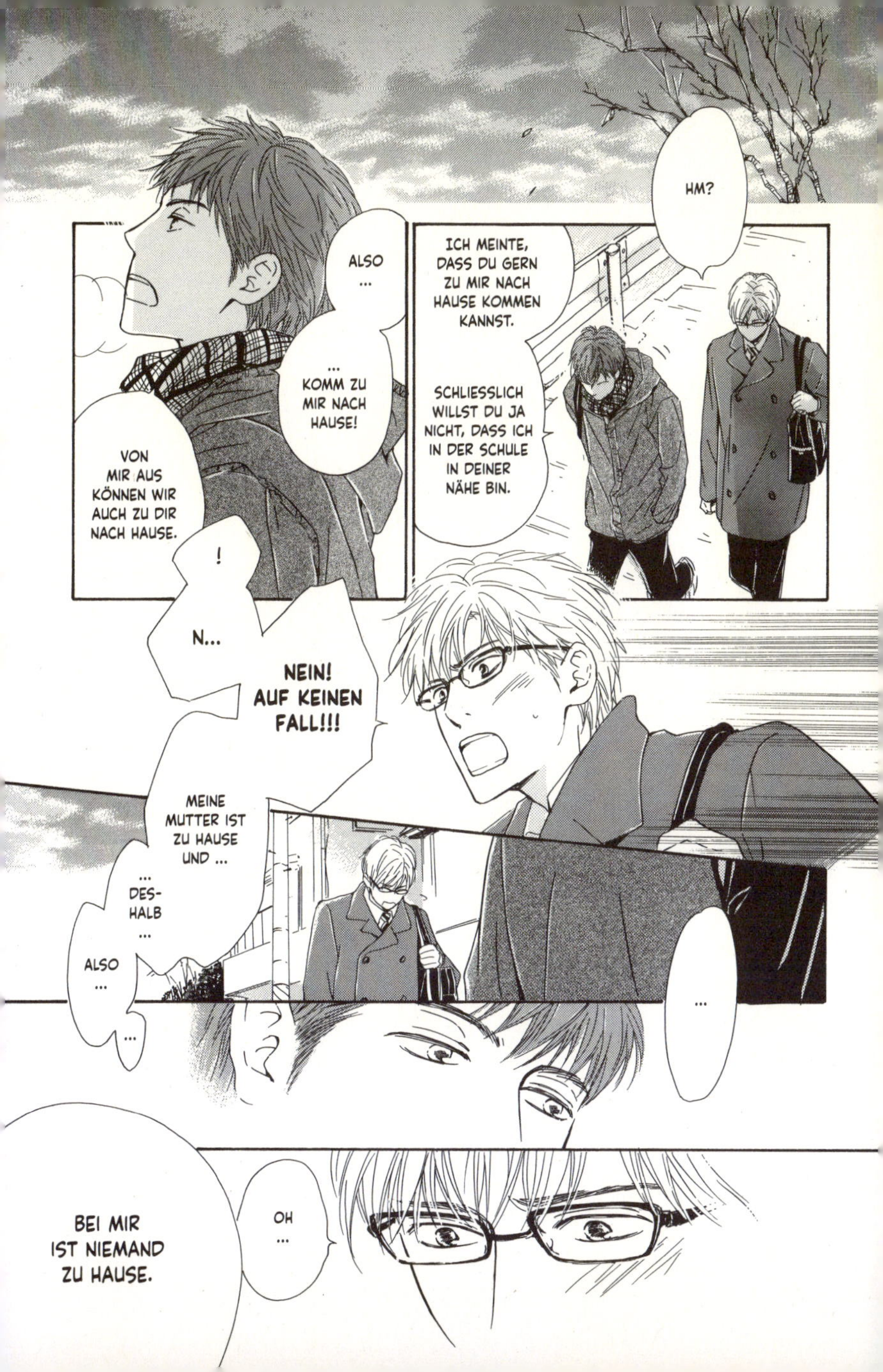

HM?
ICH MEINTE, DASS DU GERN ZU MIR NACH HAUSE KOMMEN KANNST.
SCHLIESSLICH WILLST DU JA NICHT, DASS ICH IN DER SCHULE IN DEINER NÄHE BIN.
ALSO ...
... KOMM ZU MIR NACH HAUSE!
VON MIR AUS KÖNNEN WIR AUCH ZU DIR NACH HAUSE.
!
N...
NEIN! AUF KEINEN FALL!!!
MEINE MUTTER IST ZU HAUSE UND ...
... DES-HALB ...
ALSO ...
...
...
BEI MIR IST NIEMAND ZU HAUSE.
OH ...

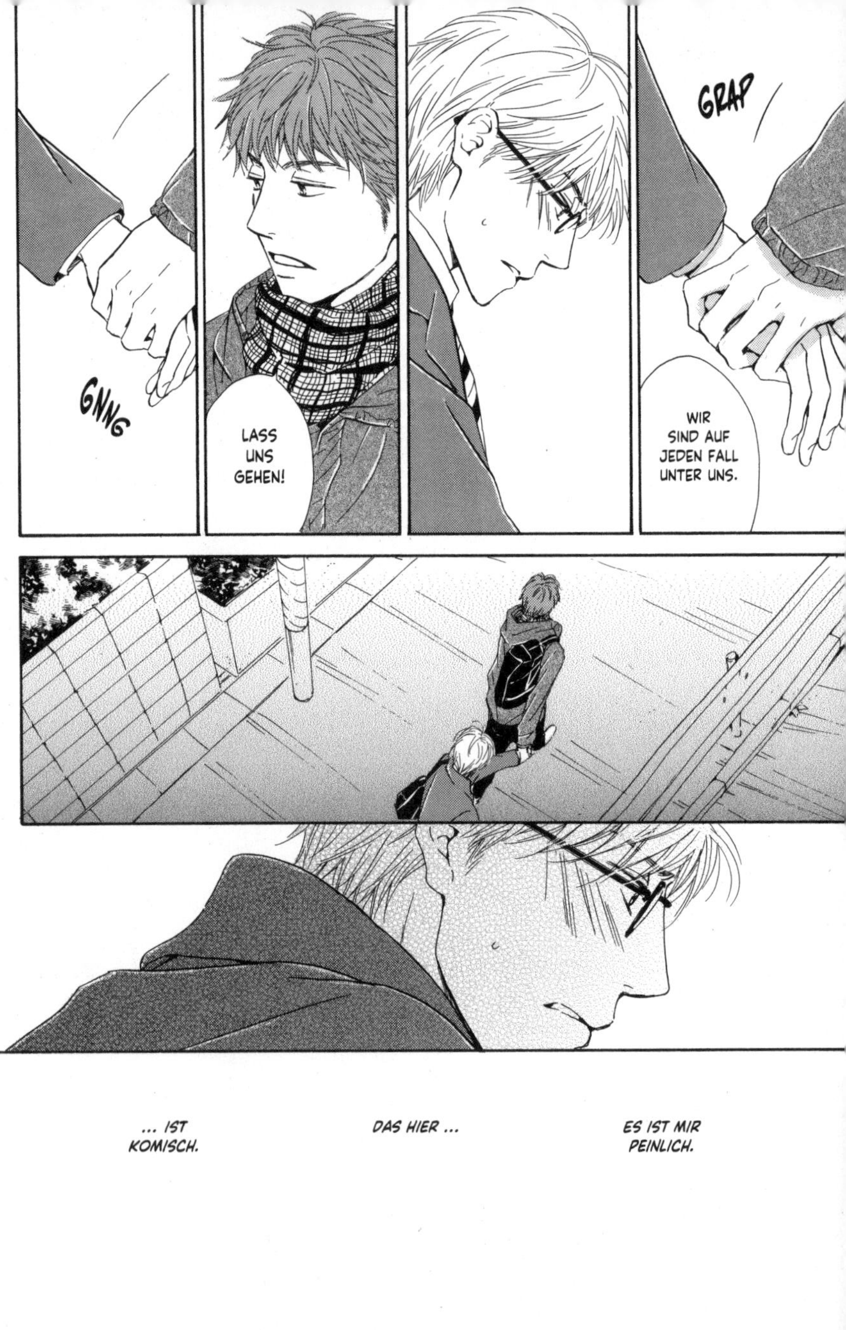
GRAP
WIR SIND AUF JEDEN FALL UNTER UNS.
LASS UNS GEHEN!
GNNG
ES IST MIR PEINLICH.
DAS HIER ...
... IST KOMISCH.

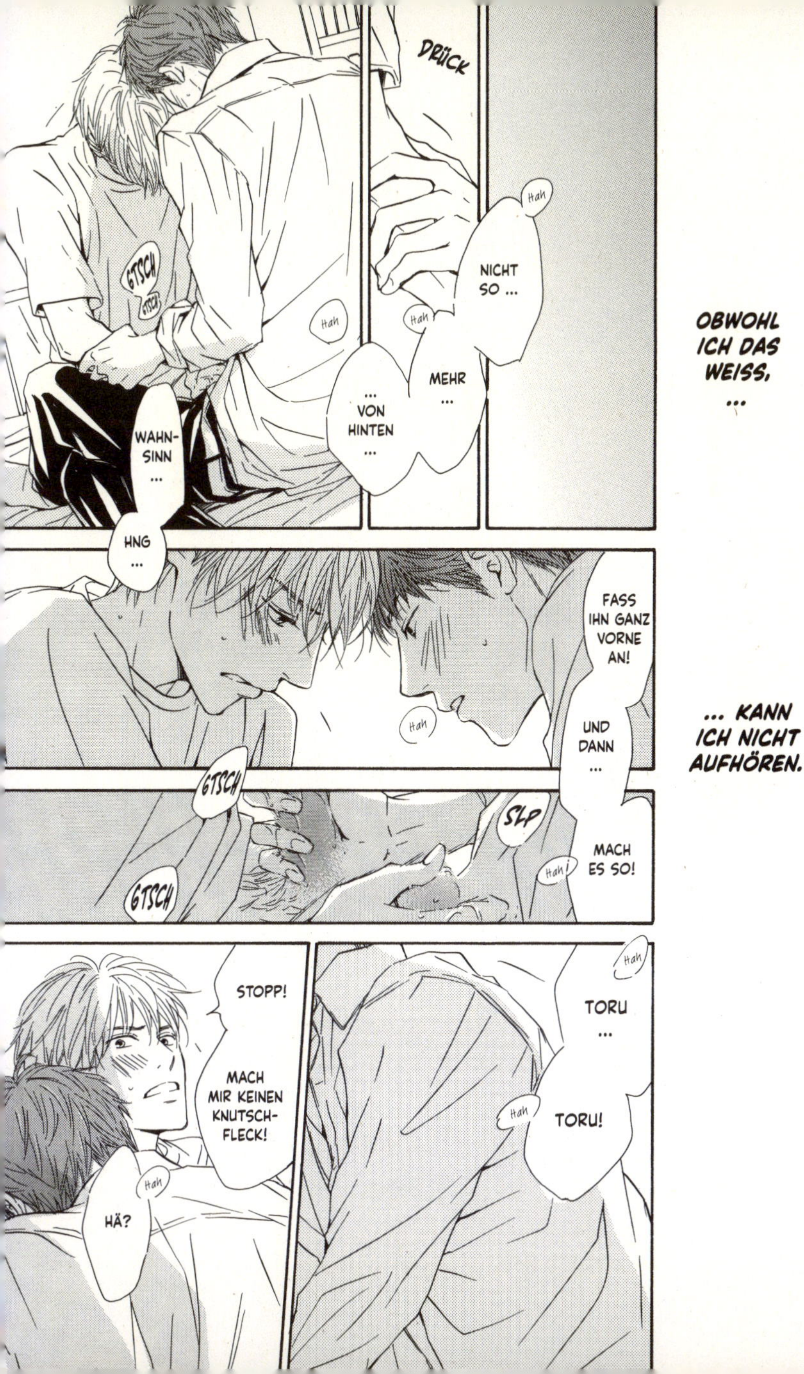
OBWOHL ICH DAS WEISS, ...
DRÜCK
Hah
NICHT SO ...
Hah
MEHR ...
Hah
... VON HINTEN ...
GTSCH GTSCH
WAHN-SINN ...
HNG ...
... KANN ICH NICHT AUFHÖREN.
FASS IHN GANZ VORNE AN!
UND DANN ...
Hah
SLP
Hah
MACH ES SO!
GTSCH
GTSCH
Hah
TORU ...
Hah
TORU!
STOPP!
MACH MIR KEINEN KNUTSCH-FLECK!
Hah
HÄ?

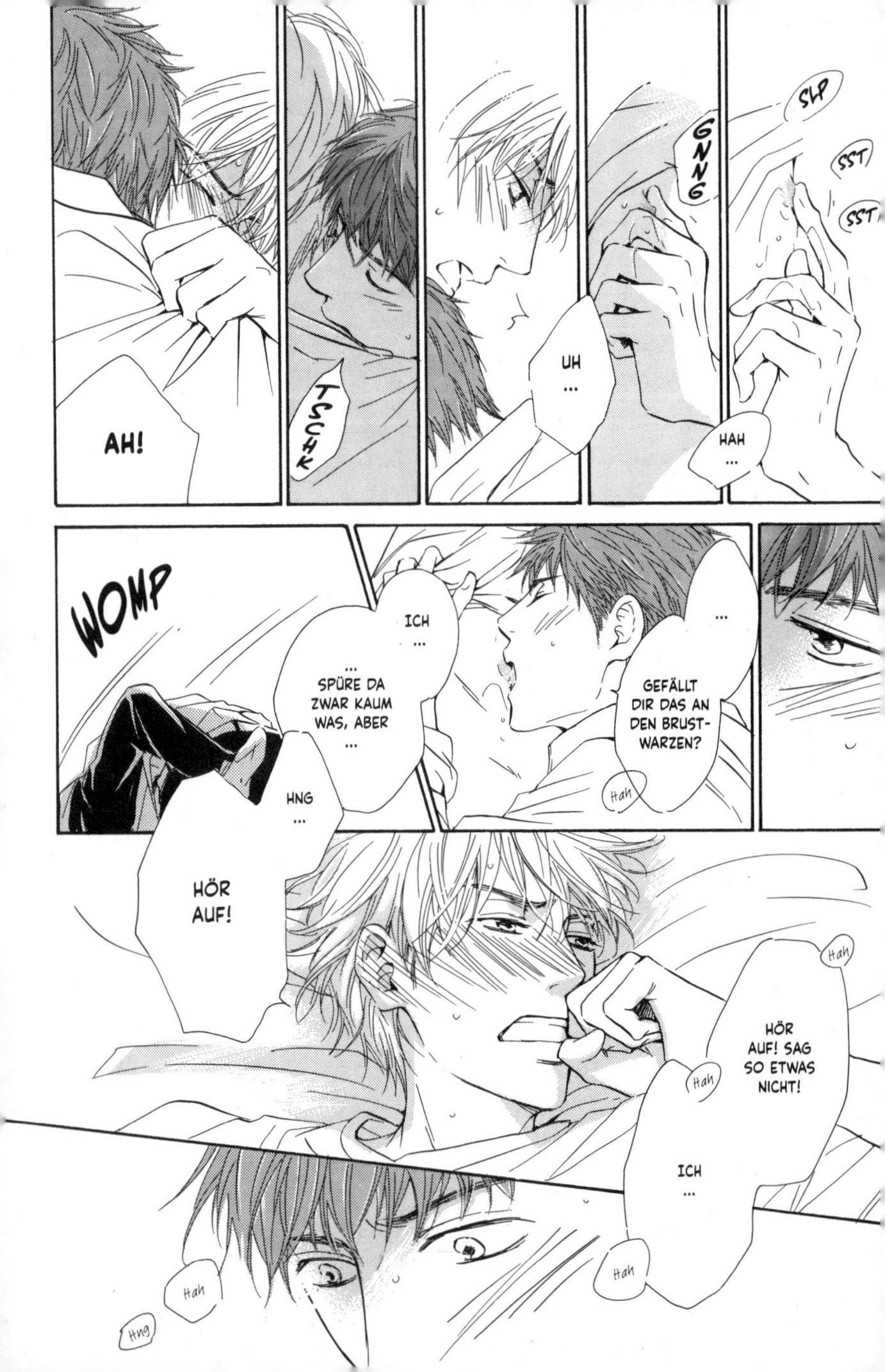

SLP
SST
SST
HAH ...
GNNG
UH ...
TSCHK
AH!
...
GEFÄLLT DIR DAS AN DEN BRUST-WARZEN?
Hah
ICH ...
... SPÜRE DA ZWAR KAUM WAS, ABER ...
WOMP
HNG ...
HÖR AUF!
Hah
HÖR AUF! SAG SO ETWAS NICHT!
Hah
ICH ...
Hah
Hah
Hng

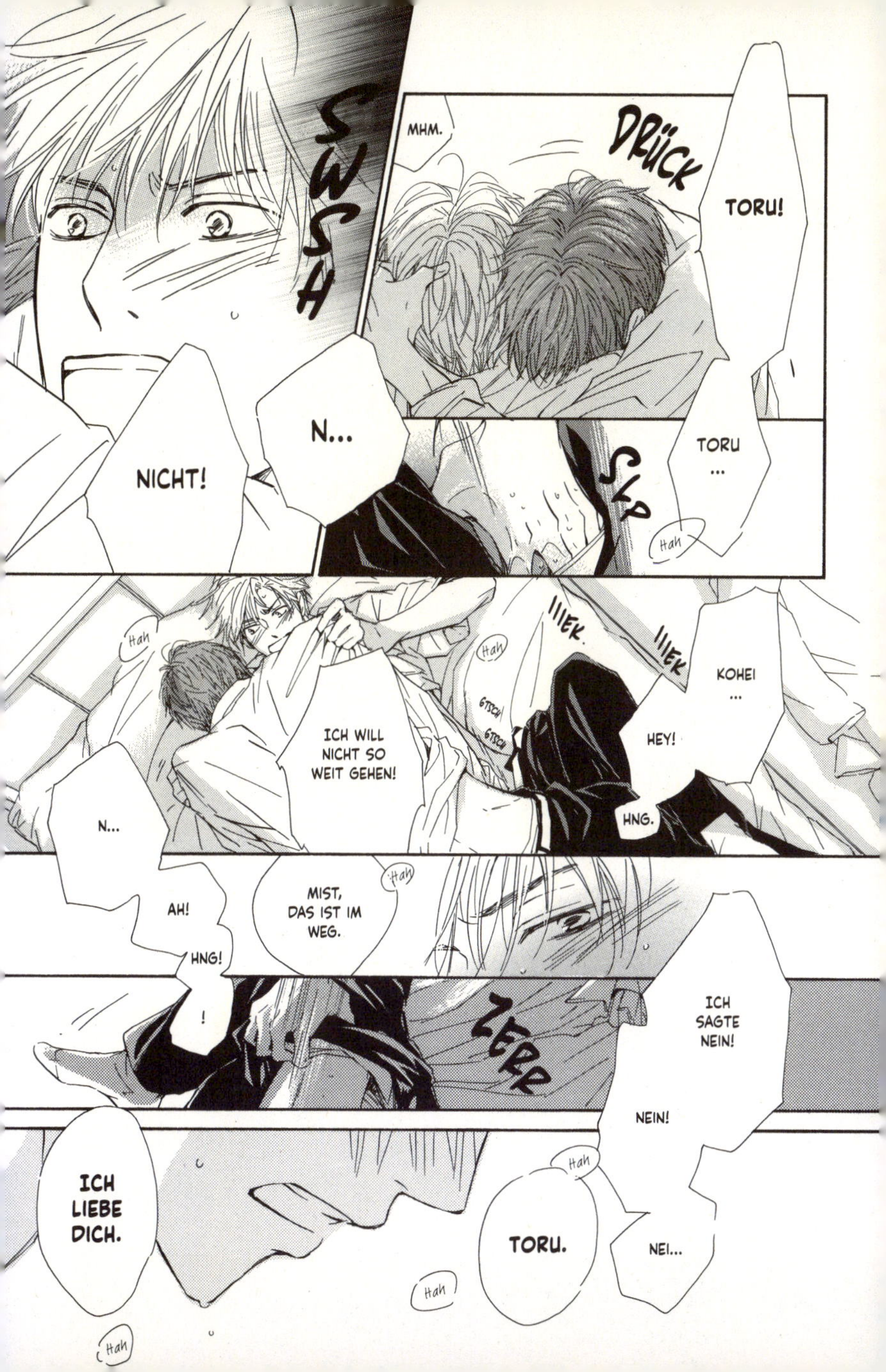
TORU!
DRÜCK
MHM.
SWSH
N...
NICHT!
TORU
...
SLP
Hah
KOHEI
...
IIIEK
IIIEK
Hah
Hah
HEY!
GTSCH
GTSCH
ICH WILL
NICHT SO
WEIT GEHEN!
HNG.
N...
Hah
MIST,
DAS IST IM
WEG.
AH!
HNG!
ICH
SAGTE
NEIN!
ZERR
!
NEIN!
Hah
NEI...
TORU.
Hah
ICH
LIEBE
DICH.
Hah

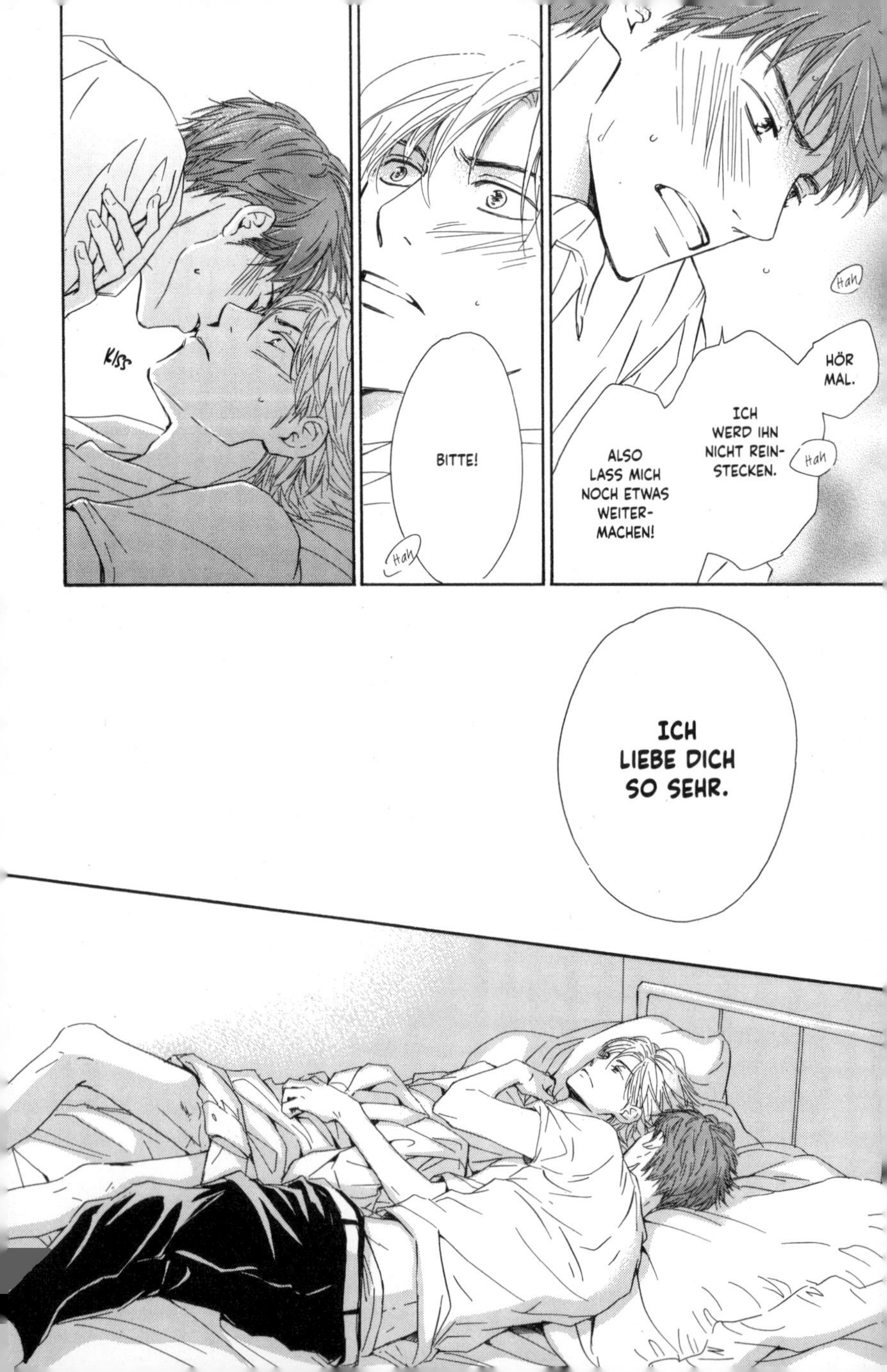
Hah
HÖR MAL.
ICH WERD IHN NICHT REIN-STECKEN.
Hah
ALSO LASS MICH NOCH ETWAS WEITER-MACHEN!
BITTE!
Hah
KISS
ICH LIEBE DICH SO SEHR.

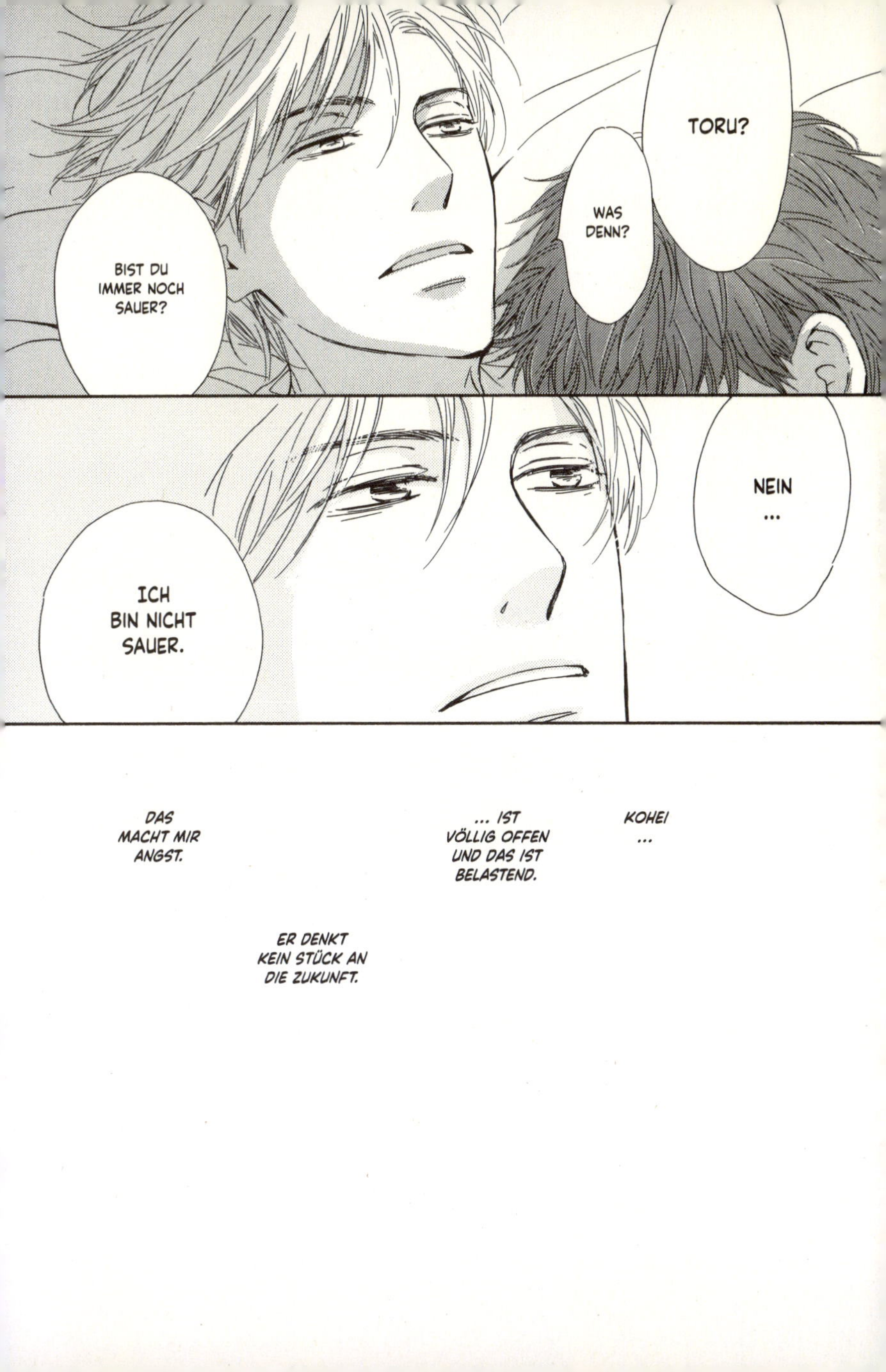
TORU?
WAS DENN?
BIST DU IMMER NOCH SAUER?
NEIN ...
ICH BIN NICHT SAUER.
KOHEI ...
... IST VÖLLIG OFFEN UND DAS IST BELASTEND.
ER DENKT KEIN STÜCK AN DIE ZUKUNFT.
DAS MACHT MIR ANGST.

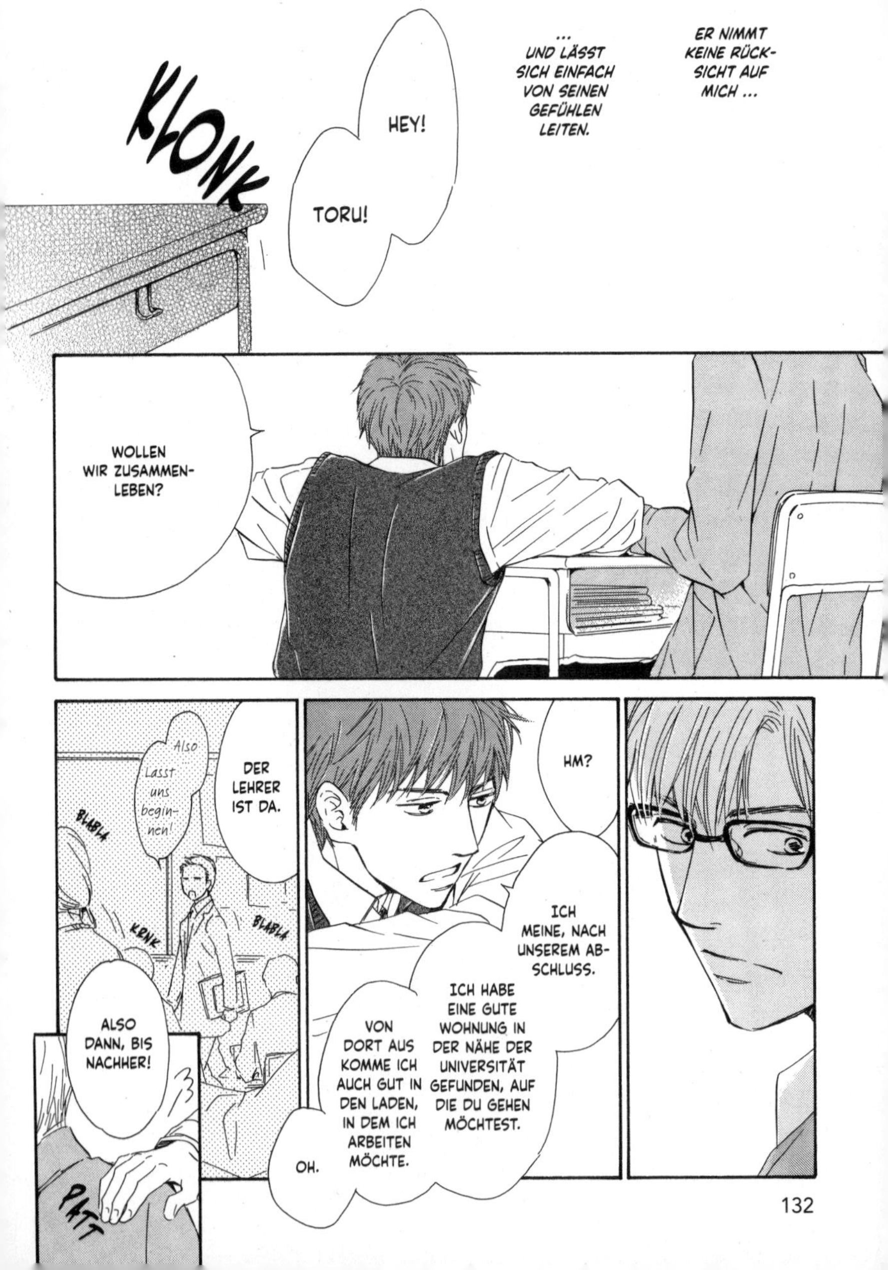
ER NIMMT KEINE RÜCK-SICHT AUF MICH ...
... UND LÄSST SICH EINFACH VON SEINEN GEFÜHLEN LEITEN.
HEY!
TORU!
KLONK
WOLLEN WIR ZUSAMMEN-LEBEN?
HM?
ICH MEINE, NACH UNSEREM AB-SCHLUSS.
ICH HABE EINE GUTE WOHNUNG IN DER NÄHE DER UNIVERSITÄT GEFUNDEN, AUF DIE DU GEHEN MÖCHTEST.
VON DORT AUS KOMME ICH AUCH GUT IN DEN LADEN, IN DEM ICH ARBEITEN MÖCHTE.
OH.
DER LEHRER IST DA.
Also Lasst uns beginnen!
BLABLA
KRNK
BLABLA
ALSO DANN, BIS NACHHER!
PATT

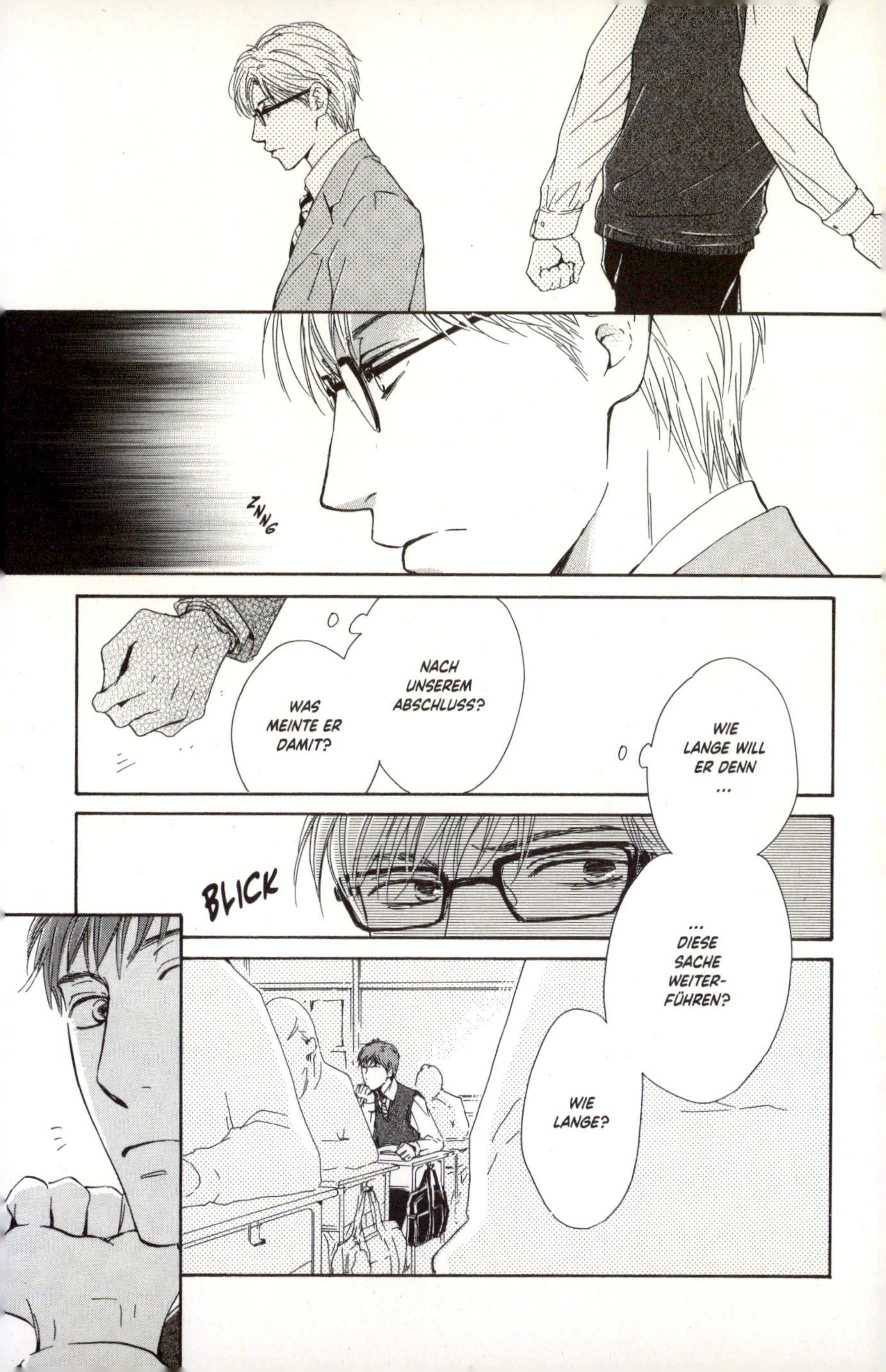
ZNNG
NACH UNSEREM ABSCHLUSS?
WAS MEINTE ER DAMIT?
WIE LANGE WILL ER DENN …
BLICK
… DIESE SACHE WEITER-FÜHREN?
WIE LANGE?

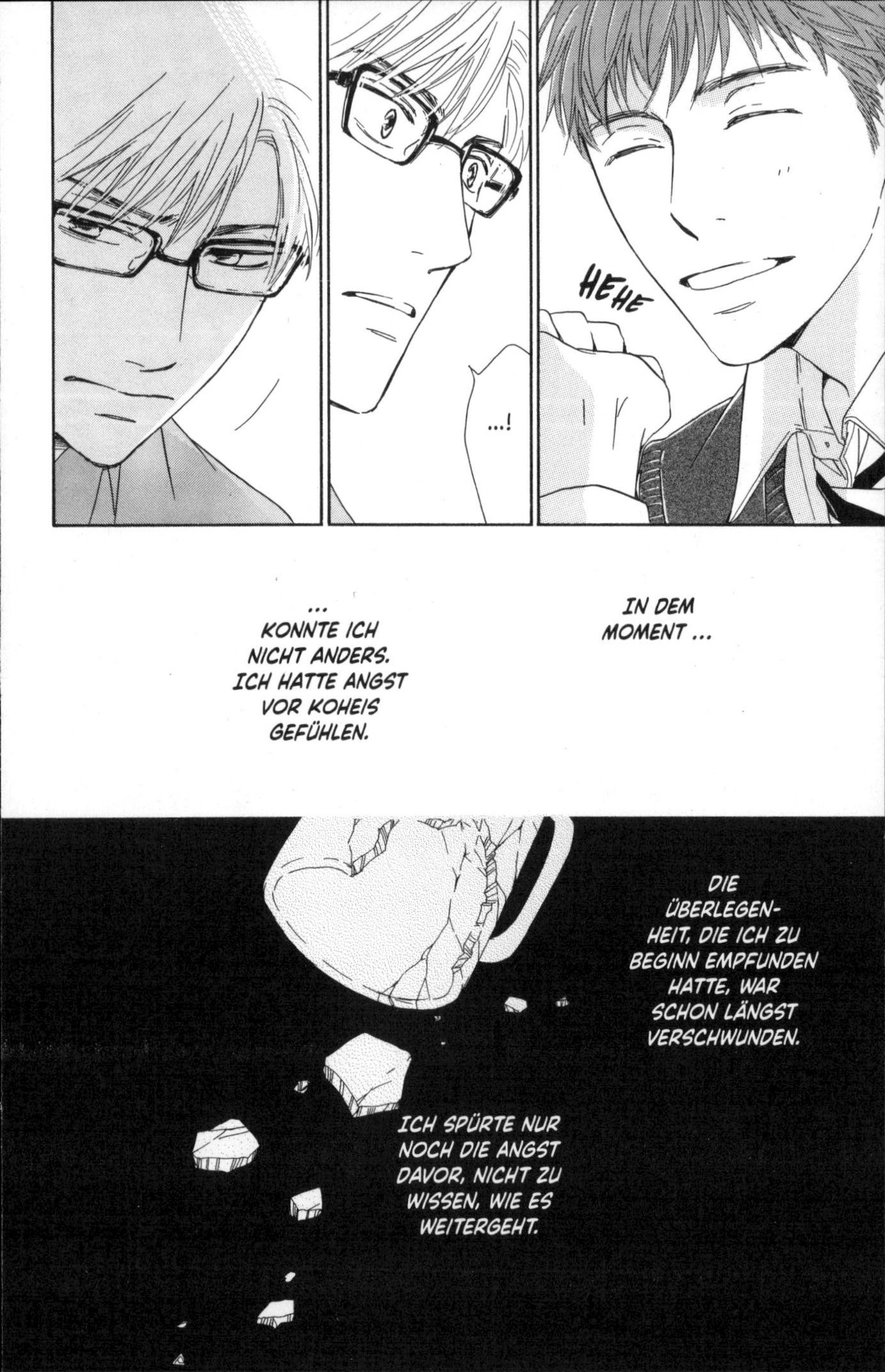
HEHE
...!
IN DEM MOMENT ...
... KONNTE ICH NICHT ANDERS. ICH HATTE ANGST VOR KOHEIS GEFÜHLEN.
DIE ÜBERLEGEN-HEIT, DIE ICH ZU BEGINN EMPFUNDEN HATTE, WAR SCHON LÄNGST VERSCHWUNDEN.
ICH SPÜRTE NUR NOCH DIE ANGST DAVOR, NICHT ZU WISSEN, WIE ES WEITERGEHT.

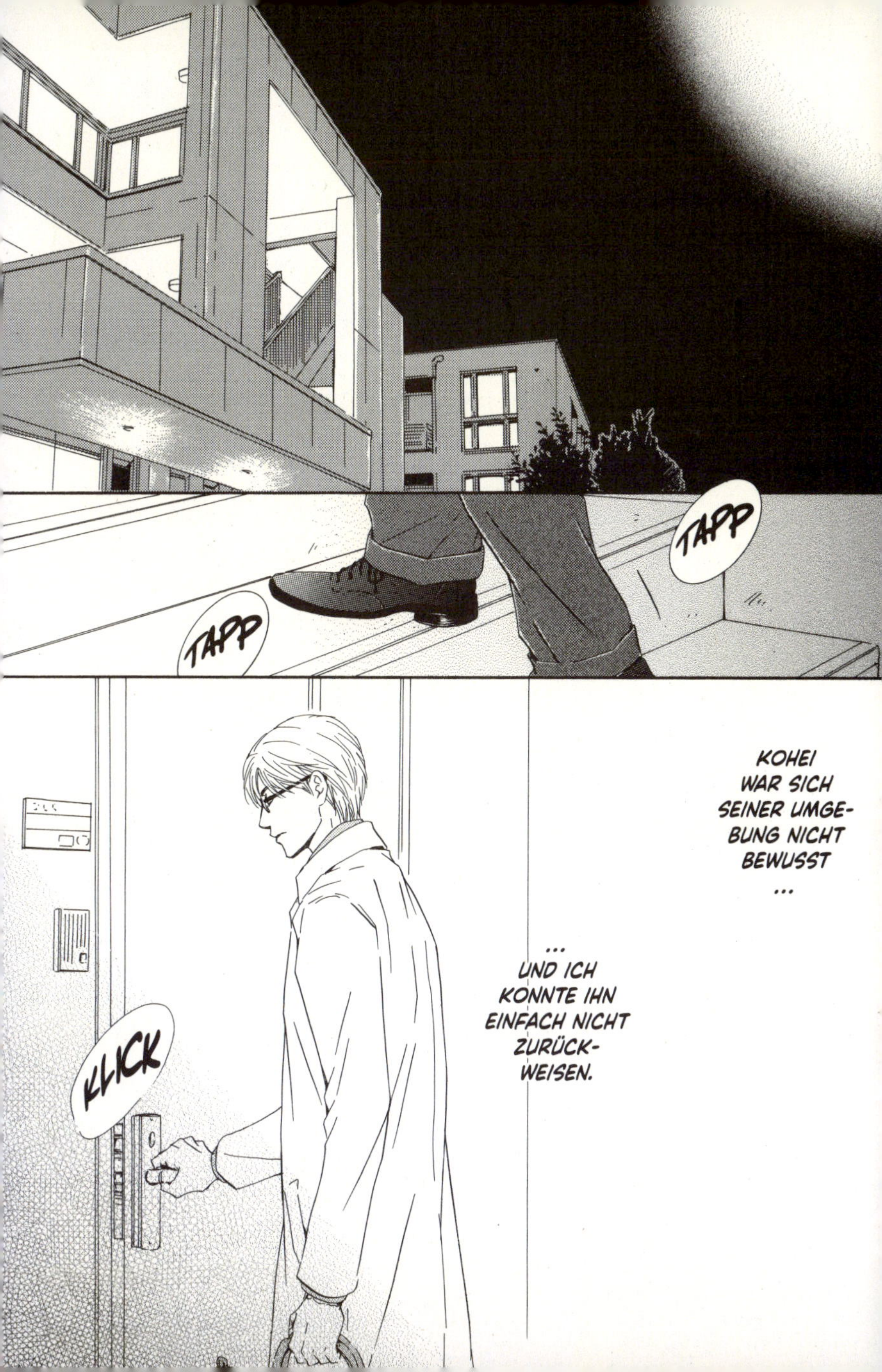
TAPP
TAPP
KOHEI WAR SICH SEINER UMGE-BUNG NICHT BEWUSST ...
... UND ICH KONNTE IHN EINFACH NICHT ZURÜCK-WEISEN.
KLICK

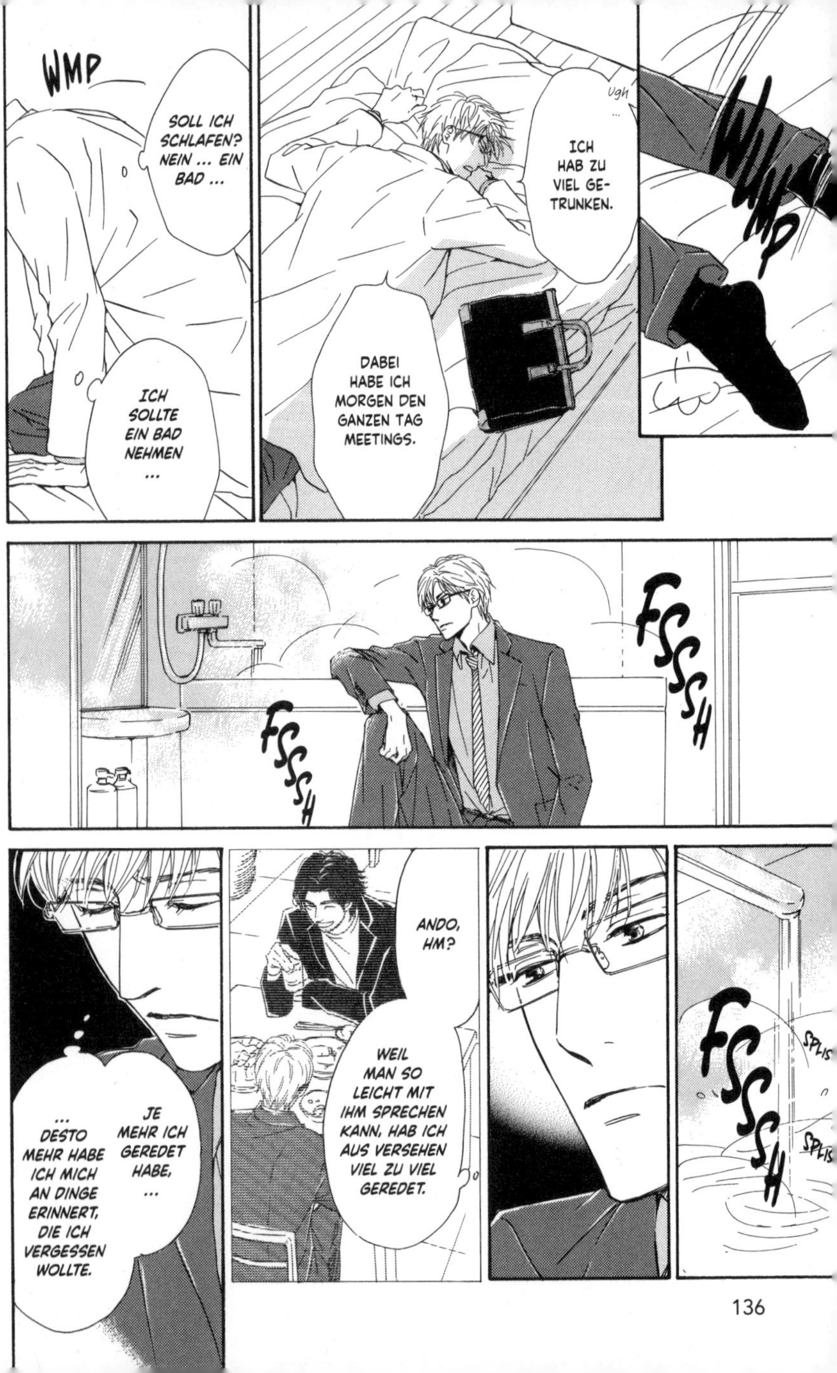
WUMP
Ugh ...
ICH HAB ZU VIEL GETRUNKEN.
DABEI HABE ICH MORGEN DEN GANZEN TAG MEETINGS.
WMP
SOLL ICH SCHLAFEN? NEIN ... EIN BAD ...
ICH SOLLTE EIN BAD NEHMEN ...
FSSSH
FSSSH
FSSSH
SPLISH
SPLISH
ANDO, HM?
WEIL MAN SO LEICHT MIT IHM SPRECHEN KANN, HAB ICH AUS VERSEHEN VIEL ZU VIEL GEREDET.
JE MEHR ICH GEREDET HABE, ...
... DESTO MEHR HABE ICH MICH AN DINGE ERINNERT, DIE ICH VERGESSEN WOLLTE.

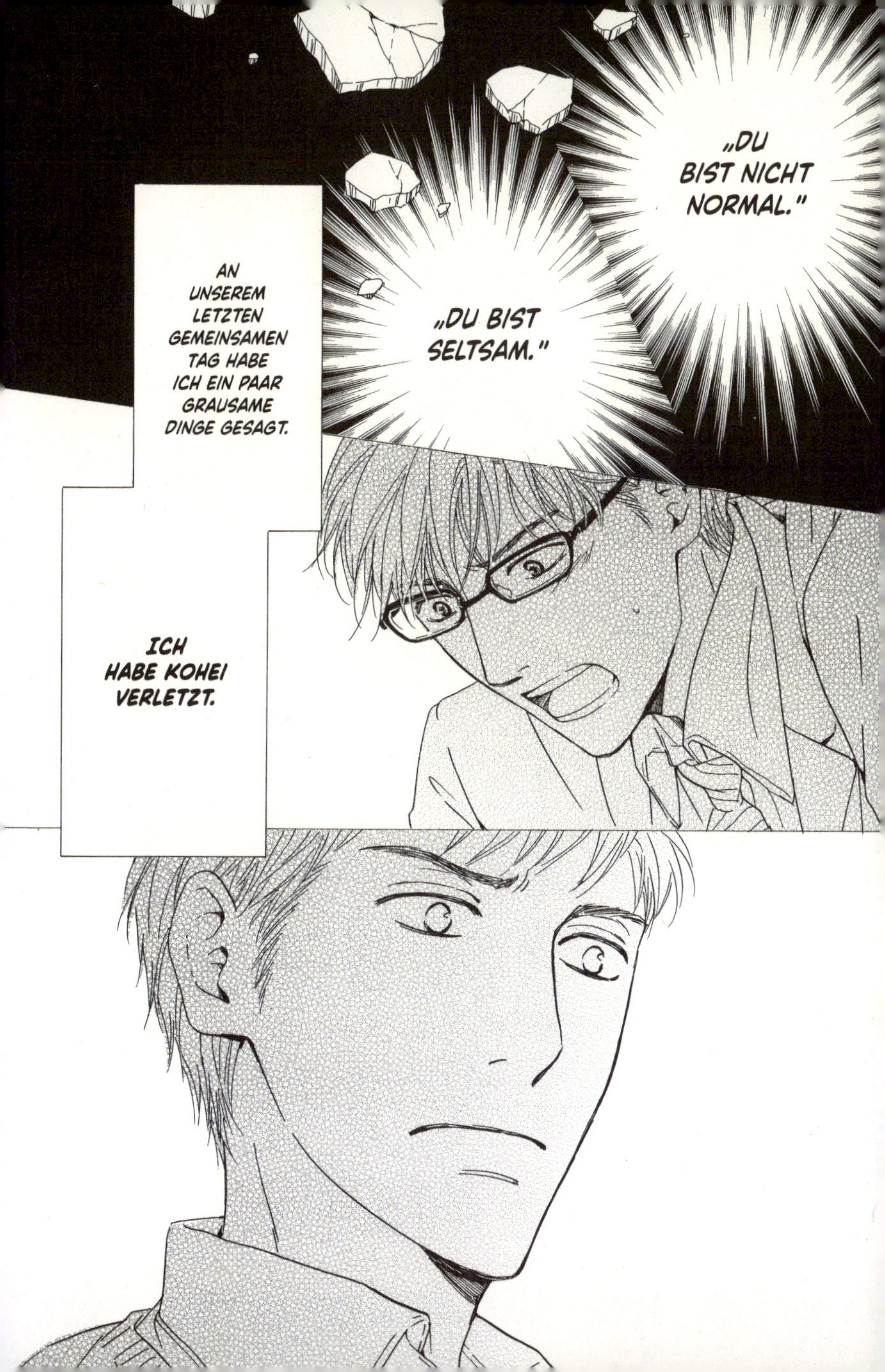
„DU BIST NICHT NORMAL."
„DU BIST SELTSAM."
AN UNSEREM LETZTEN GEMEINSAMEN TAG HABE ICH EIN PAAR GRAUSAME DINGE GESAGT.
ICH HABE KOHEI VERLETZT.

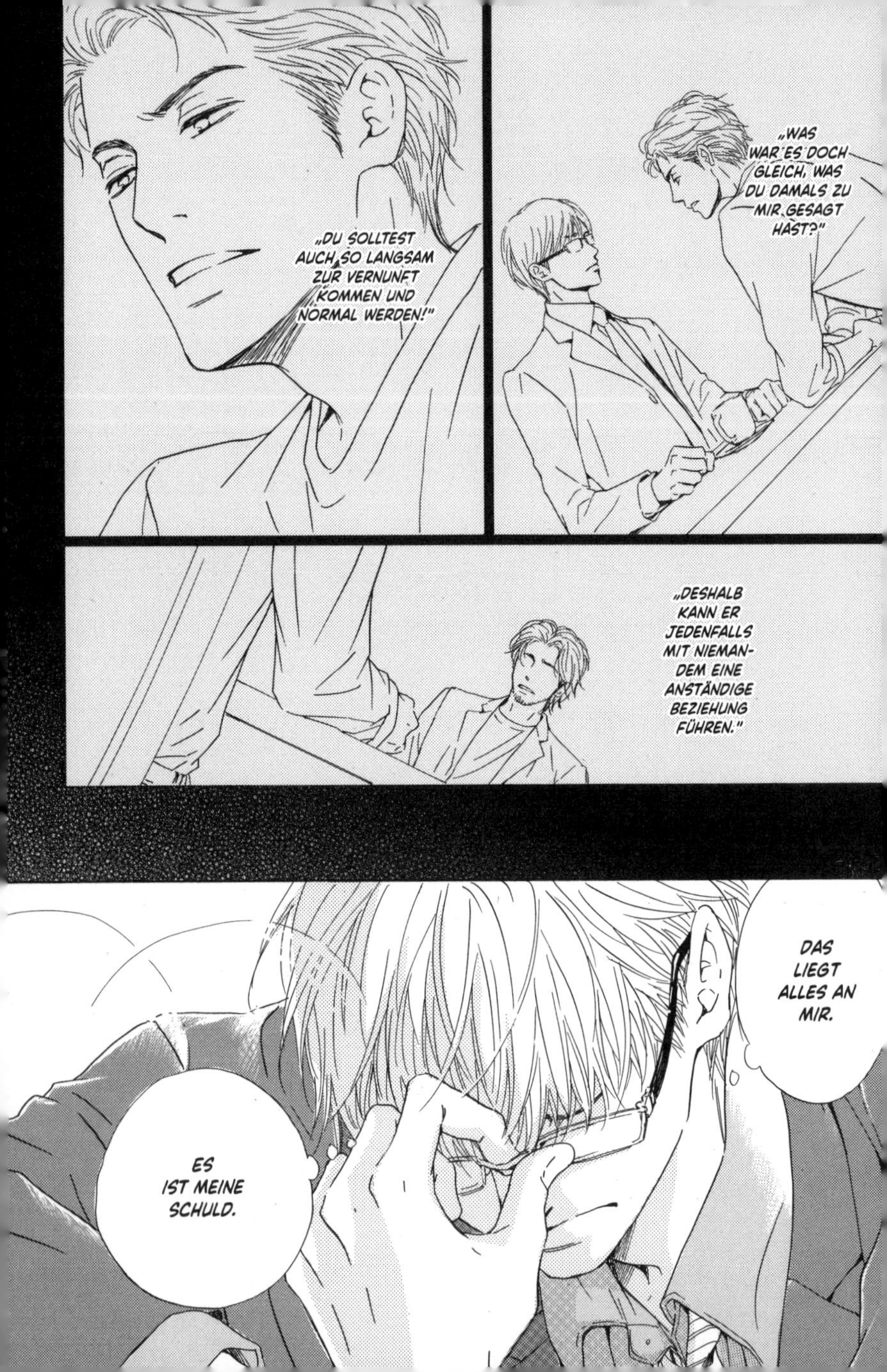
„WAS WAR ES DOCH GLEICH, WAS DU DAMALS ZU MIR GESAGT HAST?"
„DU SOLLTEST AUCH SO LANGSAM ZUR VERNUNFT KOMMEN UND NORMAL WERDEN!"
„DESHALB KANN ER JEDENFALLS MIT NIEMAN-DEM EINE ANSTÄNDIGE BEZIEHUNG FÜHREN."
DAS LIEGT ALLES AN MIR.
ES IST MEINE SCHULD.

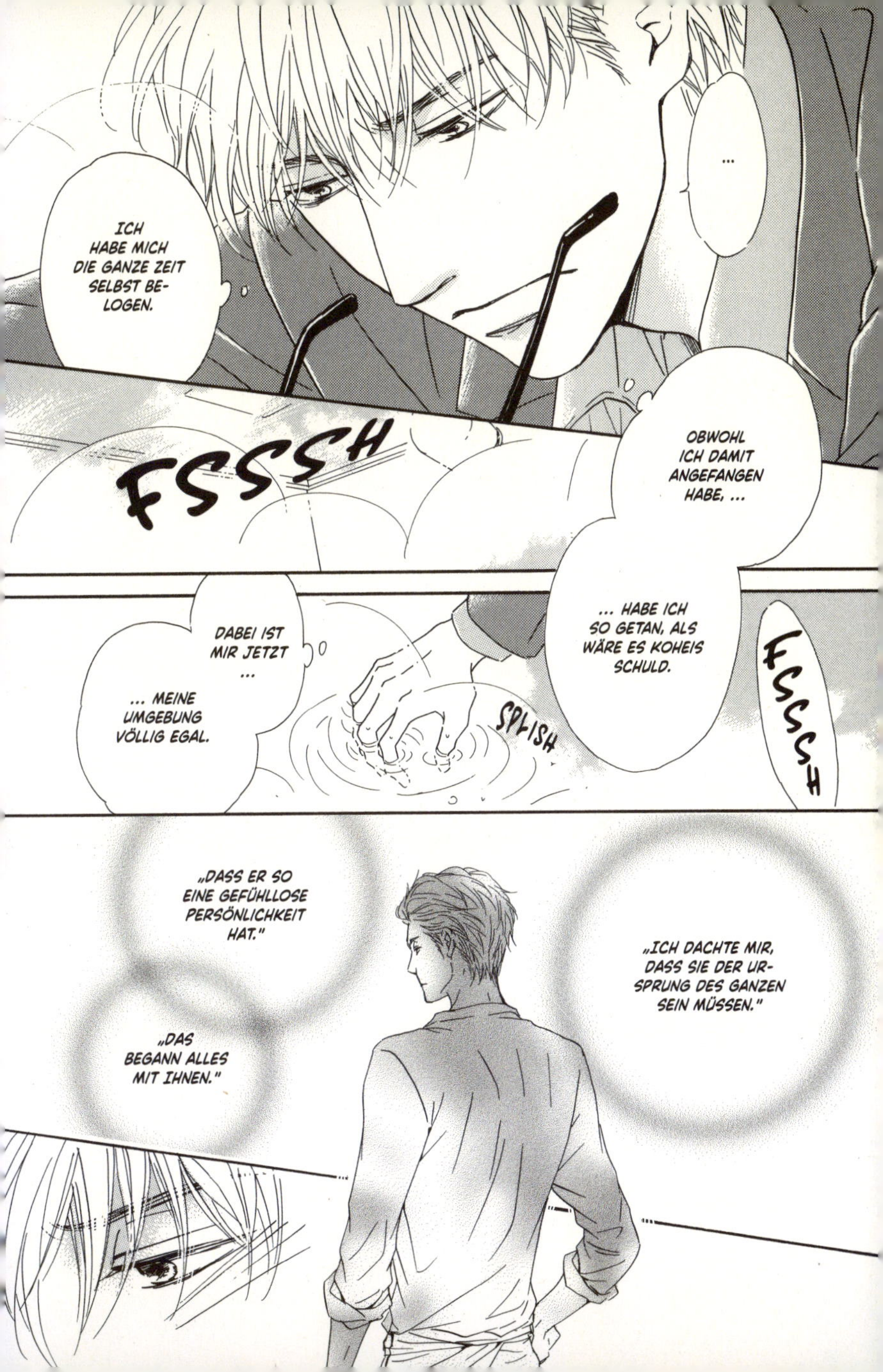
...
ICH HABE MICH DIE GANZE ZEIT SELBST BE-LOGEN.
FSSSH
OBWOHL ICH DAMIT ANGEFANGEN HABE, ...
... HABE ICH SO GETAN, ALS WÄRE ES KOHEIS SCHULD.
FSSCH
SPLISH
DABEI IST MIR JETZT ...
... MEINE UMGEBUNG VÖLLIG EGAL.
„ICH DACHTE MIR, DASS SIE DER UR-SPRUNG DES GANZEN SEIN MÜSSEN."
„DASS ER SO EINE GEFÜHLLOSE PERSÖNLICHKEIT HAT."
„DAS BEGANN ALLES MIT IHNEN."

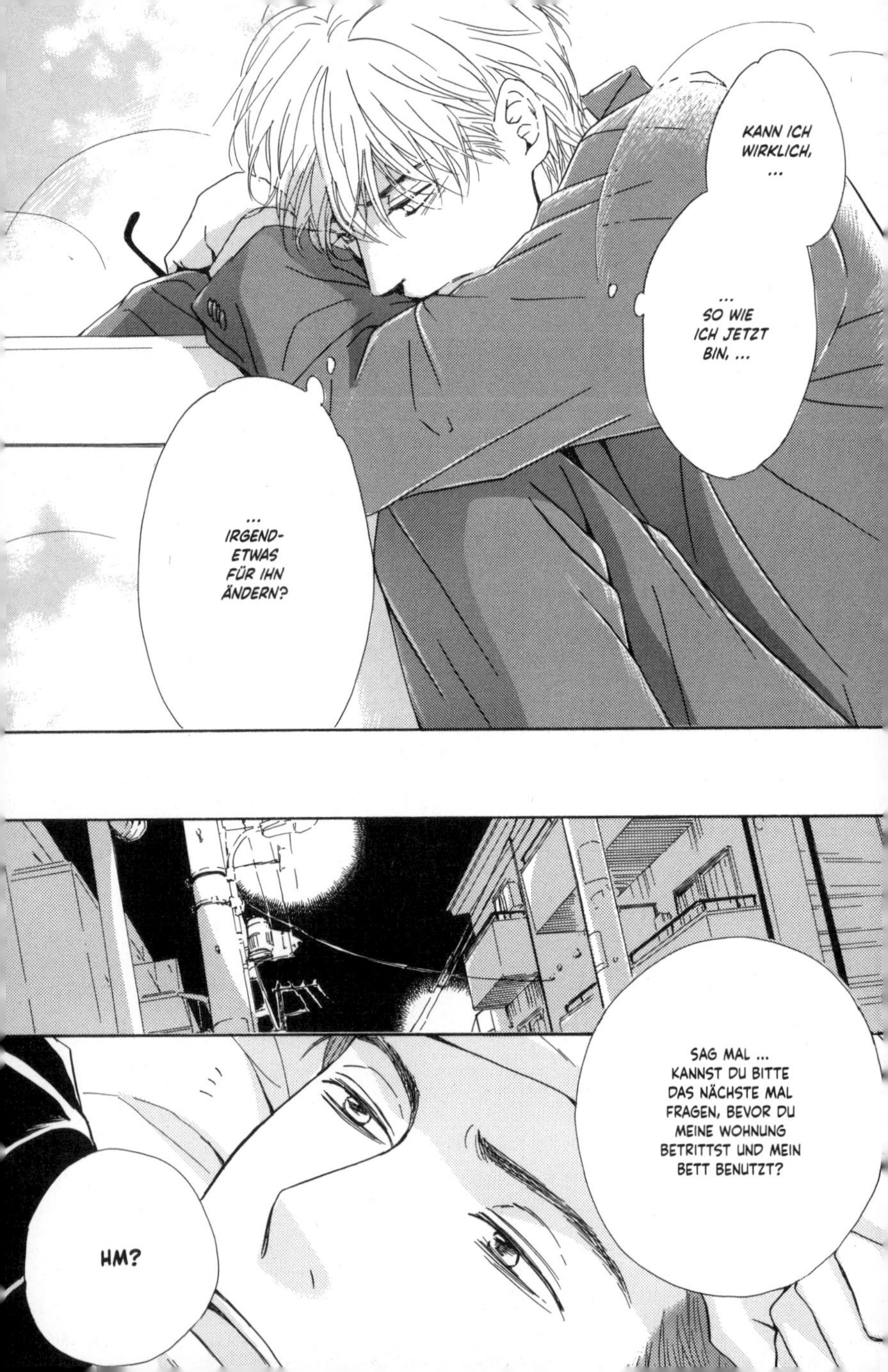
KANN ICH WIRKLICH, ...
... SO WIE ICH JETZT BIN, ...
... IRGEND-ETWAS FÜR IHN ÄNDERN?
SAG MAL ... KANNST DU BITTE DAS NÄCHSTE MAL FRAGEN, BEVOR DU MEINE WOHNUNG BETRITTST UND MEIN BETT BENUTZT?
HM?

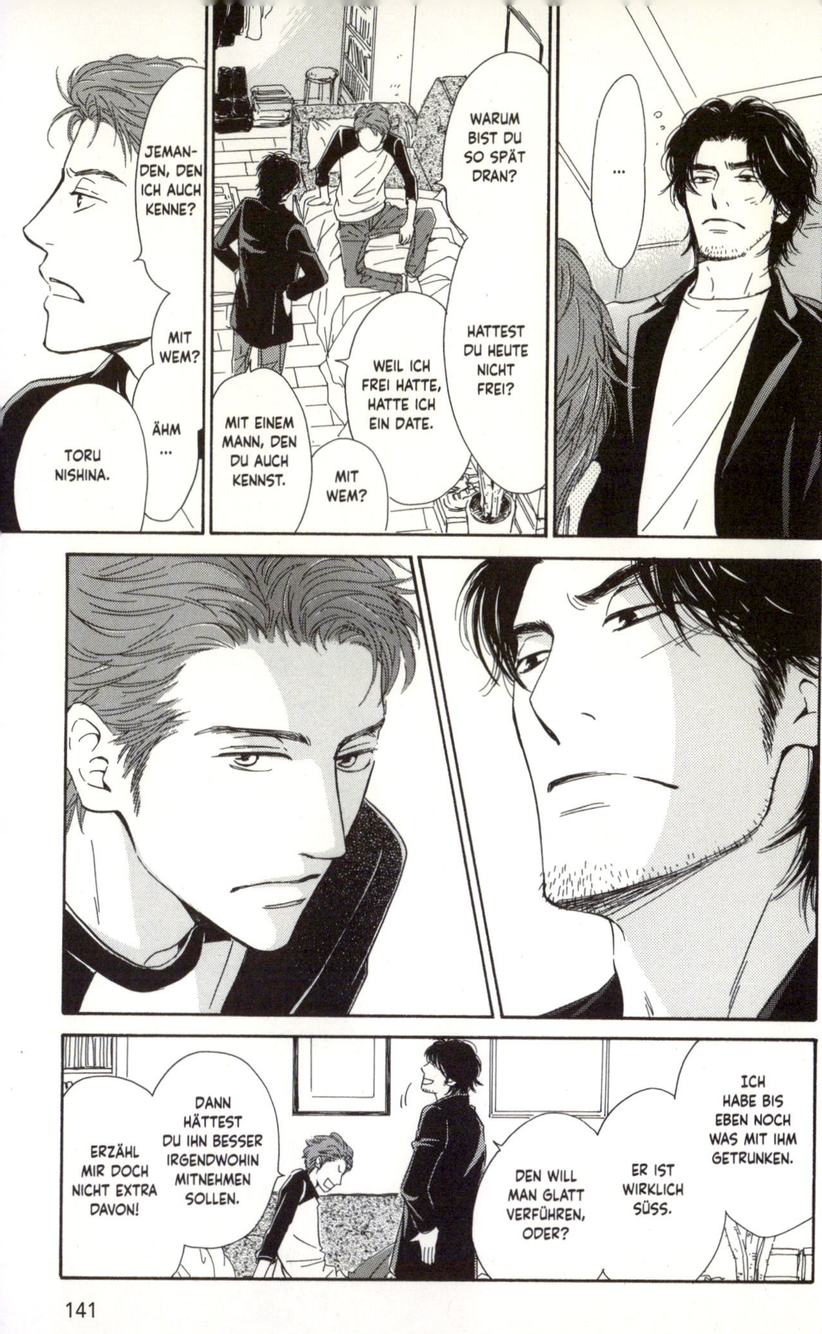
…
WARUM BIST DU SO SPÄT DRAN?
HATTEST DU HEUTE NICHT FREI?
WEIL ICH FREI HATTE, HATTE ICH EIN DATE.
MIT WEM?
MIT EINEM MANN, DEN DU AUCH KENNST.
JEMANDEN, DEN ICH AUCH KENNE?
MIT WEM?
ÄHM …
TORU NISHINA.
ICH HABE BIS EBEN NOCH WAS MIT IHM GETRUNKEN.
ER IST WIRKLICH SÜSS.
DEN WILL MAN GLATT VERFÜHREN, ODER?
DANN HÄTTEST DU IHN BESSER IRGENDWOHIN MITNEHMEN SOLLEN.
ERZÄHL MIR DOCH NICHT EXTRA DAVON!

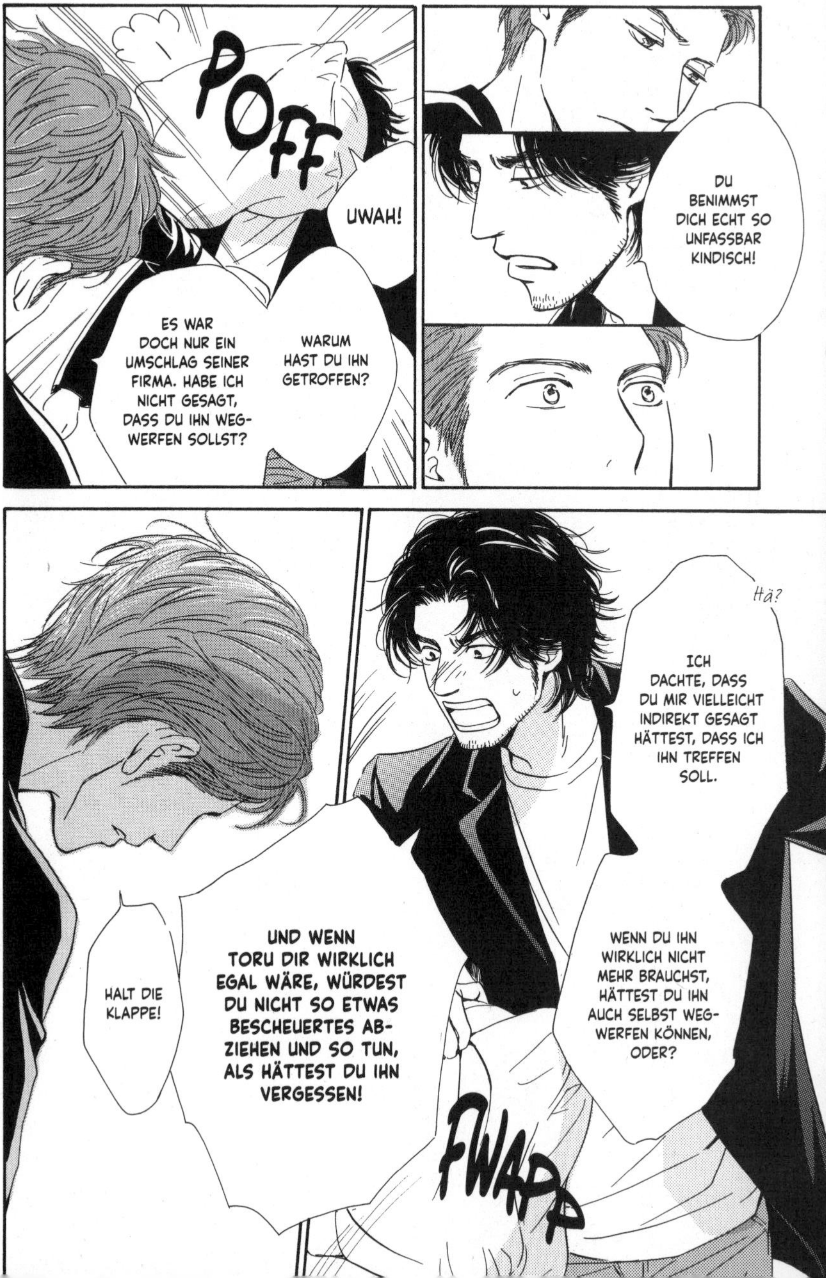
DU BENIMMST DICH ECHT SO UNFASSBAR KINDISCH!
POFF
UWAH!
WARUM HAST DU IHN GETROFFEN?
ES WAR DOCH NUR EIN UMSCHLAG SEINER FIRMA. HABE ICH NICHT GESAGT, DASS DU IHN WEG-WERFEN SOLLST?
Hä?
ICH DACHTE, DASS DU MIR VIELLEICHT INDIREKT GESAGT HÄTTEST, DASS ICH IHN TREFFEN SOLL.
WENN DU IHN WIRKLICH NICHT MEHR BRAUCHST, HÄTTEST DU IHN AUCH SELBST WEG-WERFEN KÖNNEN, ODER?
UND WENN TORU DIR WIRKLICH EGAL WÄRE, WÜRDEST DU NICHT SO ETWAS BESCHEUERTES AB-ZIEHEN UND SO TUN, ALS HÄTTEST DU IHN VERGESSEN!
HALT DIE KLAPPE!
FWAPP

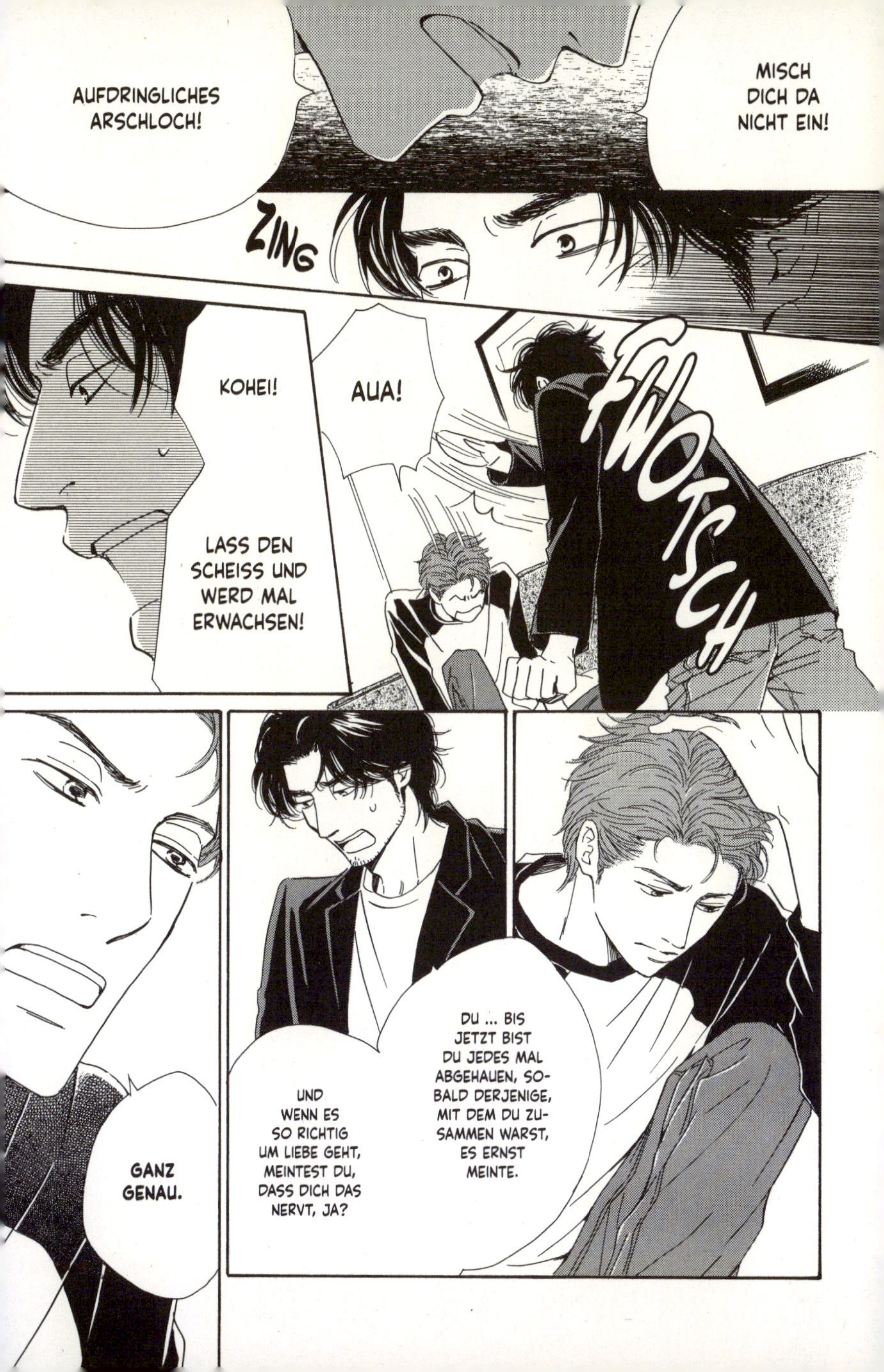
MISCH DICH DA NICHT EIN!
AUFDRINGLICHES ARSCHLOCH!
ZING
FWOTSCH
AUA!
KOHEI!
LASS DEN SCHEISS UND WERD MAL ERWACHSEN!
DU ... BIS JETZT BIST DU JEDES MAL ABGEHAUEN, SOBALD DERJENIGE, MIT DEM DU ZUSAMMEN WARST, ES ERNST MEINTE.
UND WENN ES SO RICHTIG UM LIEBE GEHT, MEINTEST DU, DASS DICH DAS NERVT, JA?
GANZ GENAU.

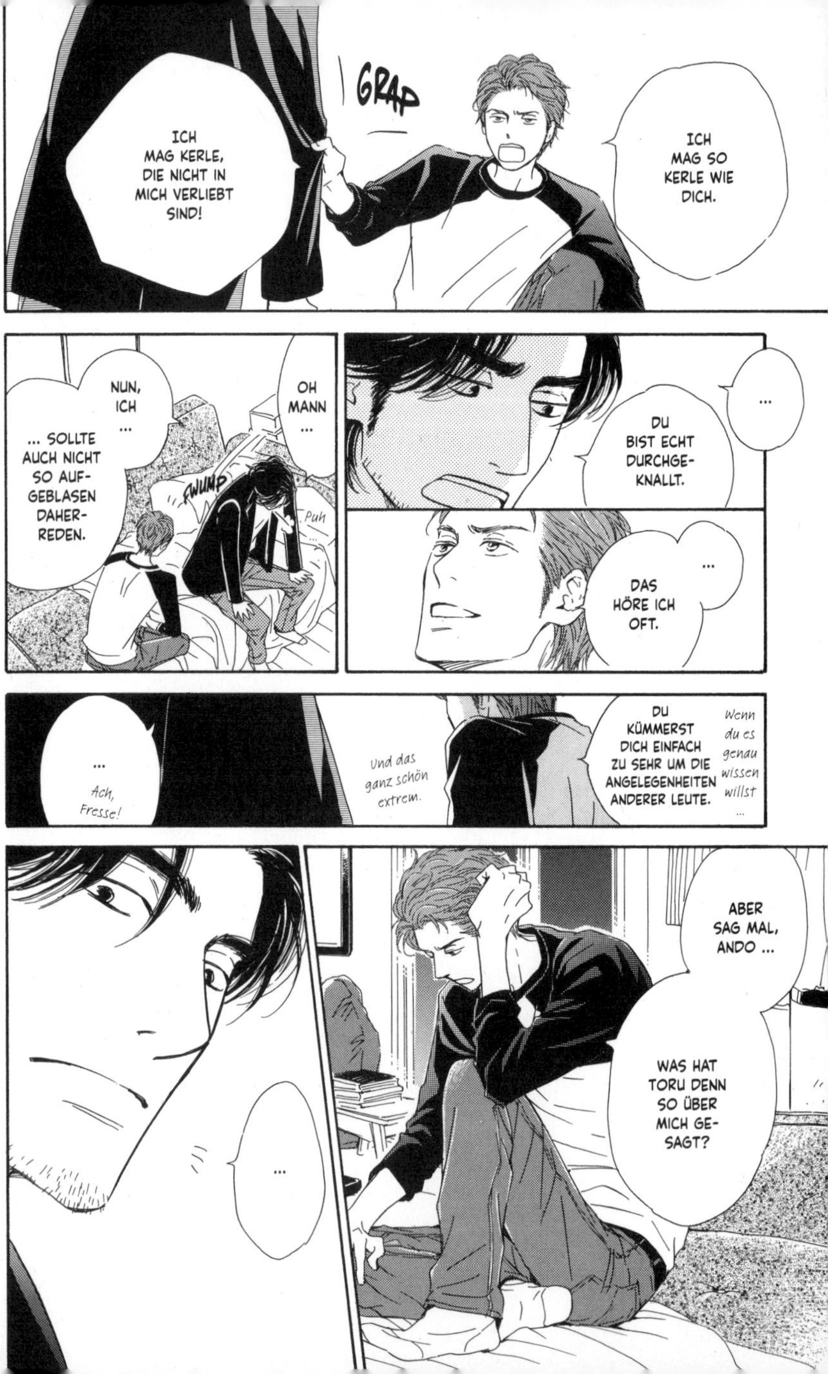
ICH MAG SO KERLE WIE DICH.
GRAP
ICH MAG KERLE, DIE NICHT IN MICH VERLIEBT SIND!
...
DU BIST ECHT DURCHGE-KNALLT.
...
DAS HÖRE ICH OFT.
OH MANN ...
NUN, ICH ...
... SOLLTE AUCH NICHT SO AUF-GEBLASEN DAHER-REDEN.
FWUMP
Puh ...
Wenn du es genau wissen willst ...
DU KÜMMERST DICH EINFACH ZU SEHR UM DIE ANGELEGENHEITEN ANDERER LEUTE.
Und das ganz schön extrem.
...
Ach, Fresse!
ABER SAG MAL, ANDO ...
WAS HAT TORU DENN SO ÜBER MICH GESAGT?
...

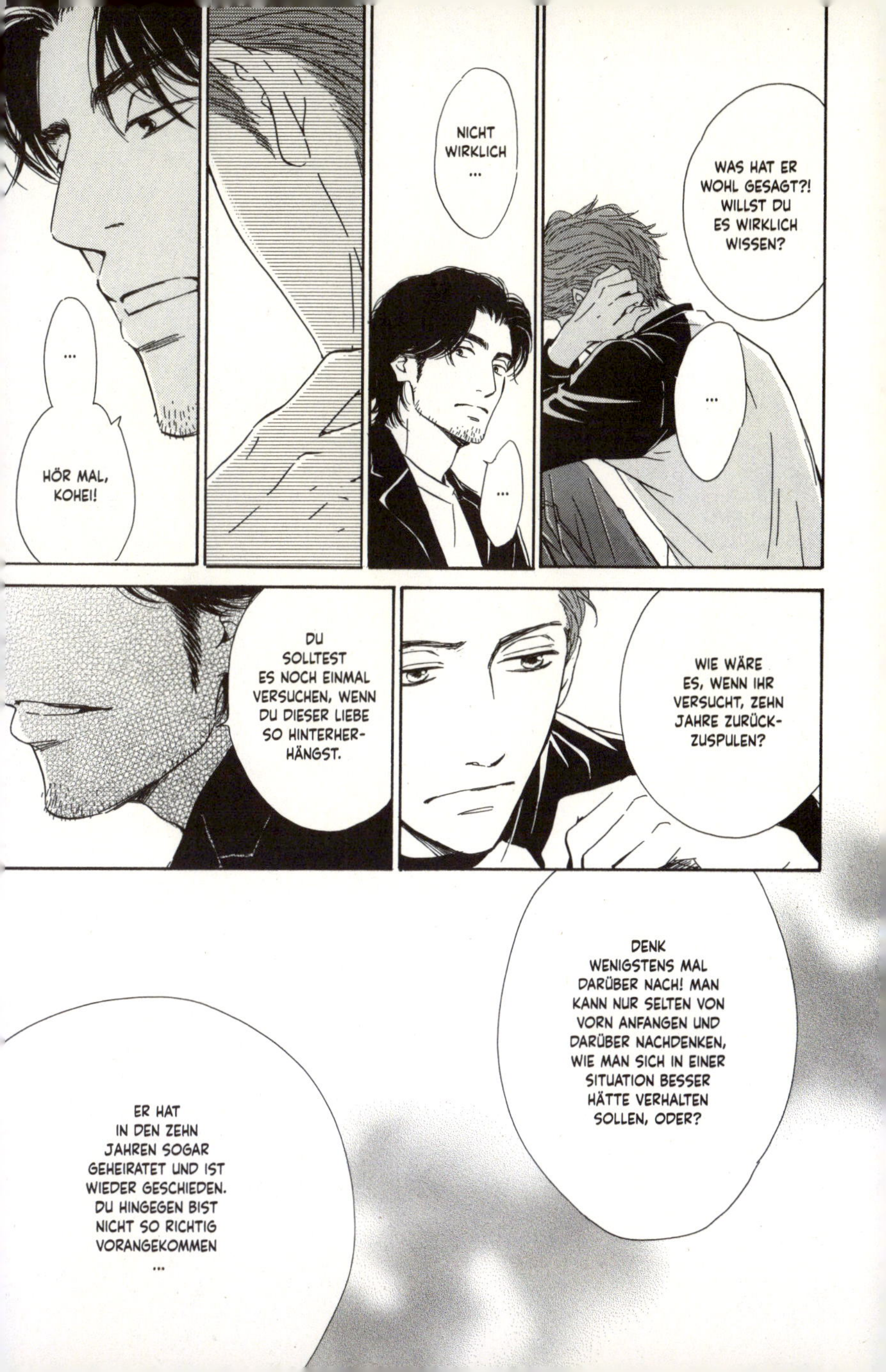
WAS HAT ER WOHL GESAGT?! WILLST DU ES WIRKLICH WISSEN?
...
NICHT WIRKLICH ...
...
...
HÖR MAL, KOHEI!
WIE WÄRE ES, WENN IHR VERSUCHT, ZEHN JAHRE ZURÜCK-ZUSPULEN?
DU SOLLTEST ES NOCH EINMAL VERSUCHEN, WENN DU DIESER LIEBE SO HINTERHER-HÄNGST.
DENK WENIGSTENS MAL DARÜBER NACH! MAN KANN NUR SELTEN VON VORN ANFANGEN UND DARÜBER NACHDENKEN, WIE MAN SICH IN EINER SITUATION BESSER HÄTTE VERHALTEN SOLLEN, ODER?
ER HAT IN DEN ZEHN JAHREN SOGAR GEHEIRATET UND IST WIEDER GESCHIEDEN. DU HINGEGEN BIST NICHT SO RICHTIG VORANGEKOMMEN ...

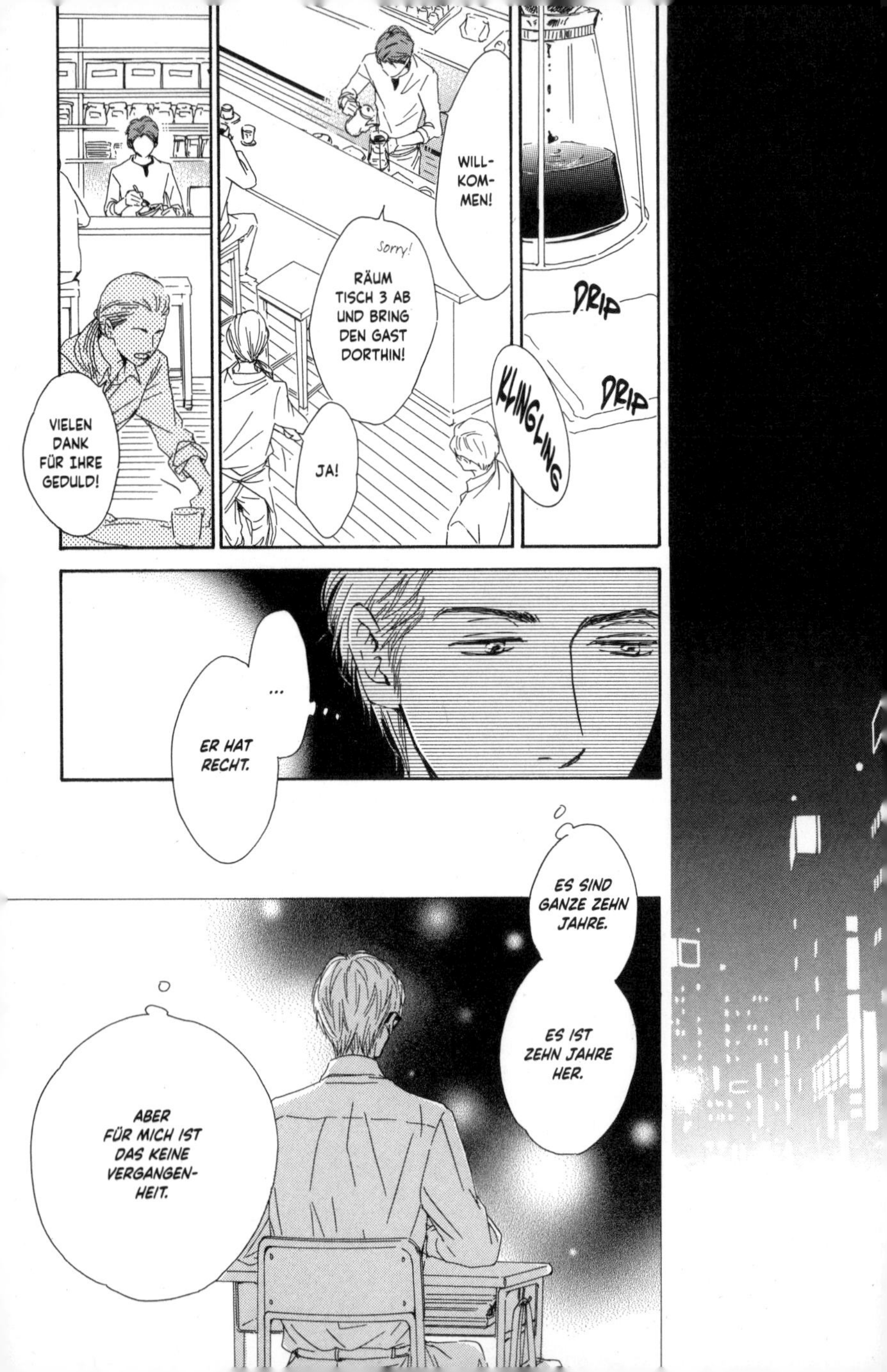
DRIP
DRIP
KLINGLING
WILLKOMMEN!
Sorry!
RÄUM TISCH 3 AB UND BRING DEN GAST DORTHIN!
JA!
VIELEN DANK FÜR IHRE GEDULD!
...
ER HAT RECHT.
ES SIND GANZE ZEHN JAHRE.
ES IST ZEHN JAHRE HER.
ABER FÜR MICH IST DAS KEINE VERGANGENHEIT.

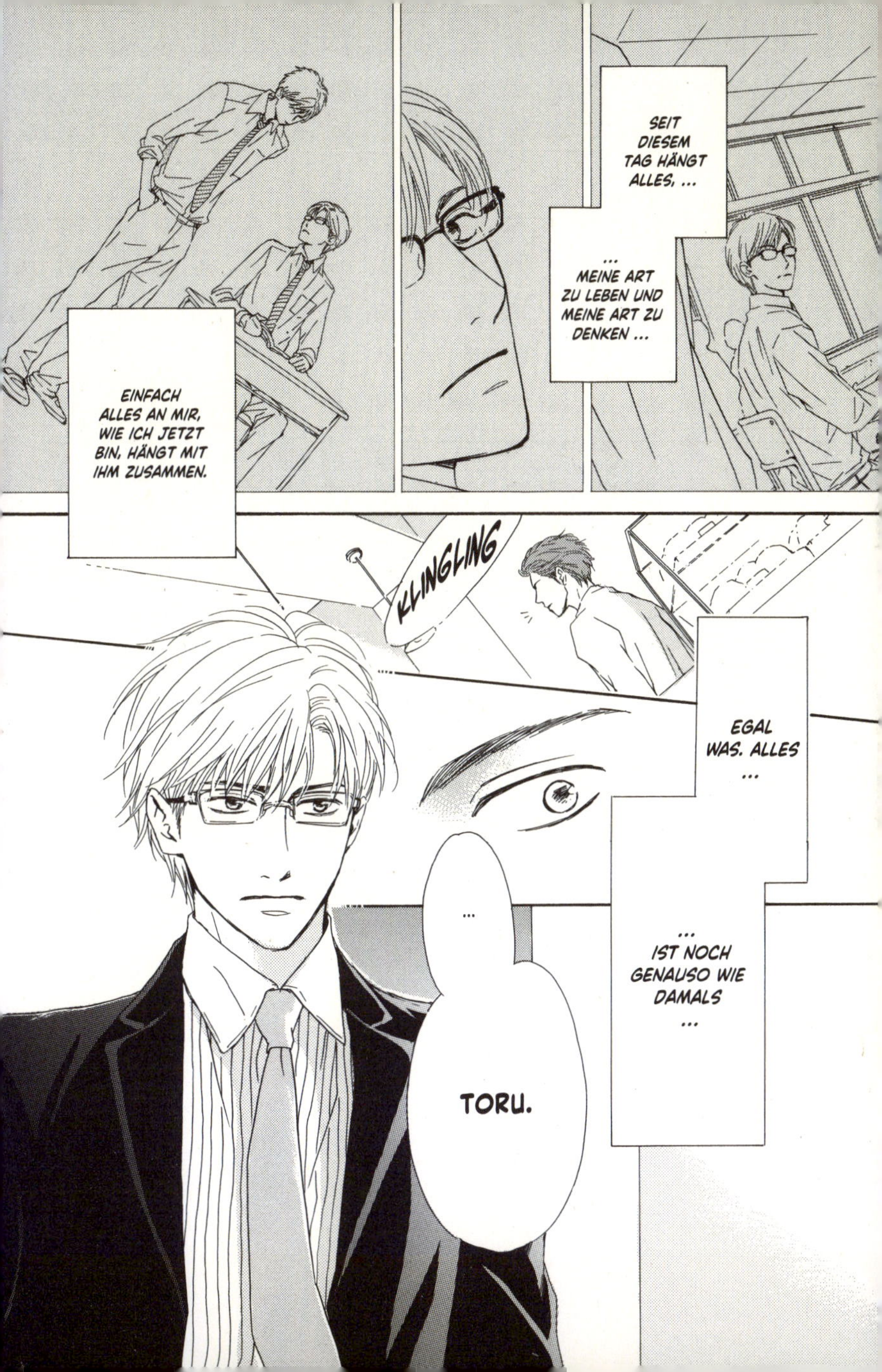
SEIT DIESEM TAG HÄNGT ALLES, ...
... MEINE ART ZU LEBEN UND MEINE ART ZU DENKEN ...
EINFACH ALLES AN MIR, WIE ICH JETZT BIN, HÄNGT MIT IHM ZUSAMMEN.
KLINGLING
EGAL WAS. ALLES ...
... IST NOCH GENAUSO WIE DAMALS ...
...
TORU.

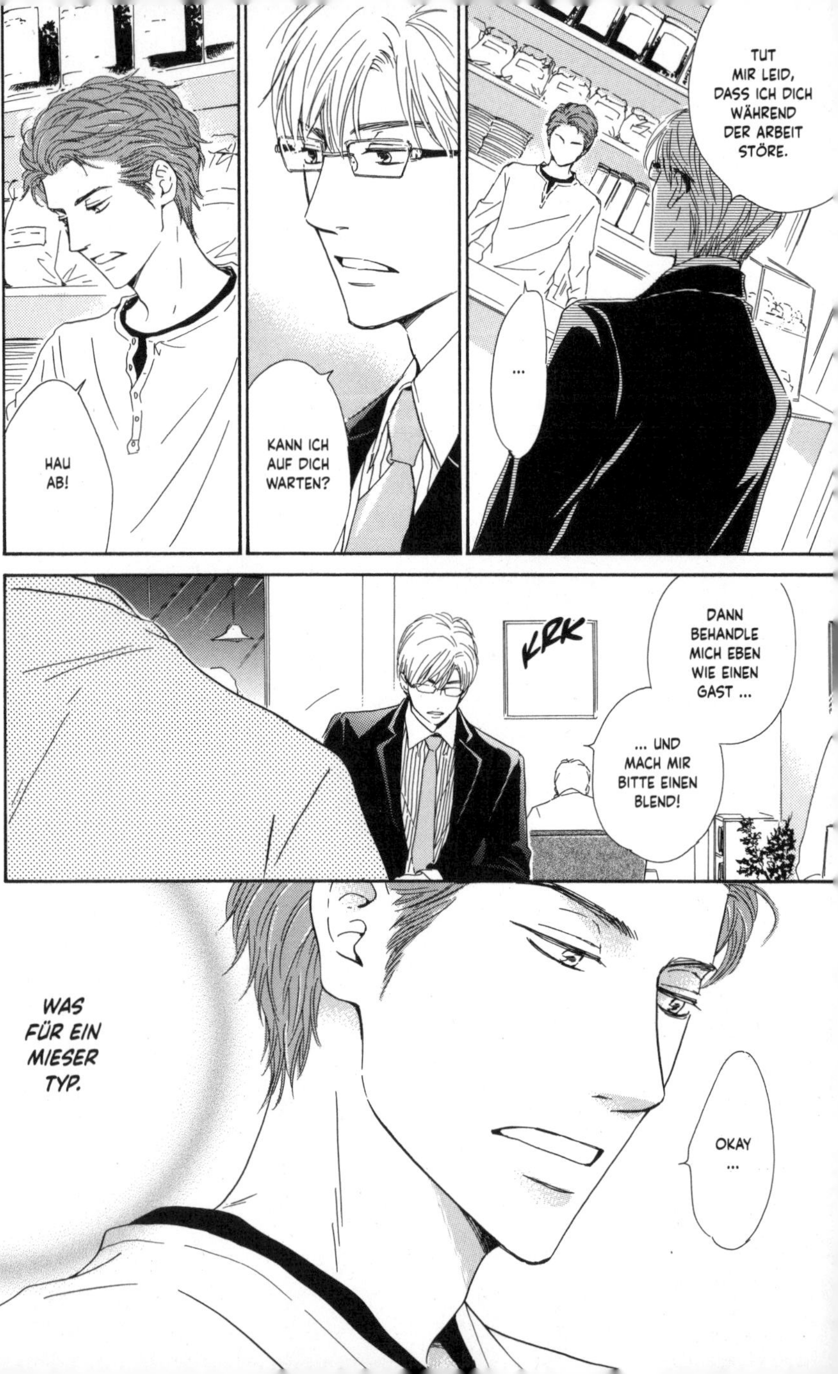
TUT MIR LEID, DASS ICH DICH WÄHREND DER ARBEIT STÖRE.
...
KANN ICH AUF DICH WARTEN?
HAU AB!
KRK
DANN BEHANDLE MICH EBEN WIE EINEN GAST ...
... UND MACH MIR BITTE EINEN BLEND!
OKAY ...
WAS FÜR EIN MIESER TYP.

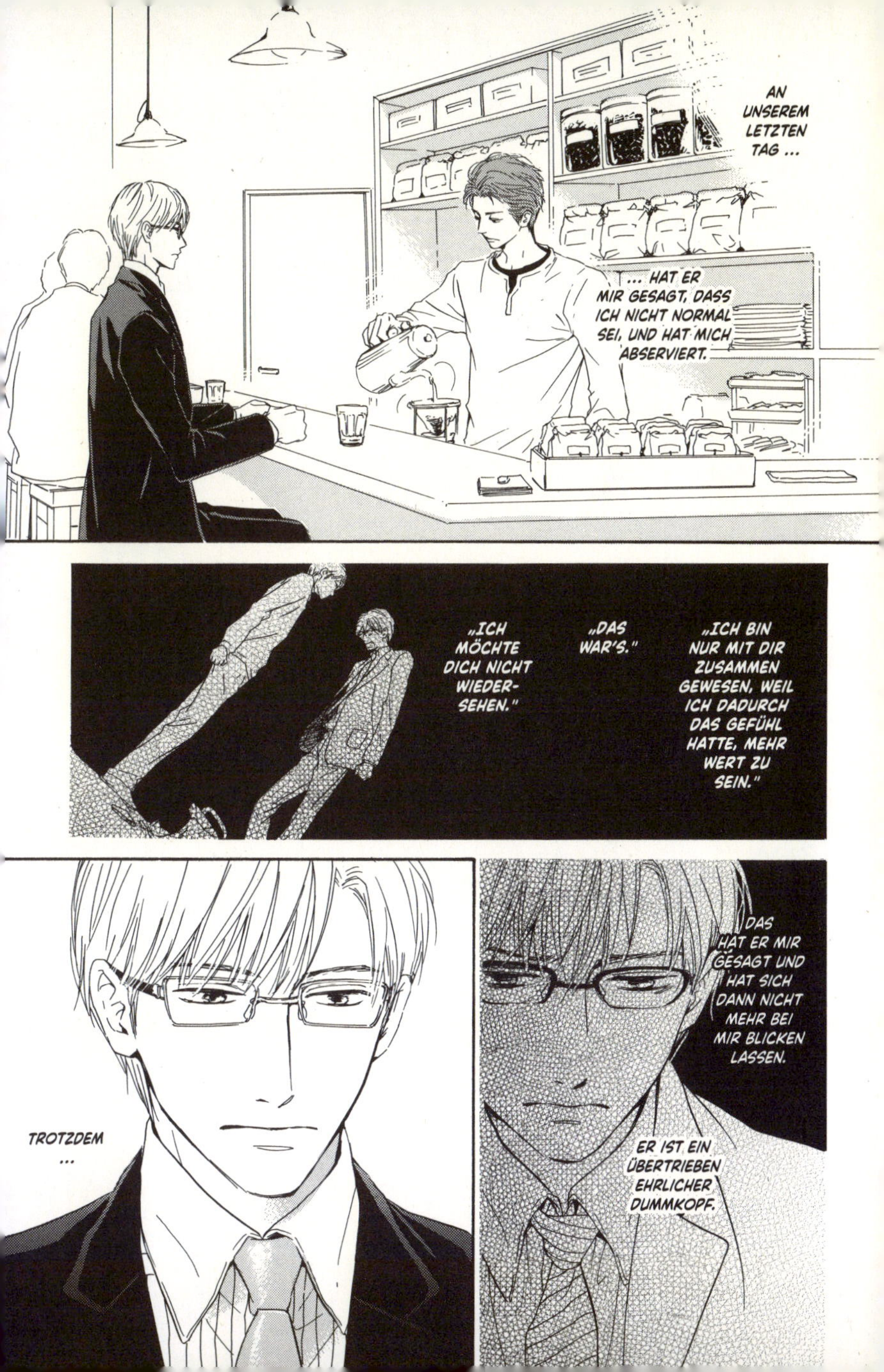
AN UNSEREM LETZTEN TAG ...
... HAT ER MIR GESAGT, DASS ICH NICHT NORMAL SEI, UND HAT MICH ABSERVIERT.
„ICH BIN NUR MIT DIR ZUSAMMEN GEWESEN, WEIL ICH DADURCH DAS GEFÜHL HATTE, MEHR WERT ZU SEIN."
„DAS WAR'S."
„ICH MÖCHTE DICH NICHT WIEDER-SEHEN."
DAS HAT ER MIR GESAGT UND HAT SICH DANN NICHT MEHR BEI MIR BLICKEN LASSEN.
ER IST EIN ÜBERTRIEBEN EHRLICHER DUMMKOPF.
TROTZDEM ...

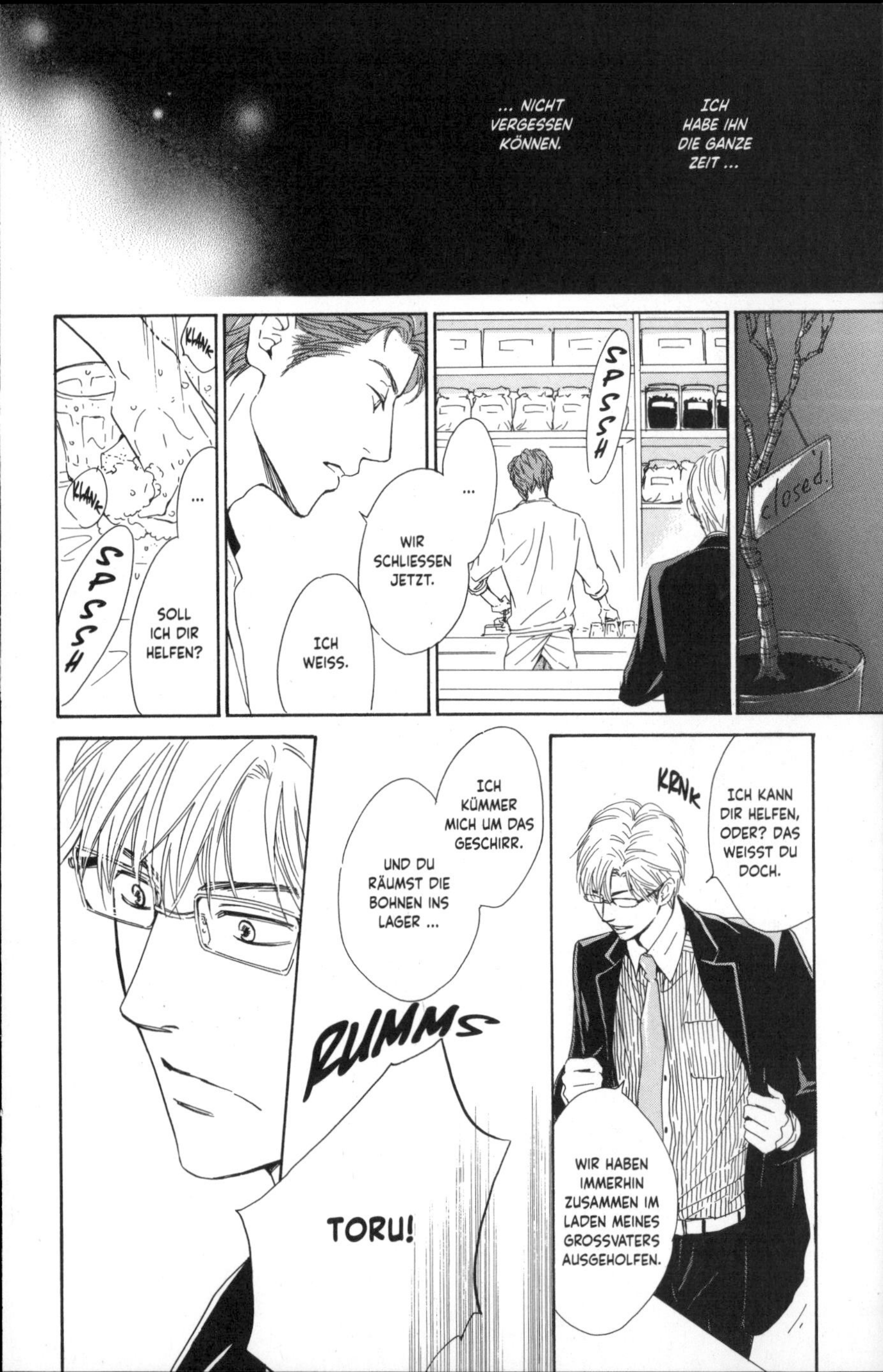
ICH HABE IHN DIE GANZE ZEIT ...
... NICHT VERGESSEN KÖNNEN.
closed
SPSSH
...
WIR SCHLIESSEN JETZT.
ICH WEISS.
KLANK
KLANK
...
SPSSH
SOLL ICH DIR HELFEN?
KRNK
ICH KANN DIR HELFEN, ODER? DAS WEISST DU DOCH.
WIR HABEN IMMERHIN ZUSAMMEN IM LADEN MEINES GROSSVATERS AUSGEHOLFEN.
ICH KÜMMER MICH UM DAS GESCHIRR.
UND DU RÄUMST DIE BOHNEN INS LAGER ...
RUMMS
TORU!

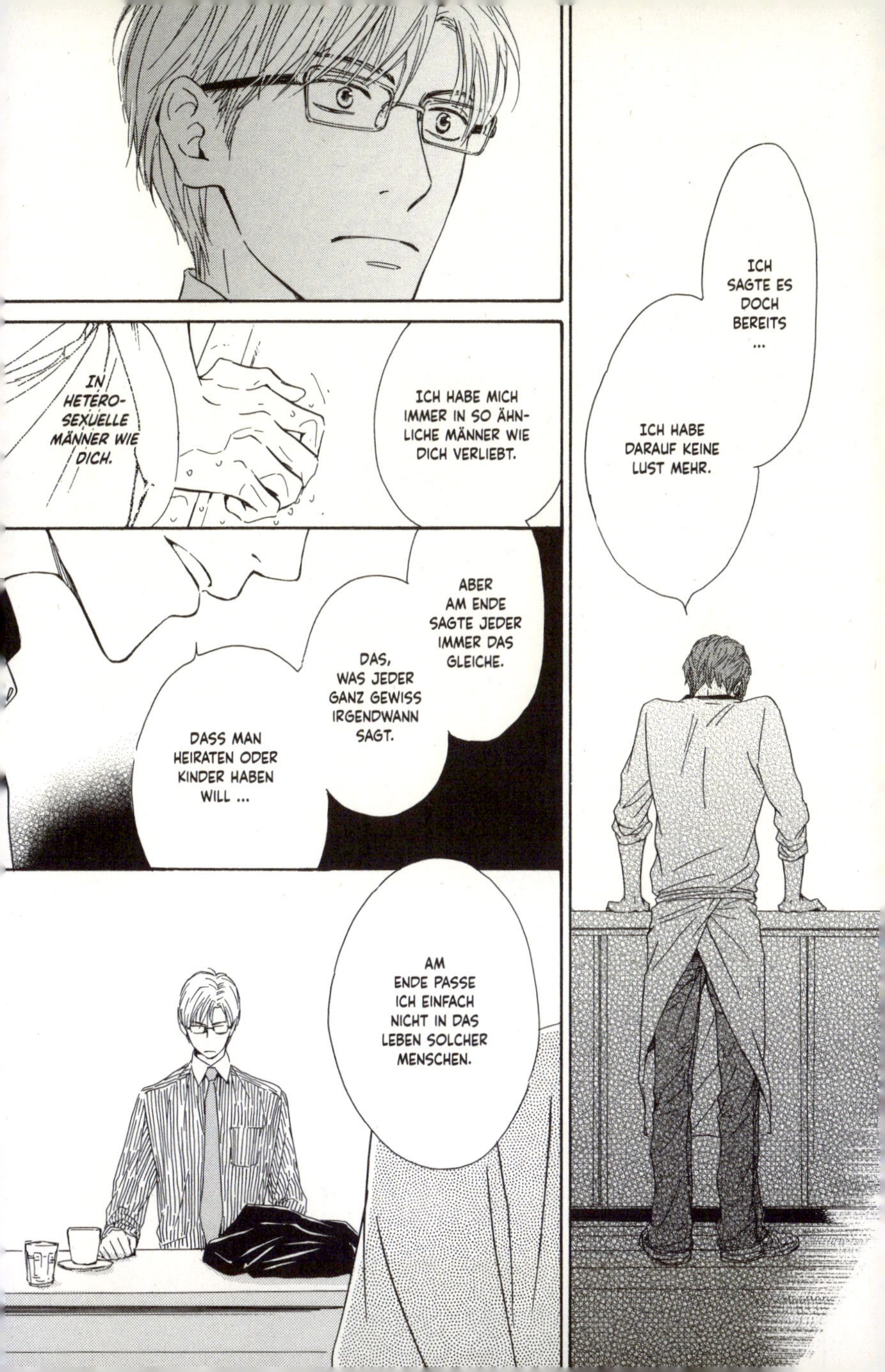
ICH SAGTE ES DOCH BEREITS ...
ICH HABE DARAUF KEINE LUST MEHR.
ICH HABE MICH IMMER IN SO ÄHNLICHE MÄNNER WIE DICH VERLIEBT.
IN HETERO-SEXUELLE MÄNNER WIE DICH.
ABER AM ENDE SAGTE JEDER IMMER DAS GLEICHE.
DAS, WAS JEDER GANZ GEWISS IRGENDWANN SAGT.
DASS MAN HEIRATEN ODER KINDER HABEN WILL ...
AM ENDE PASSE ICH EINFACH NICHT IN DAS LEBEN SOLCHER MENSCHEN.

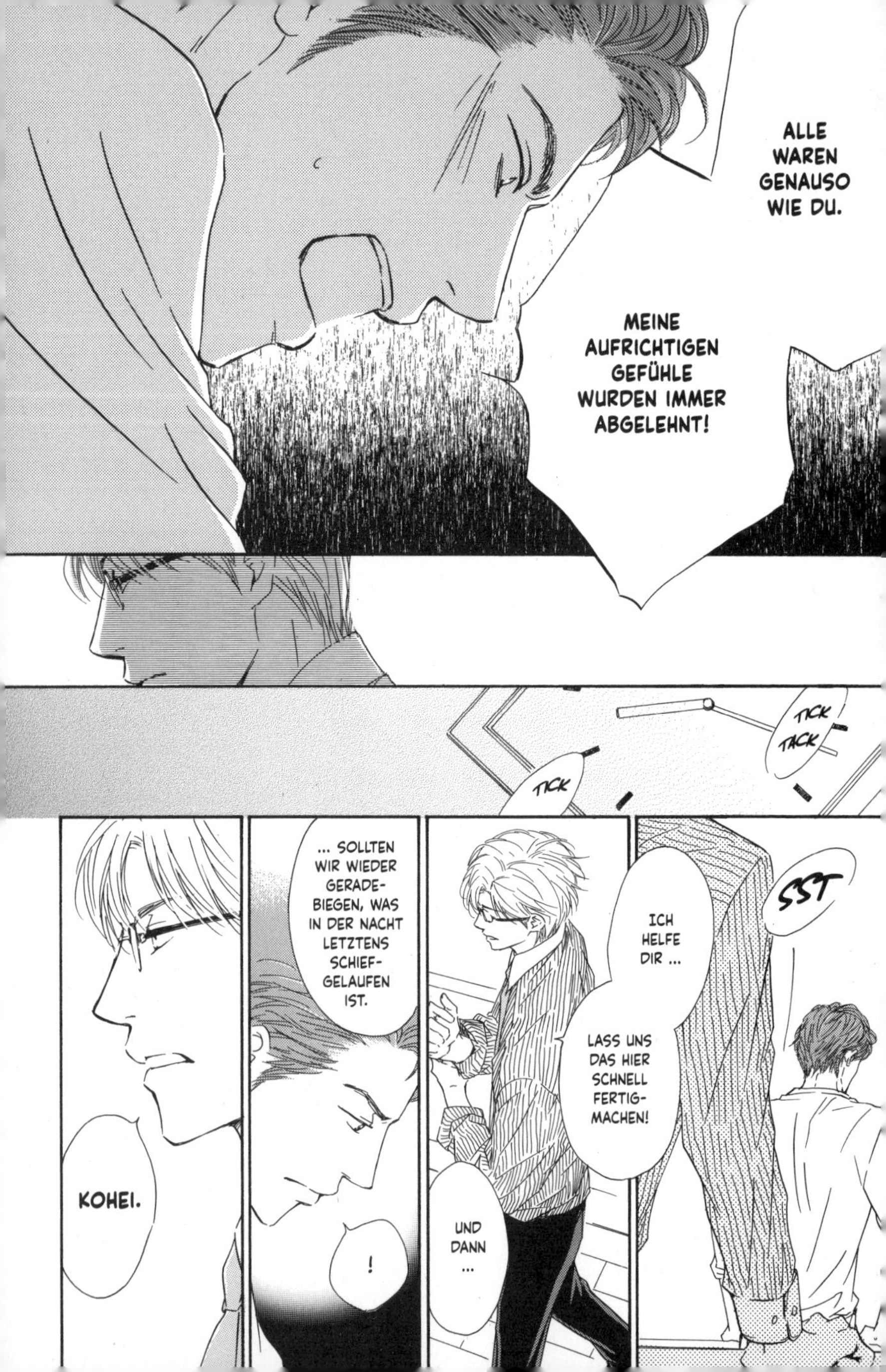
ALLE WAREN GENAUSO WIE DU.
MEINE AUFRICHTIGEN GEFÜHLE WURDEN IMMER ABGELEHNT!
TICK
TICK
TACK
SST
ICH HELFE DIR ...
LASS UNS DAS HIER SCHNELL FERTIG-MACHEN!
UND DANN ...
... SOLLTEN WIR WIEDER GERADE-BIEGEN, WAS IN DER NACHT LETZTENS SCHIEF-GELAUFEN IST.
!
KOHEI.

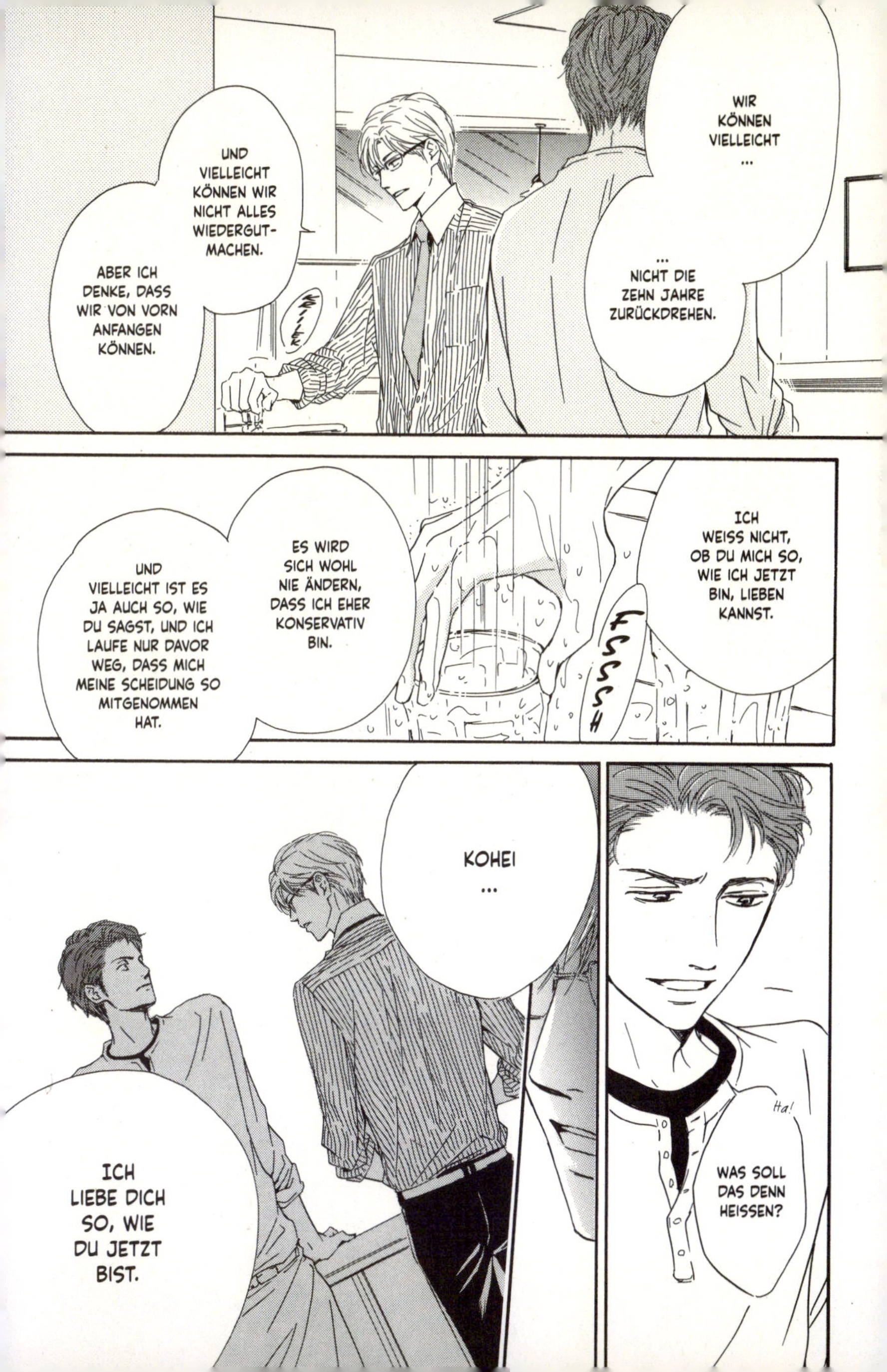
WIR KÖNNEN VIELLEICHT ...
... NICHT DIE ZEHN JAHRE ZURÜCKDREHEN.
UND VIELLEICHT KÖNNEN WIR NICHT ALLES WIEDERGUT-MACHEN.
ABER ICH DENKE, DASS WIR VON VORN ANFANGEN KÖNNEN.
ICH WEISS NICHT, OB DU MICH SO, WIE ICH JETZT BIN, LIEBEN KANNST.
ES WIRD SICH WOHL NIE ÄNDERN, DASS ICH EHER KONSERVATIV BIN.
UND VIELLEICHT IST ES JA AUCH SO, WIE DU SAGST, UND ICH LAUFE NUR DAVOR WEG, DASS MICH MEINE SCHEIDUNG SO MITGENOMMEN HAT.
Ha!
WAS SOLL DAS DENN HEISSEN?
KOHEI ...
ICH LIEBE DICH SO, WIE DU JETZT BIST.

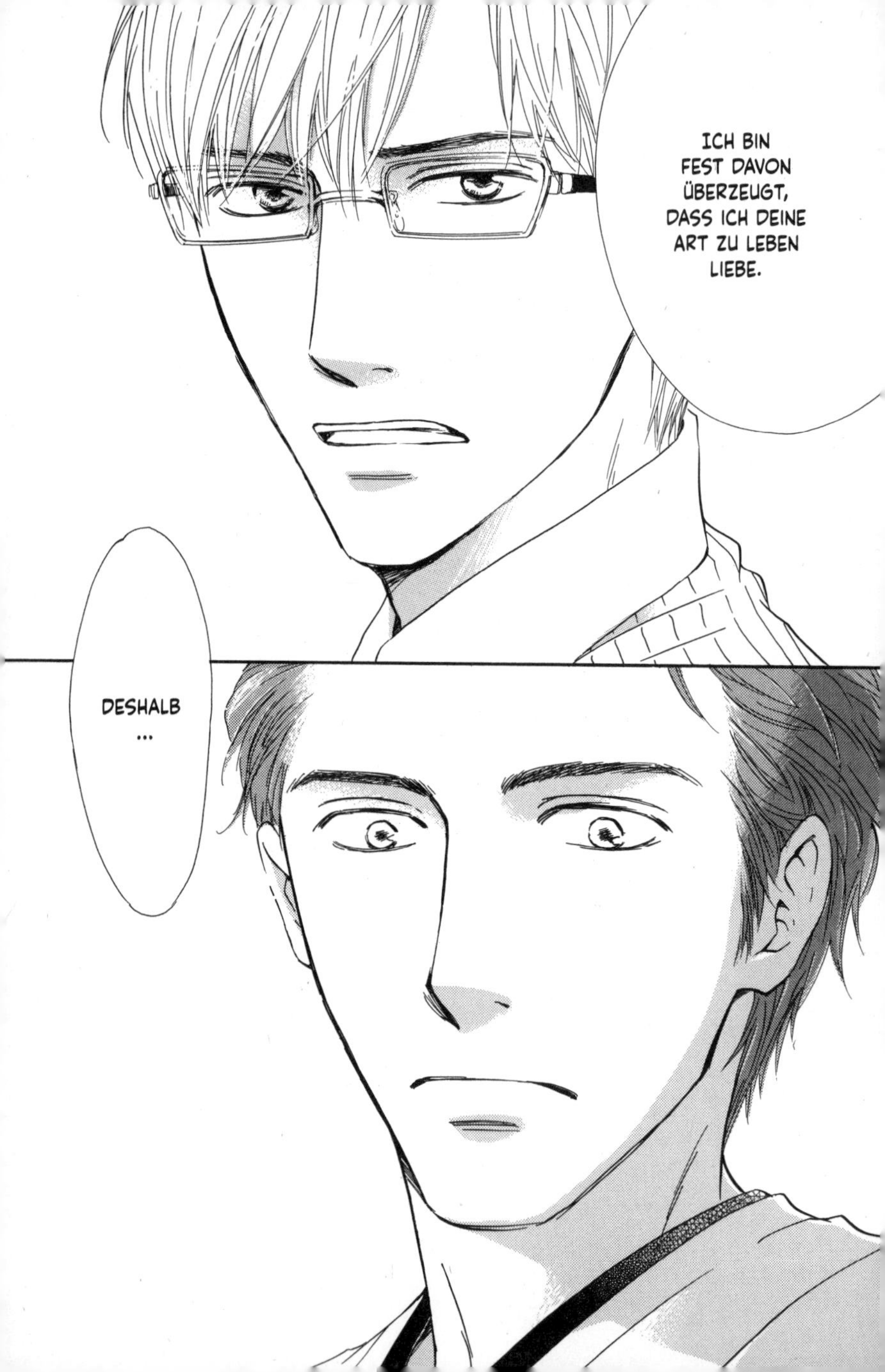
ICH BIN FEST DAVON ÜBERZEUGT, DASS ICH DEINE ART ZU LEBEN LIEBE.
DESHALB ...

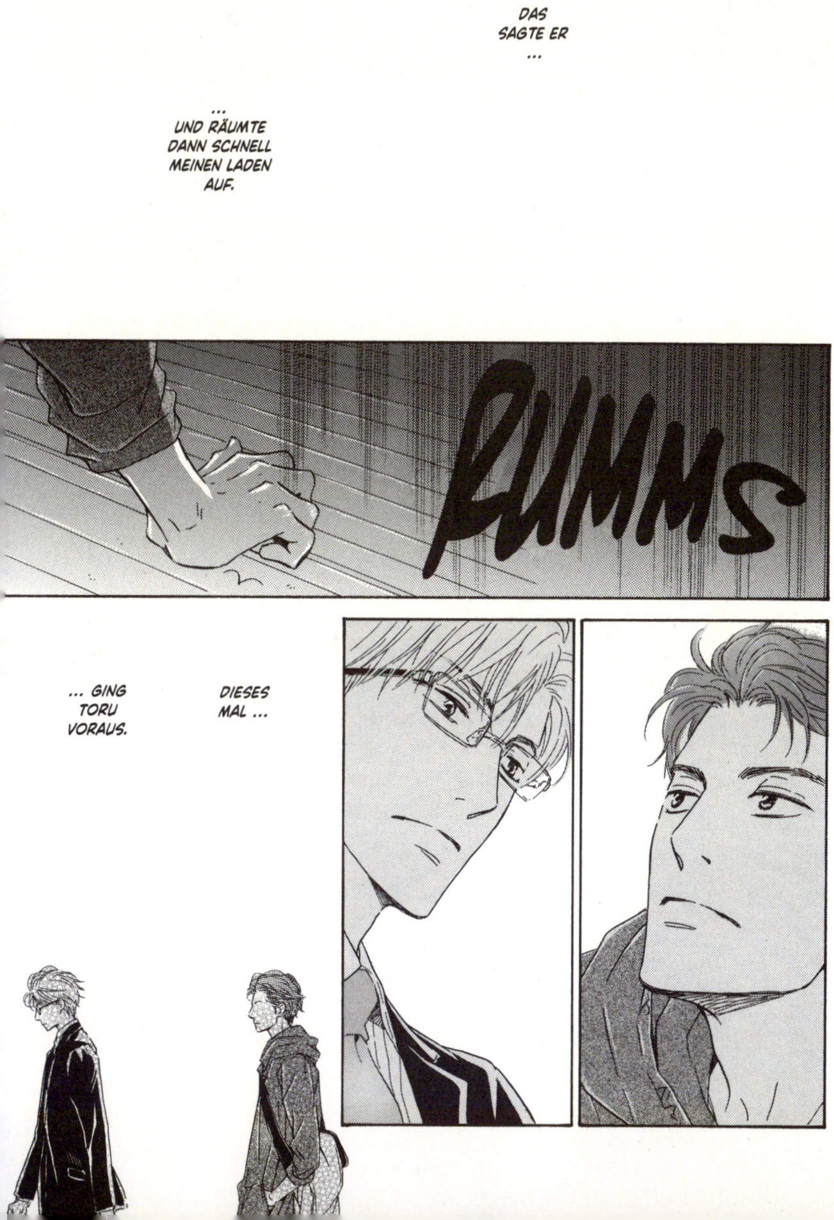
DAS SAGTE ER ...
... UND RÄUMTE DANN SCHNELL MEINEN LADEN AUF.
RUMMS
DIESES MAL ...
... GING TORU VORAUS.

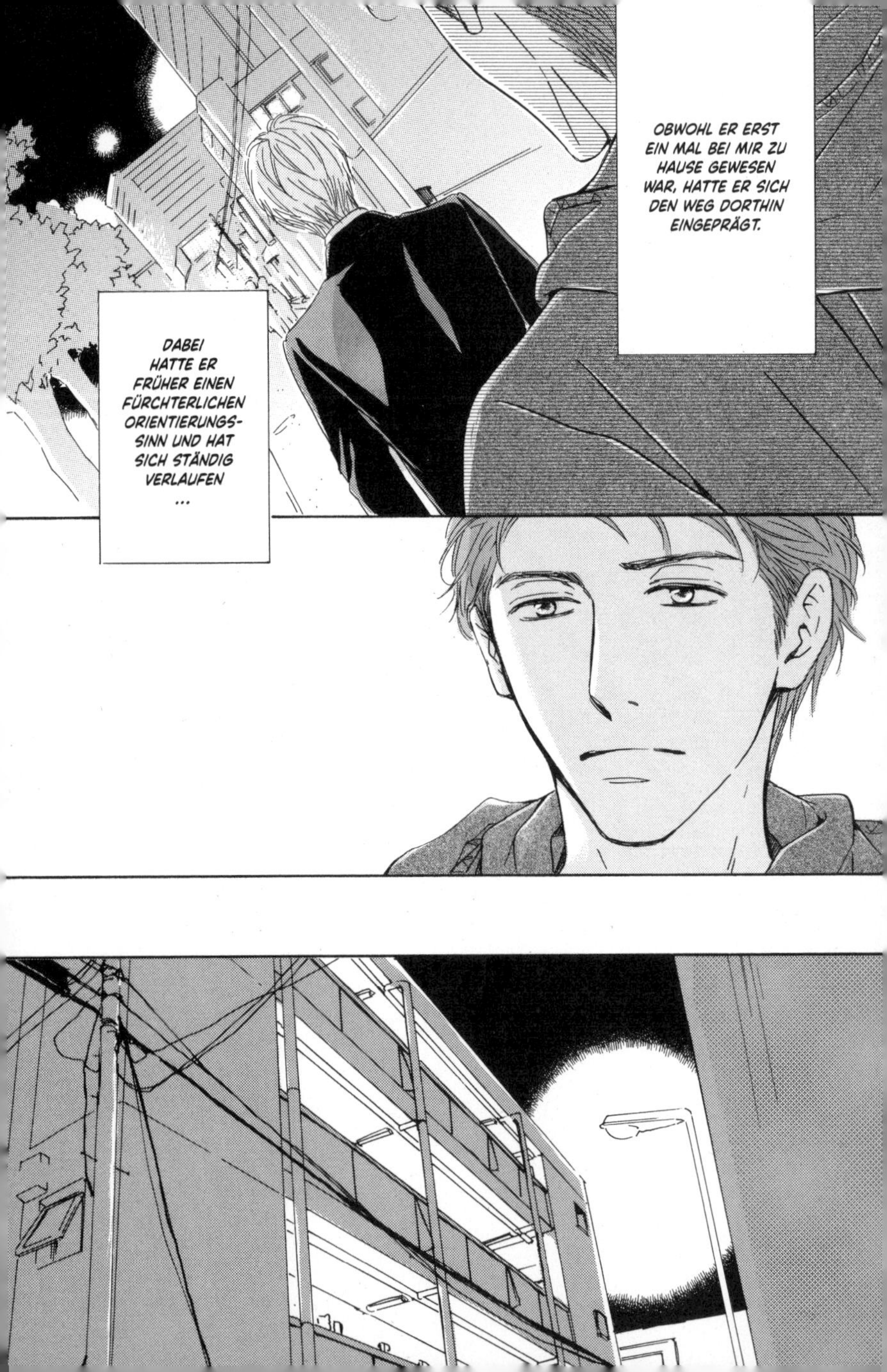
OBWOHL ER ERST EIN MAL BEI MIR ZU HAUSE GEWESEN WAR, HATTE ER SICH DEN WEG DORTHIN EINGEPRÄGT.
DABEI HATTE ER FRÜHER EINEN FÜRCHTERLICHEN ORIENTIERUNGS-SINN UND HAT SICH STÄNDIG VERLAUFEN ...

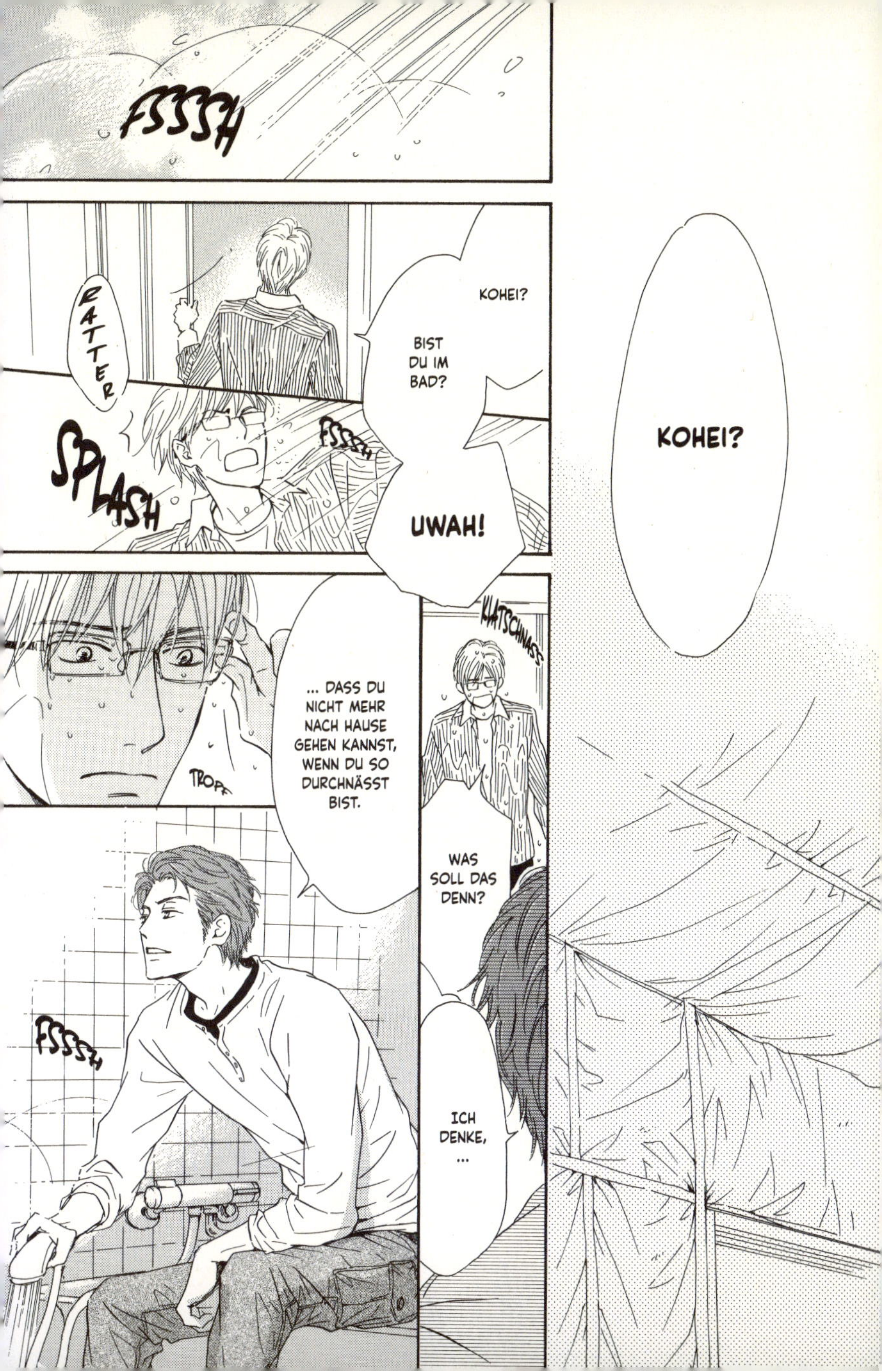
KOHEI?
FSSSH
RATTER
KOHEI?
BIST DU IM BAD?
SPLASH
FSSSH
UWAH!
KLATSCHNASS
WAS SOLL DAS DENN?
ICH DENKE, ...
... DASS DU NICHT MEHR NACH HAUSE GEHEN KANNST, WENN DU SO DURCHNÄSST BIST.
TROPF
FSSSH

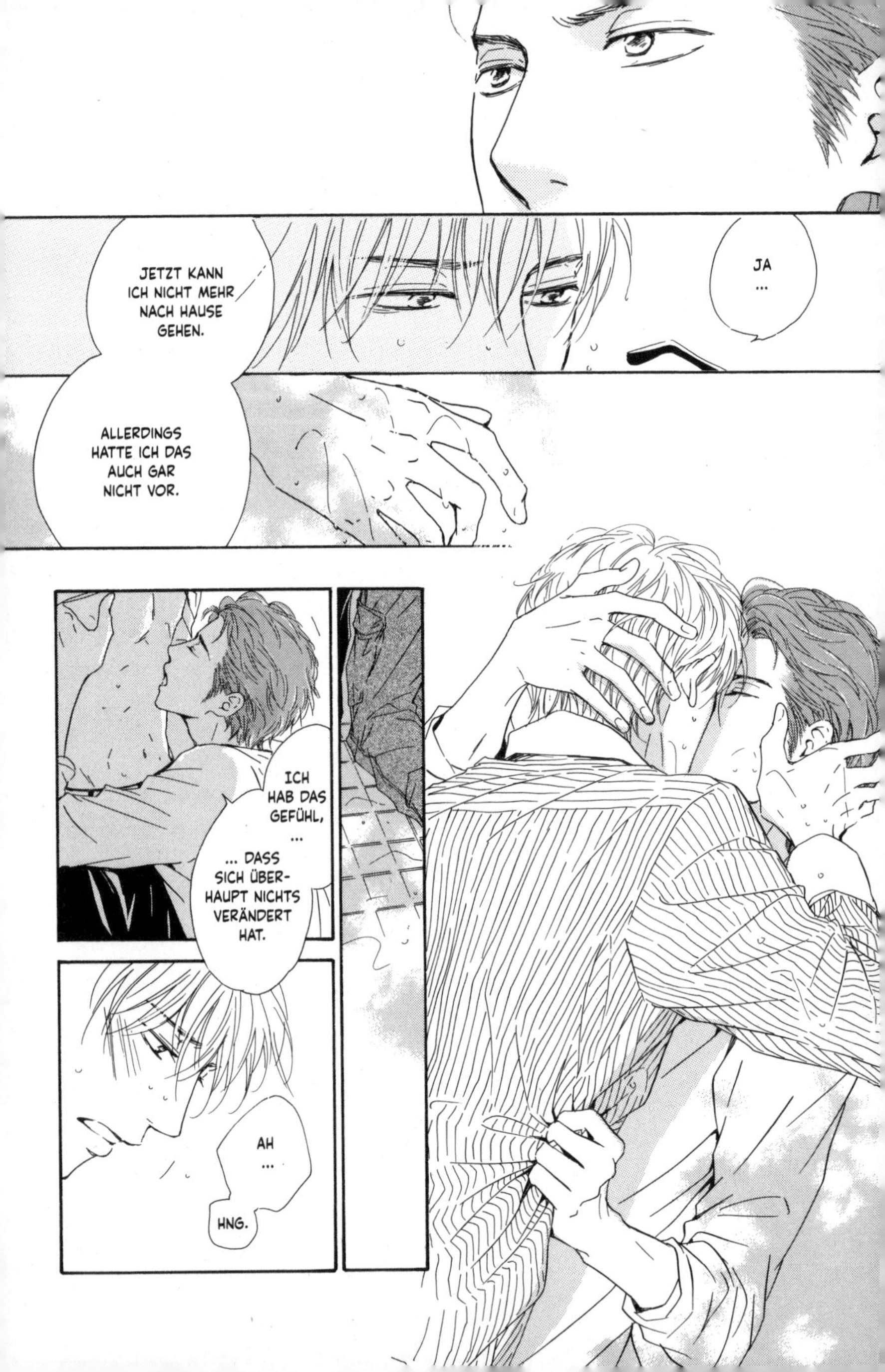
JETZT KANN ICH NICHT MEHR NACH HAUSE GEHEN.
JA ...
ALLERDINGS HATTE ICH DAS AUCH GAR NICHT VOR.
ICH HAB DAS GEFÜHL, ...
... DASS SICH ÜBER-HAUPT NICHTS VERÄNDERT HAT.
AH ...
HNG.

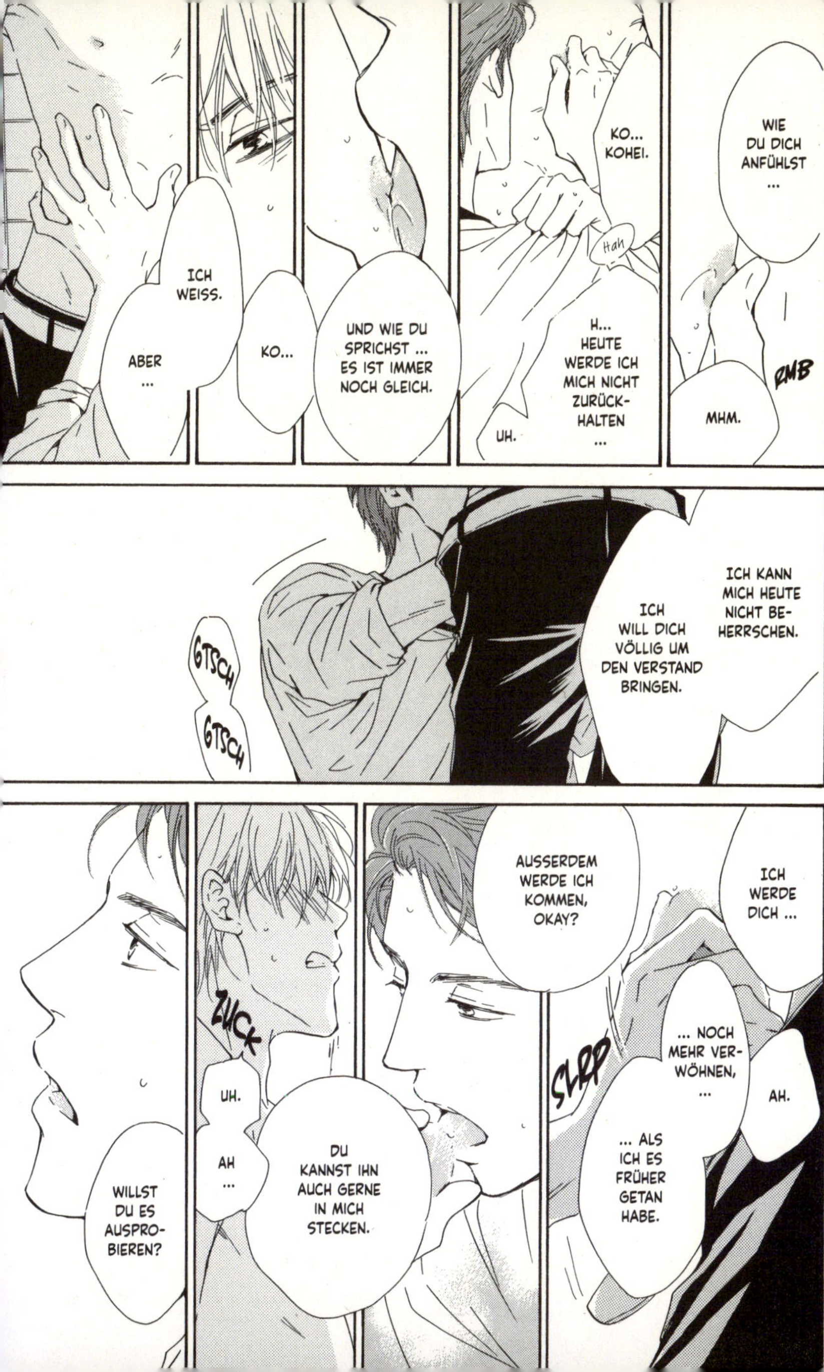
WIE DU DICH ANFÜHLST ...
RMB
MHM.
KO... KOHEI.
Hah
H... HEUTE WERDE ICH MICH NICHT ZURÜCKHALTEN ...
UH.
UND WIE DU SPRICHST ... ES IST IMMER NOCH GLEICH.
KO...
ICH WEISS.
ABER ...
ICH KANN MICH HEUTE NICHT BEHERRSCHEN.
ICH WILL DICH VÖLLIG UM DEN VERSTAND BRINGEN.
GTSCH
GTSCH
ICH WERDE DICH ...
AUSSERDEM WERDE ICH KOMMEN, OKAY?
AH.
... NOCH MEHR VERWÖHNEN, ...
... ALS ICH ES FRÜHER GETAN HABE.
SLRP
DU KANNST IHN AUCH GERNE IN MICH STECKEN.
UH.
AH ...
ZUCK
WILLST DU ES AUSPROBIEREN?

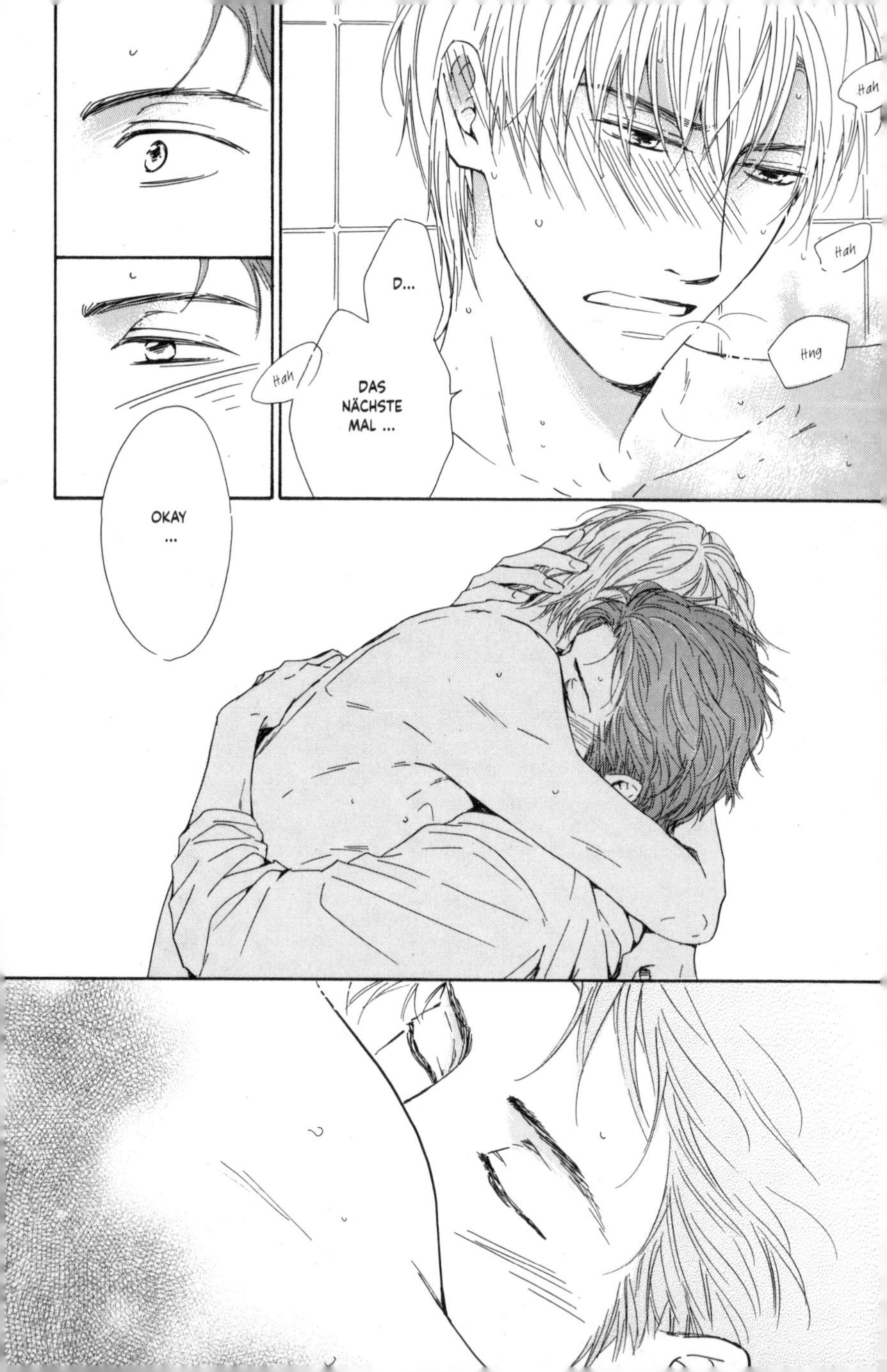
Hah
Hah
Hng
D...
DAS NÄCHSTE MAL ...
Hah
OKAY ...

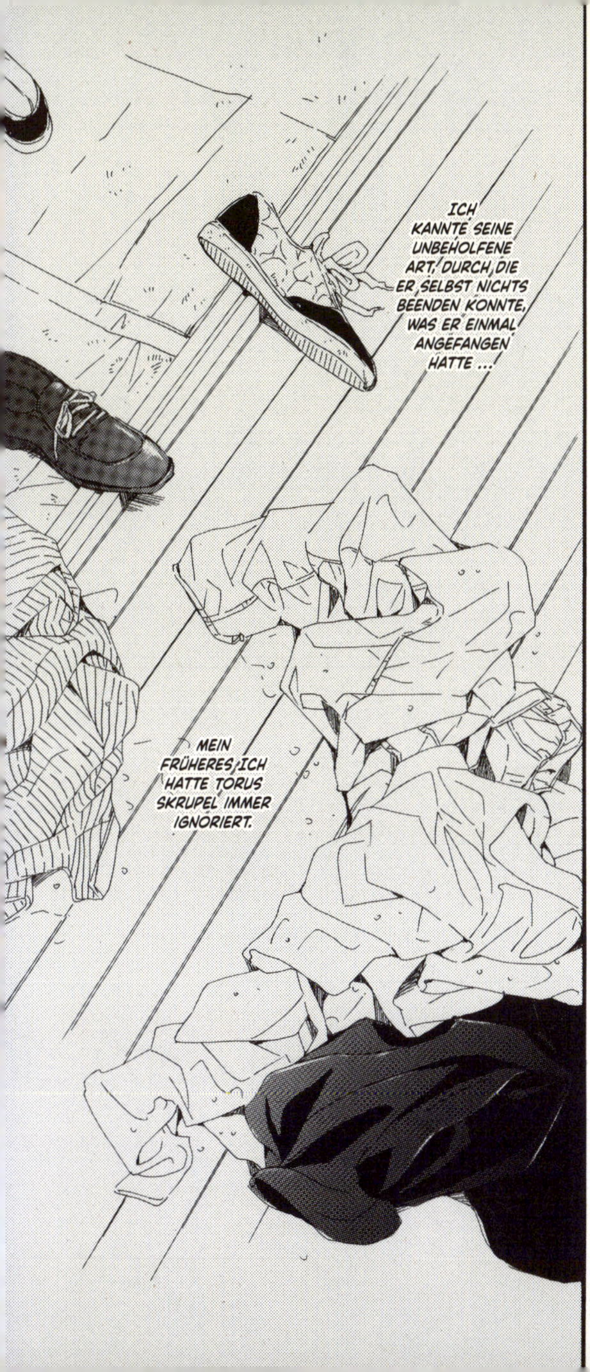

ICH WUSSTE, WANN TORU ES ERNST MEINTE.

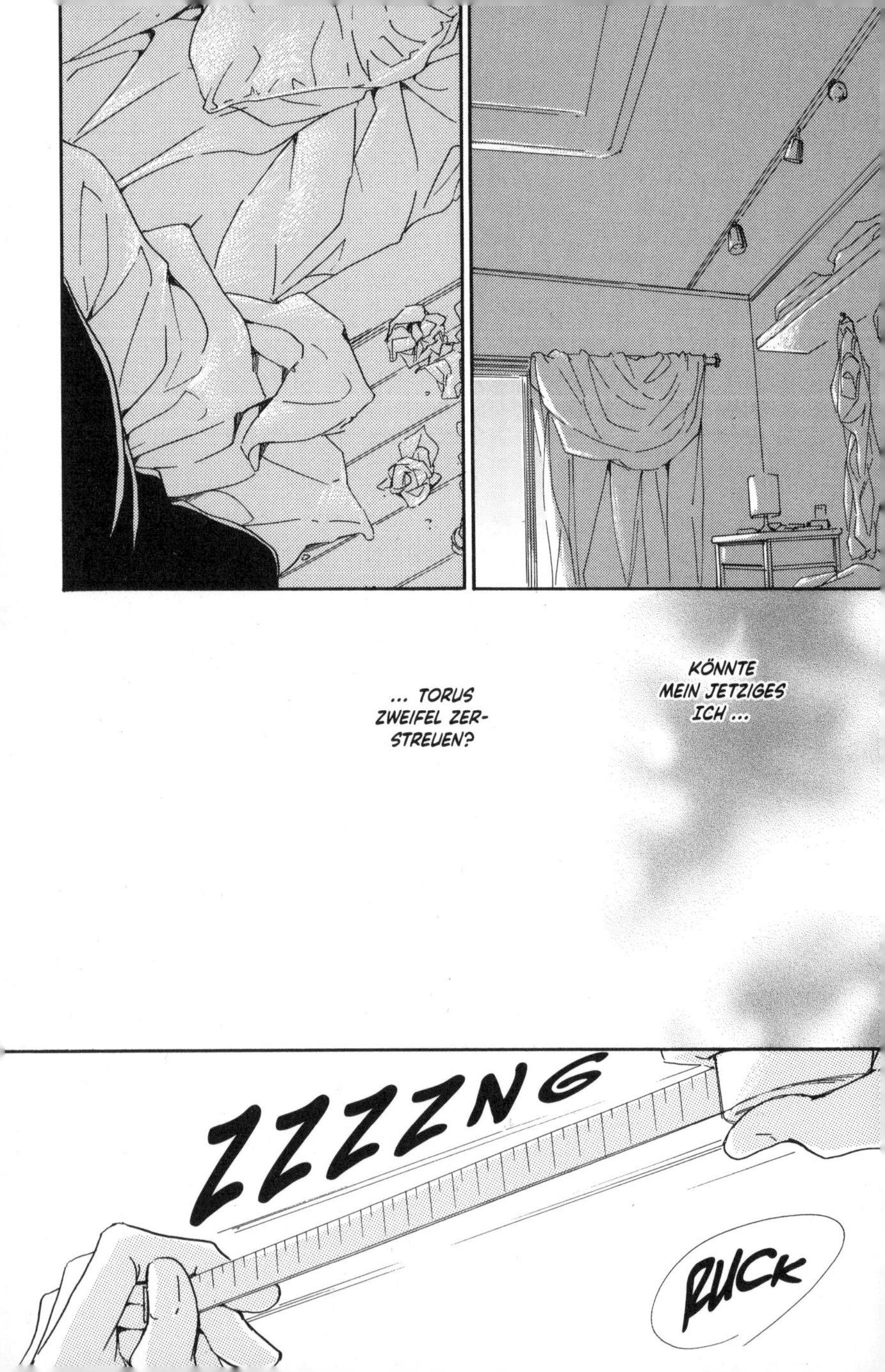

KÖNNTE MEIN JETZIGES ICH ...
... TORUS ZWEIFEL ZER-STREUEN?
ZZZZNG
RUCK

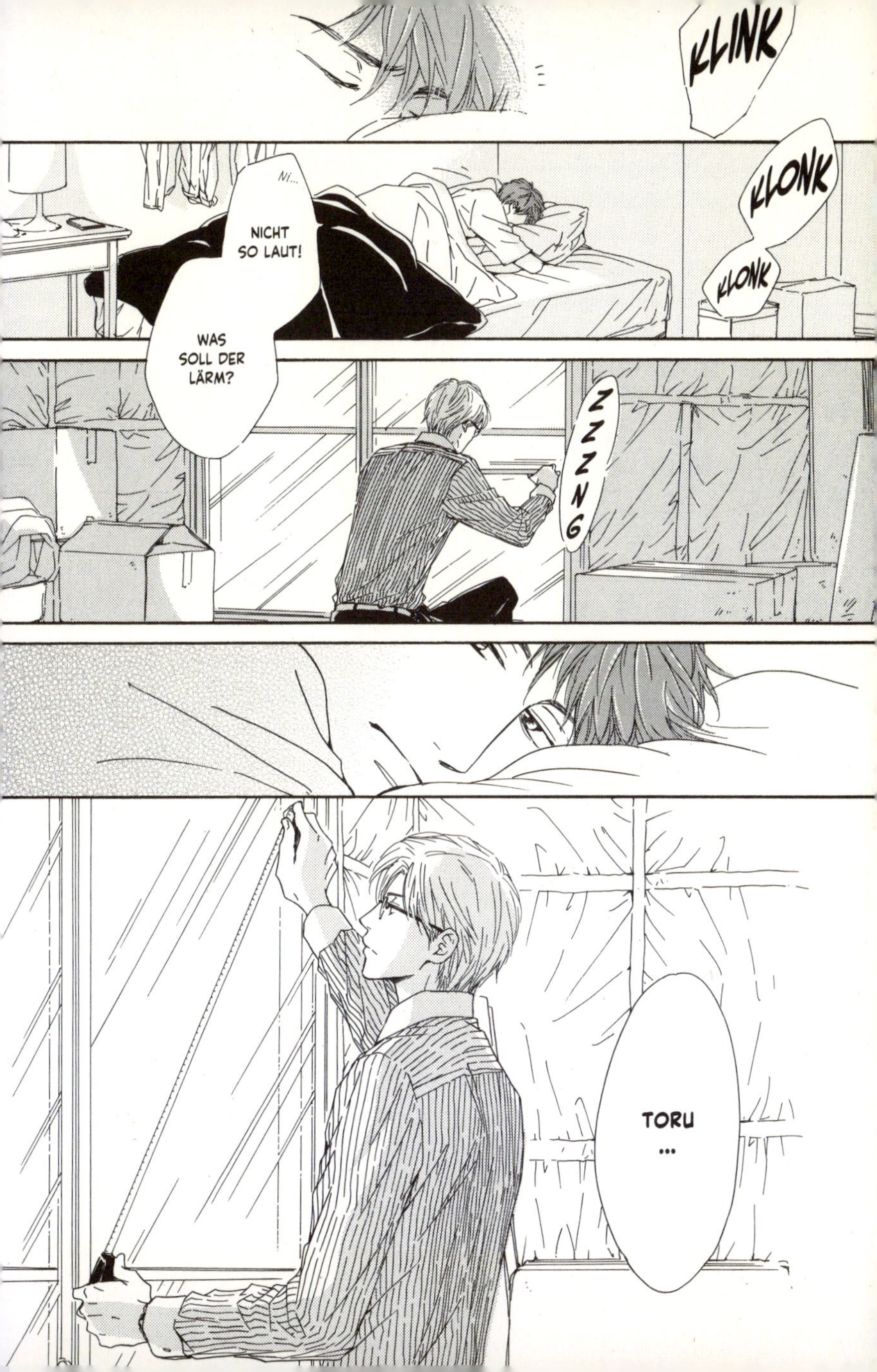
KLINK
KLONK
KLONK
Ni...
NICHT SO LAUT!
WAS SOLL DER LÄRM?
ZZZZNG
TORU ...

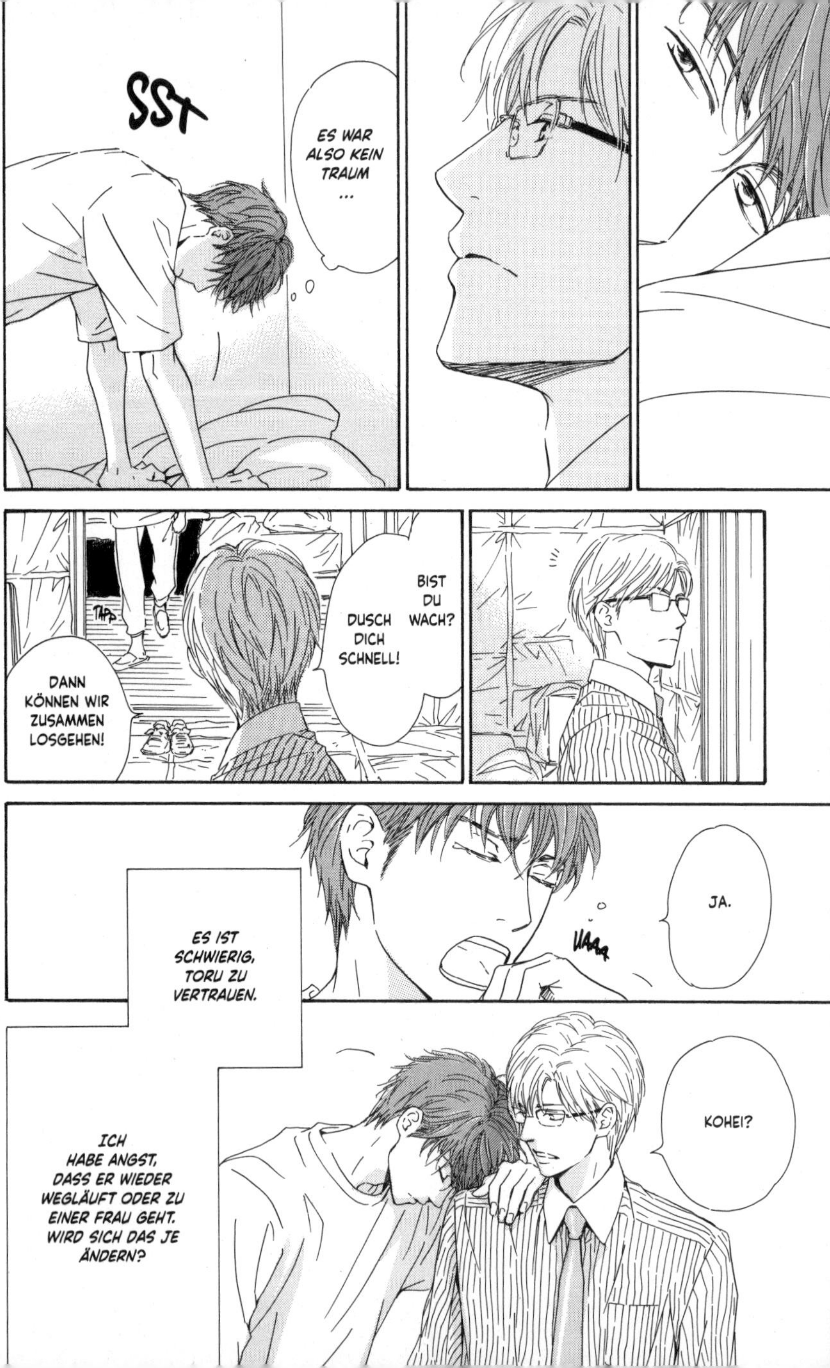
SST
ES WAR ALSO KEIN TRAUM ...
BIST DU WACH?
DUSCH DICH SCHNELL!
TAPP
DANN KÖNNEN WIR ZUSAMMEN LOSGEHEN!
JA.
UAAaa
ES IST SCHWIERIG, TORU ZU VERTRAUEN.
KOHEI?
ICH HABE ANGST, DASS ER WIEDER WEGLÄUFT ODER ZU EINER FRAU GEHT. WIRD SICH DAS JE ÄNDERN?

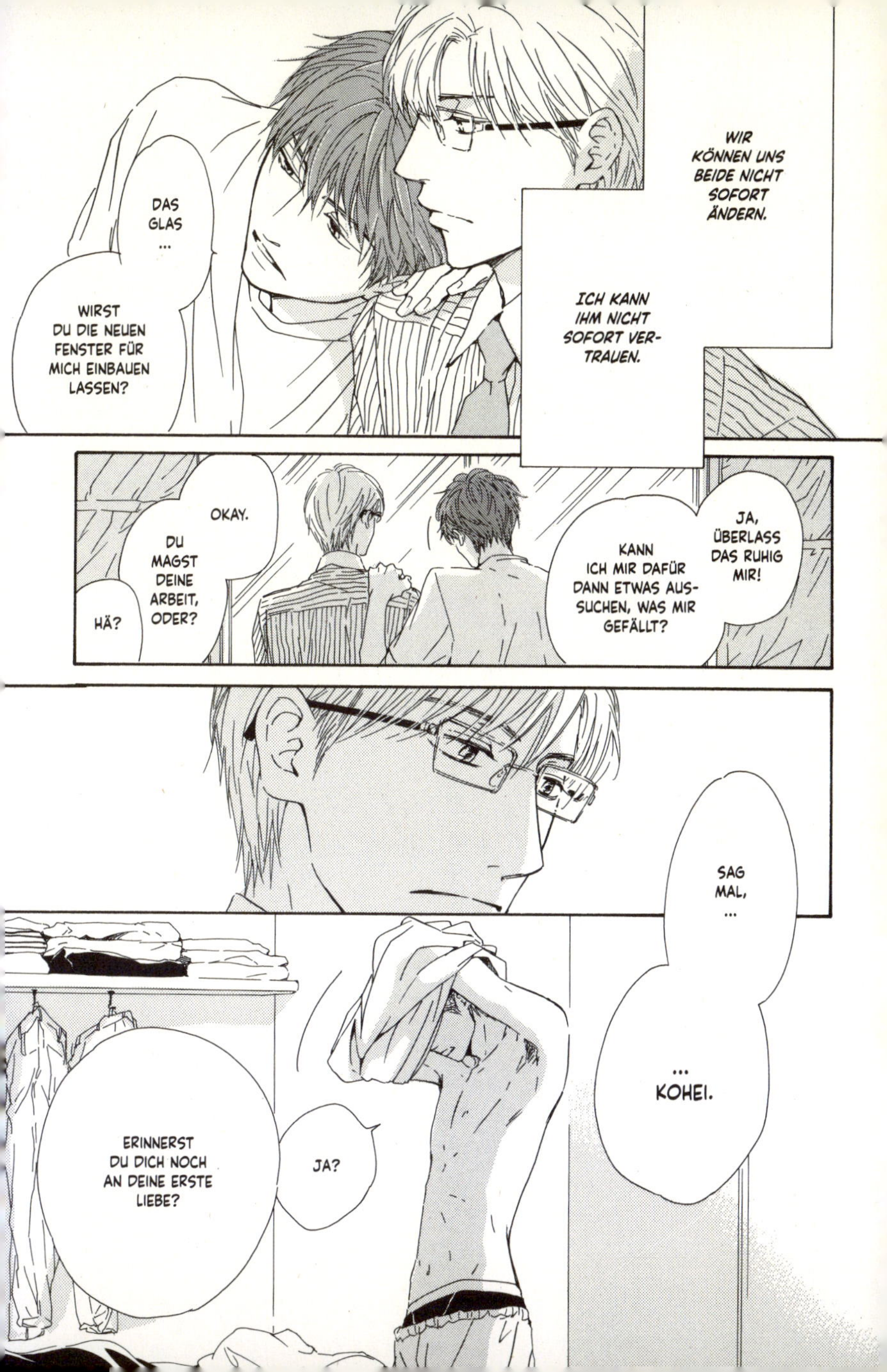
WIR KÖNNEN UNS BEIDE NICHT SOFORT ÄNDERN.
ICH KANN IHM NICHT SOFORT VER-TRAUEN.
DAS GLAS ...
WIRST DU DIE NEUEN FENSTER FÜR MICH EINBAUEN LASSEN?
JA, ÜBERLASS DAS RUHIG MIR!
KANN ICH MIR DAFÜR DANN ETWAS AUS-SUCHEN, WAS MIR GEFÄLLT?
OKAY.
DU MAGST DEINE ARBEIT, ODER?
HÄ?
SAG MAL, ...
... KOHEI.
JA?
ERINNERST DU DICH NOCH AN DEINE ERSTE LIEBE?

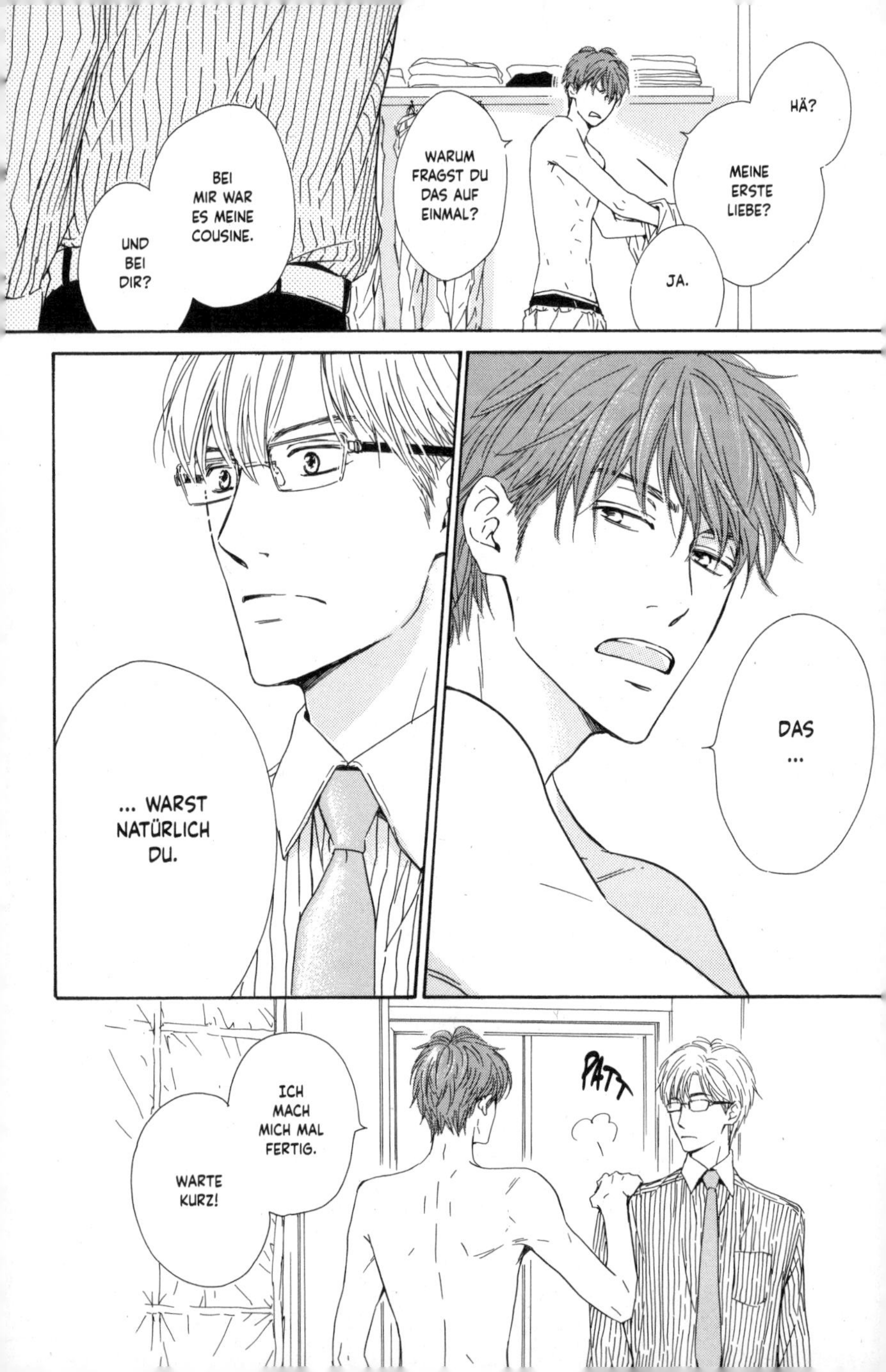
HÄ?
MEINE ERSTE LIEBE?
JA.
WARUM FRAGST DU DAS AUF EINMAL?
BEI MIR WAR ES MEINE COUSINE.
UND BEI DIR?
DAS ...
... WARST NATÜRLICH DU.
PATT
ICH MACH MICH MAL FERTIG.
WARTE KURZ!

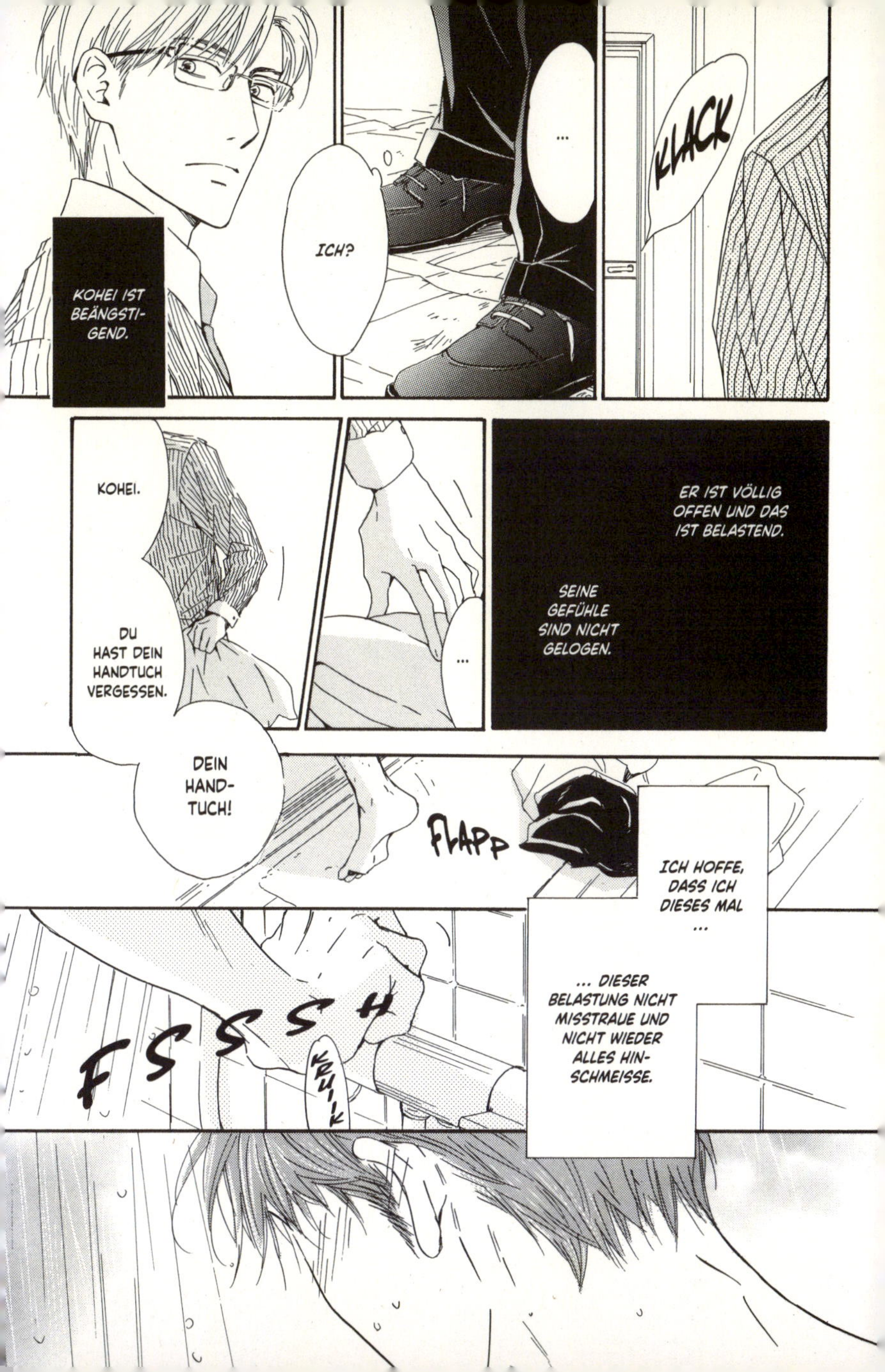
KLACK
...
ICH?
KOHEI IST BEÄNGSTI-GEND.
ER IST VÖLLIG OFFEN UND DAS IST BELASTEND.
SEINE GEFÜHLE SIND NICHT GELOGEN.
...
KOHEI.
DU HAST DEIN HANDTUCH VERGESSEN.
DEIN HAND-TUCH!
ICH HOFFE, DASS ICH DIESES MAL ...
FLAPP
... DIESER BELASTUNG NICHT MISSTRAUE UND NICHT WIEDER ALLES HIN-SCHMEISSE.
KRUIK
FSSSH

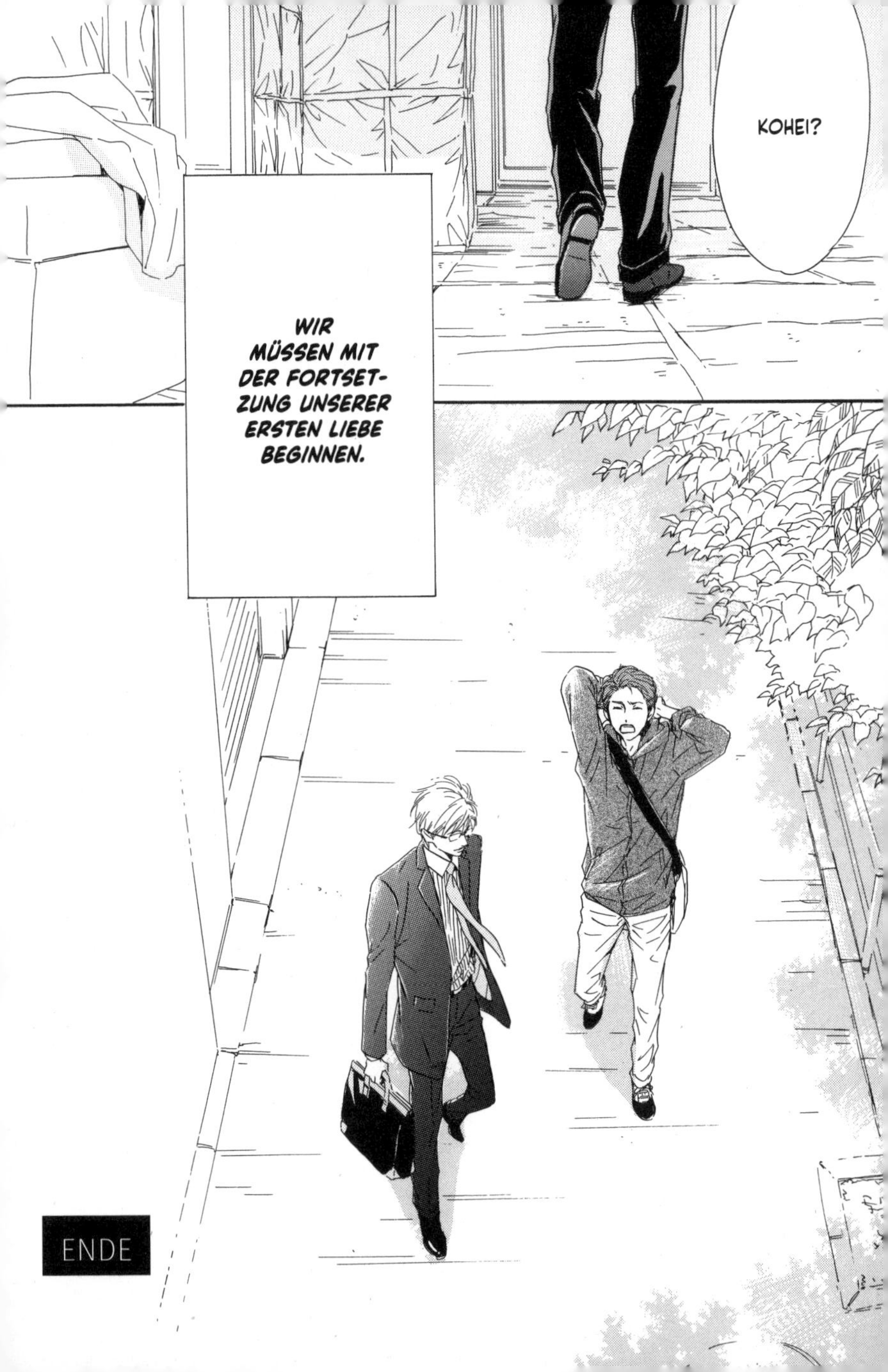
KOHEI?
WIR MÜSSEN MIT DER FORTSET-ZUNG UNSERER ERSTEN LIEBE BEGINNEN.
ENDE

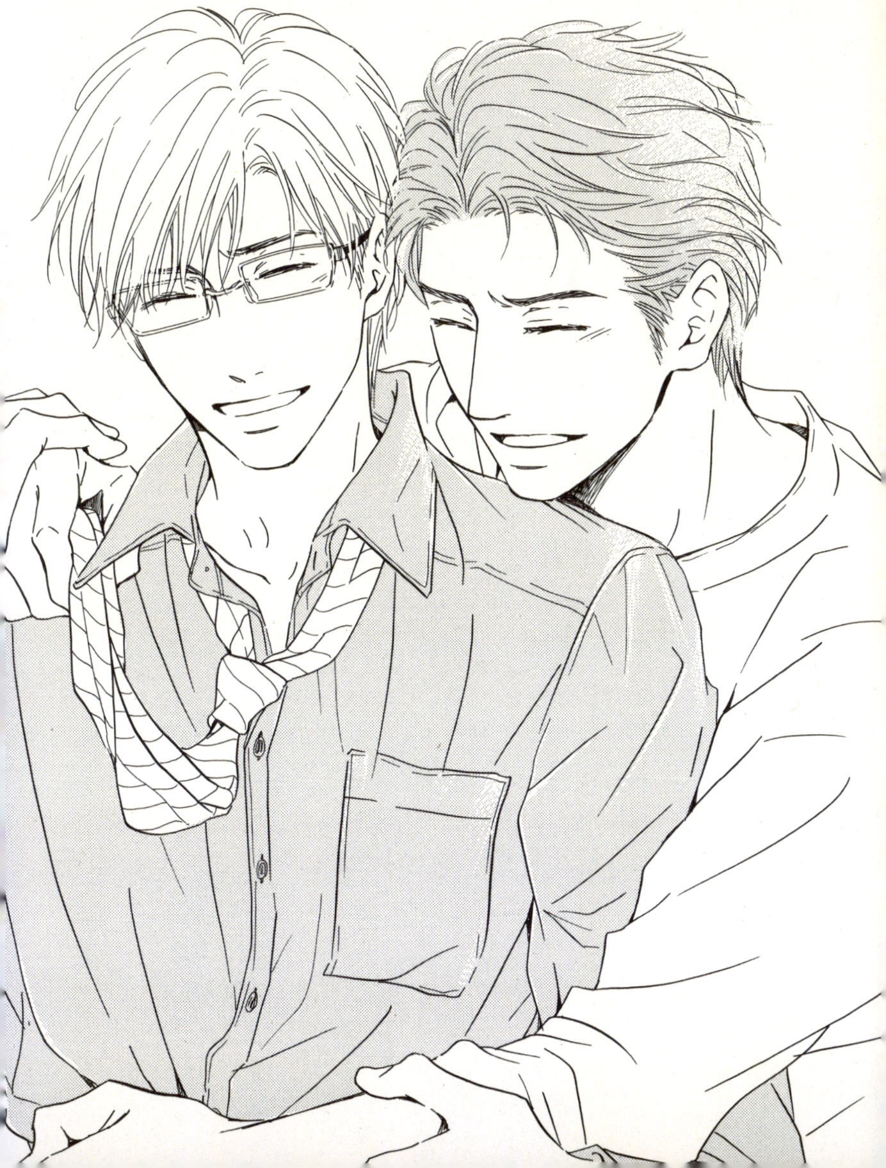

ZWEITE ERSTE LIEBE

double line

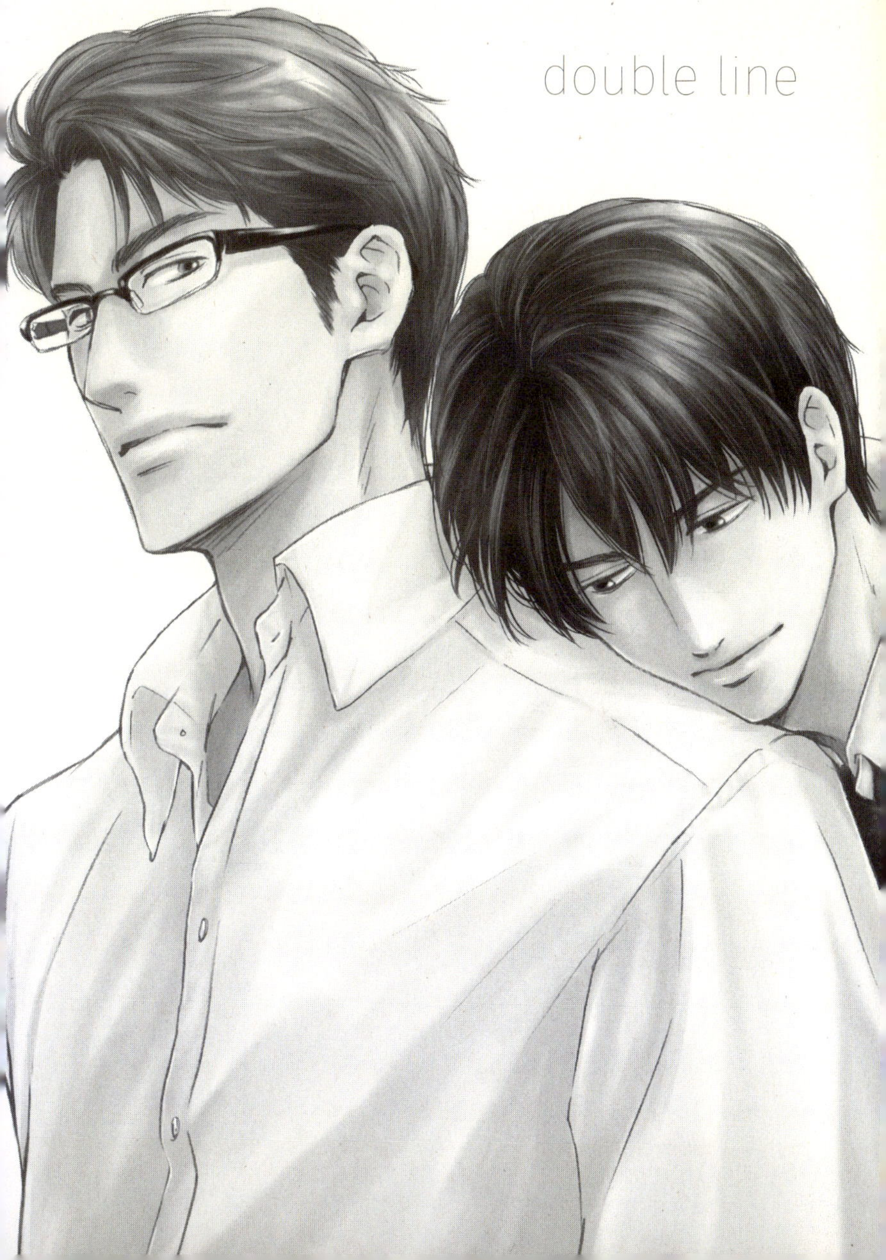

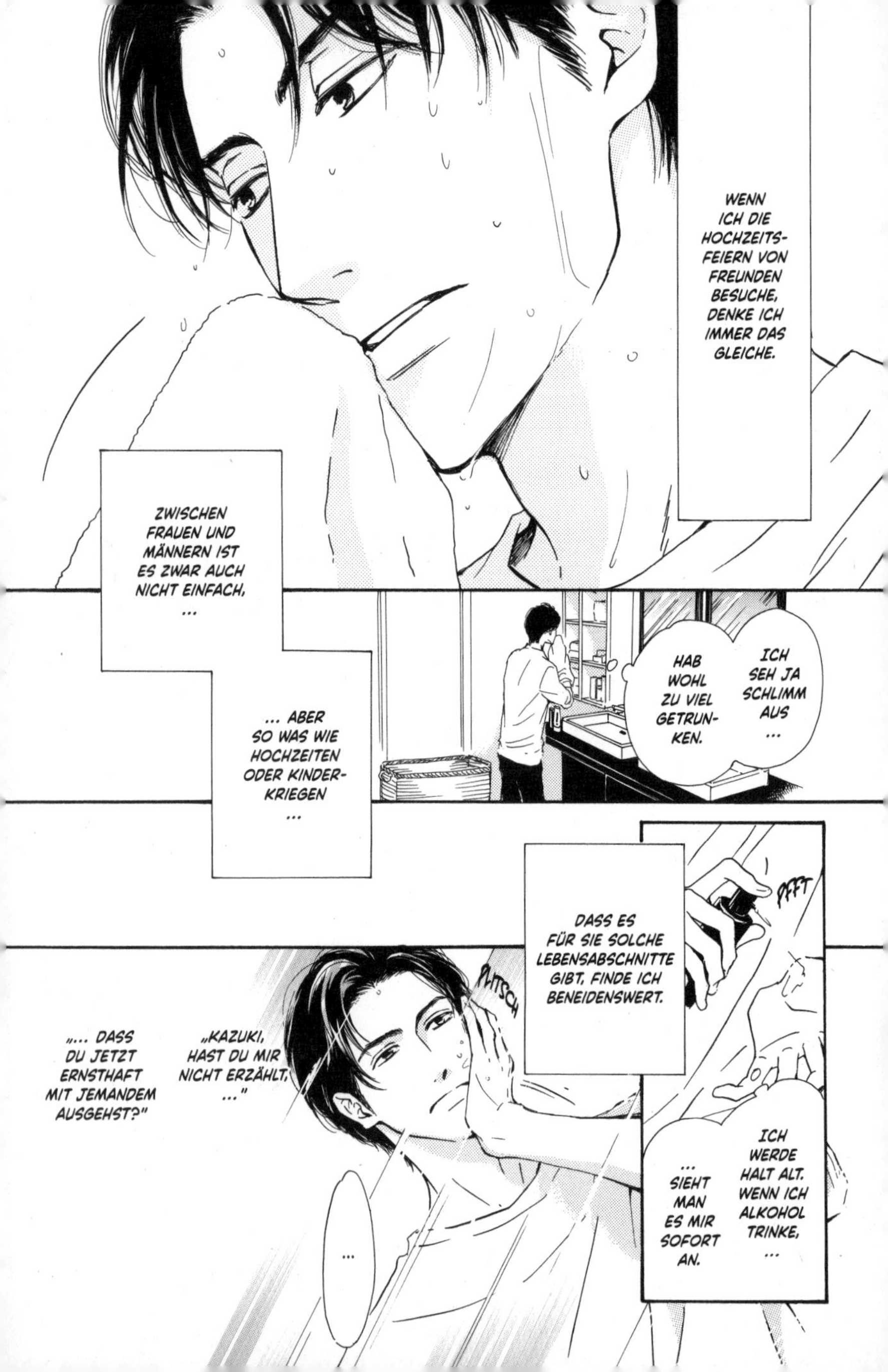
WENN ICH DIE HOCHZEITSFEIERN VON FREUNDEN BESUCHE, DENKE ICH IMMER DAS GLEICHE.
ZWISCHEN FRAUEN UND MÄNNERN IST ES ZWAR AUCH NICHT EINFACH, ...
ICH SEH JA SCHLIMM AUS ...
HAB WOHL ZU VIEL GETRUNKEN.
... ABER SO WAS WIE HOCHZEITEN ODER KINDER-KRIEGEN ...
DASS ES FÜR SIE SOLCHE LEBENSABSCHNITTE GIBT, FINDE ICH BENEIDENSWERT.
PFFT
ICH WERDE HALT ALT. WENN ICH ALKOHOL TRINKE, ...
... SIEHT MAN ES MIR SOFORT AN.
PLITSCH
...
„KAZUKI, HAST DU MIR NICHT ERZÄHLT, ..."
„... DASS DU JETZT ERNSTHAFT MIT JEMANDEM AUSGEHST?"

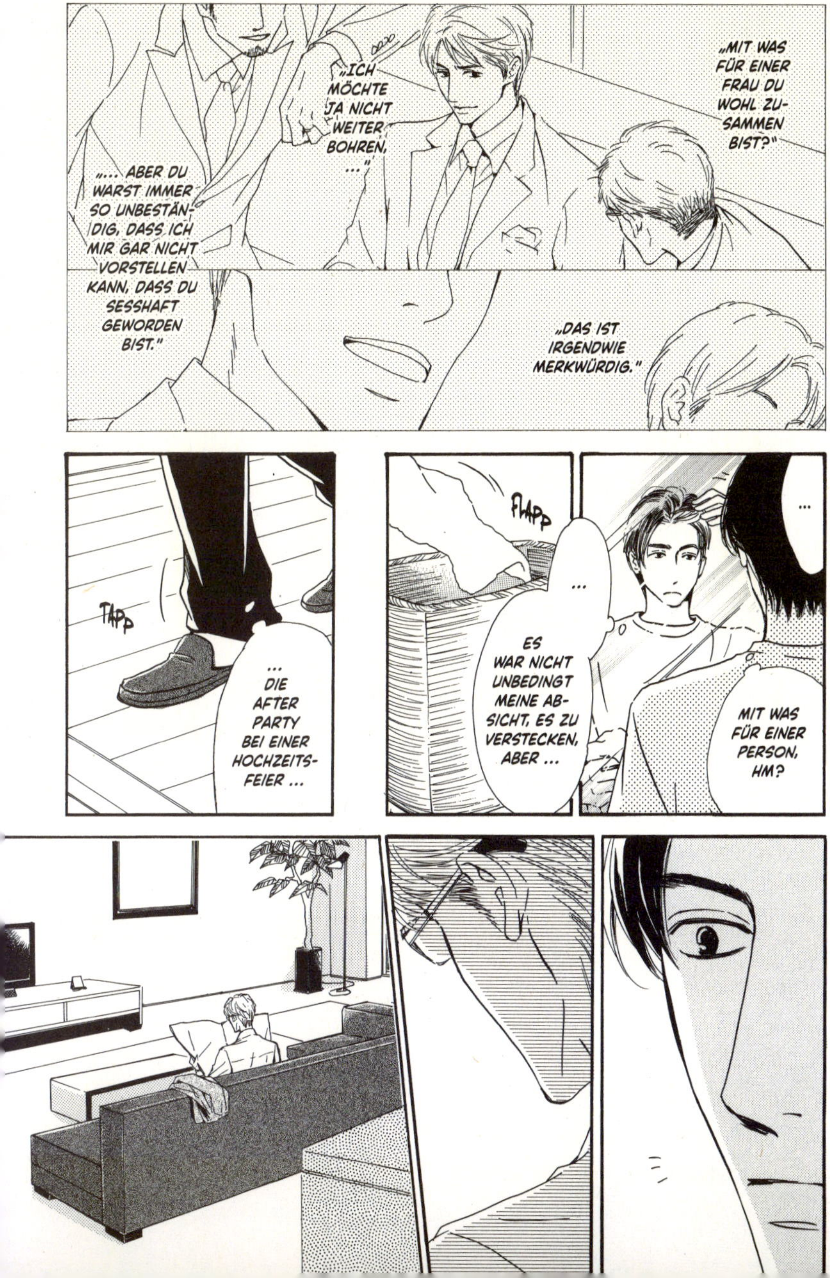
„MIT WAS FÜR EINER FRAU DU WOHL ZUSAMMEN BIST?"
„ICH MÖCHTE JA NICHT WEITER BOHREN, …"
„… ABER DU WARST IMMER SO UNBESTÄNDIG, DASS ICH MIR GAR NICHT VORSTELLEN KANN, DASS DU SESSHAFT GEWORDEN BIST."
„DAS IST IRGENDWIE MERKWÜRDIG."
…
MIT WAS FÜR EINER PERSON, HM?
FLAPP
…
ES WAR NICHT UNBEDINGT MEINE ABSICHT, ES ZU VERSTECKEN, ABER …
TAPP
… DIE AFTER PARTY BEI EINER HOCHZEITSFEIER …

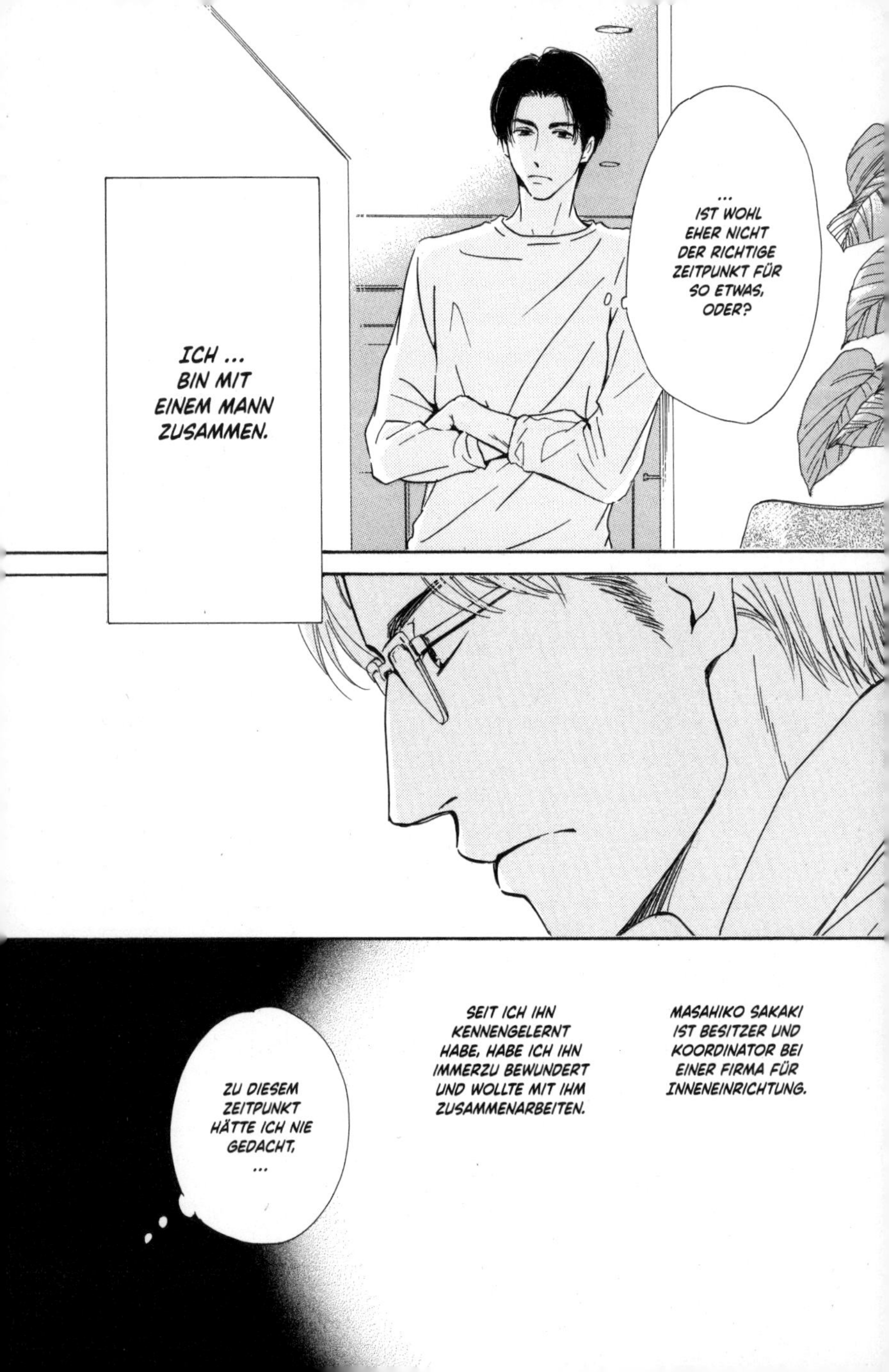
... IST WOHL EHER NICHT DER RICHTIGE ZEITPUNKT FÜR SO ETWAS, ODER?
ICH ... BIN MIT EINEM MANN ZUSAMMEN.
MASAHIKO SAKAKI IST BESITZER UND KOORDINATOR BEI EINER FIRMA FÜR INNENEINRICHTUNG.
SEIT ICH IHN KENNENGELERNT HABE, HABE ICH IHN IMMERZU BEWUNDERT UND WOLLTE MIT IHM ZUSAMMENARBEITEN.
ZU DIESEM ZEITPUNKT HÄTTE ICH NIE GEDACHT, ...

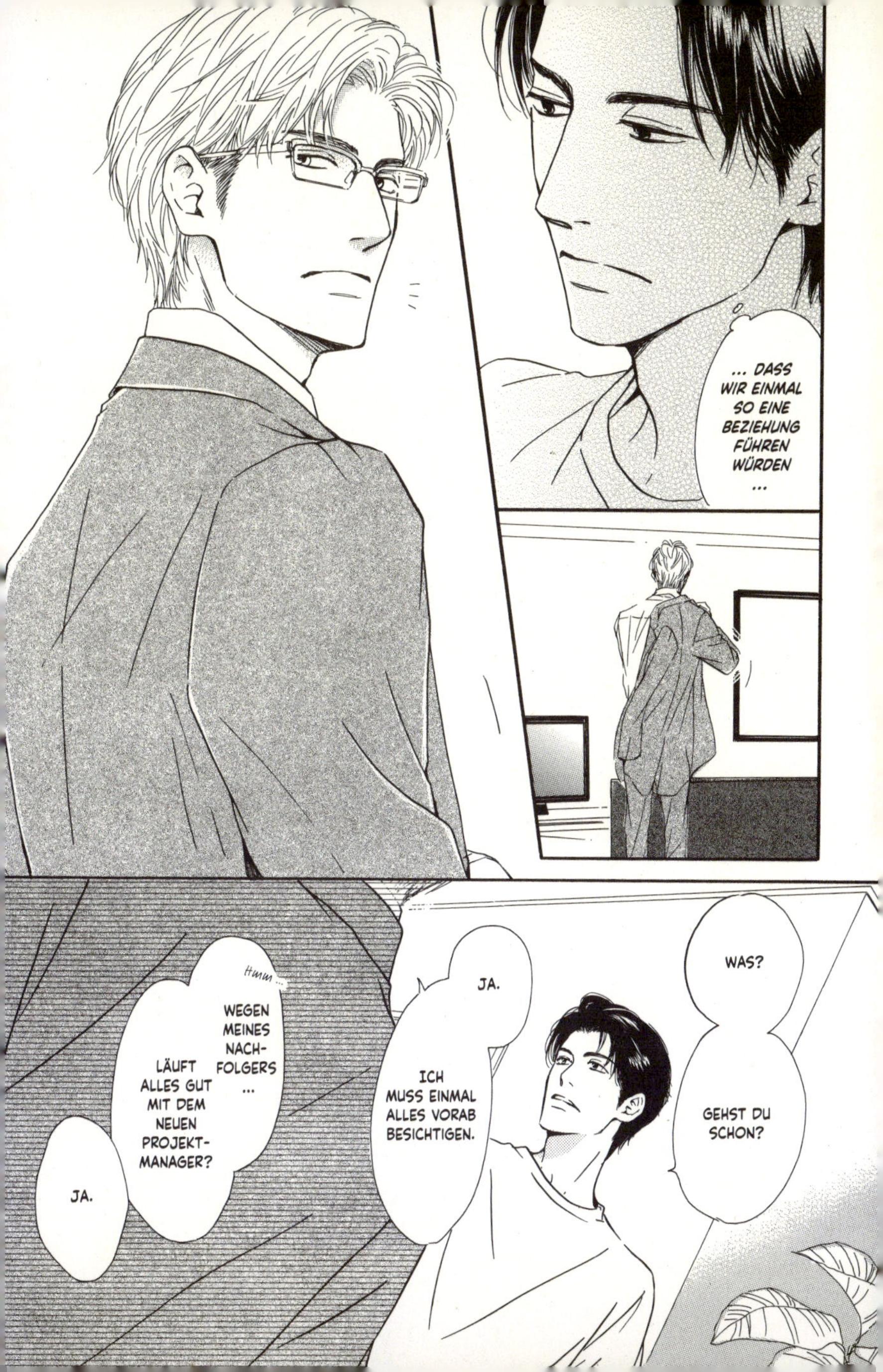

... DASS WIR EINMAL SO EINE BEZIEHUNG FÜHREN WÜRDEN ...
WAS?
GEHST DU SCHON?
JA.
ICH MUSS EINMAL ALLES VORAB BESICHTIGEN.
Hmm ...
WEGEN MEINES NACH-FOLGERS ...
LÄUFT ALLES GUT MIT DEM NEUEN PROJEKT-MANAGER?
JA.

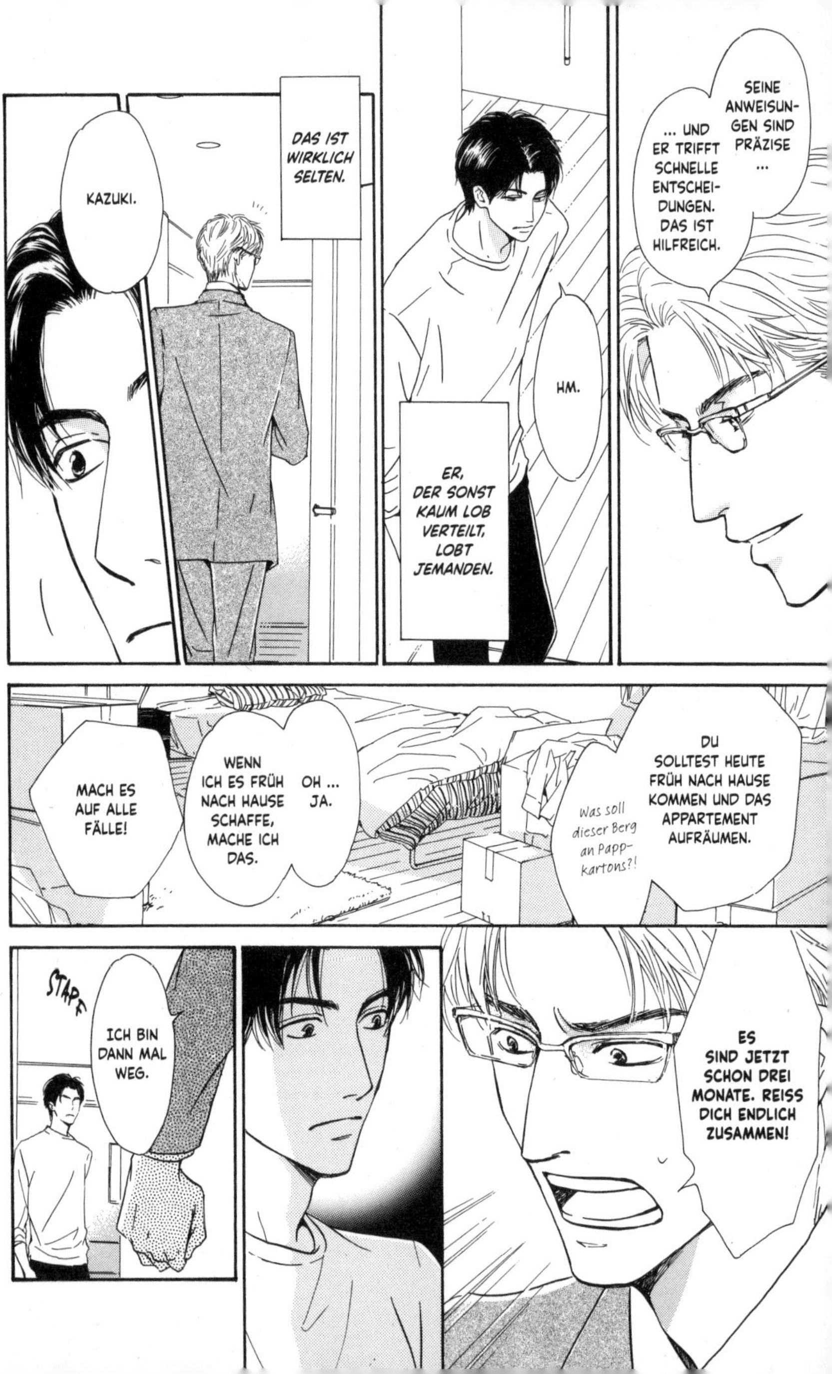
SEINE ANWEISUNGEN SIND PRÄZISE ...
... UND ER TRIFFT SCHNELLE ENTSCHEIDUNGEN. DAS IST HILFREICH.
HM.
ER, DER SONST KAUM LOB VERTEILT, LOBT JEMANDEN.
DAS IST WIRKLICH SELTEN.
KAZUKI.
DU SOLLTEST HEUTE FRÜH NACH HAUSE KOMMEN UND DAS APPARTEMENT AUFRÄUMEN.
Was soll dieser Berg an Pappkartons?!
OH ... JA.
WENN ICH ES FRÜH NACH HAUSE SCHAFFE, MACHE ICH DAS.
MACH ES AUF ALLE FÄLLE!
ES SIND JETZT SCHON DREI MONATE. REISS DICH ENDLICH ZUSAMMEN!
ICH BIN DANN MAL WEG.
STAPF

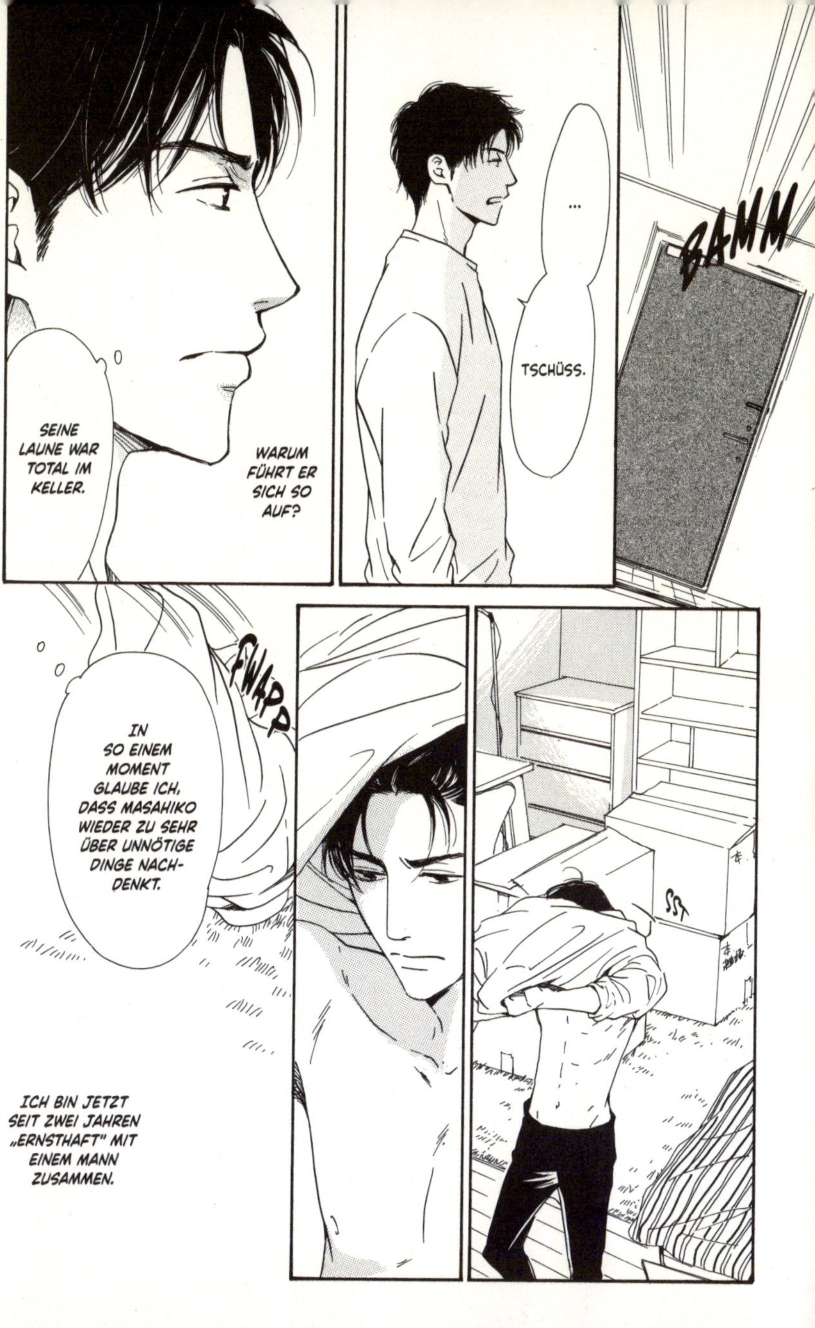
BAMM
...
TSCHÜSS.
WARUM FÜHRT ER SICH SO AUF?
SEINE LAUNE WAR TOTAL IM KELLER.
FWAPP
IN SO EINEM MOMENT GLAUBE ICH, DASS MASAHIKO WIEDER ZU SEHR ÜBER UNNÖTIGE DINGE NACH-DENKT.
ICH BIN JETZT SEIT ZWEI JAHREN „ERNSTHAFT" MIT EINEM MANN ZUSAMMEN.

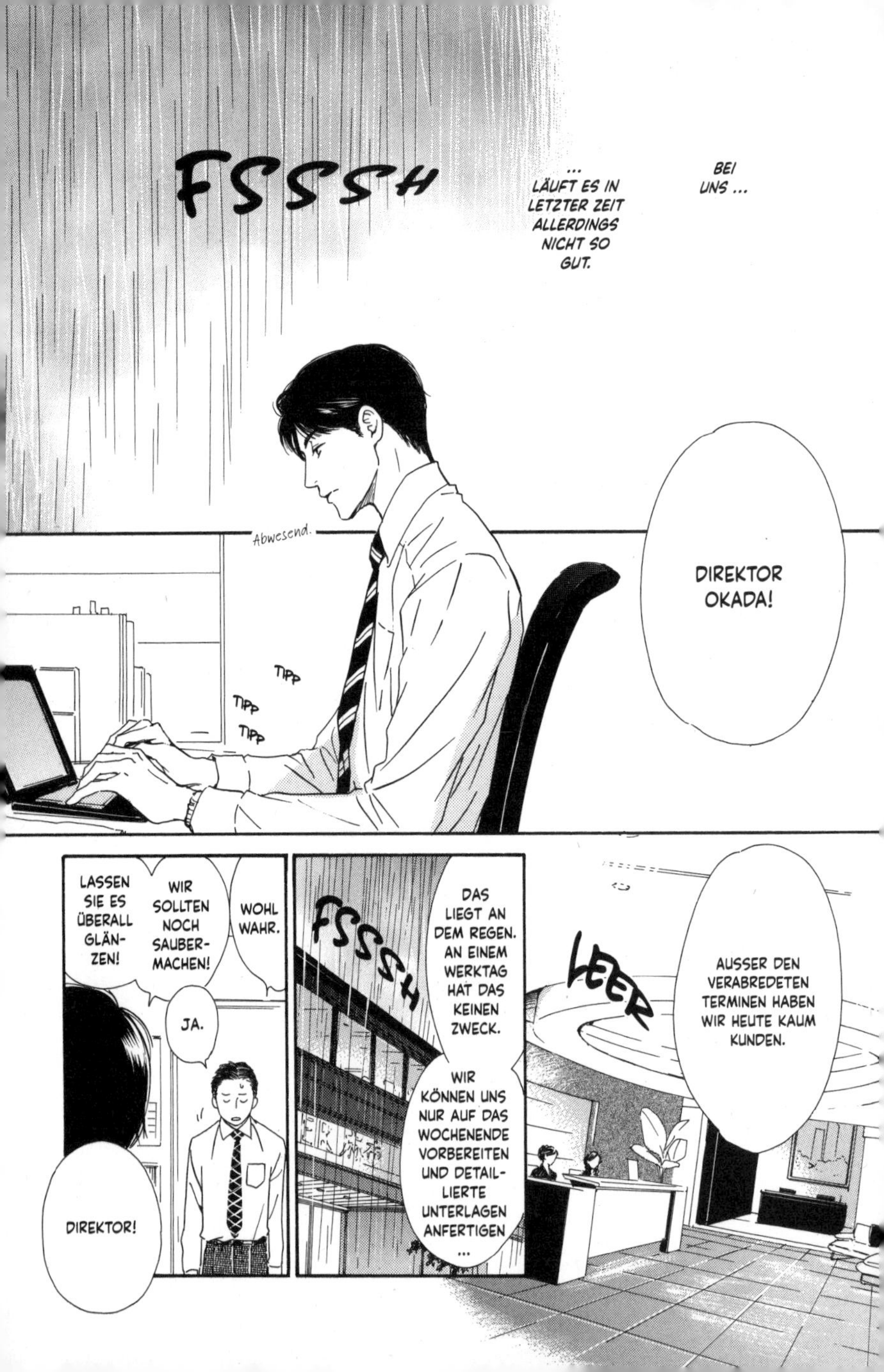
BEI UNS ...
... LÄUFT ES IN LETZTER ZEIT ALLERDINGS NICHT SO GUT.
FSSSH
DIREKTOR OKADA!
Abwesend.
TIPP
TIPP
TIPP
AUSSER DEN VERABREDETEN TERMINEN HABEN WIR HEUTE KAUM KUNDEN.
LEER
DAS LIEGT AN DEM REGEN. AN EINEM WERKTAG HAT DAS KEINEN ZWECK.
WIR KÖNNEN UNS NUR AUF DAS WOCHENENDE VORBEREITEN UND DETAIL-LIERTE UNTERLAGEN ANFERTIGEN ...
FSSSH
WOHL WAHR.
WIR SOLLTEN NOCH SAUBER-MACHEN!
LASSEN SIE ES ÜBERALL GLÄN-ZEN!
JA.
DIREKTOR!

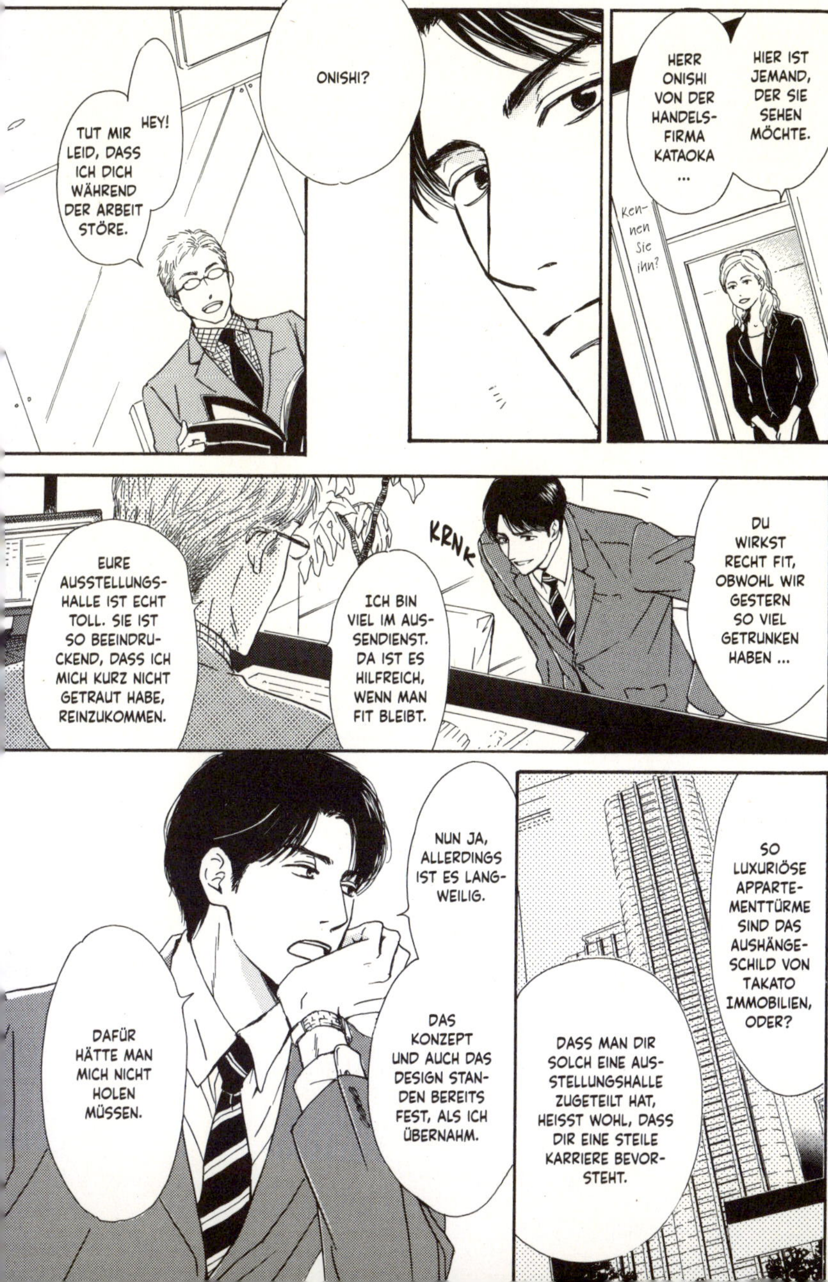
HIER IST JEMAND, DER SIE SEHEN MÖCHTE.
HERR ONISHI VON DER HANDELSFIRMA KATAOKA ...
Kennen Sie ihn?
ONISHI?
HEY!
TUT MIR LEID, DASS ICH DICH WÄHREND DER ARBEIT STÖRE.
DU WIRKST RECHT FIT, OBWOHL WIR GESTERN SO VIEL GETRUNKEN HABEN ...
KRNK
ICH BIN VIEL IM AUSSENDIENST. DA IST ES HILFREICH, WENN MAN FIT BLEIBT.
EURE AUSSTELLUNGSHALLE IST ECHT TOLL. SIE IST SO BEEINDRUCKEND, DASS ICH MICH KURZ NICHT GETRAUT HABE, REINZUKOMMEN.
SO LUXURIÖSE APPARTEMENTTÜRME SIND DAS AUSHÄNGESCHILD VON TAKATO IMMOBILIEN, ODER?
DASS MAN DIR SOLCH EINE AUSSTELLUNGSHALLE ZUGETEILT HAT, HEISST WOHL, DASS DIR EINE STEILE KARRIERE BEVORSTEHT.
NUN JA, ALLERDINGS IST ES LANGWEILIG.
DAS KONZEPT UND AUCH DAS DESIGN STANDEN BEREITS FEST, ALS ICH ÜBERNAHM.
DAFÜR HÄTTE MAN MICH NICHT HOLEN MÜSSEN.

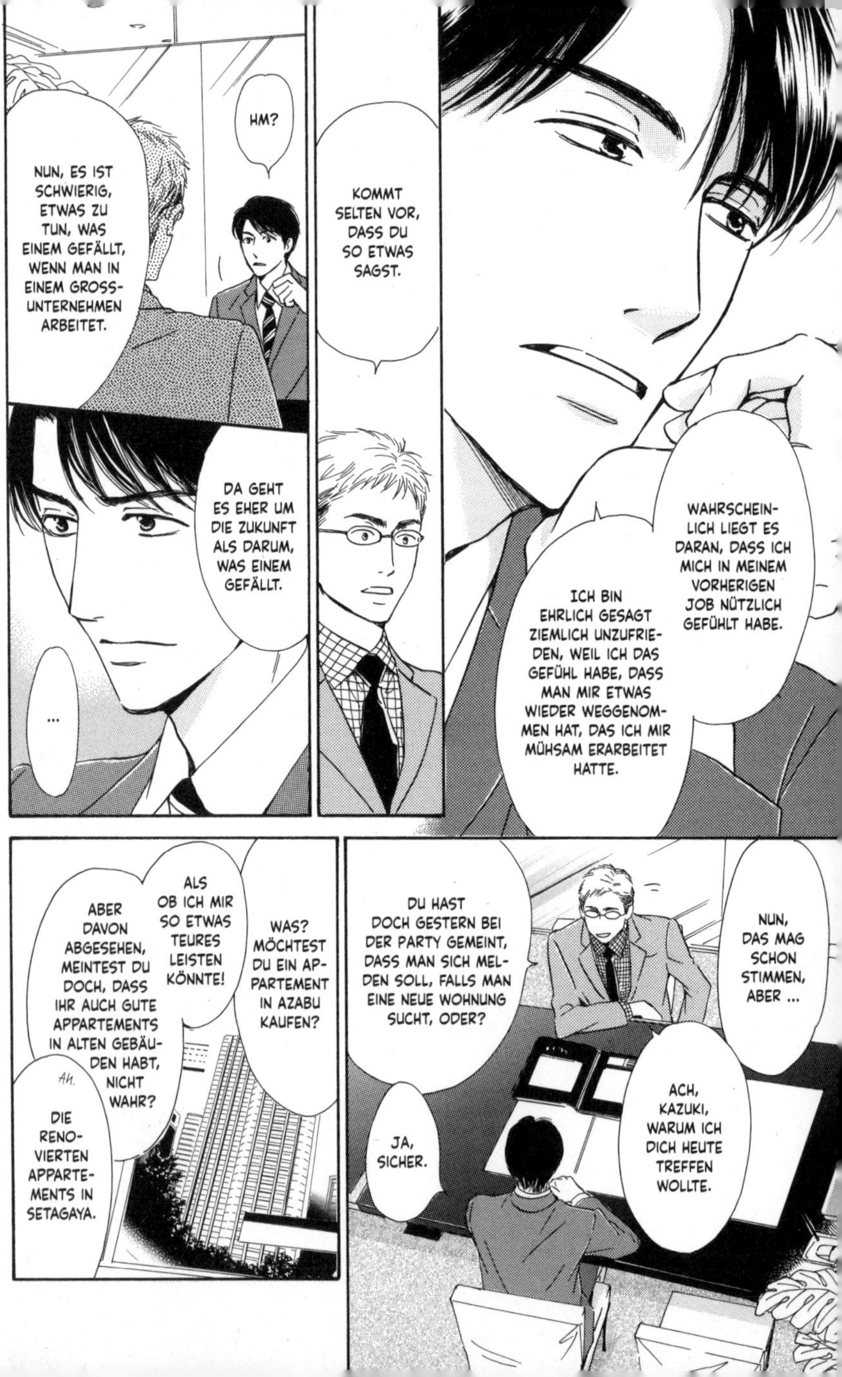
WAHRSCHEIN-LICH LIEGT ES DARAN, DASS ICH MICH IN MEINEM VORHERIGEN JOB NÜTZLICH GEFÜHLT HABE.
ICH BIN EHRLICH GESAGT ZIEMLICH UNZUFRIE-DEN, WEIL ICH DAS GEFÜHL HABE, DASS MAN MIR ETWAS WIEDER WEGGENOM-MEN HAT, DAS ICH MIR MÜHSAM ERARBEITET HATTE.
KOMMT SELTEN VOR, DASS DU SO ETWAS SAGST.
HM?
NUN, ES IST SCHWIERIG, ETWAS ZU TUN, WAS EINEM GEFÄLLT, WENN MAN IN EINEM GROSS-UNTERNEHMEN ARBEITET.
DA GEHT ES EHER UM DIE ZUKUNFT ALS DARUM, WAS EINEM GEFÄLLT.
...
NUN, DAS MAG SCHON STIMMEN, ABER ...
ACH, KAZUKI, WARUM ICH DICH HEUTE TREFFEN WOLLTE.
DU HAST DOCH GESTERN BEI DER PARTY GEMEINT, DASS MAN SICH MEL-DEN SOLL, FALLS MAN EINE NEUE WOHNUNG SUCHT, ODER?
JA, SICHER.
WAS? MÖCHTEST DU EIN AP-PARTEMENT IN AZABU KAUFEN?
ALS OB ICH MIR SO ETWAS TEURES LEISTEN KÖNNTE!
ABER DAVON ABGESEHEN, MEINTEST DU DOCH, DASS IHR AUCH GUTE APPARTEMENTS IN ALTEN GEBÄU-DEN HABT, NICHT WAHR?
AH.
DIE RENO-VIERTEN APPARTE-MENTS IN SETAGAYA.

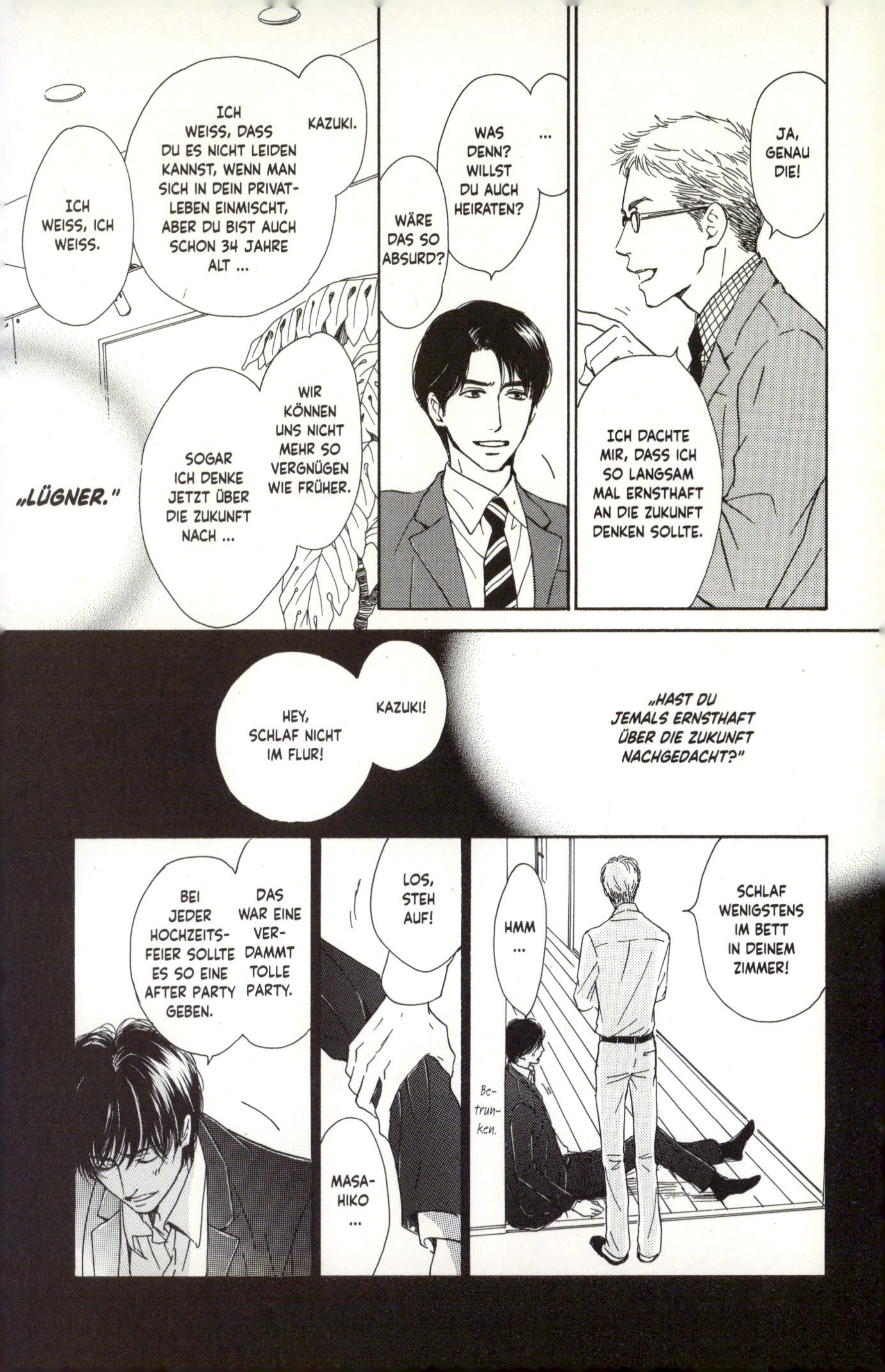
JA, GENAU DIE!
ICH DACHTE MIR, DASS ICH SO LANGSAM MAL ERNSTHAFT AN DIE ZUKUNFT DENKEN SOLLTE.
...
WAS DENN? WILLST DU AUCH HEIRATEN?
WÄRE DAS SO ABSURD?
KAZUKI.
ICH WEISS, DASS DU ES NICHT LEIDEN KANNST, WENN MAN SICH IN DEIN PRIVATLEBEN EINMISCHT, ABER DU BIST AUCH SCHON 34 JAHRE ALT ...
ICH WEISS, ICH WEISS.
WIR KÖNNEN UNS NICHT MEHR SO VERGNÜGEN WIE FRÜHER.
SOGAR ICH DENKE JETZT ÜBER DIE ZUKUNFT NACH ...
„LÜGNER."
„HAST DU JEMALS ERNSTHAFT ÜBER DIE ZUKUNFT NACHGEDACHT?"
KAZUKI!
HEY, SCHLAF NICHT IM FLUR!
SCHLAF WENIGSTENS IM BETT IN DEINEM ZIMMER!
HMM ...
Betrunken.
LOS, STEH AUF!
MASAHIKO ...
DAS WAR EINE VERDAMMT TOLLE PARTY.
BEI JEDER HOCHZEITSFEIER SOLLTE ES SO EINE AFTER PARTY GEBEN.

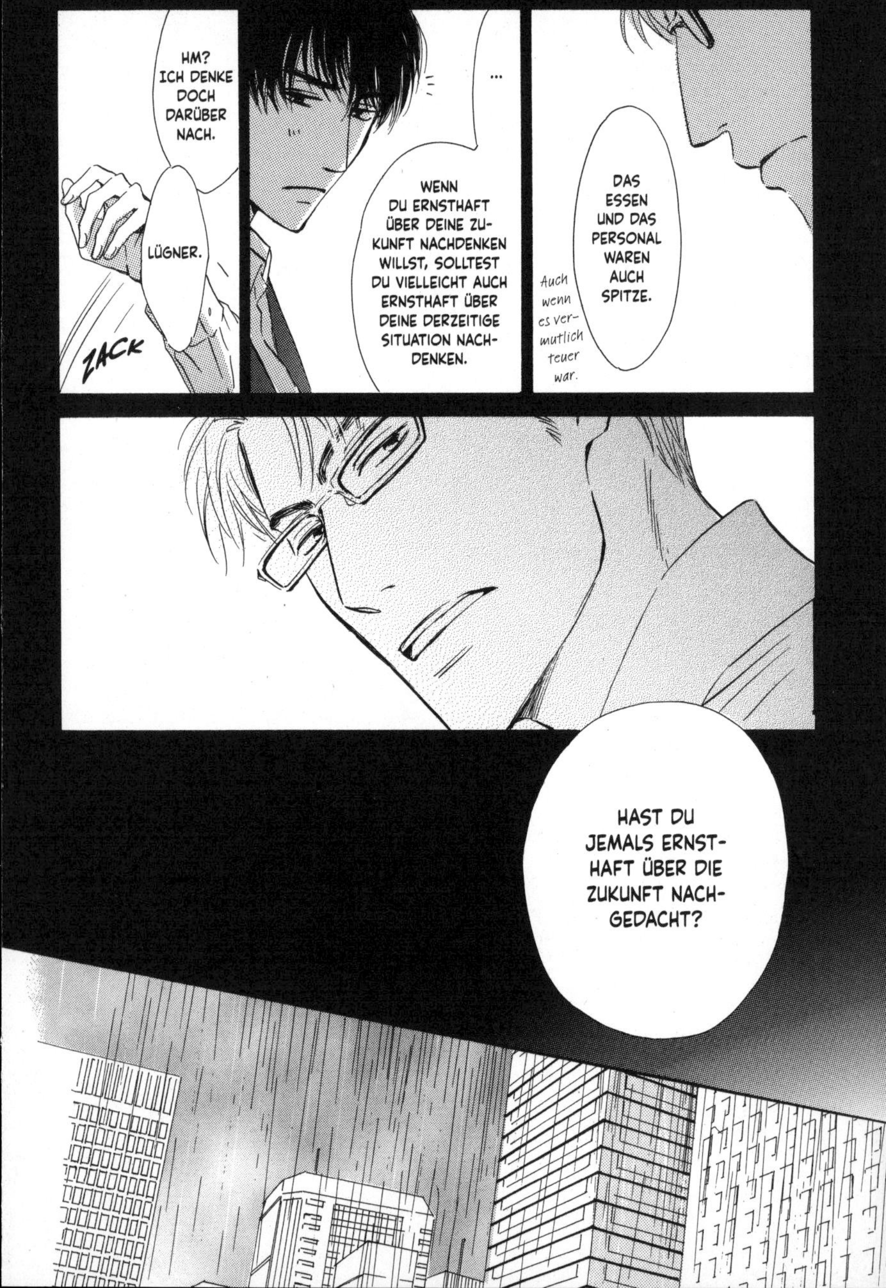

DAS ESSEN UND DAS PERSONAL WAREN AUCH SPITZE.
Auch wenn es vermutlich teuer war.
...
WENN DU ERNSTHAFT ÜBER DEINE ZUKUNFT NACHDENKEN WILLST, SOLLTEST DU VIELLEICHT AUCH ERNSTHAFT ÜBER DEINE DERZEITIGE SITUATION NACHDENKEN.
HM? ICH DENKE DOCH DARÜBER NACH.
LÜGNER.
ZACK
HAST DU JEMALS ERNSTHAFT ÜBER DIE ZUKUNFT NACHGEDACHT?

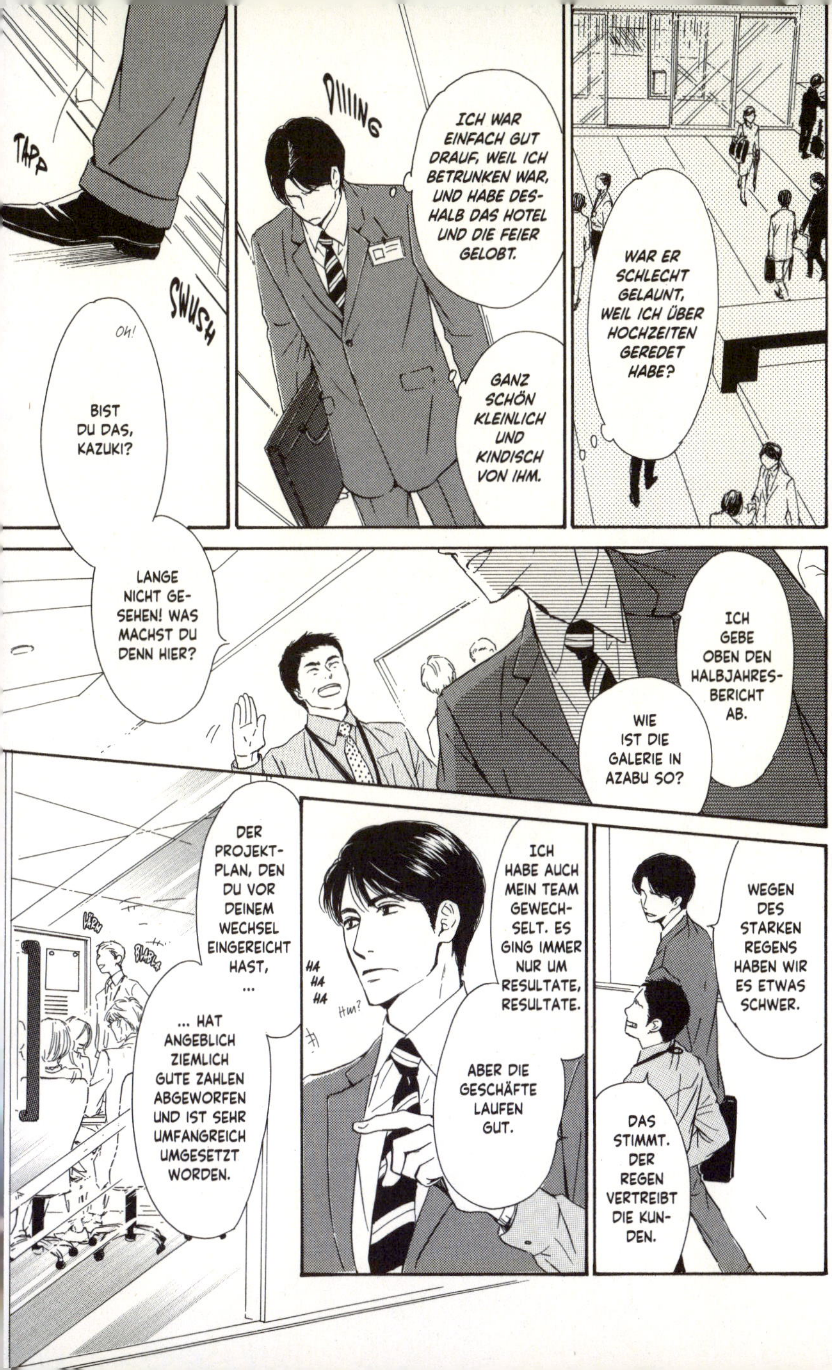
WAR ER SCHLECHT GELAUNT, WEIL ICH ÜBER HOCHZEITEN GEREDET HABE?
DIIIING
ICH WAR EINFACH GUT DRAUF, WEIL ICH BETRUNKEN WAR, UND HABE DESHALB DAS HOTEL UND DIE FEIER GELOBT.
GANZ SCHÖN KLEINLICH UND KINDISCH VON IHM.
TAPP
SWUSH
Oh!
BIST DU DAS, KAZUKI?
LANGE NICHT GESEHEN! WAS MACHST DU DENN HIER?
ICH GEBE OBEN DEN HALBJAHRESBERICHT AB.
WIE IST DIE GALERIE IN AZABU SO?
WEGEN DES STARKEN REGENS HABEN WIR ES ETWAS SCHWER.
DAS STIMMT. DER REGEN VERTREIBT DIE KUNDEN.
ICH HABE AUCH MEIN TEAM GEWECHSELT. ES GING IMMER NUR UM RESULTATE, RESULTATE.
ABER DIE GESCHÄFTE LAUFEN GUT.
HA HA HA
Hm?
DER PROJEKTPLAN, DEN DU VOR DEINEM WECHSEL EINGEREICHT HAST, ...
... HAT ANGEBLICH ZIEMLICH GUTE ZAHLEN ABGEWORFEN UND IST SEHR UMFANGREICH UMGESETZT WORDEN.
BLABLA

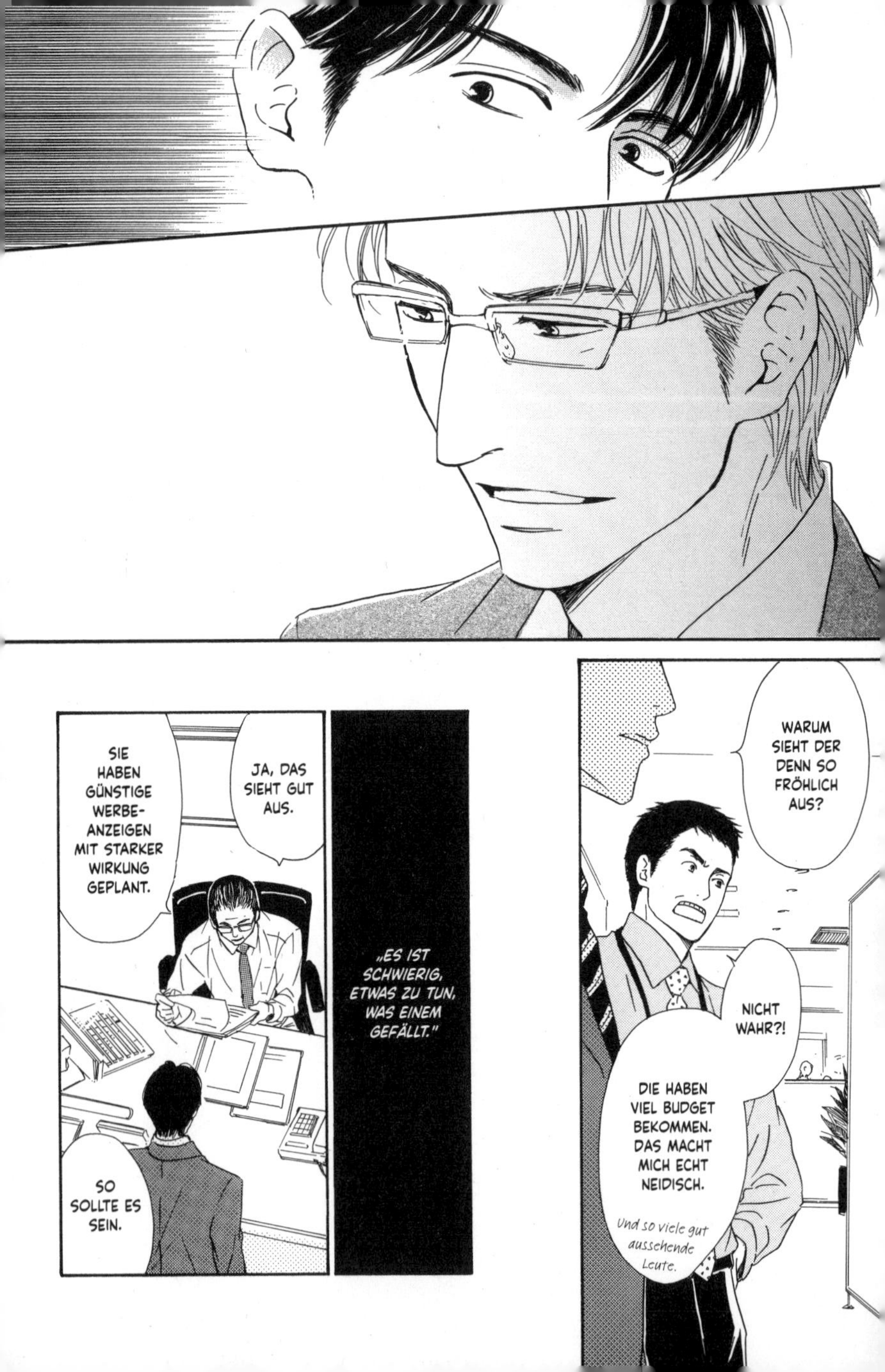
WARUM SIEHT DER DENN SO FRÖHLICH AUS?
NICHT WAHR?!
DIE HABEN VIEL BUDGET BEKOMMEN. DAS MACHT MICH ECHT NEIDISCH.
Und so viele gut aussehende Leute.
„ES IST SCHWIERIG, ETWAS ZU TUN, WAS EINEM GEFÄLLT."
JA, DAS SIEHT GUT AUS.
SIE HABEN GÜNSTIGE WERBE-ANZEIGEN MIT STARKER WIRKUNG GEPLANT.
SO SOLLTE ES SEIN.

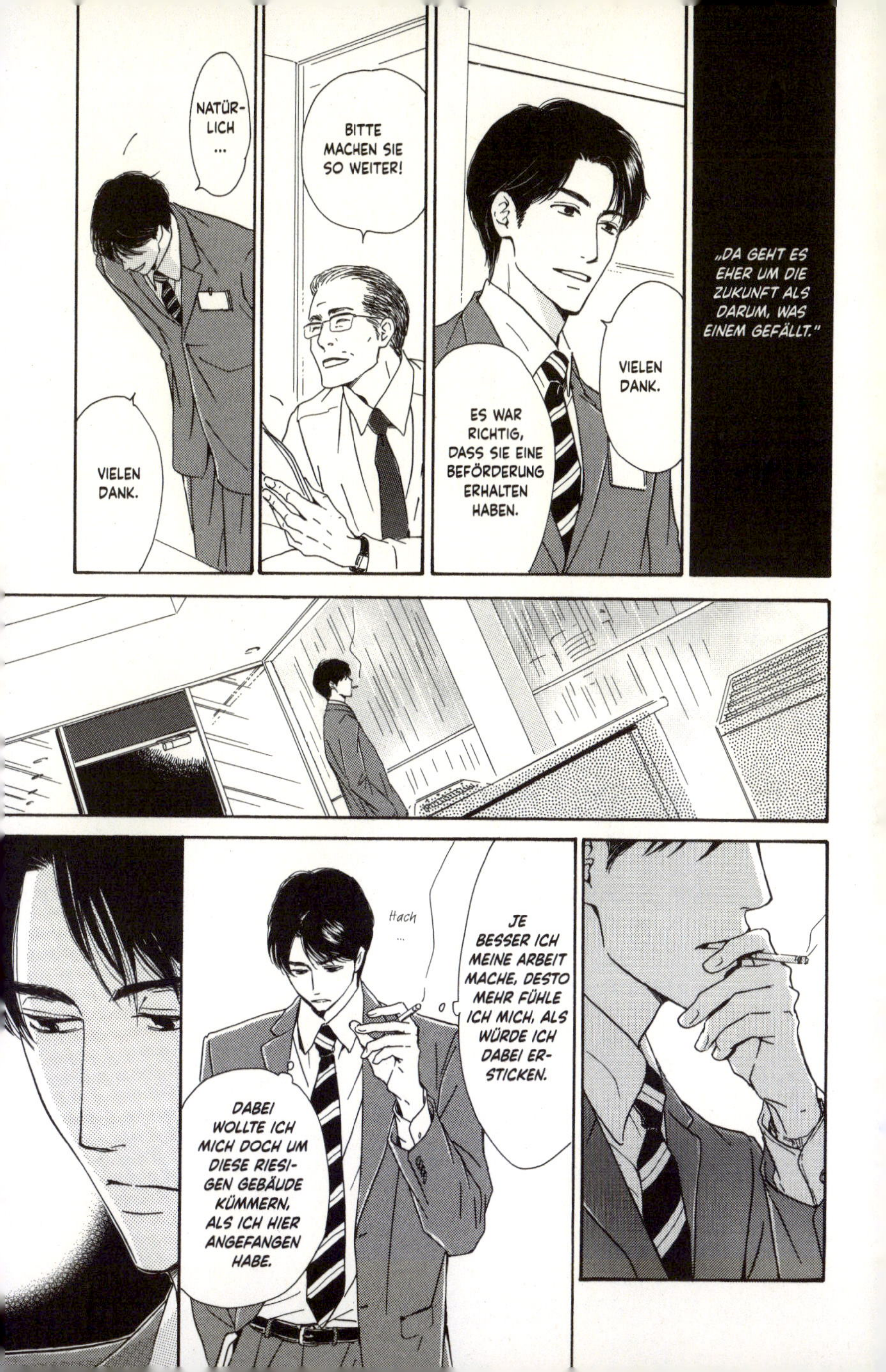
„DA GEHT ES EHER UM DIE ZUKUNFT ALS DARUM, WAS EINEM GEFÄLLT."
ES WAR RICHTIG, DASS SIE EINE BEFÖRDERUNG ERHALTEN HABEN.
VIELEN DANK.
BITTE MACHEN SIE SO WEITER!
NATÜRLICH ...
VIELEN DANK.
JE BESSER ICH MEINE ARBEIT MACHE, DESTO MEHR FÜHLE ICH MICH, ALS WÜRDE ICH DABEI ERSTICKEN.
Hach ...
DABEI WOLLTE ICH MICH DOCH UM DIESE RIESIGEN GEBÄUDE KÜMMERN, ALS ICH HIER ANGEFANGEN HABE.

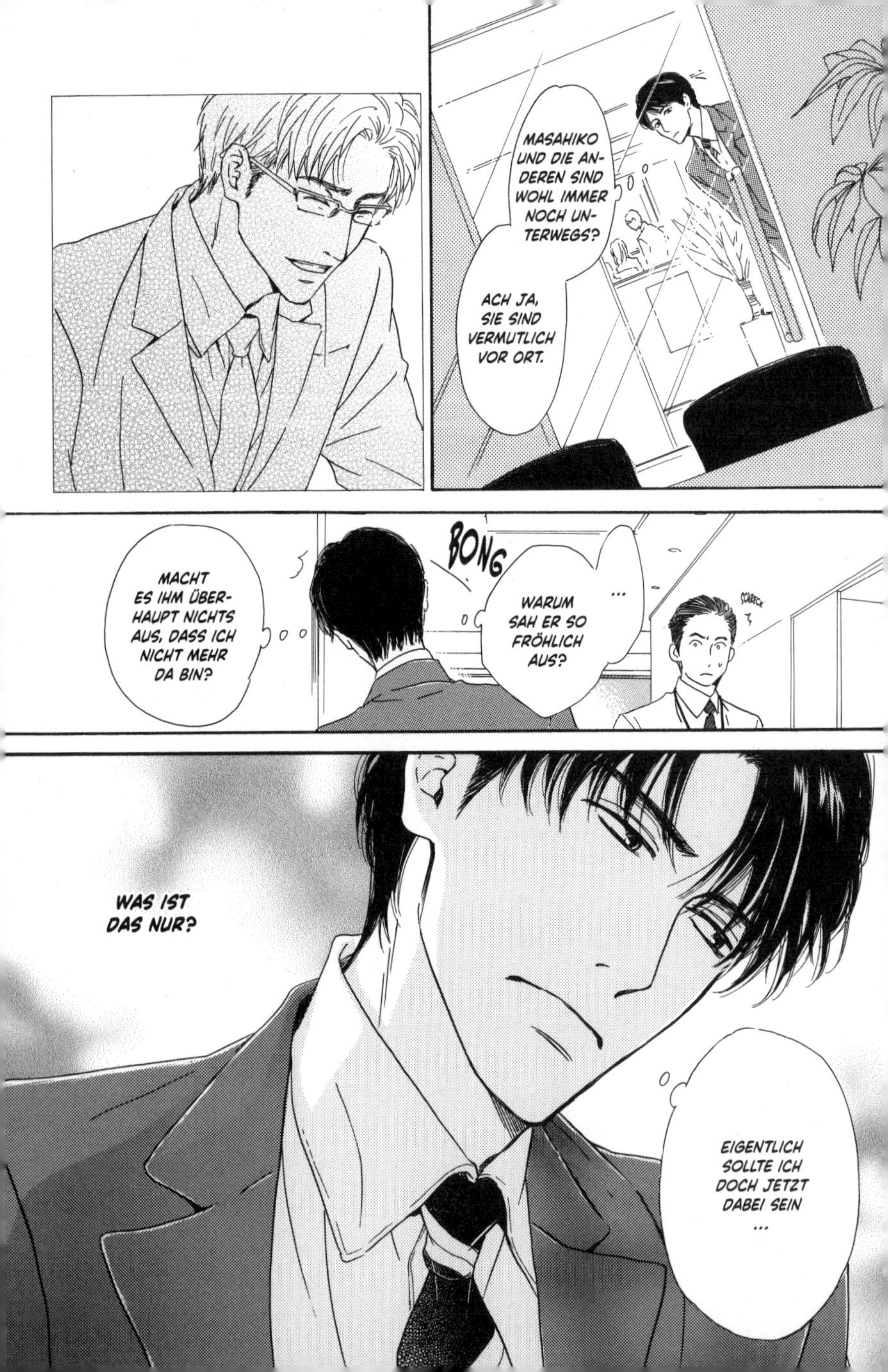
MASAHIKO UND DIE ANDEREN SIND WOHL IMMER NOCH UNTERWEGS?
ACH JA, SIE SIND VERMUTLICH VOR ORT.
SCHRECK
...
WARUM SAH ER SO FRÖHLICH AUS?
BONG
MACHT ES IHM ÜBERHAUPT NICHTS AUS, DASS ICH NICHT MEHR DA BIN?
EIGENTLICH SOLLTE ICH DOCH JETZT DABEI SEIN ...
WAS IST DAS NUR?

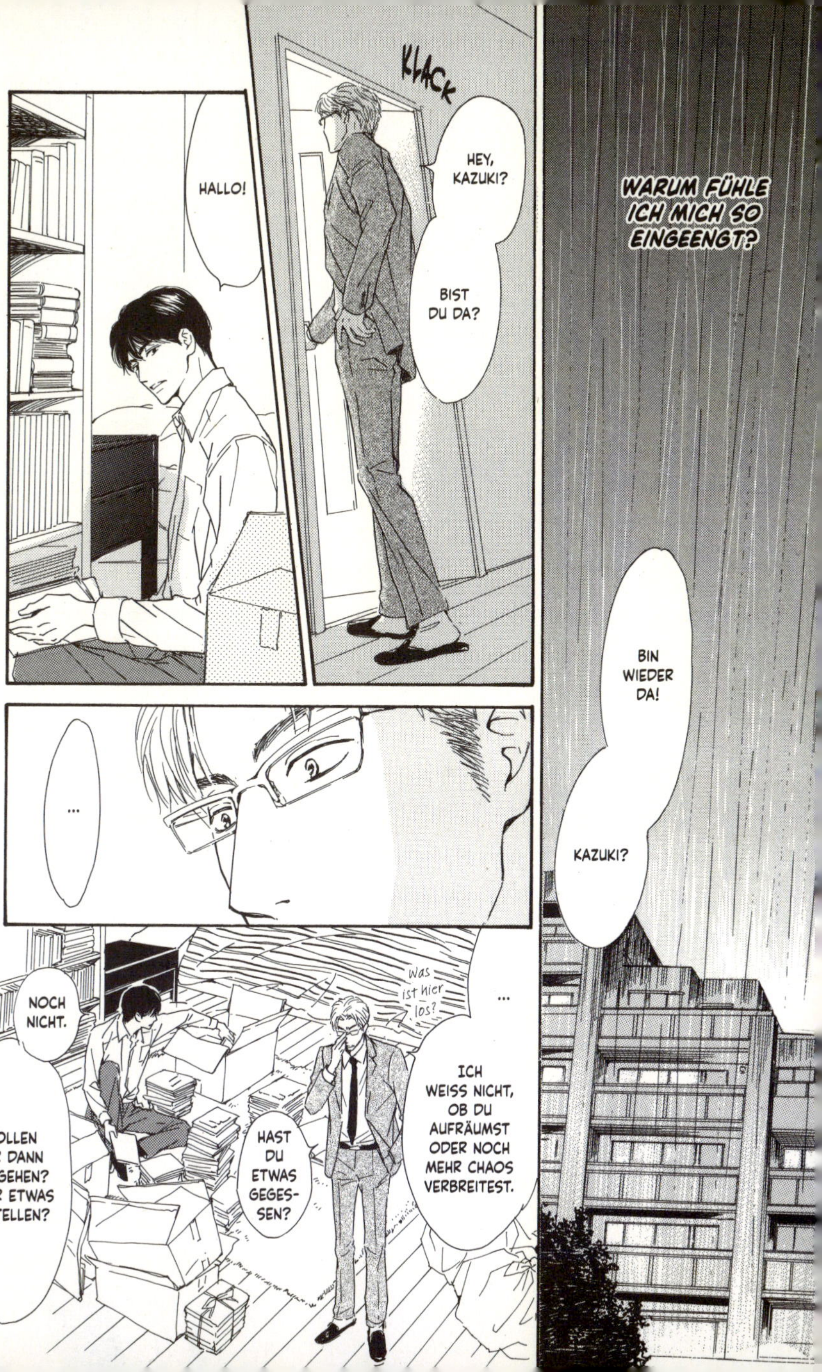
WARUM FÜHLE ICH MICH SO EINGEENGT?
BIN WIEDER DA!
KAZUKI?
KLACK
HEY, KAZUKI?
BIST DU DA?
HALLO!
...
...
Was ist hier los?
ICH WEISS NICHT, OB DU AUFRÄUMST ODER NOCH MEHR CHAOS VERBREITEST.
HAST DU ETWAS GEGESSEN?
NOCH NICHT.
WOLLEN WIR DANN AUSGEHEN? ODER ETWAS BESTELLEN?

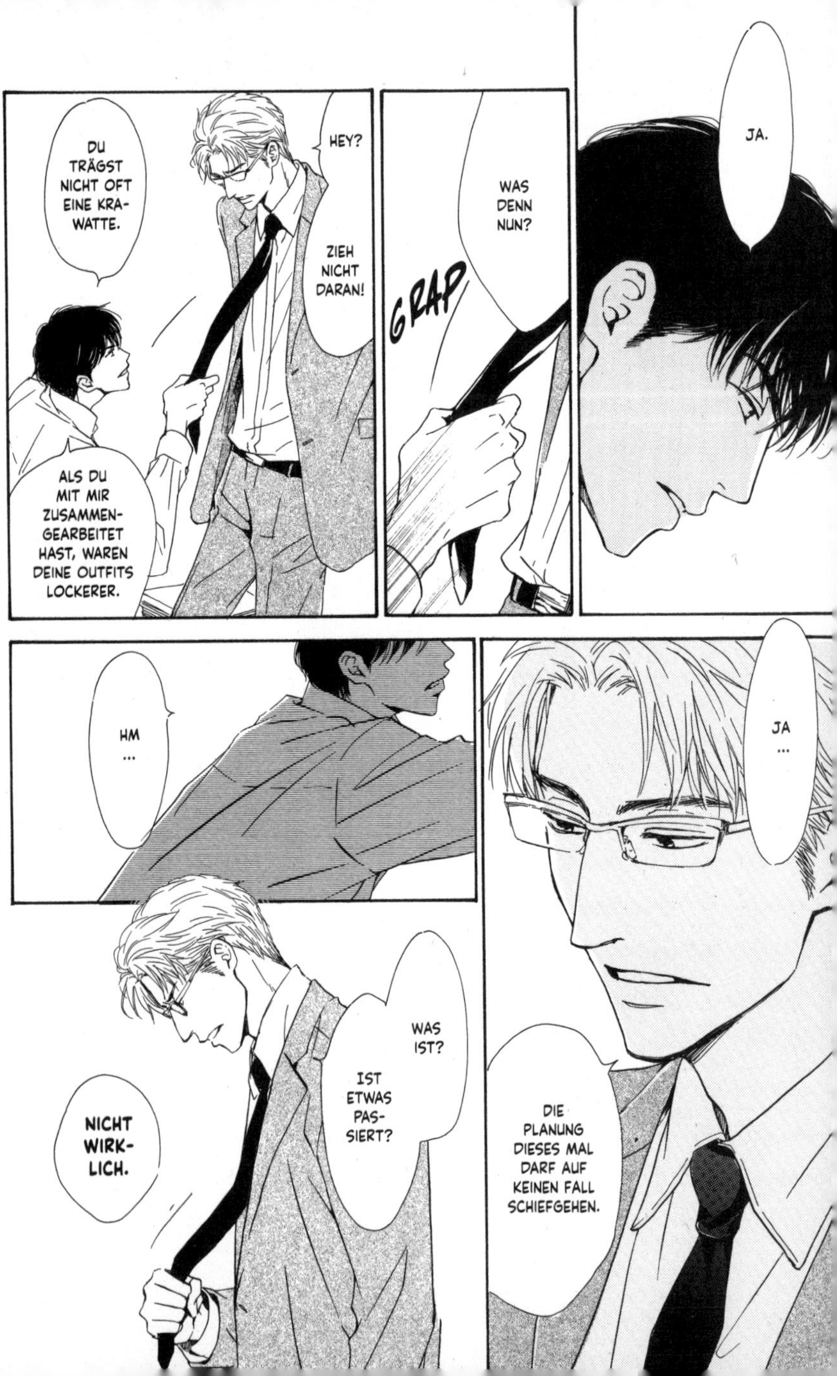
JA.
WAS DENN NUN?
GRAP
HEY?
ZIEH NICHT DARAN!
DU TRÄGST NICHT OFT EINE KRAWATTE.
ALS DU MIT MIR ZUSAMMENGEARBEITET HAST, WAREN DEINE OUTFITS LOCKERER.
JA ...
DIE PLANUNG DIESES MAL DARF AUF KEINEN FALL SCHIEFGEHEN.
HM ...
WAS IST?
IST ETWAS PASSIERT?
NICHT WIRKLICH.

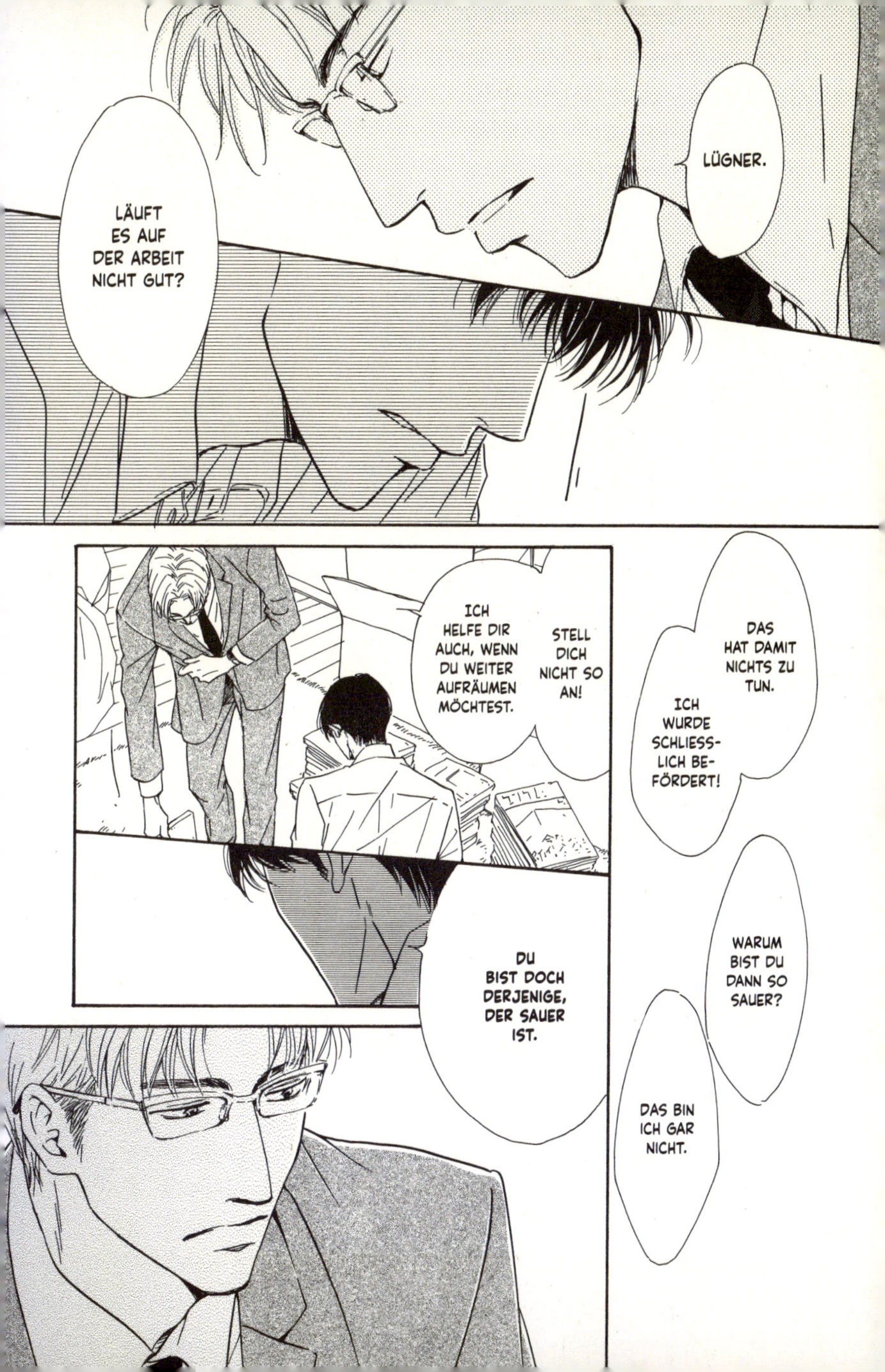
LÜGNER.
LÄUFT ES AUF DER ARBEIT NICHT GUT?
DAS HAT DAMIT NICHTS ZU TUN.
ICH WURDE SCHLIESS-LICH BE-FÖRDERT!
STELL DICH NICHT SO AN!
ICH HELFE DIR AUCH, WENN DU WEITER AUFRÄUMEN MÖCHTEST.
WARUM BIST DU DANN SO SAUER?
DAS BIN ICH GAR NICHT.
DU BIST DOCH DERJENIGE, DER SAUER IST.

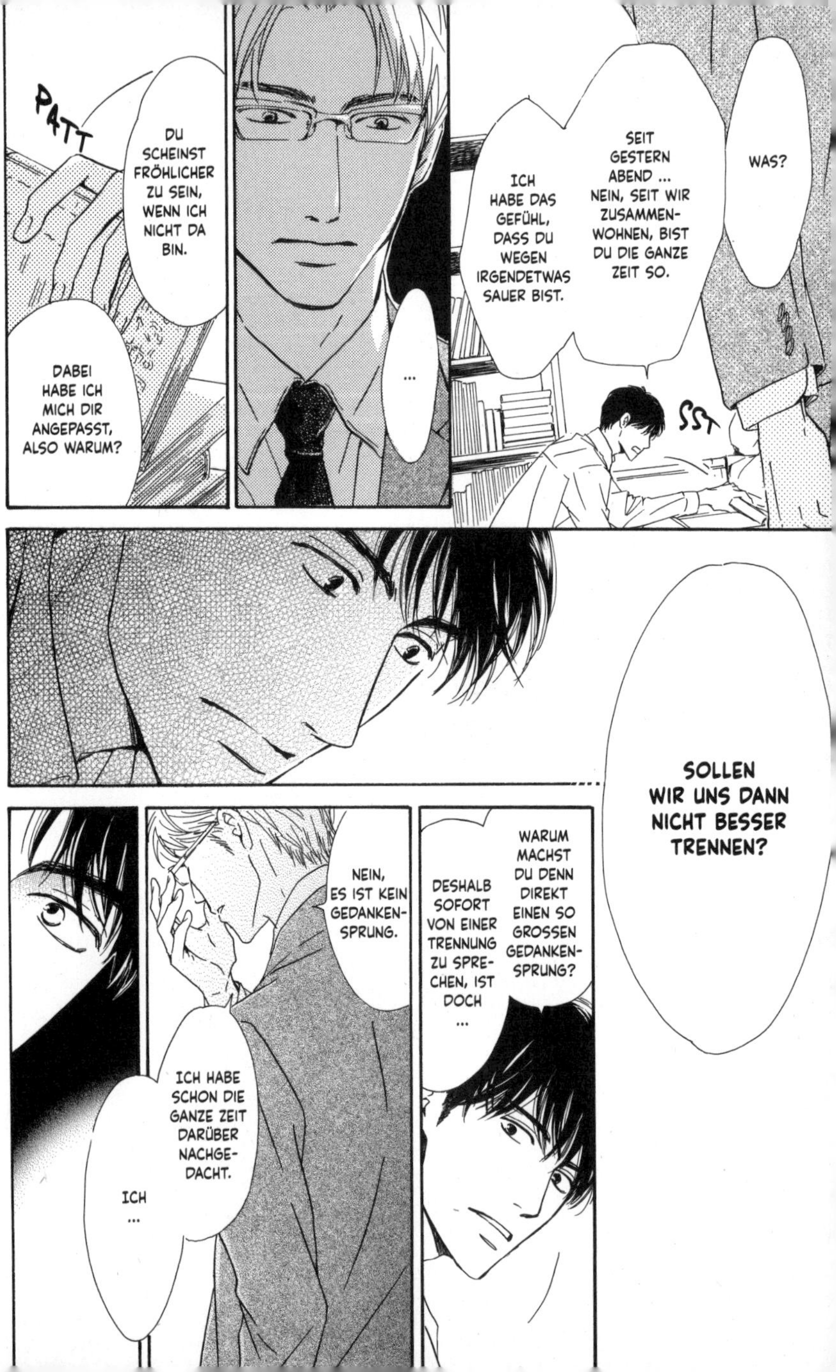
WAS?
SEIT GESTERN ABEND ... NEIN, SEIT WIR ZUSAMMEN-WOHNEN, BIST DU DIE GANZE ZEIT SO.
ICH HABE DAS GEFÜHL, DASS DU WEGEN IRGENDETWAS SAUER BIST.
SST
...
DU SCHEINST FRÖHLICHER ZU SEIN, WENN ICH NICHT DA BIN.
PATT
DABEI HABE ICH MICH DIR ANGEPASST, ALSO WARUM?
SOLLEN WIR UNS DANN NICHT BESSER TRENNEN?
WARUM MACHST DU DENN DIREKT EINEN SO GROSSEN GEDANKEN-SPRUNG?
DESHALB SOFORT VON EINER TRENNUNG ZU SPRE-CHEN, IST DOCH ...
NEIN, ES IST KEIN GEDANKEN-SPRUNG.
ICH HABE SCHON DIE GANZE ZEIT DARÜBER NACHGE-DACHT.
ICH ...

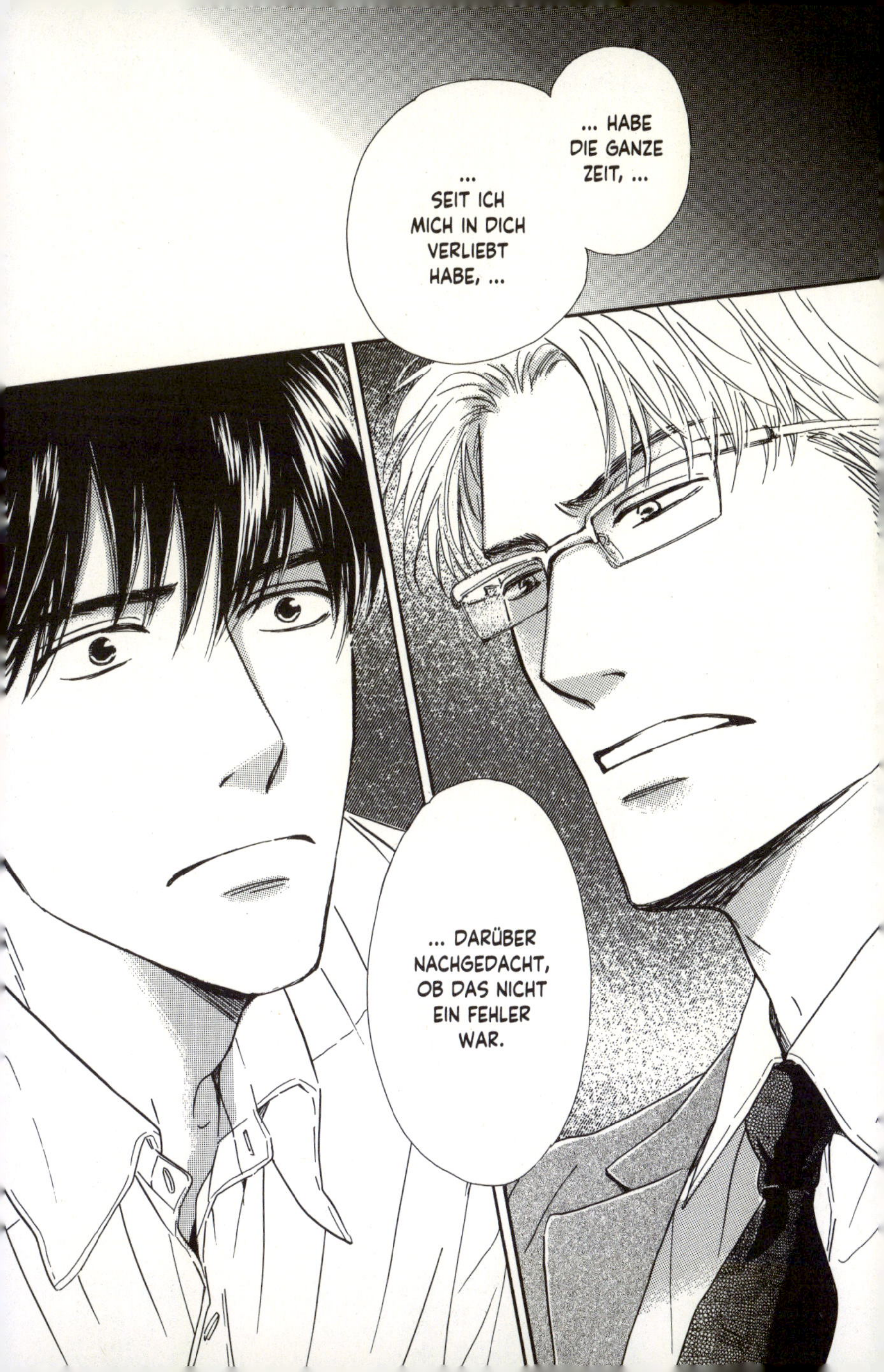
... HABE DIE GANZE ZEIT, ...
... SEIT ICH MICH IN DICH VERLIEBT HABE, ...
... DARÜBER NACHGEDACHT, OB DAS NICHT EIN FEHLER WAR.

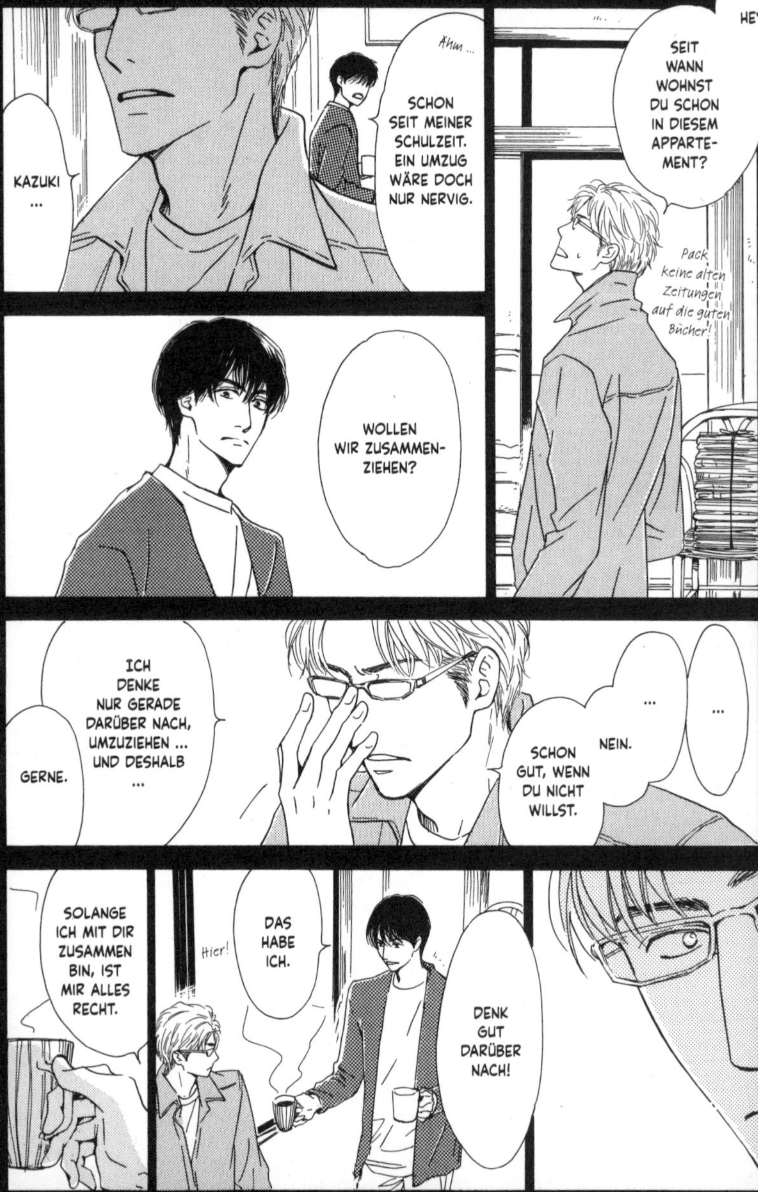
HEY!
SEIT WANN WOHNST DU SCHON IN DIESEM APPARTE-MENT?
Pack keine alten Zeitungen auf die guten Bücher!
Ähm ...
SCHON SEIT MEINER SCHULZEIT. EIN UMZUG WÄRE DOCH NUR NERVIG.
KAZUKI ...
WOLLEN WIR ZUSAMMEN-ZIEHEN?
...
...
NEIN.
SCHON GUT, WENN DU NICHT WILLST.
ICH DENKE NUR GERADE DARÜBER NACH, UMZUZIEHEN ... UND DESHALB ...
GERNE.
DENK GUT DARÜBER NACH!
DAS HABE ICH.
Hier!
SOLANGE ICH MIT DIR ZUSAMMEN BIN, IST MIR ALLES RECHT.

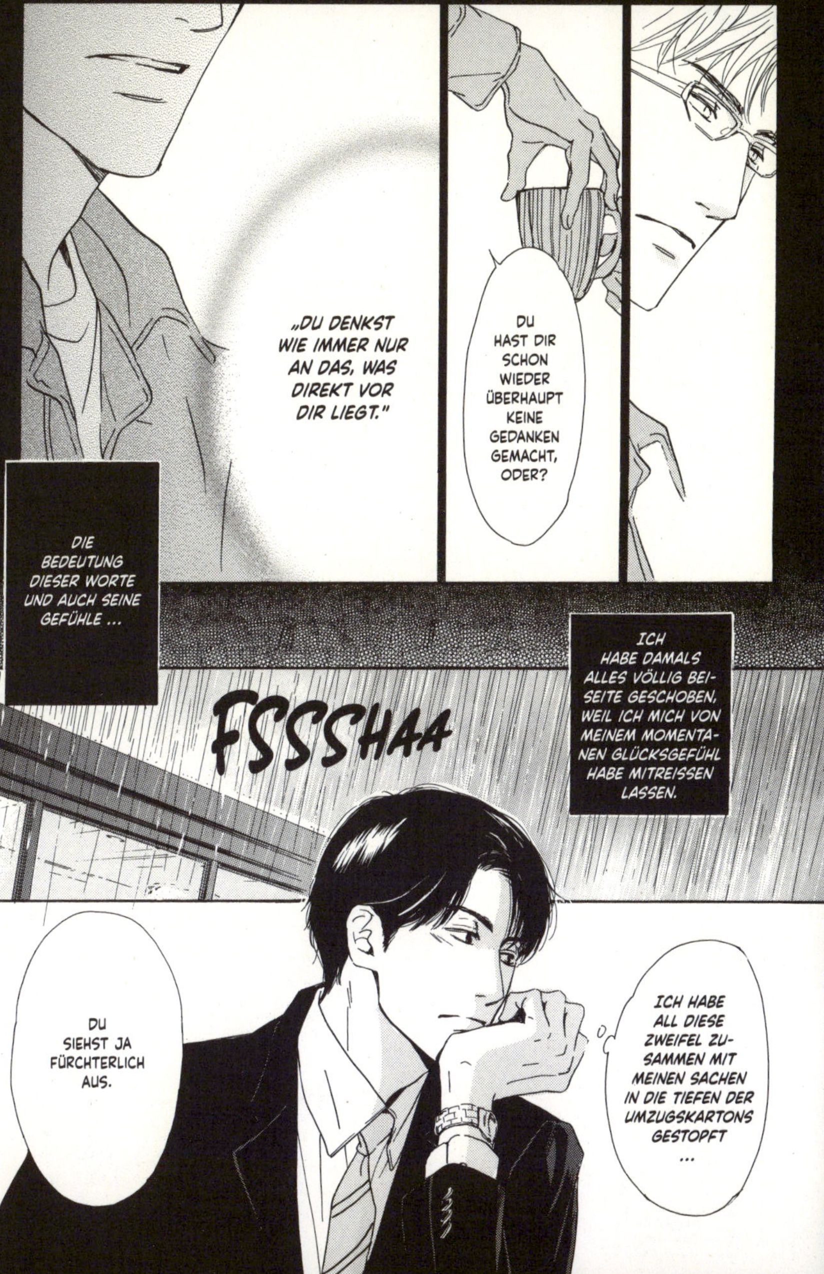
DU HAST DIR SCHON WIEDER ÜBERHAUPT KEINE GEDANKEN GEMACHT, ODER?
„DU DENKST WIE IMMER NUR AN DAS, WAS DIREKT VOR DIR LIEGT."
DIE BEDEUTUNG DIESER WORTE UND AUCH SEINE GEFÜHLE ...
ICH HABE DAMALS ALLES VÖLLIG BEI-SEITE GESCHOBEN, WEIL ICH MICH VON MEINEM MOMENTA-NEN GLÜCKSGEFÜHL HABE MITREISSEN LASSEN.
FSSSHAA
ICH HABE ALL DIESE ZWEIFEL ZU-SAMMEN MIT MEINEN SACHEN IN DIE TIEFEN DER UMZUGSKARTONS GESTOPFT ...
DU SIEHST JA FÜRCHTERLICH AUS.

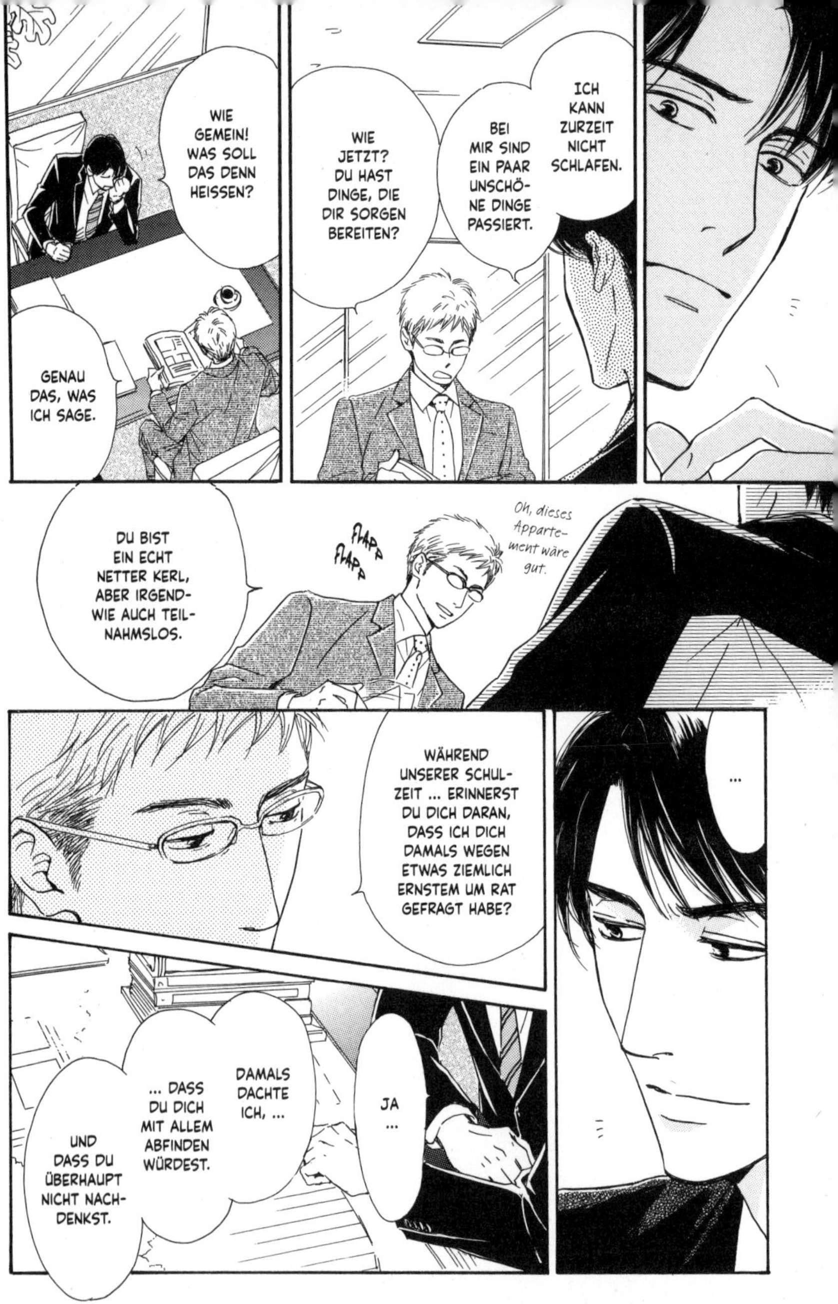
ICH KANN ZURZEIT NICHT SCHLAFEN.
BEI MIR SIND EIN PAAR UNSCHÖ-NE DINGE PASSIERT.
WIE JETZT? DU HAST DINGE, DIE DIR SORGEN BEREITEN?
WIE GEMEIN! WAS SOLL DAS DENN HEISSEN?
GENAU DAS, WAS ICH SAGE.
Oh, dieses Apparte-ment wäre gut.
FLAPP FLAPP
DU BIST EIN ECHT NETTER KERL, ABER IRGEND-WIE AUCH TEIL-NAHMSLOS.
...
WÄHREND UNSERER SCHUL-ZEIT ... ERINNERST DU DICH DARAN, DASS ICH DICH DAMALS WEGEN ETWAS ZIEMLICH ERNSTEM UM RAT GEFRAGT HABE?
JA ...
DAMALS DACHTE ICH, ...
... DASS DU DICH MIT ALLEM ABFINDEN WÜRDEST.
UND DASS DU ÜBERHAUPT NICHT NACH-DENKST.

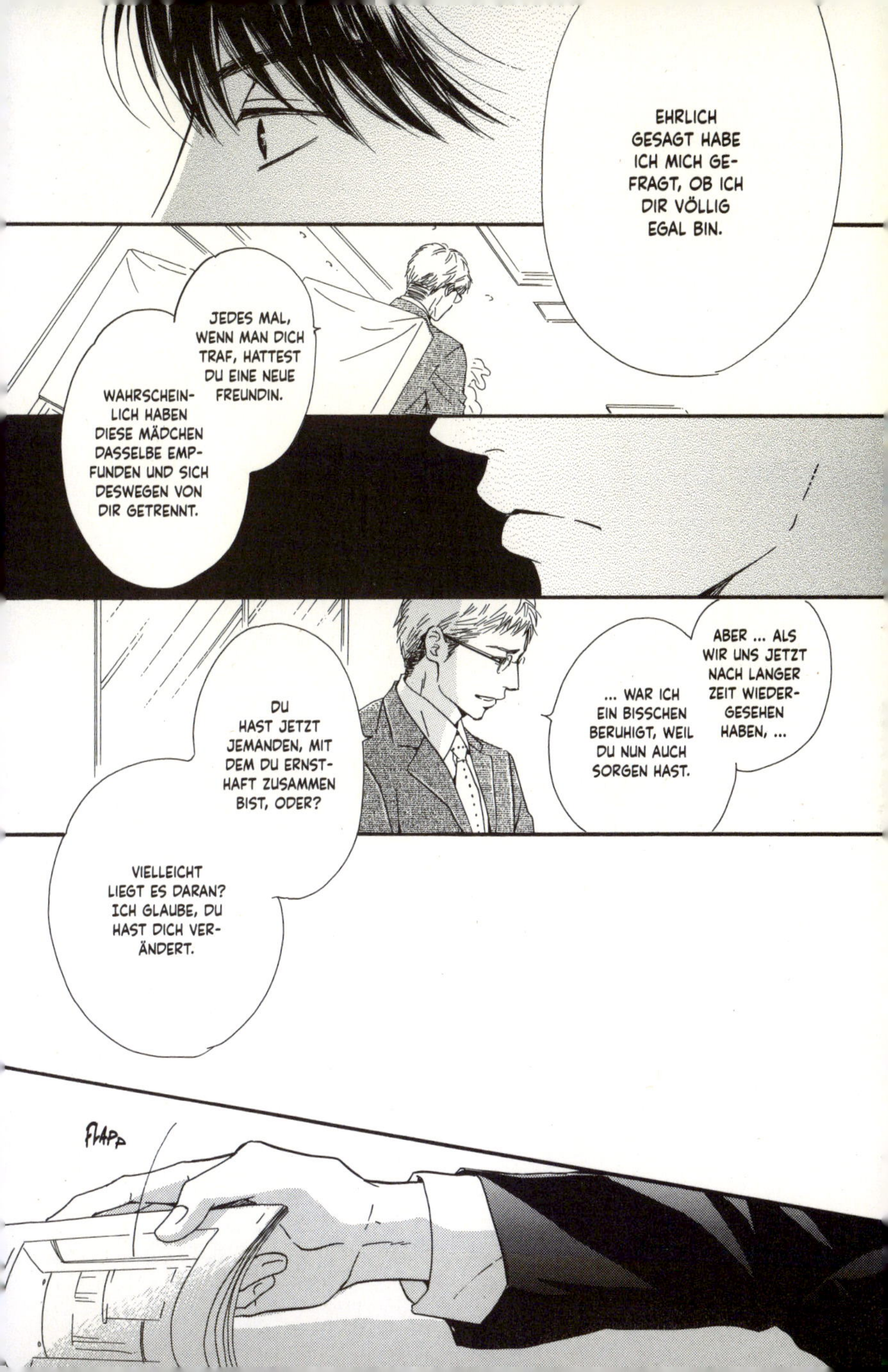
EHRLICH GESAGT HABE ICH MICH GE-FRAGT, OB ICH DIR VÖLLIG EGAL BIN.
JEDES MAL, WENN MAN DICH TRAF, HATTEST DU EINE NEUE FREUNDIN.
WAHRSCHEIN-LICH HABEN DIESE MÄDCHEN DASSELBE EMP-FUNDEN UND SICH DESWEGEN VON DIR GETRENNT.
ABER ... ALS WIR UNS JETZT NACH LANGER ZEIT WIEDER-GESEHEN HABEN, ...
... WAR ICH EIN BISSCHEN BERUHIGT, WEIL DU NUN AUCH SORGEN HAST.
DU HAST JETZT JEMANDEN, MIT DEM DU ERNST-HAFT ZUSAMMEN BIST, ODER?
VIELLEICHT LIEGT ES DARAN? ICH GLAUBE, DU HAST DICH VER-ÄNDERT.
FLAPP

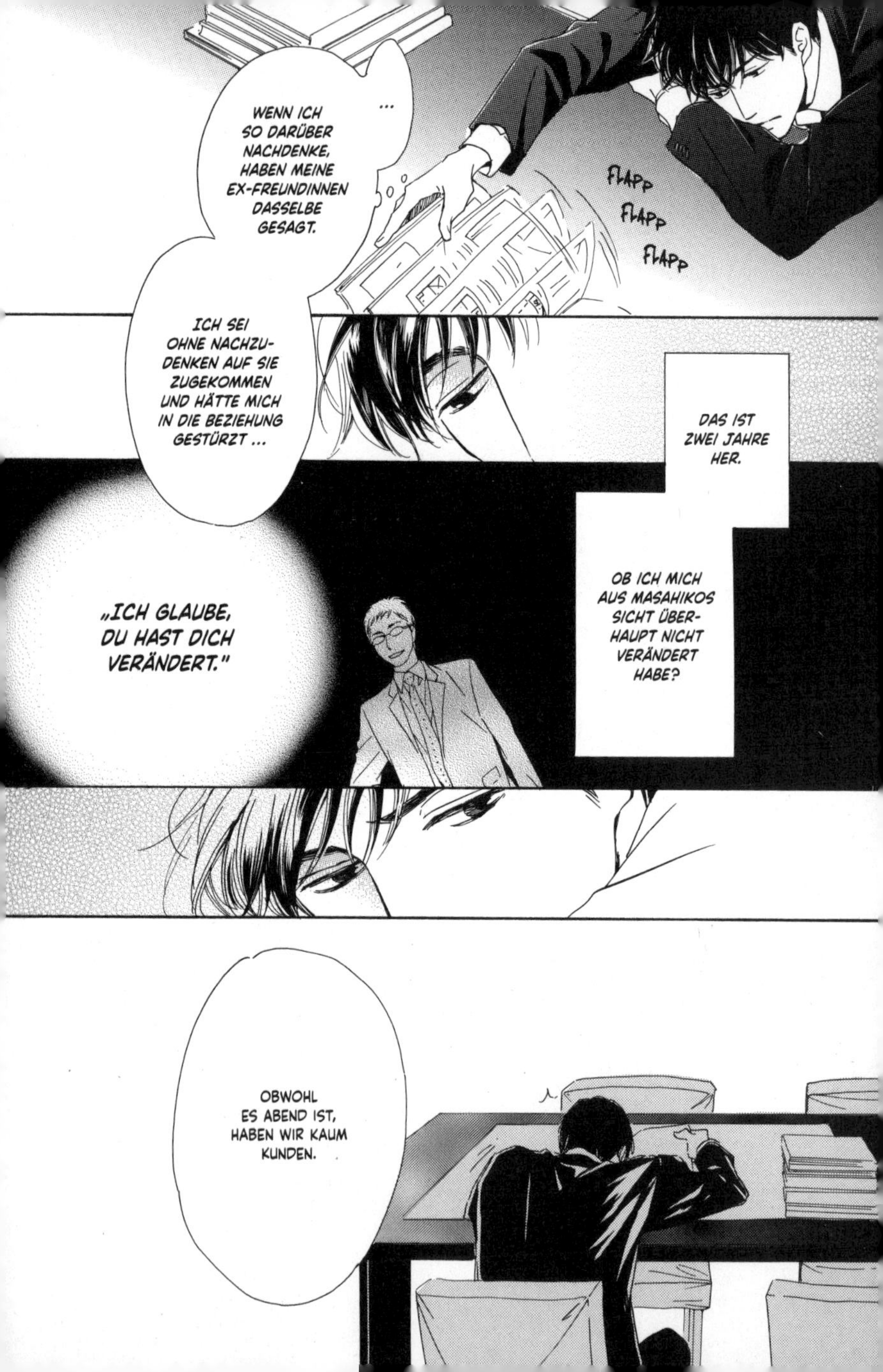
...
WENN ICH SO DARÜBER NACHDENKE, HABEN MEINE EX-FREUNDINNEN DASSELBE GESAGT.
FLAPP
FLAPP
FLAPP
ICH SEI OHNE NACHZUDENKEN AUF SIE ZUGEKOMMEN UND HÄTTE MICH IN DIE BEZIEHUNG GESTÜRZT ...
DAS IST ZWEI JAHRE HER.
OB ICH MICH AUS MASAHIKOS SICHT ÜBERHAUPT NICHT VERÄNDERT HABE?
„ICH GLAUBE, DU HAST DICH VERÄNDERT."
OBWOHL ES ABEND IST, HABEN WIR KAUM KUNDEN.

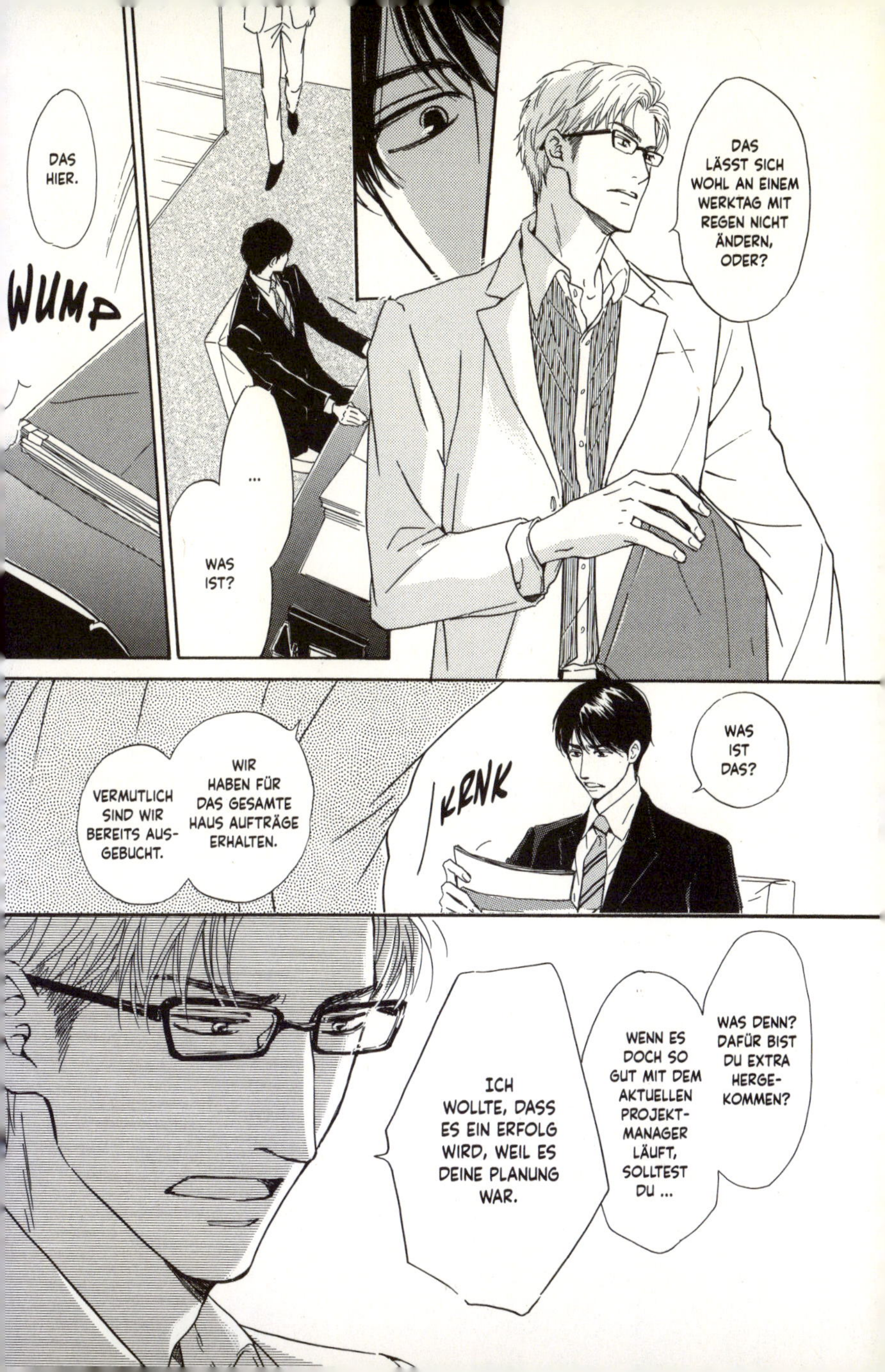
DAS LÄSST SICH WOHL AN EINEM WERKTAG MIT REGEN NICHT ÄNDERN, ODER?
DAS HIER.
WUMP
...
WAS IST?
WAS IST DAS?
KRNK
WIR HABEN FÜR DAS GESAMTE HAUS AUFTRÄGE ERHALTEN.
VERMUTLICH SIND WIR BEREITS AUS-GEBUCHT.
WAS DENN? DAFÜR BIST DU EXTRA HERGE-KOMMEN?
WENN ES DOCH SO GUT MIT DEM AKTUELLEN PROJEKT-MANAGER LÄUFT, SOLLTEST DU ...
ICH WOLLTE, DASS ES EIN ERFOLG WIRD, WEIL ES DEINE PLANUNG WAR.

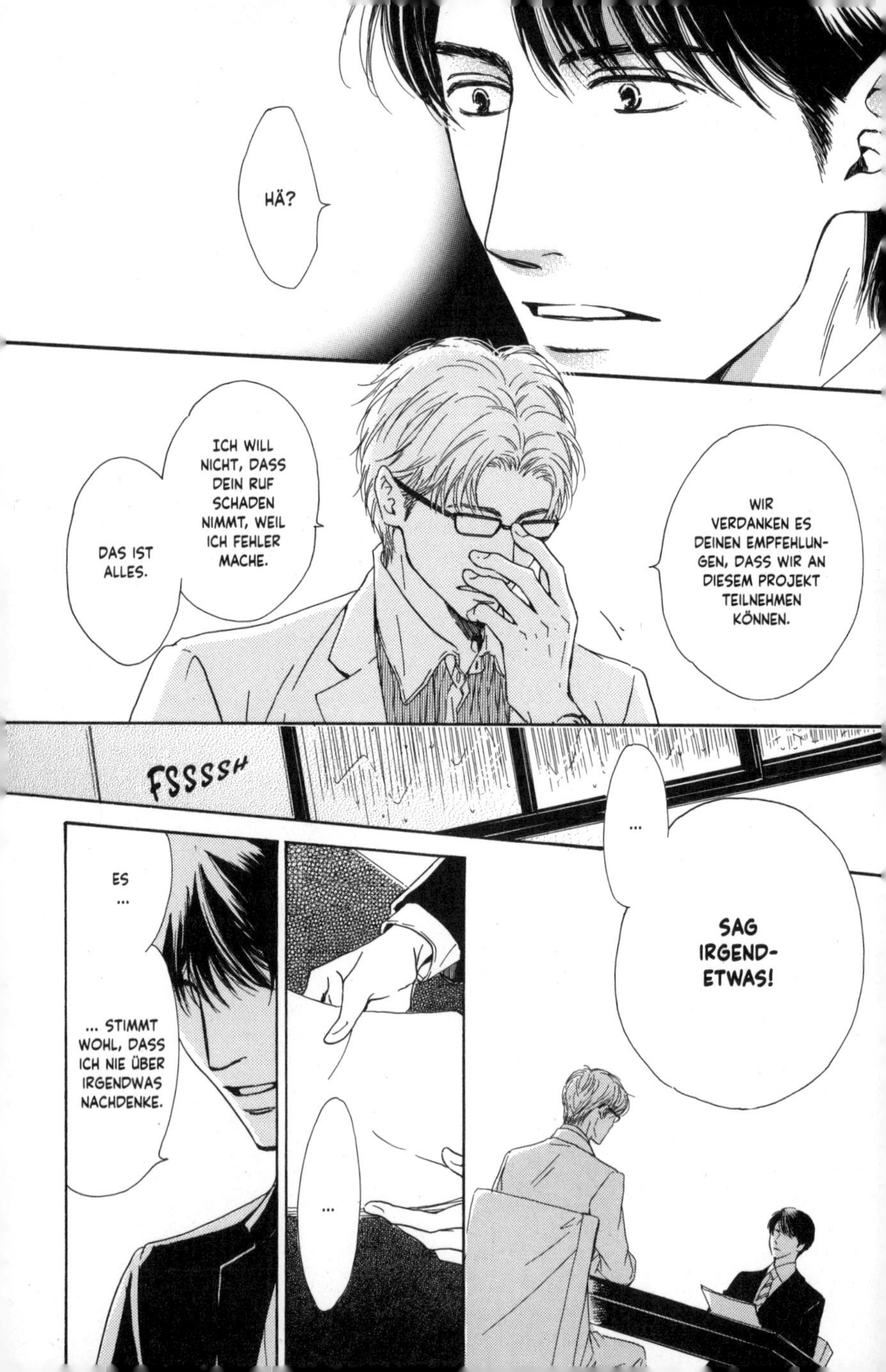
HÄ?
WIR VERDANKEN ES DEINEN EMPFEHLUNGEN, DASS WIR AN DIESEM PROJEKT TEILNEHMEN KÖNNEN.
ICH WILL NICHT, DASS DEIN RUF SCHADEN NIMMT, WEIL ICH FEHLER MACHE.
DAS IST ALLES.
FSSSSH
...
SAG IRGEND-ETWAS!
...
ES ...
... STIMMT WOHL, DASS ICH NIE ÜBER IRGENDWAS NACHDENKE.

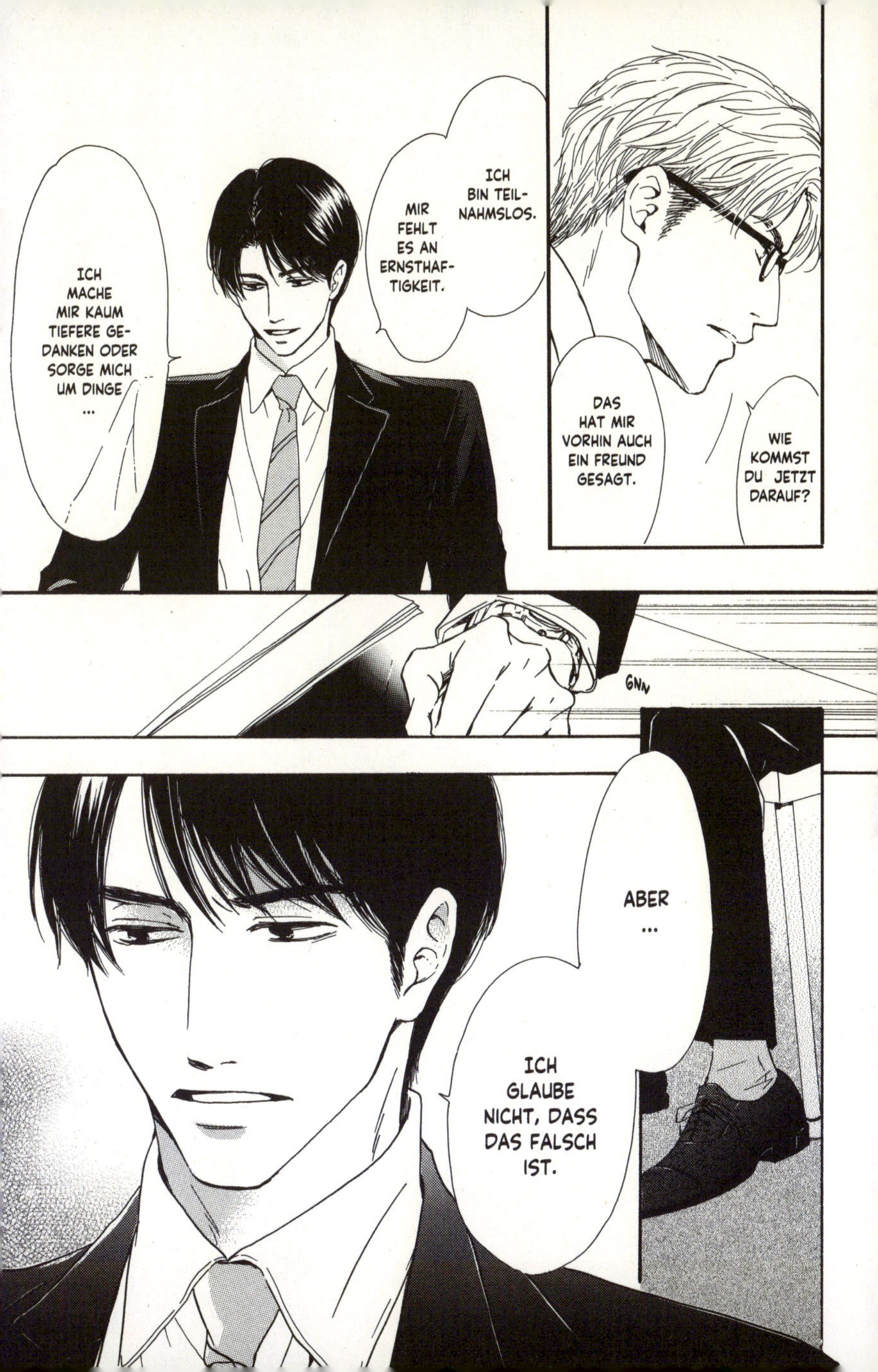
WIE KOMMST DU JETZT DARAUF?
DAS HAT MIR VORHIN AUCH EIN FREUND GESAGT.
ICH BIN TEIL-NAHMSLOS.
MIR FEHLT ES AN ERNSTHAF-TIGKEIT.
ICH MACHE MIR KAUM TIEFERE GE-DANKEN ODER SORGE MICH UM DINGE ...
GNN
ABER ...
ICH GLAUBE NICHT, DASS DAS FALSCH IST.

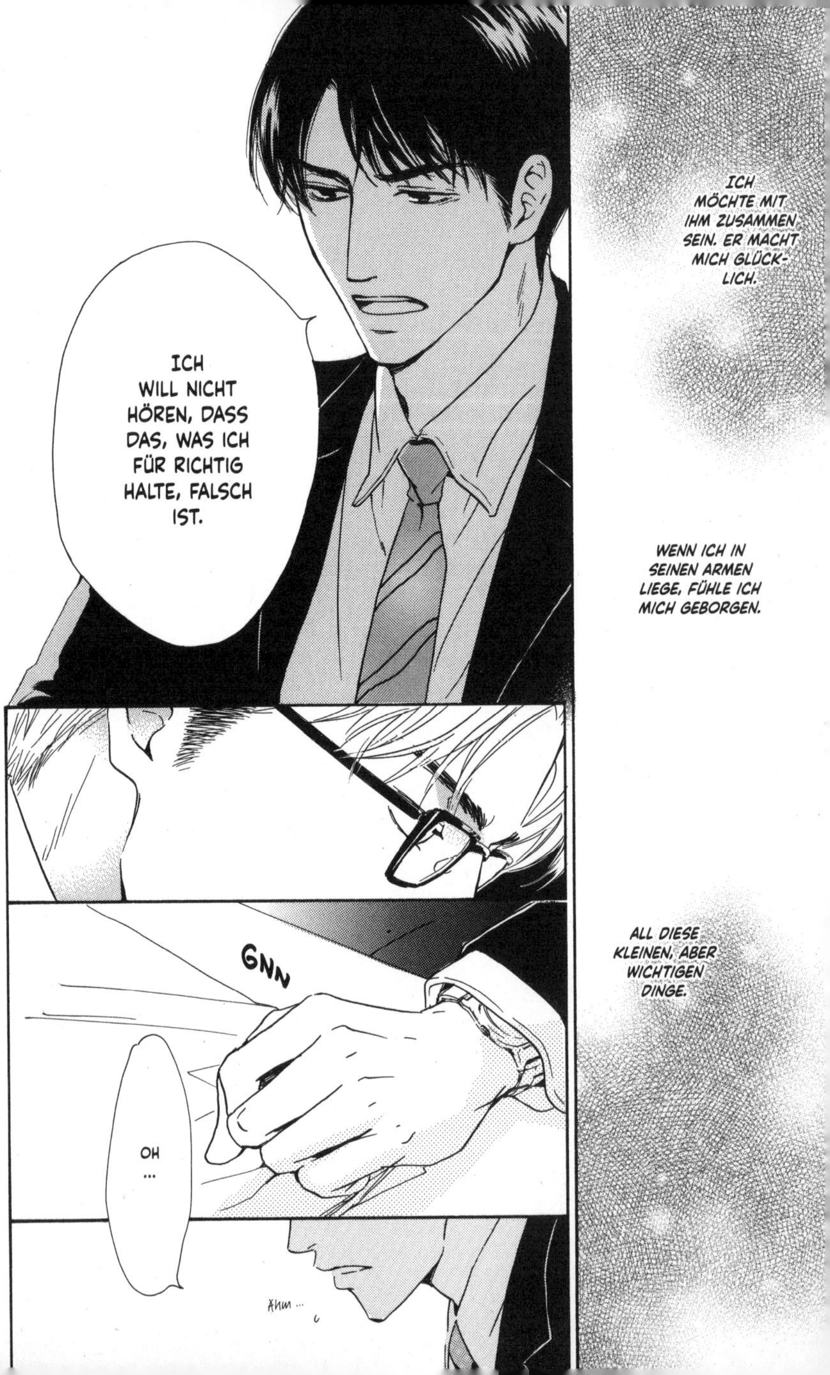
ICH MÖCHTE MIT IHM ZUSAMMEN SEIN. ER MACHT MICH GLÜCK-LICH.
ICH WILL NICHT HÖREN, DASS DAS, WAS ICH FÜR RICHTIG HALTE, FALSCH IST.
WENN ICH IN SEINEN ARMEN LIEGE, FÜHLE ICH MICH GEBORGEN.
GNN
ALL DIESE KLEINEN, ABER WICHTIGEN DINGE.
OH ...
Ähm ...

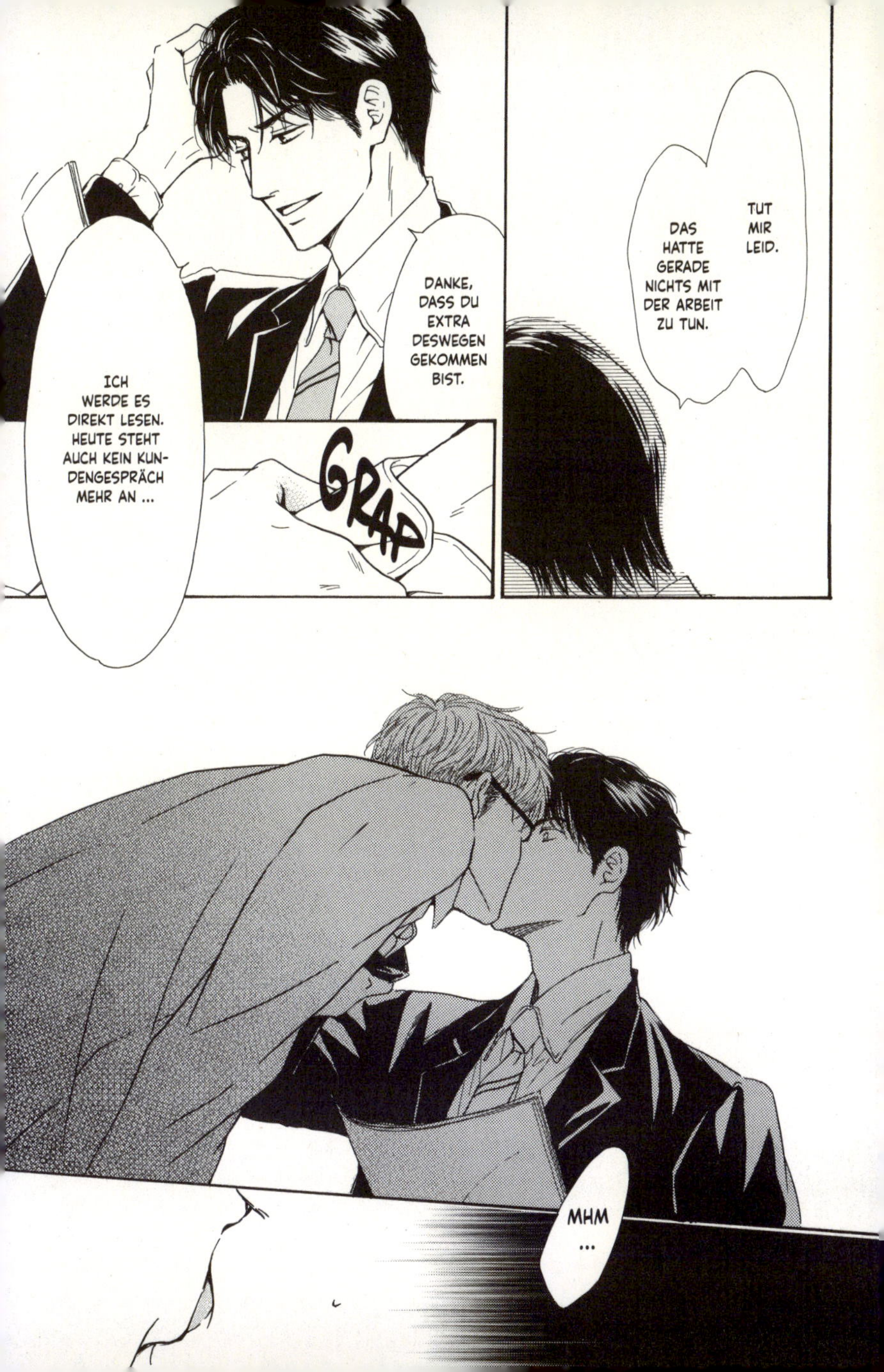
TUT MIR LEID.
DAS HATTE GERADE NICHTS MIT DER ARBEIT ZU TUN.
DANKE, DASS DU EXTRA DESWEGEN GEKOMMEN BIST.
ICH WERDE ES DIREKT LESEN. HEUTE STEHT AUCH KEIN KUN-DENGESPRÄCH MEHR AN ...
GRAP
MHM ...

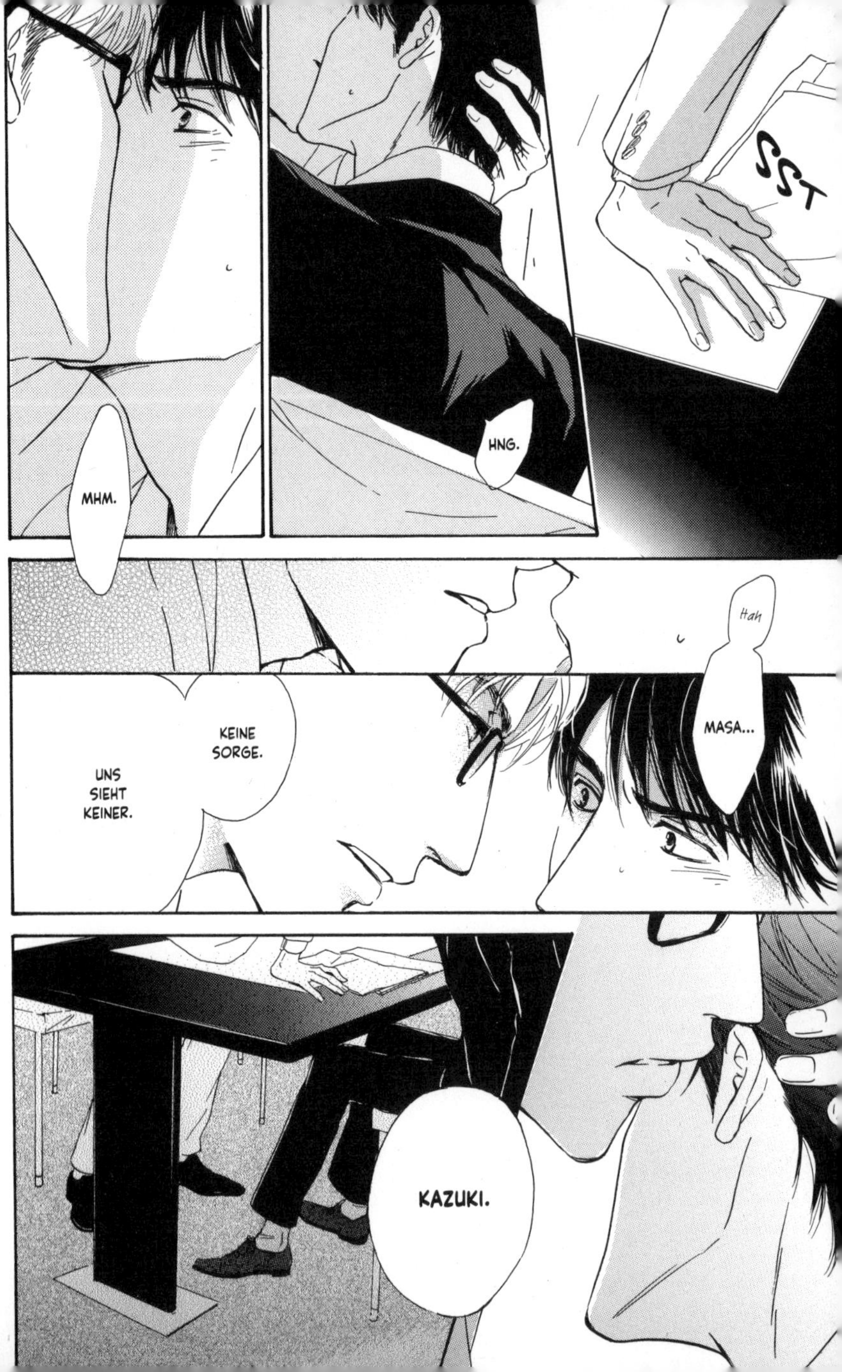
SST
HNG.
MHM.
Hah
MASA...
KEINE SORGE.
UNS SIEHT KEINER.
KAZUKI.

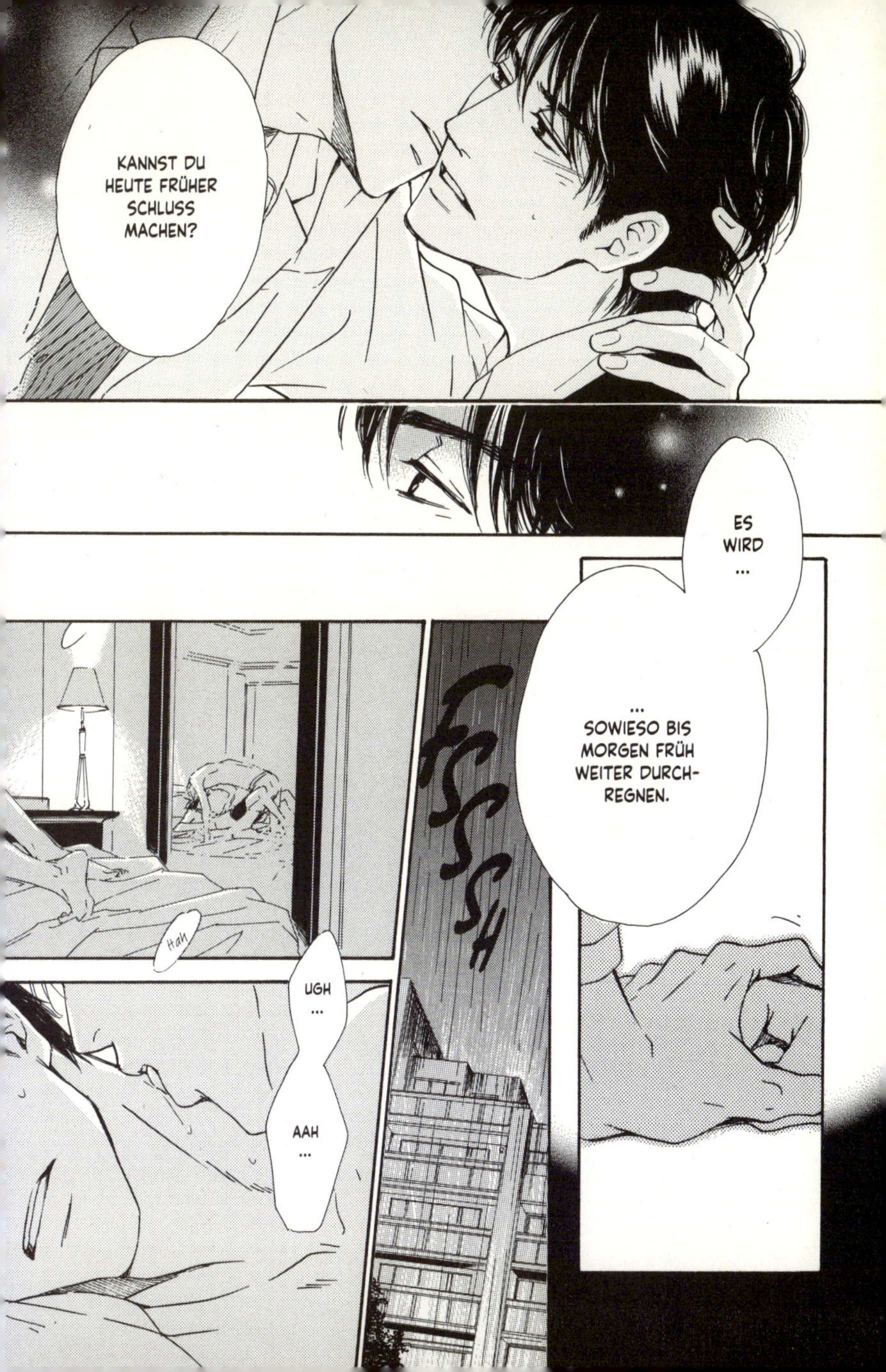
KANNST DU HEUTE FRÜHER SCHLUSS MACHEN?
ES WIRD ...
... SOWIESO BIS MORGEN FRÜH WEITER DURCH-REGNEN.
FSSSH
Hah
UGH ...
AAH ...

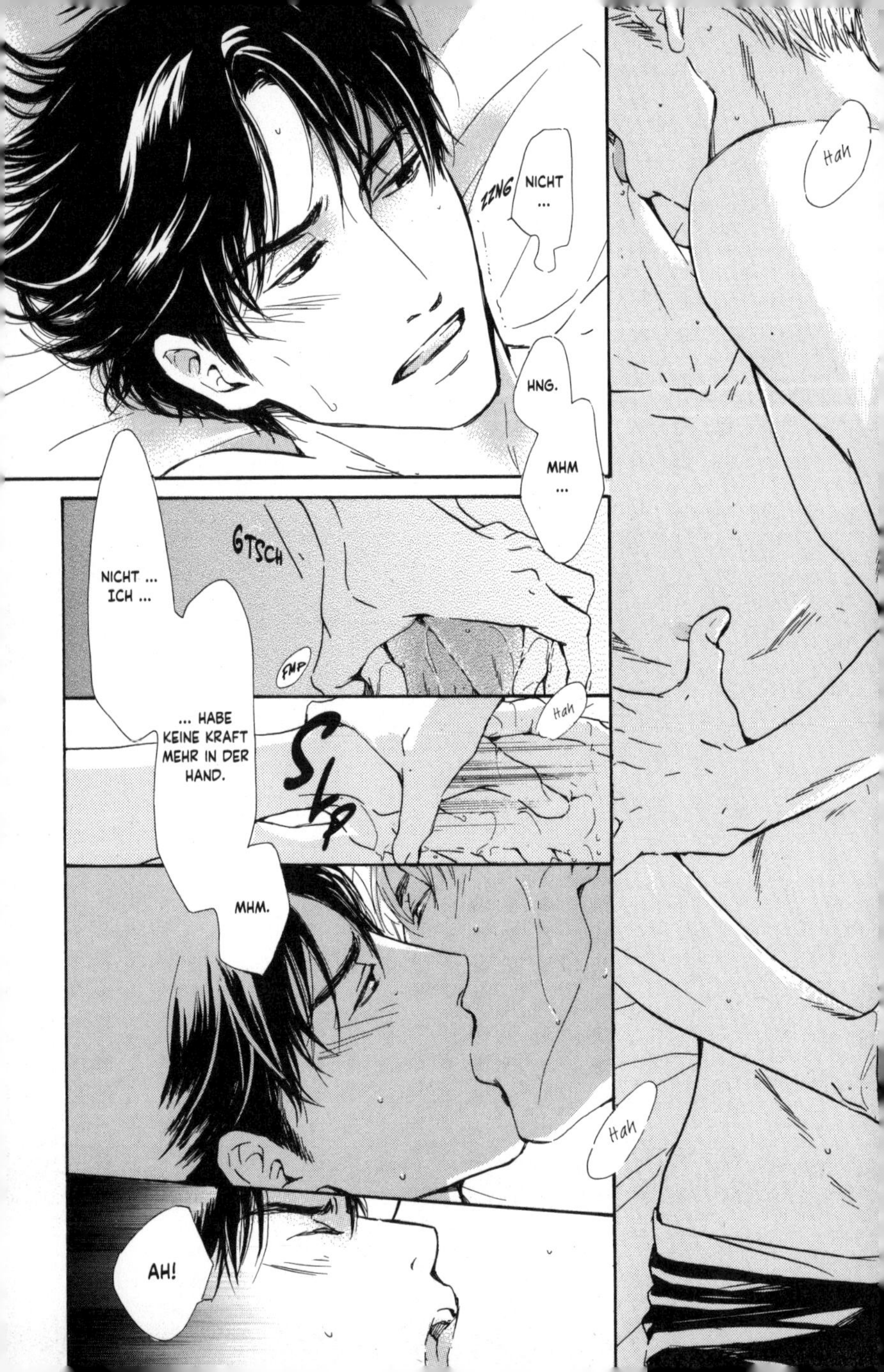

Hah
ZZNG
NICHT ...
HNG.
MHM ...
GTSCH
NICHT ... ICH ...
FMP
Hah
... HABE KEINE KRAFT MEHR IN DER HAND.
MHM.
Hah
AH!

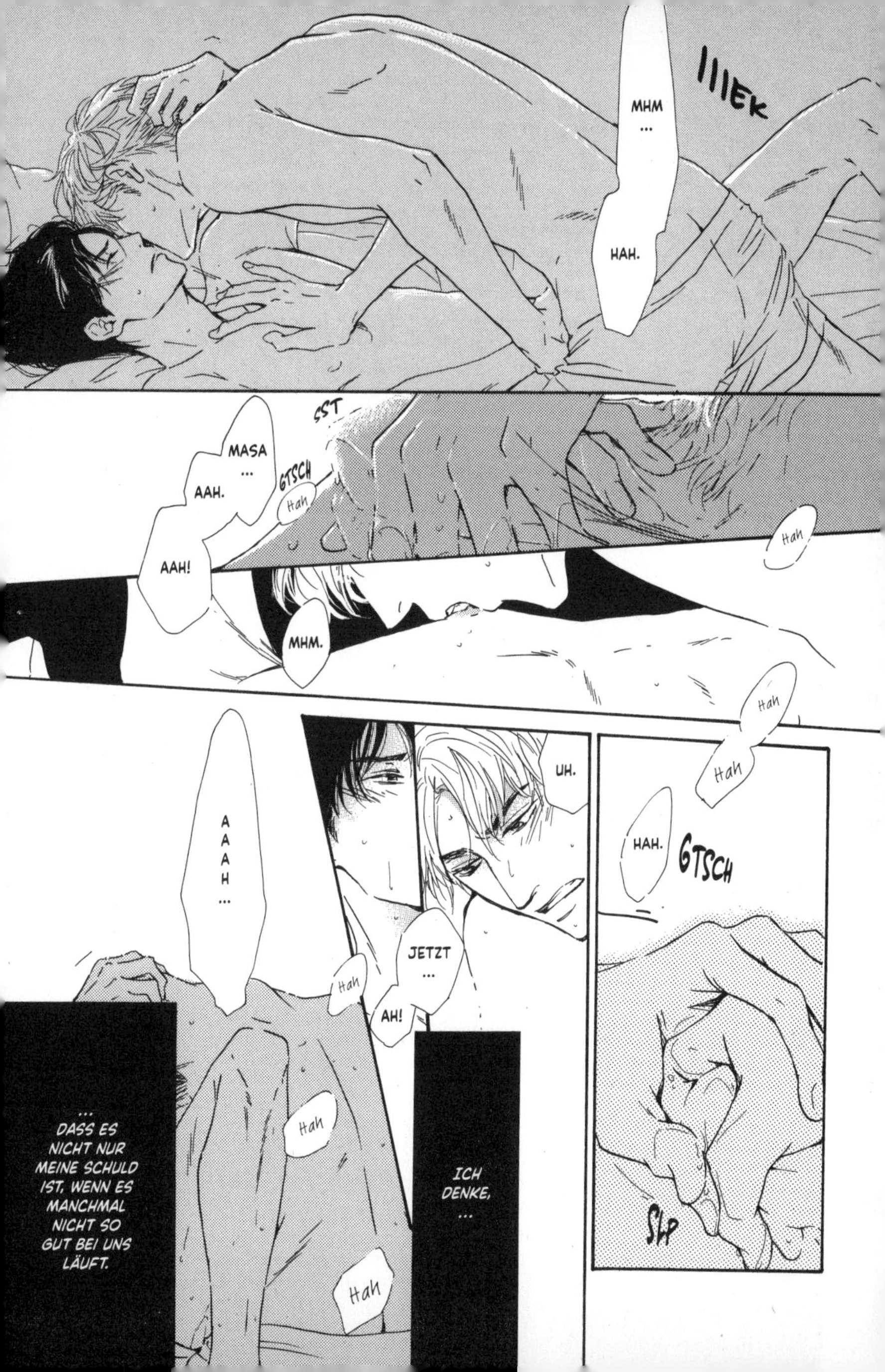
IIIEK
MHM ...
HAH.
Hah
SST
MASA ...
AAH.
GTSCH
Hah
AAH!
MHM.
Hah
Hah
HAH.
GTSCH
SLP
UH.
JETZT ...
AH!
Hah
ICH DENKE, ...
A A A H ...
Hah
... DASS ES NICHT NUR MEINE SCHULD IST, WENN ES MANCHMAL NICHT SO GUT BEI UNS LÄUFT.
Hah

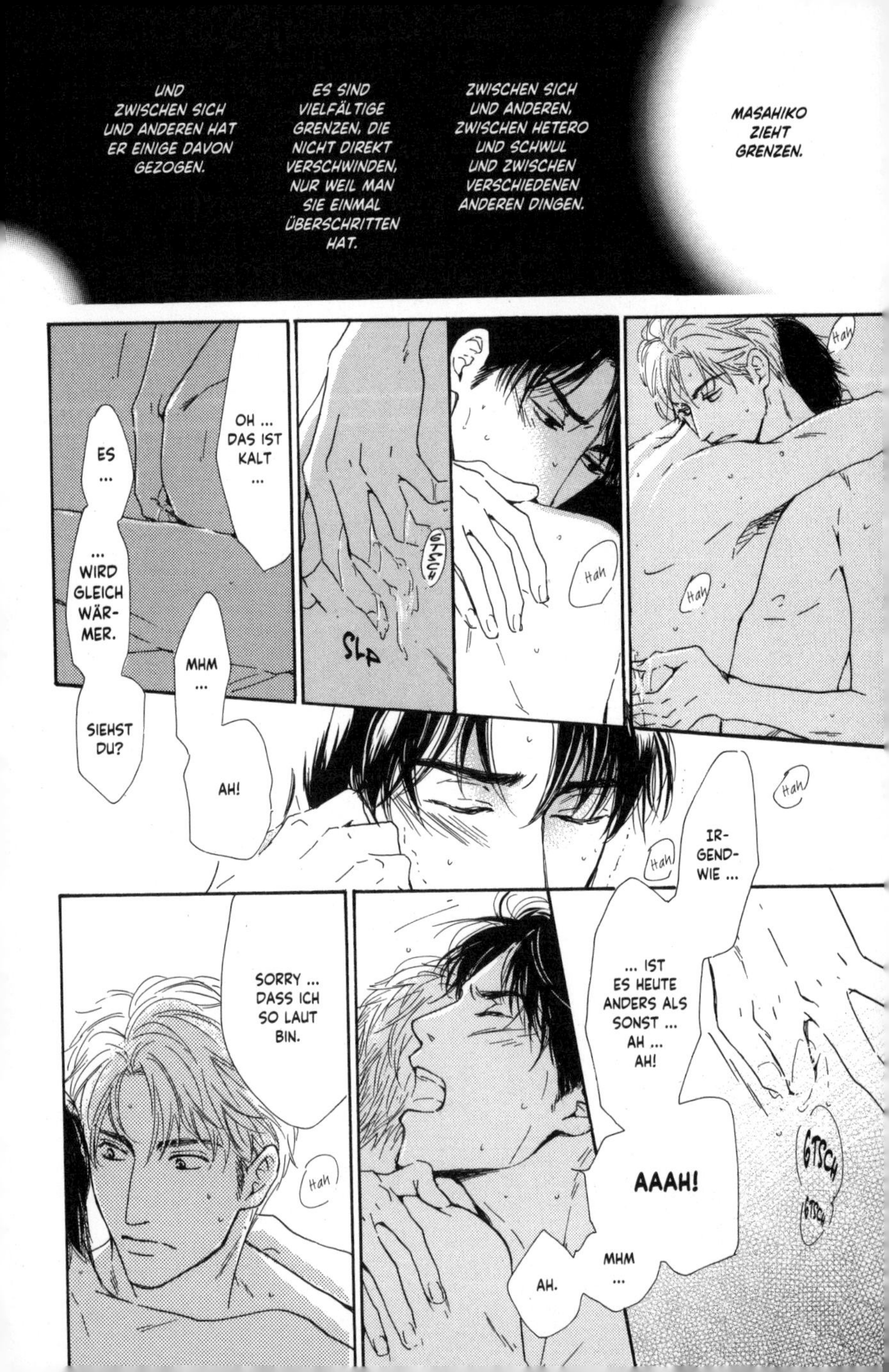
MASAHIKO ZIEHT GRENZEN.
ZWISCHEN SICH UND ANDEREN, ZWISCHEN HETERO UND SCHWUL UND ZWISCHEN VERSCHIEDENEN ANDEREN DINGEN.
ES SIND VIELFÄLTIGE GRENZEN, DIE NICHT DIREKT VERSCHWINDEN, NUR WEIL MAN SIE EINMAL ÜBERSCHRITTEN HAT.
UND ZWISCHEN SICH UND ANDEREN HAT ER EINIGE DAVON GEZOGEN.
Hah
Hah
Hah
GTSCH
SLP
OH ... DAS IST KALT ...
ES ...
... WIRD GLEICH WÄRMER.
MHM ...
SIEHST DU?
AH!
Hah
Hah
IR-GEND-WIE ...
... IST ES HEUTE ANDERS ALS SONST ... AH ... AH!
GTSCH
GTSCH
AAAH!
MHM ...
AH.
SORRY ... DASS ICH SO LAUT BIN.
Hah

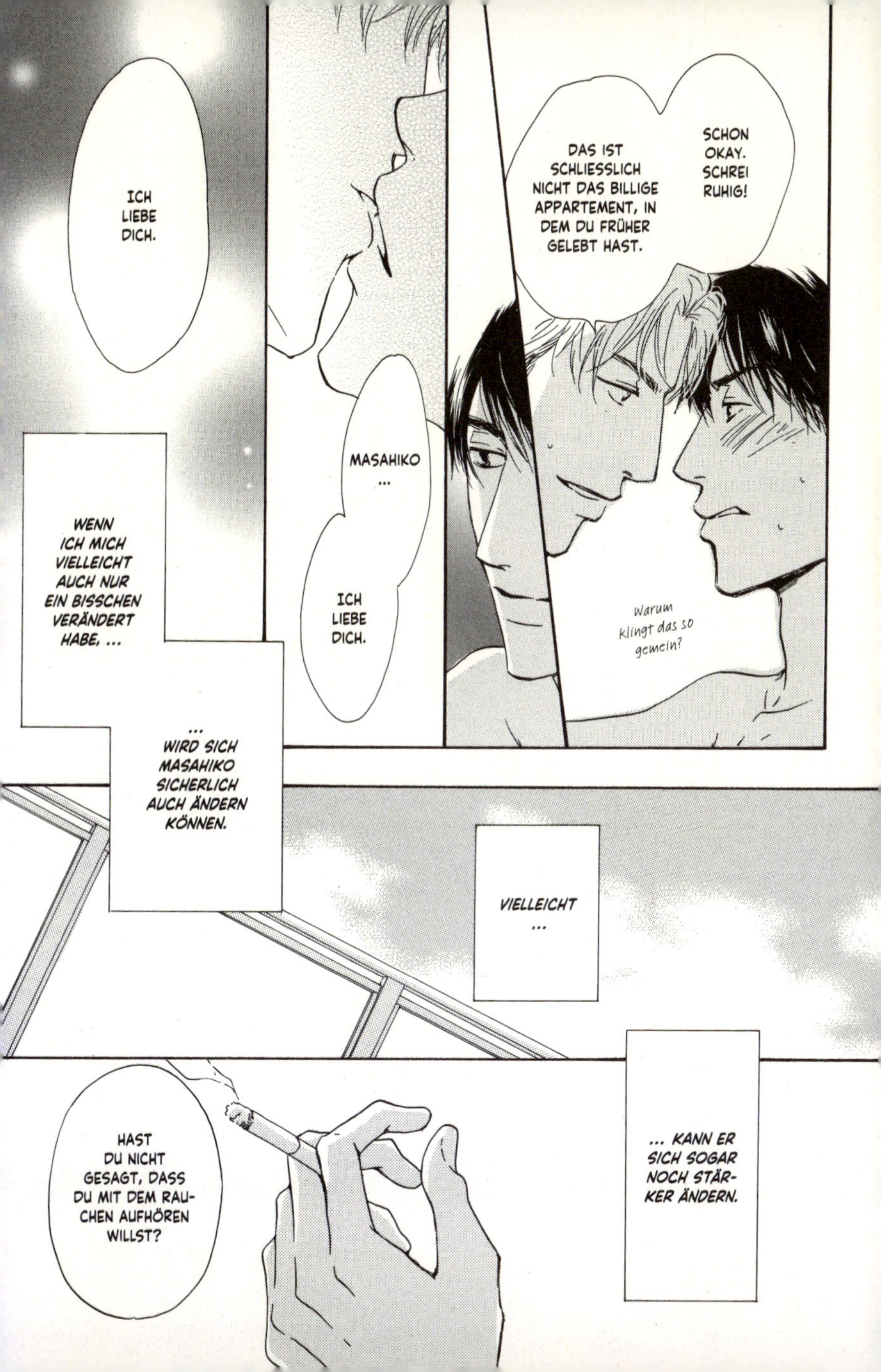
SCHON OKAY. SCHREI RUHIG!
DAS IST SCHLIESSLICH NICHT DAS BILLIGE APPARTEMENT, IN DEM DU FRÜHER GELEBT HAST.
Warum klingt das so gemein?
MASAHIKO ...
ICH LIEBE DICH.
ICH LIEBE DICH.
WENN ICH MICH VIELLEICHT AUCH NUR EIN BISSCHEN VERÄNDERT HABE, ...
... WIRD SICH MASAHIKO SICHERLICH AUCH ÄNDERN KÖNNEN.
VIELLEICHT ...
... KANN ER SICH SOGAR NOCH STÄR-KER ÄNDERN.
HAST DU NICHT GESAGT, DASS DU MIT DEM RAU-CHEN AUFHÖREN WILLST?

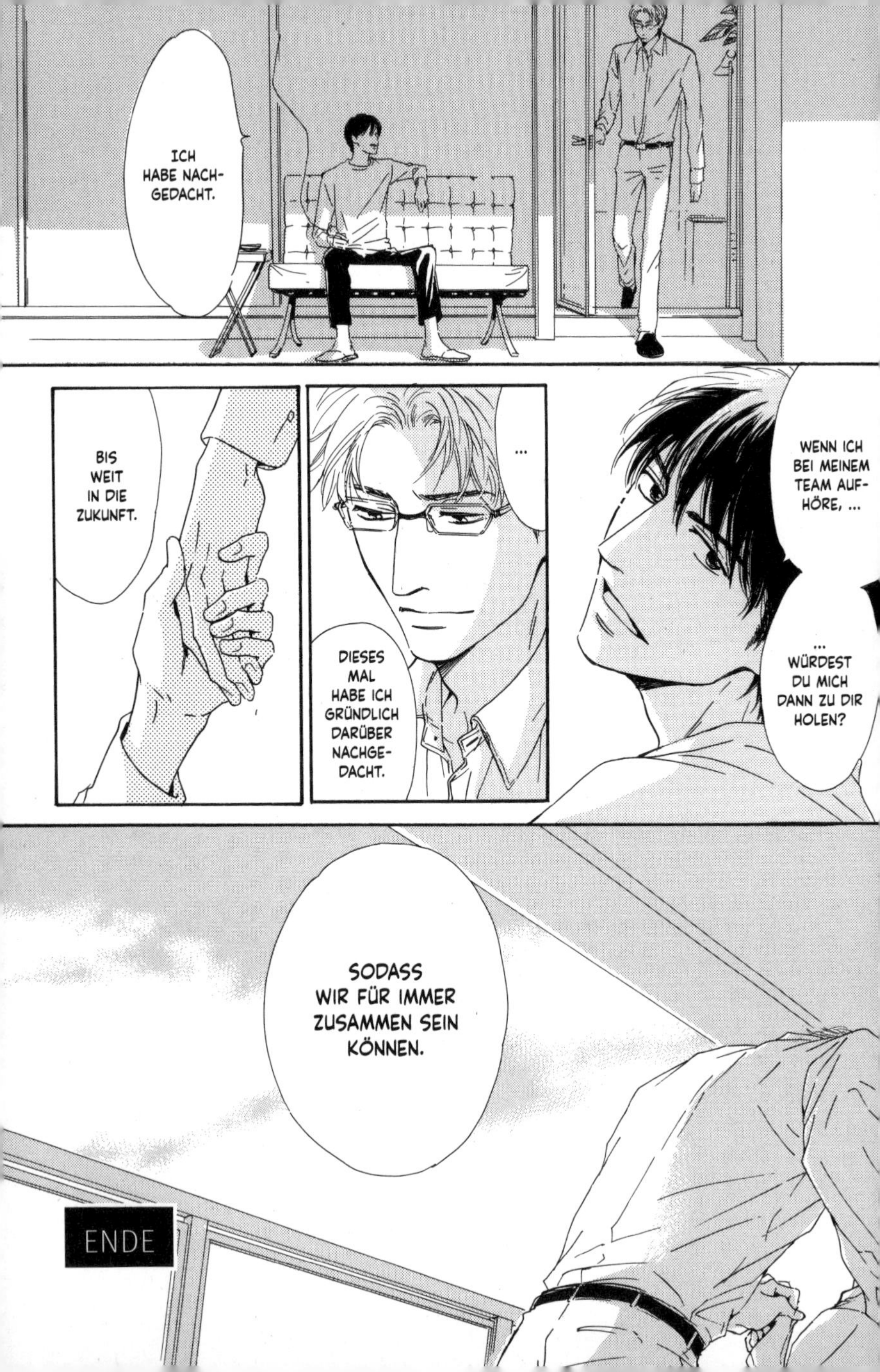
ICH HABE NACH-GEDACHT.
WENN ICH BEI MEINEM TEAM AUF-HÖRE, ...
... WÜRDEST DU MICH DANN ZU DIR HOLEN?
...
DIESES MAL HABE ICH GRÜNDLICH DARÜBER NACHGE-DACHT.
BIS WEIT IN DIE ZUKUNFT.
SODASS WIR FÜR IMMER ZUSAMMEN SEIN KÖNNEN.
ENDE

ZWEITE ERSTE LIEBE

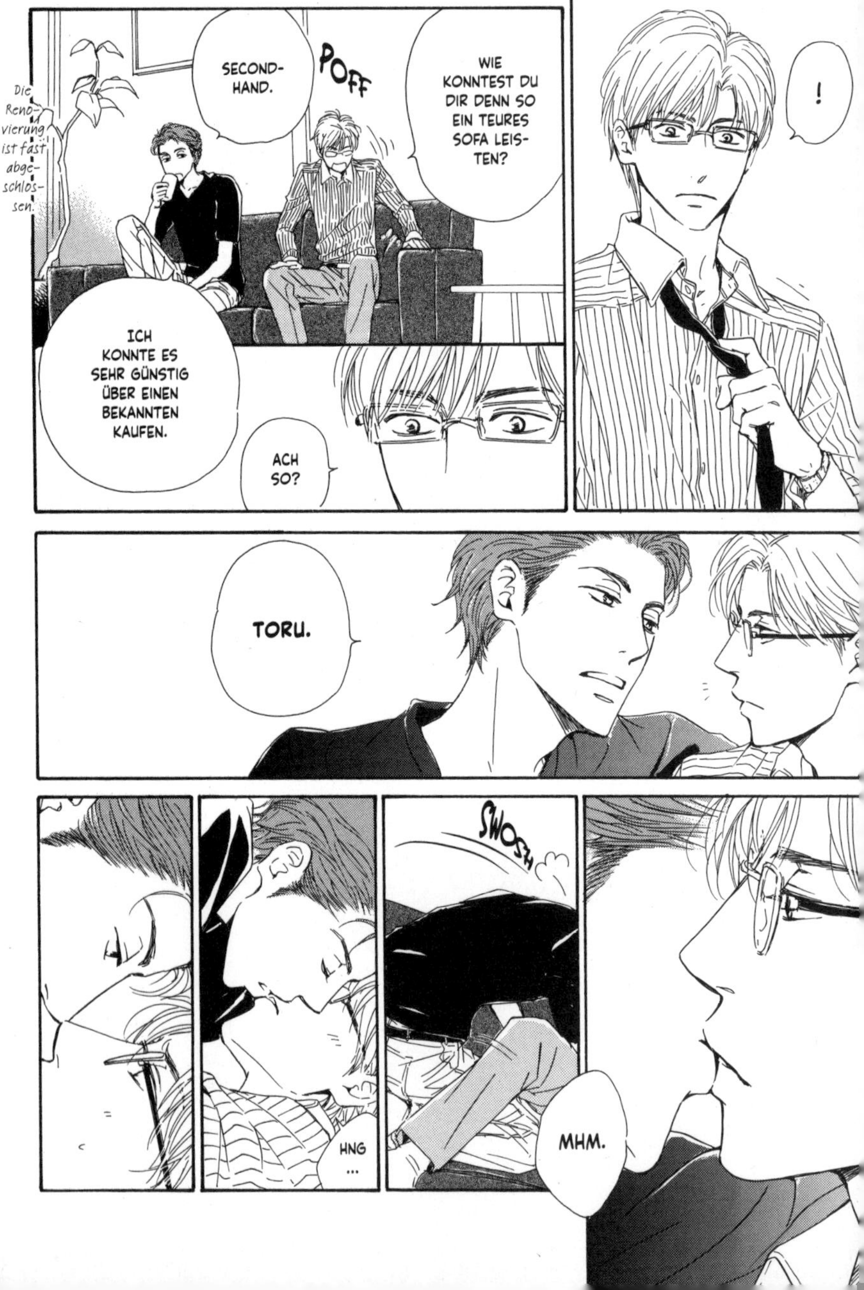
!
WIE KONNTEST DU DIR DENN SO EIN TEURES SOFA LEISTEN?
POFF
SECOND-HAND.
Die Renovierung ist fast abgeschlossen.
ICH KONNTE ES SEHR GÜNSTIG ÜBER EINEN BEKANNTEN KAUFEN.
ACH SO?
TORU.
MHM.
SWOSH
HNG ...

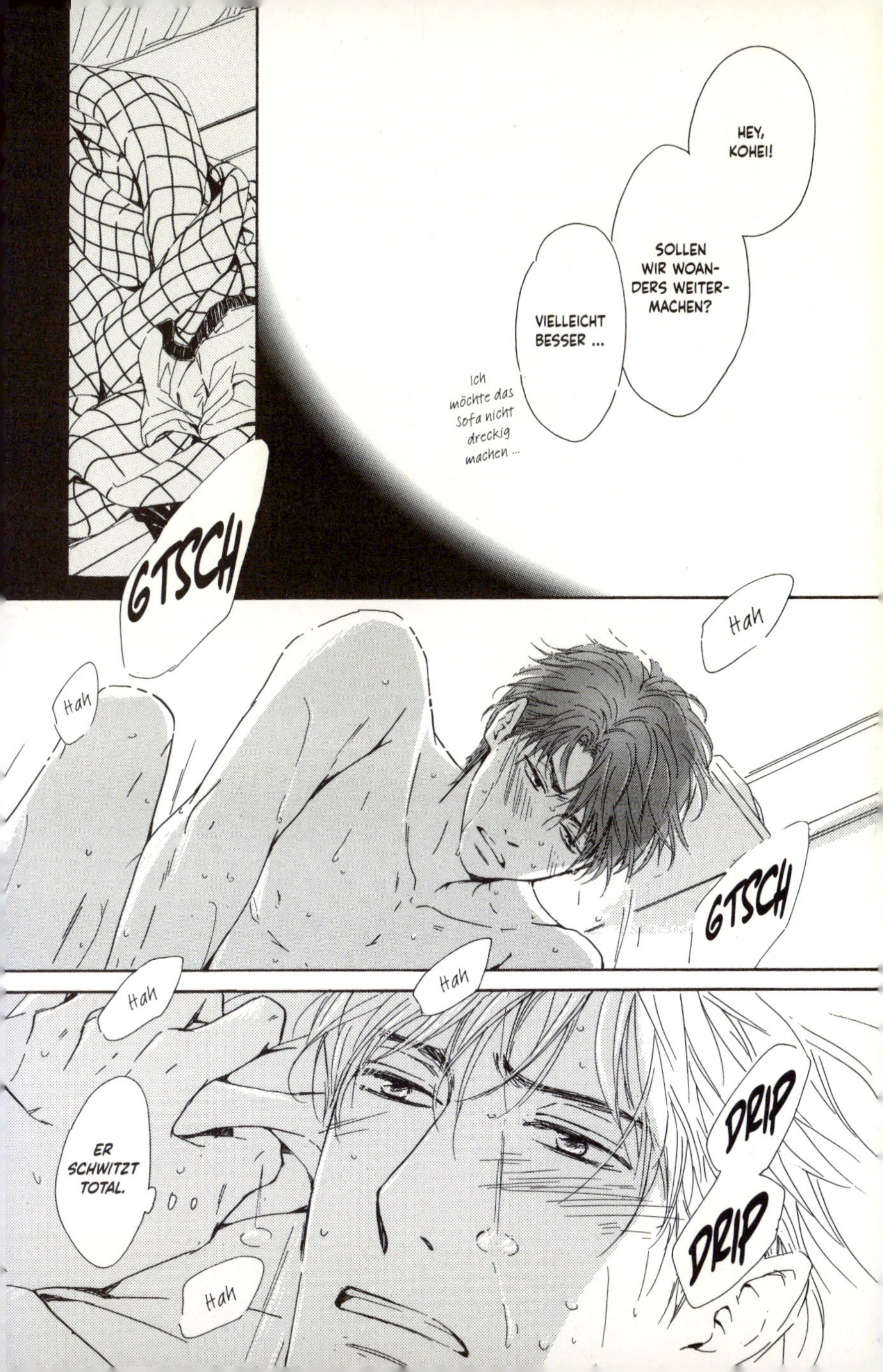
HEY, KOHEI!
SOLLEN WIR WOAN-DERS WEITER-MACHEN?
VIELLEICHT BESSER ...
Ich möchte das Sofa nicht dreckig machen ...
GTSCH
Hah
Hah
GTSCH
Hah
Hah
ER SCHWITZT TOTAL.
DRIP
DRIP
Hah

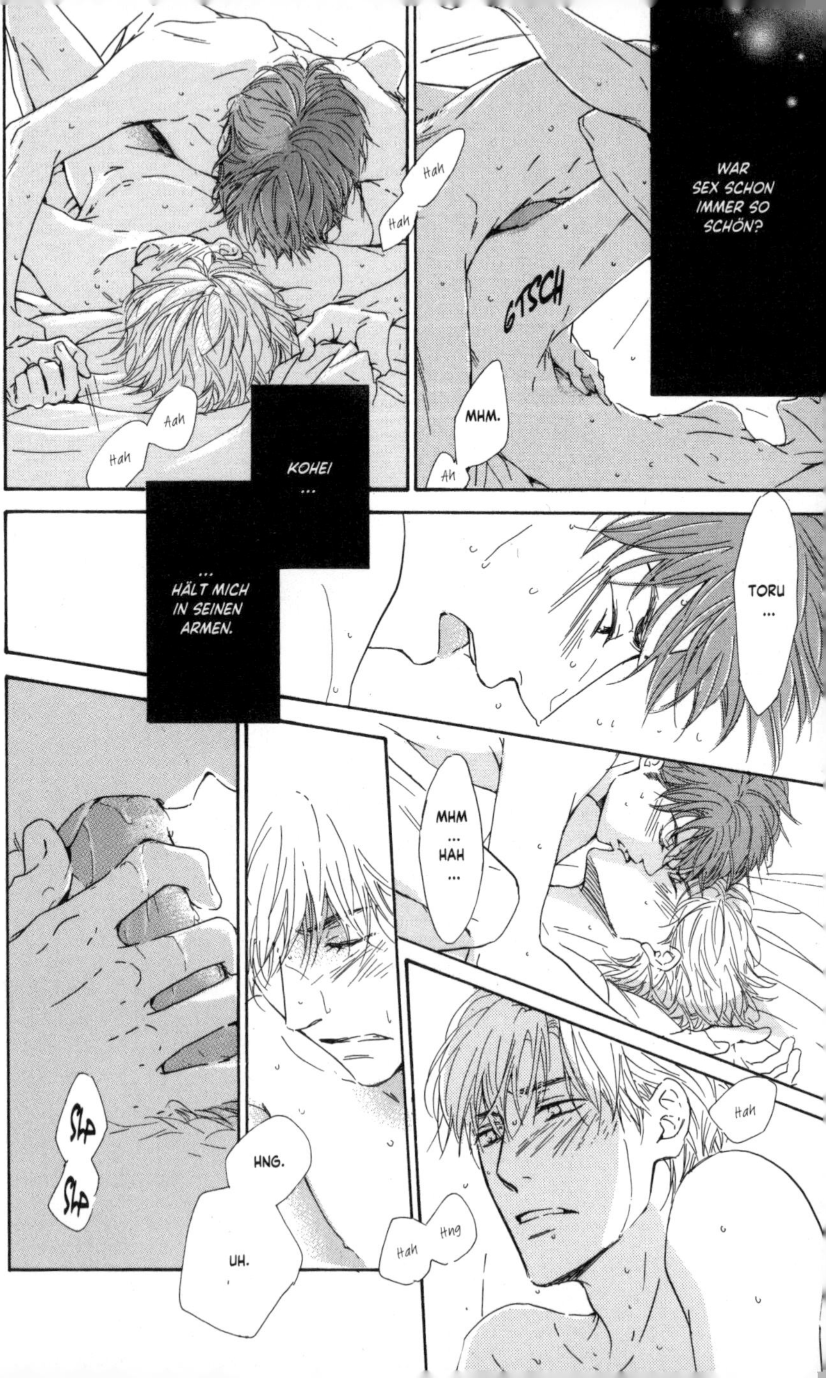
WAR SEX SCHON IMMER SO SCHÖN?
GTSCH
MHM.
Ah
Hah
Hah
Aah
Hah
KOHEI ...
... HÄLT MICH IN SEINEN ARMEN.
TORU ...
MHM ... HAH ...
Hah
Hng
Hah
HNG.
UH.
SLP
SLP

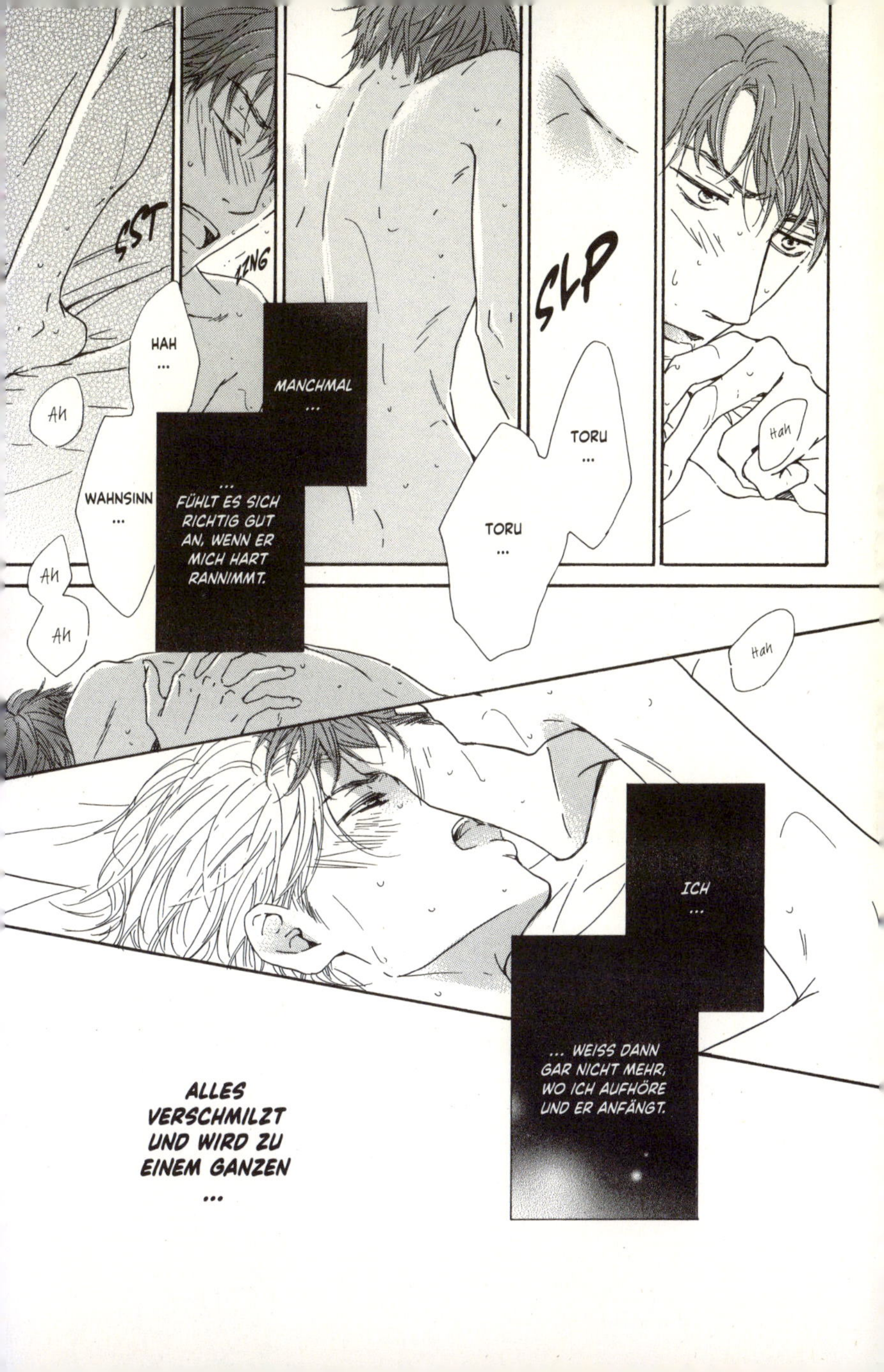
Hah
TORU …
TORU …
SLP
MANCHMAL …
… FÜHLT ES SICH RICHTIG GUT AN, WENN ER MICH HART RANNIMMT.
ZZNG
HAH …
SST
WAHNSINN …
AH
AH
AH
Hah
ICH …
… WEISS DANN GAR NICHT MEHR, WO ICH AUFHÖRE UND ER ANFÄNGT.
ALLES VERSCHMILZT UND WIRD ZU EINEM GANZEN …

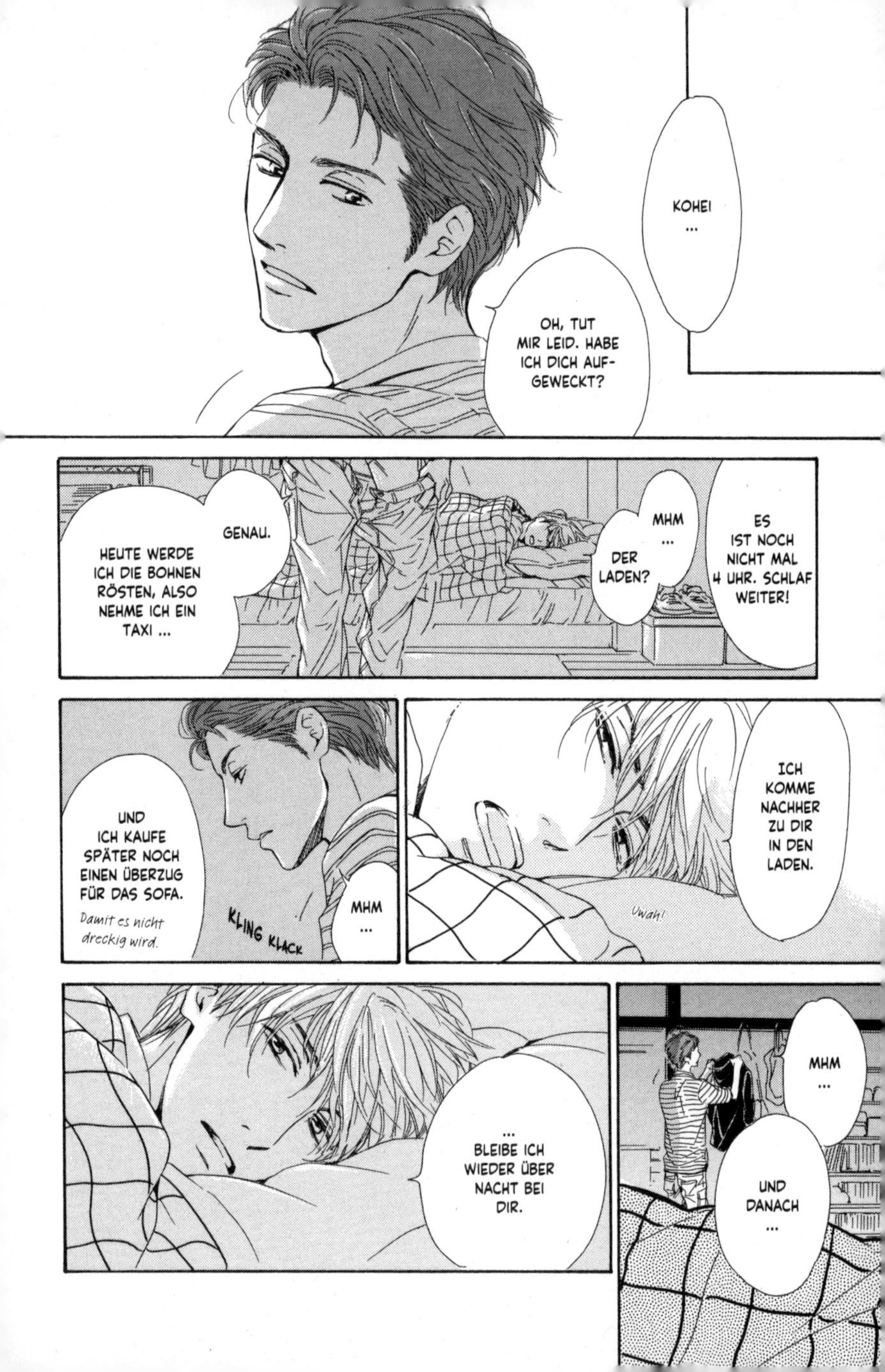
KOHEI …
OH, TUT MIR LEID. HABE ICH DICH AUF-GEWECKT?
ES IST NOCH NICHT MAL 4 UHR. SCHLAF WEITER!
MHM …
DER LADEN?
GENAU.
HEUTE WERDE ICH DIE BOHNEN RÖSTEN, ALSO NEHME ICH EIN TAXI …
ICH KOMME NACHHER ZU DIR IN DEN LADEN.
Uwah!
MHM …
UND ICH KAUFE SPÄTER NOCH EINEN ÜBERZUG FÜR DAS SOFA.
Damit es nicht dreckig wird.
KLING KLACK
MHM …
UND DANACH …
… BLEIBE ICH WIEDER ÜBER NACHT BEI DIR.

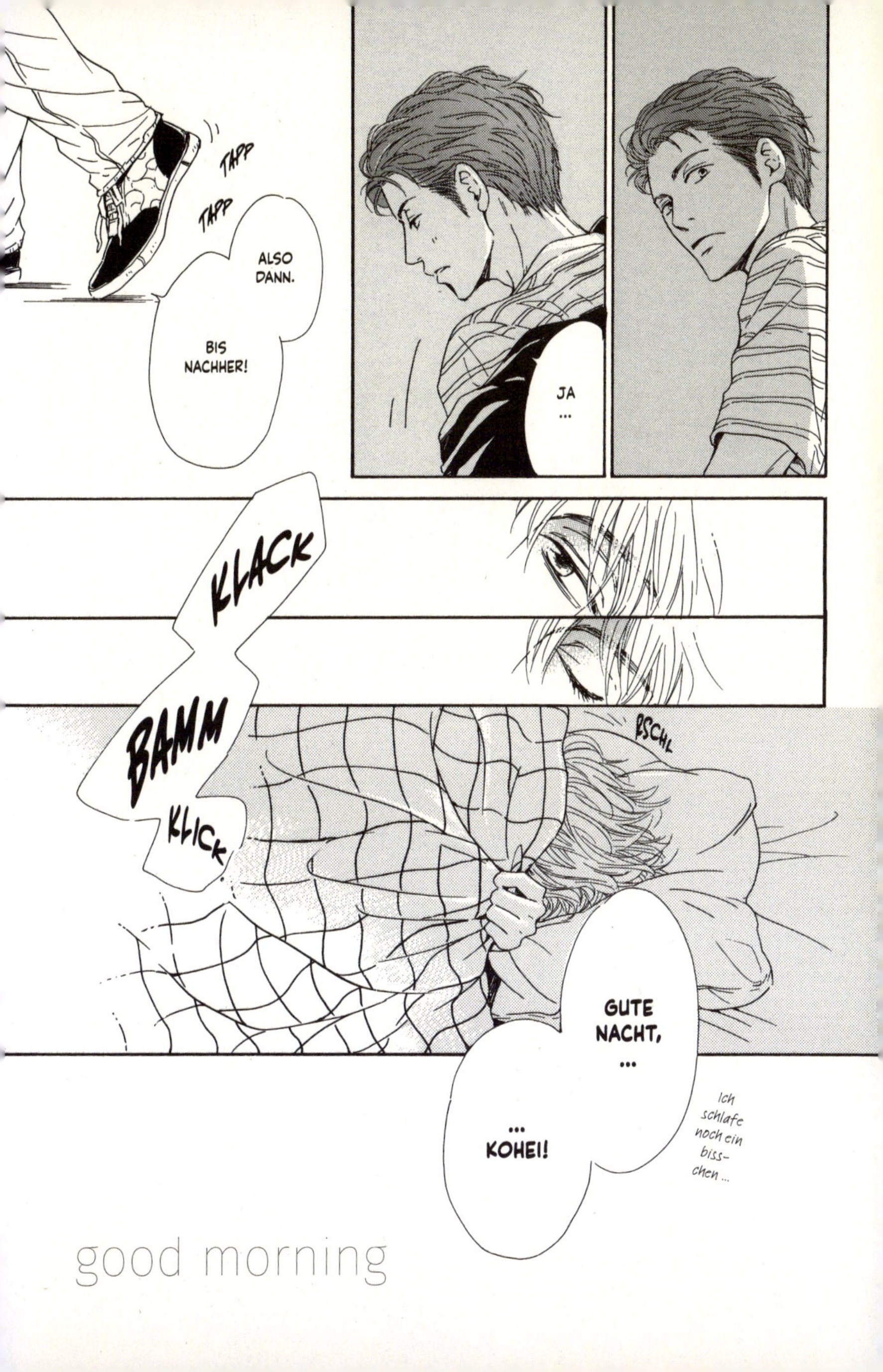
TAPP
TAPP
ALSO DANN.
BIS NACHHER!
JA ...
KLACK
BAMM
KLICK
RSCHL
GUTE NACHT, ...
... KOHEI!
Ich schlafe noch ein biss-chen ...
good morning

Masahiko Sakaki ist aus „Signal“ und Kohei Miyama ist aus „After a Storm“. Irgendwie habe ich auch bei dieser Serie (?) eine Art Spin-Off gezeichnet. Mit „Zweite erste Liebe“ ist es nun beendet. Weil ich an jedem Charakter hänge, hat es mir richtig Spaß gemacht, noch mehr über sie nachzudenken und sie zu zeichnen!

Ich danke euch allen, dass ihr meinen Manga gelesen habt!

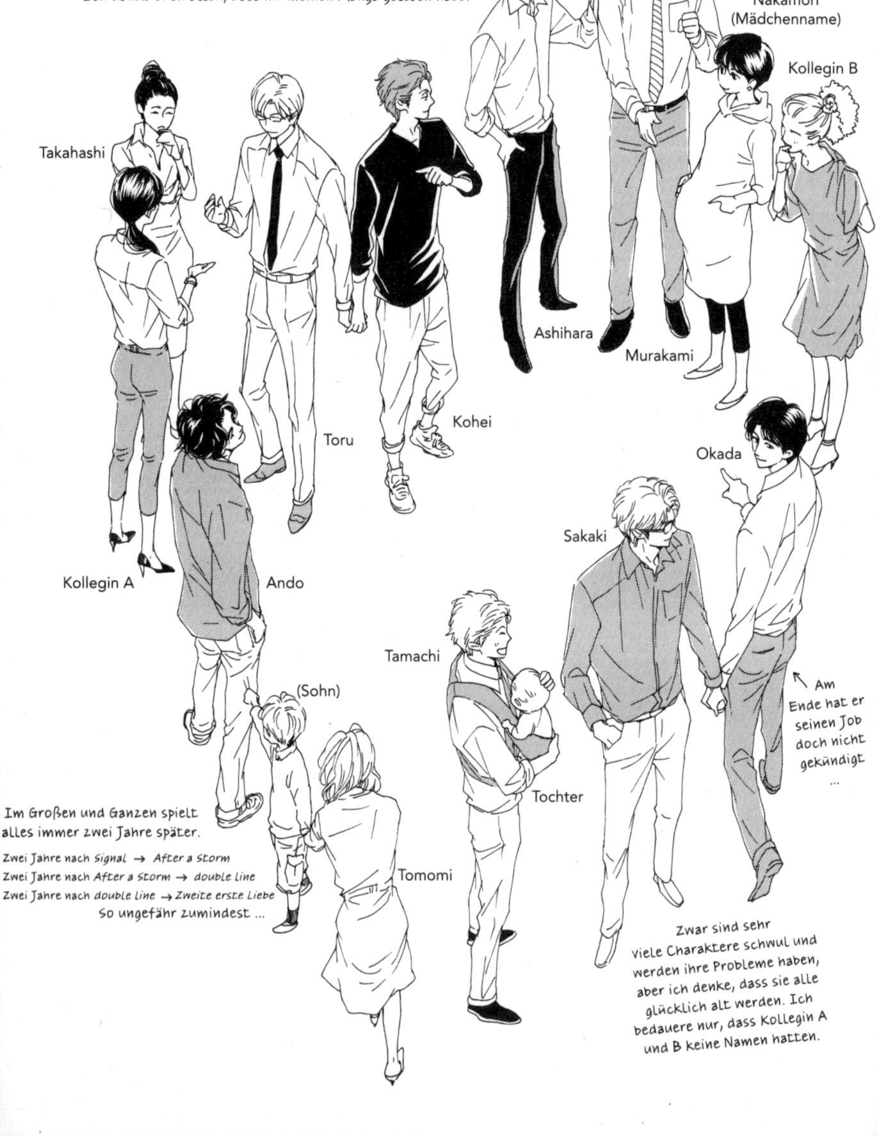

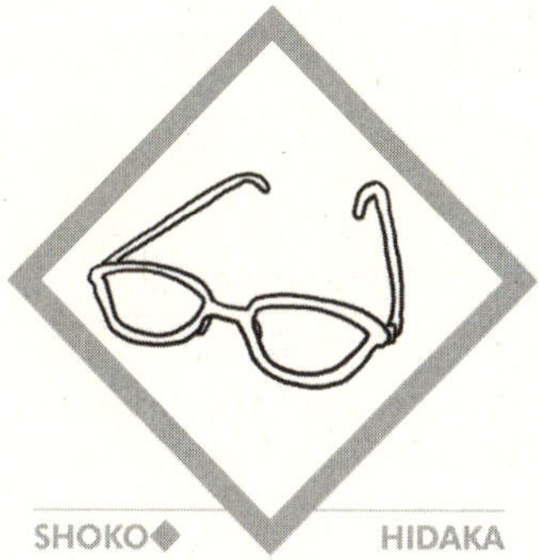

SHOKO ◆ HIDAKA

Shoko Hidaka

PROFILE

Ich habe hier seit Längerem mal wieder sehr viele Brillen gezeichnet. Das war schwierig, aber es hat auch Spaß gemacht.

ZWEITE ERSTE LIEBE

First published in Japan in 2012 by HOUBUNSHA CO., LTD., TOKYO
German translation rights arranged with HOUBUNSHA CO., LTD.
through Tuttle-Mori Agency, Inc., Tokyo

Verlegt unter dem Label KAZÉ MANGA
durch Crunchyroll SA

Aus dem Japanischen von Katharina Schmölders

Redaktion: Beatrice Tavares
Herstellung: Sonja Lesch
Lettering: Datagrafix Inc.
Druck und Bindung: GGP Media GmbH, Pößneck

ISBN: 978-2-88951-499-1